现代服务业
人才培养探索与实践(2012)

对外经济贸易大学信息学院 编

对外经济贸易大学出版社
中国·北京

图书在版编目（CIP）数据

现代服务业人才培养探索与实践.2012／对外经济贸易大学信息学院编.—北京：对外经济贸易大学出版社，2012

ISBN 978-7-5663-0559-6

Ⅰ.①现… Ⅱ.①对… Ⅲ.①服务业－人才培养－文集 Ⅳ.①F719－53

中国版本图书馆 CIP 数据核字（2012）第 260623 号

现代服务业人才培养探索与实践（2012）

对外经济贸易大学信息学院 **编**

责任编辑： 王 煜 王 忠

对 外 经 济 贸 易 大 学 出 版 社

北京市朝阳区惠新东街 10 号 邮政编码：100029

邮购电话：010－64492338 发行部电话：010－64492342

网址：http://www.uibep.com E-mail：uibep@126.com

山东省沂南县汇丰印刷有限公司印装 新华书店北京发行所发行

成品尺寸：170mm×240mm 31.25 印张 490 千字

2012 年 11 月北京第 1 版 2012 年 11 月第 1 次印刷

ISBN 978-7-5663-0559-6

定价：78.00 元

此论文集由以下项目资助

国家级、北京市级实验教学示范中心：现代服务业实验教学中心

国家级、北京市级特色专业：电子商务

北京市级优秀教学团队：商务信息管理系列课程

前　言

对外经济贸易大学现代服务业人才培养实验教学中心是第一批获批的北京市实验教学示范中心，经过五年的建设，2012 年成功申报成为“十二五”国家级实验教学示范中心。

进行教学研究是中心的主要工作任务之一，为此中心组织编写了现代服务业人才培养研究系列论文集，今年出版的是第二部。

现代服务业是依托信息技术和现代管理理念而发展起来的，是知识和技术相对密集的服务业。服务科学将计算机科学、运筹学、产业工程、数学和管理学等既定领域内的工作相融合，创建新的技能和市场来提供高价值的业务转型服务。在服务经济到来的背景下，研讨信息技术如何支持现代服务业的发展具有重要意义。

本论文集主要包括：现代服务业发展战略研究，人才培养战略和模式研究，现代服务业人才培养的课程体系建设、课程建设、教学手段和方法研究、教学经验交流，以及研究方法与研究项目成果等，通过对现代服务业人才培养的研究，讨论人才培养理念、方法和实践等，为我国现代服务业发展提供人才培养和支持。

本文集由刘瑞林、沈沉老师作为主编，负责组织编写工作。

陈进教授

对外经济贸易大学信息学院院长

对外经济贸易大学现代服务业人才培养实验教学中心主任

目　录

探索－教师篇

实践 - 学生篇

探索

教师篇

《商务智能》课程建设方案

陈　进[①]

摘　要：通过《商务智能》课程改革与建设形成了系统化的课程体系，特别是加强了课程在国际商务和智能化应用方面的特色建设。课程建设有明确的目标作为指导，在此基础上编写《商务智能》教材，进行课程内容改革与完善，提供一整套培养学生动手、独立学习与工作的能力的方案，使该课程成为培养学生分析和应用能力的重点特色课程。

关键词：商务智能　课程建设　教材建设

一、课程建设目标

商务智能是为了解决商业活动中遇到的各种问题，利用各种信息系统进行的高质量和有价值的信息收集、分析、处理过程，其基本功能包括个性化的信息分析、预测和辅助决策。主要应用行业包括经济、贸易、保险、金融和证券行业等管理部门。商务智能可以提高销售预测的准确性（accuracy）和时效性（timeliness）；通过把顾客数据转换成个性化的智能来增加顾客满意度和忠诚度；最大限度地减少收集相关商务信息（财政、库存、采购）所需的时间，以降低运营成本以及面对海量数据，处理实时的复杂的数据分析等问题；可以采取更主动的行动以吸引客户，预测需求，及时订货和补货，实时了解供应商和代理商的情况，优化调度、配送和运输过程，实现低库存水平；可以有效获取、使用信息，提高效力；还可以分析客户收益，调整市场活动，建立信贷预警机制，进行

---

① 对外经济贸易大学信息学院院长，教授，博士生导师。

更精确的组合业务评估等。

我校通过《商务智能》课程改革与建设形成了系统化的课程体系，特别是加强了课程在国际商务和智能化应用方面的特色建设。学生可以通过案例教学和系统化实践来学习理论和应用的特点与方法，提供了一整套培养学生动手、独立学习与工作的能力的方案，使该课程成为培养学生分析和应用能力的重点特色课程。

在课程体系建设过程中，课程建设小组进行了一系列调查研究工作，收集了大量的相关材料，学习了国内外学校的教学经验，同时对与之相关应用的单位进行了调研和相关研讨，确定了该课程应该是理论、实践及经济密切联系，通过实践性教学方法来教授课程，让学生能够应用智能方法来解决经济管理问题。

课程建设的具体工作是：

（1）编写理论与实践密切结合的讲义和讲稿；

（2）收集分析，形成案例分析库；

（3）布置学生实践活动课题。

二、课程教材编写

课程主要负责人编写出版了具有本院特色的课程教材《商务智能应用教程》。该教材对商务智能在金融、贸易管理领域的应用进行了深入的研究，在准确地把握管理类专业人才培养和实际需求的目标基础上，努力做到集知识性、实践应用性、可读性、技术的前沿性和先进性于一体。

教材克服了原来教学中普遍存在的理论与应用分割、案例分析性差、没有形成完整的案例库、缺乏教学演示系统等不足之处，通过理论分析、案例分析等方法，并结合学生自己的参与收集信息、分析案例，取得了良好的教学效果，受到学生欢迎。

该教材主要创新与特点是：

（1）密切结合智能与商务管理业务，把计算机智能方法应用到了现代经济管理的业务中，培养学生使用计算机软件来分析解决综合性管理问题的能力。讲义中解决方法实践操作性强，适合管理类学生动手能力的培养。

（2）建设经济贸易与金融行业应用案例库，使学生容易学习和使用知识。

（3）详细论述有效的解决方案，通过具体计算机软件和解决方案在金融、商贸管理领域的应用实例来教授理论知识与应用技能。

（4）作为新兴学科教材，将计算机智能方法应用到经济、贸易、金融管理中，是交叉学科的产物，为培养实践性管理应用型人才起着极为重要的作用。

（5）通过资料收集和分析，完成多个商务智能应用案例，包括：中国银行深圳分行应用案例，美国汇丰银行案例，上海工行信用卡业务管理与分析系统案例，北京市工商行政管理局食品质量监督管理系统应用案例等。

三、课程建设成果

（一）课程建设创新

《商务智能》课程建设的主要创新与特点包括如下几个方面：

（1）密切结合人工智能与商务管理，应用智能技术方法来解决经济管理问题，提供方法、应用软件及案例分析；

（2）以案例为主线，做到理论联系实际，突出方法的实际应用；

（3）提出完整的教学方案，包括大纲、讲义、案例库、演示 PPT 等。

（二）课程建设内容

课程建设的成果包括如下内容：

（1）商务智能课程大纲；

（2）商务智能应用教程；

（3）商务智能演示文件；

（4）商务智能演示案例；

（5）商务智能应用案例分析。

由于计算机技术的飞速发展，商务智能的应用日益成熟，其作用越来越明显，因此也正在迅速成为经济管理业界最热门的话题之一。因此课程建设小组将加快《商务智能》课程体系建设，不断丰富课程内容，使之成为我院的特色课程。

参考材料

[1] 衷克定，何丽平．关于高校信息技术课程建设模式改革的探究．计算机教育，2003（1）．

[2] 崔敬东，于长锐．需求导向型计算机基础课程建设模式之探讨．计算机教育，2010（16）．

现代复合型商务人才能力培养[1]

陈　进　殷国鹏

摘　要：本文介绍了北京教育教学改革项目“现代复合型商务人才能力培养的教学模式研究”的基本研究内容、研究特色和建设方法，全面分析了该项目在推进我国高校培养复合型商务人才培养方面所发挥的作用。

关键词：复合型人才　电子商务　服务外包　教育改革项目

复合型商务人才是现代服务业发展中急需的专门人才，其能力要求具有相当高度，必须重视人才的创新精神、实践能力以及综合问题解决能力的培养。相应地，高等院校的一些新兴专业——电子商务、信息管理、网络营销、物流管理等均是培养现代服务业专门人才的典型专业。与传统的会计学、金融学等专业不同，必须要对此类新兴专业的教学模式进行深入研究与大胆改革，以满足我国以服务经济为主导的发展需要。电子商务专业作为一门综合性学科，不仅涉及到信息技术，还涉及到信息服务、物流管理、网络营销等多方面专业知识。然而，电子商务人才供给如何适应企业电子商务的实际应用，是电子商务教育亟待解决的一个重大问题。

为此，学院申报成功了北京市教育教学改革项目，重点以电子商务专业培养为例，探讨现代复合型商务人才能力培养的教学模式改革。

主要研究内容是：面向我国开放型经济发展，研究建立科研与实践互动融合的教学模式与培养机制，以培养现代复合型商务人才的创新能力、实践能力以及

---

① 本文是北京教育教学改革项目“现代复合型商务人才能力培养的教学模式研究”的初步成果。参加该项目的研究人员还有：曹淑艳、黄健青、巩喜云、谢怀军、李兵等。

综合问题解决能力。具体而言，可以分为相互联系的三个方面：特色系列课程建设、科研与实践融合的教学模式、开放式实践平台建设。

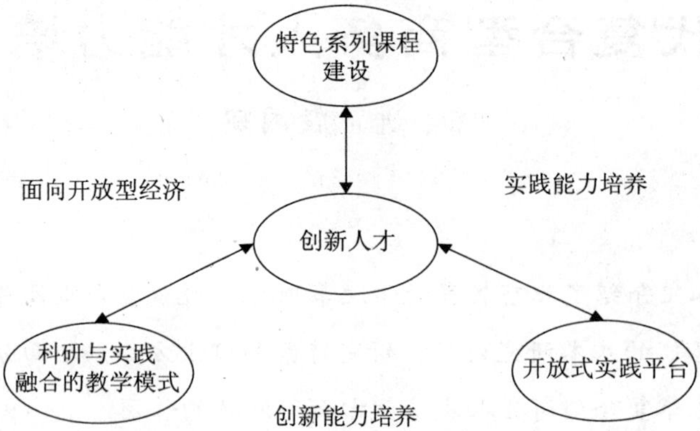

该项目面向现代复合型商务人才培养模式进行探索与创新，目前建设情况概述如下：

（1）根据经济发展与社会需求，扩展、细化专业方向，进而设计更加强调就业导向的课程体系。比如，目前结合我校学科特点以及最新趋势，在电子商务专业设置国际电子商务、金融服务外包等方向，同时优化专业方向课程、加大实验课程比例，现已逐步进入实施阶段，并在总结提炼可供参考的经验方法。

学院以电子商务与现代服务学科为重点发展方向，以“培养现代英才、造就社会栋梁，创新技术应用、服务社会发展”为己任，于2010年1月对电子商务专业新设金融服务外包方向做了可行性论证。随着国际金融产业呈现出前台与后台业务加快分离和后台业务部门分工不断细化的发展趋势，金融机构后台业务不断被独立，外包服务规模不断扩大，这种趋势大大促进我国金融服务外包与现代金融产业的国际化发展，也有利于加速我国从制造业经济向服务业经济的转型过程。金融服务外包的迅猛发展，加剧了复合型人才的需求。因此，学院在电子商务本科专业中设立“金融服务外包”方向，以此来促进这一新兴交叉领域的学科建设与人才培养工作。

（2）科研与实践融合培养探索是该项目的最大特色，也是提升现代复合型商务人才竞争力的最有效手段之一。目前，结合学生暑期调研、教师科研项目和本科科研立项等活动，在教师指导下，采取学科竞赛方式进一步锻炼学生的分析与研究能力，包括金融服务外包调研竞赛、产业经济学学科竞赛等活动。

学院于2009年暑期举行服务外包专题调研活动，十几支队伍分赴全国各大服务外包城市，精心准备，实地调研，实践成果丰硕。2009年12月在学校国际会议厅举行了“金融服务外包调研竞赛”，各位参赛同学通过实地调研和考察分析不仅进一步了解了专业知识，也锻炼与提升了个人能力。此次调研活动提高了学生的学术科研能力，增强了大学生的责任意识，增进了学生对社会的认识、对专业的热爱。

为了增强跨学科专业间的交流互动，培养学生的探索精神，激发学生的学习热情，学院于2010年4月组织了“2010年对外经济贸易大学产业经济学科竞赛”。学生调研的领域涉及移动商务、旅游电子商务、银行与证券服务、信息咨询、网络游戏服务和物流服务等多个方面，经过近半年的调研，以产业经济学科竞赛作为平台将调研的成果进行了精彩的汇报。此次竞赛经过精心的计划和准备，涉及了专业基础、跨学科热点等多个方面的知识，对培养学生全面发展起到了非常重要的引导性作用。

（3）目前，该项目在进一步创新开放式实践平台建设，探讨企业与学校如何进一步在学生实践活动方面进行创新。学院加强了与企业的联系，先后与中国国际电子商务中心、航天信息股份有限公司、银联商务有限公司和众人网络等企业共建了校外人才培养基地，将在学生实习、联合实验室建设等方面开展合作，从而为学生实践提供更为广阔的空间。

本项目的研究成果将形成科研与实践互动融合的教学模式与培养机制，进而增强电子商务专业学生对理论知识的深刻理解和融会贯通，激发主动创新的精神，培养学生从事电子商务应用的解决问题与实践能力，将会为电子商务人才的定位困境、创新精神缺乏以及实践能力不足三大问题解决提供思路与途径，从而为我国高校培养复合型商务人才提供示范效应。

发挥校内实践优势，培养复合创新人才

黄健青　陈　进

摘　要：社会发展对人才的培养提出了新的要求，培养符合社会需求的创新型人才是高校面临的重要问题。本文介绍了“中外经贸合作网信息采编中心”校内实习基地建设的基本做法、特点和成效，说明了建立以实践教学为导向的校内学生实习基地对学生综合实践能力和创新能力培养的重要意义，为校内实习基地规范化建设提供借鉴。

关键词：实践教学　实习基地　人才培养

一、引言

2012 年，教育部、文化部等 7 个部委在联合发布的《教育部等部门关于进一步加强高校实践育人工作的若干意见》中提出：“把实践育人工作摆在人才培养的重要位置，纳入学校教学计划，系统设计实践育人教育教学体系。”同一年，教育部在《教育部关于全面提高高等教育质量的若干意见》中提出：“加强实验室、实习实训基地、实践教学共享平台建设，重点建设一批国家级实验教学示范中心。”因此，通过校内实习基地建设培养复合创新型现代服务业人才具有重要的意义。

二、现代服务业人才特点及实践教学的重要性

（一）现代服务业人才特点

现代服务业，又称新兴第三产业，是以现代科学技术特别是信息技术为主要

支撑、建立在新的商业模式、服务流程和管理理念基础上的，向社会提供高附加值、高层次、知识型的生产和生活服务的新兴服务产业。它既包括现代化进程中的新型服务业，也包括以现代化的新技术、新业态和新服务方式的传统服务业。现代服务业的本质是实现服务业的现代化，而其核心则是发展技术、信息和知识相对密集的现代生产性服务业。现代服务业人才主要具备高素质技能型、国际化复合型和创新应用型三个主要特点。

（二）实践教学的重要性

实践能力是个体在实践过程中形成和发展起来的，知识转化为能力，必须通过实践；知识内化为素质，也必须通过实践。实践型教学是培养学生创新精神和实践能力的重要手段，校内实习基地是实施实践教学的有效保障，规范校内实习基地规范化建设可以为学生提供真实、高效的实习实训环境，培养学生将理论与实践相结合的应用能力，不断提高学生的实战能力、实际应用能力、沟通能力、创新能力等综合能力。

三、校内实习基地基本情况及特色

（一）校内实习基地简介

2004 年 7 月，商务部开始建立国家政府间合作的中外经贸合作网，在对外经济贸易大学信息学院成立了“中外经贸合作网站信息采编中心”（以下简称“采编中心”），信息学院承担了包括中俄经贸合作网、上海合作组织区域经济合作网在内的 7 个中外经贸合作网站的信息采集发布任务。结合人才培养目标，在做好社会服务的同时，信息学院以“中外经贸合作网站信息采编中心”为依托，建立了以实践教学为导向的综合实践能力培养校内实习基地。

（二）校内实习基地特色

1. 有利于提高学生实习效果

由于实习基地的建设需要资金和管理人员的投入，校外企业在实际接收实习生上存在很多困难，学生只能通过各种途径自行寻找实习机会。这种实习方式效率不高，不利于教师对学生在实践中发现的问题进行及时指导，学生在实习中结合专业知识进行应用的机会较少。同时，由于学校对学生在外自主实习情况的监督和检查手段有限，部分学生实际上没有参加有效实习活动的现象较为突出，实践教学效果大为缩水。而规范化的校内实习基地不仅可以为学生提供时间灵活性更高的实习机会，而且更有利于学生实习成果的评估，实现教学成果和学习成果相结合。

2. 校部共建，互利共赢

“采编中心”校内实习基地的建立旨在通过在实际工作中设计专项实习计划，为实验教学、学术研究及毕业设计等实践环节提供真实背景材料的方法，建立适合在校学生的跨学科、综合性实践平台，探索出新的实践教学管理模式和教学组织运作方式。因此，校内实习基地得到了学校领导和老师的大力支持。

“中外经贸合作网站信息采编中心”作为校部共建项目，一方面配合部委为社会提供服务，完成各网站日常信息采编、翻译等工作，为企业和用户提供信息服务，使得网站影响力不断提升；另一方面“采编中心”校内实习基地得到了商务部的大力支持，如向学生提供到商务部实地实习的机会，为学生提供参与商务部举办的各类高层次的外经贸活动、新闻发布会及企业推介会等实习的机会。

3. 拥有高水平的专兼职导师队伍

“采编中心”实习基地导师采取专兼职结合、校内外结合的方式。专职人员负责实习学生的日常管理及部分实习工作的指导，从时间上和制度上保证了实习工作在规范有序的环境下进行。兼职导师一部分是我校教师，另一部分是从事对外经贸研究、信息技术应用、资深翻译及商务部工作人员等校外专家，在学生实习过程中以各种方式提供相关指导，充分保证了采编中心实习基地拥有一支结构合理、水平高、素质好、跨文化沟通能力和业务运作能力强的导师队伍。

4. 校内实习与校外活动相结合

校内实习基地根据采编中心工作的实际需要，并结合学生专业以及个人能力完成一定的岗位任务。除了日常的岗位实习工作之外，实习基地还向学生提供项目研究形式的实践平台，学生可以根据自己的兴趣和专长，结合网站工作的实际需求，以小组团队的方式进行课题研究和为学生安排的专项实习。专项实习的内容包括专项调研、策划、信息整理、系统开发等。

此外，校内实习基地为学生提供了丰富的参加各类高层次的校外实习活动机会，包括学术交流、专题研讨、新闻发布会及企业推介会等，有利于拓宽学生的视野，提高学生的学术水平和社会实践能力。

四、校内实习基地建设和现代服务业人才培养

（一）完善实习基地建设制度

“采编中心”实习基地从成立之初就注重科学化、规范化的管理，强调信息技术在管理工作中的应用。在实践教学体系框架和学校基本教学规范基础上，通过多年的实践，不断总结经验、提高水平，制定和完善了实验教学管理规范和实践基地管理规范，包括一系列学生实习管理制度和流程。通过制定校内实习基地管理制度，不仅有利于校内实习基地的规范化管理，而且有利于真正提高学生的实习效果。

1. 制定校内实习岗位

在采编中心实习的学生，都在指导老师的安排下，根据中心工作的实际需要，并结合学生专业以及个人能力设置了不同的实习岗位。实习岗位包括日常实习岗位和专项实习岗位，日常实习岗位主要是信息采编和信息整理。除了日常的岗位实习工作之外，实习基地还向学生提供项目研究形式的实践平台，学生可以根据自己的兴趣和专长，结合网站工作的实际需求，以小组团队的方式进行课题研究和为学生安排的专项实习。专项实习的内容包括专项调研、策划、信息整理、系统开发以及其他的为部委服务等相关岗位，实习岗位见图1所示。

2. 完善实习管理流程

为了实现校内实习基地规范化管理和提高实习生实习效果，校内实习基地制定了相关的实习管理流程，分为实习生招聘录用、实习生期间管理和实习生结束后管理三阶段。在招聘录用阶段主要选拔录用适合不同岗位的实习生，实习期间要对实习生的实习进行管理和监督，确保学生提高实习效果，实习结束后要严格填写实习鉴定表，并对相关材料进行归档。具体实习管理流程，详见图2。

（二）提高学生综合素质，培养复合创新人才

校内实习基地不仅为学生提供了巩固专业理论知识的实习机会，而且提供了应用课堂知识解决实际问题的机会，延伸了学生的学习内容的广度和深度，提高

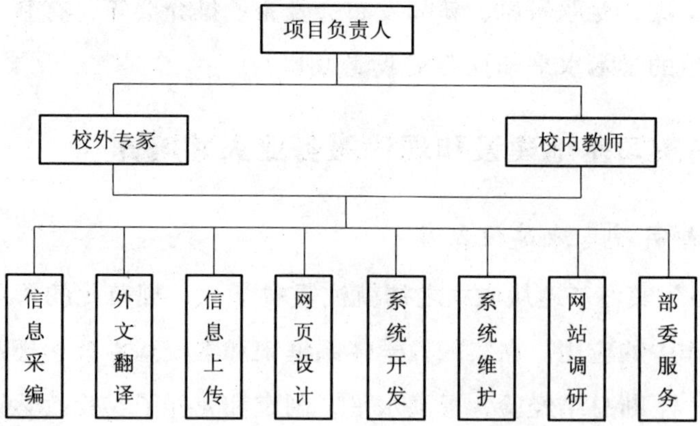

图1　实习岗位图

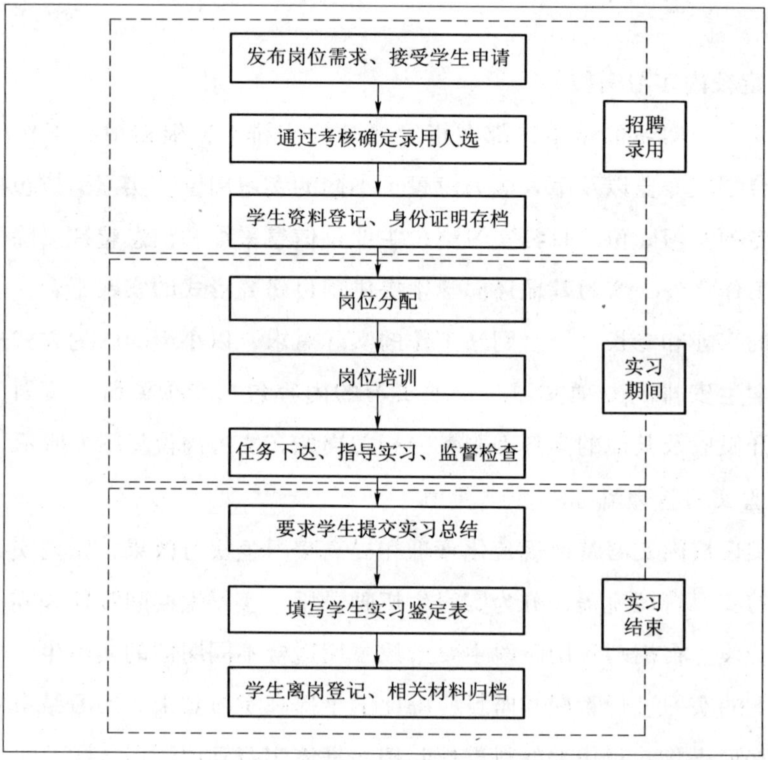

图2　实习生管理流程图

了学生解决实际问题的能力，有利于提高学生综合素质和培养复合创新型人才。

1. 丰富现场实习内容

根据校内实习基地设置的校内实习岗位，学生可以直接到校内实习基地进行现场实习。现场实习的日常实习的内容包括专项调研、策划、信息整理、系统开发等。同时，为进一步拓宽学生实习领域，现场实习内容还包括专项实习，具体内容有网站专栏的策划、网站影响力调研和企业需求调研、广告宣传策划书的撰写等。

2. 提供学院认知实习岗位

根据对外经济贸易大学教务处2010年6月发布的《关于落实2008级本科生认知实习相关工作的通知》，信息学院按照《对外经济贸易大学本科生实践教学管理办法》，结合本院的具体情况制定了《信息学院专业认知实习管理办法》。该办法就充分发挥“中外经贸合作网站信息采编中心”实习基地的作用，安排学生到实习基地进行认知实习作了规定。

实习基地为信息学院的学生提供的实习内容大部分与学生所学专业相关，认知实习学生的实习内容涉及专题调研、活动策划、系统维护开发、信息整理、资料整理及会务等。

2010年3月，第一批信息学院学生到岗开始认知实习，截止到2011年底，累计有42名信息学院的学生参加了采编中心的认知实习活动，其中2010年完成认知实习的学生为22名，2011年共有20名信息学院学生完成了认知实习。认知实习为学生提供了应用课堂知识解决实际问题的机会，提高了学生解决实际问题的能力，延伸了学生的学习内容的广度和深度，能够使学生真正做到学以致用。

3. 积极为学生争取商务部实习机会

“中外经贸合作网站信息采编中心”实习基地作为对外经济贸易大学学生实践基地，学生除了参加采编中心实习基地的现场实习外，实习基地还为商务部招聘、选拔部分实习生到商务部实地实习。自校内实习基地成立以来至2011年12月31日，实习基地已经为26名学生争取到去商务部实地实习的机会，2009～2011年三年间共选派9名学生去商务部实地实习，被选派到商务部实地实习的实习生均表现良好，受到商务部的肯定。

4. 为学生提供多样化的校外实习活动机会

校内实习基地为学生提供了丰富的参加各类高层次的外经贸活动、学术交流、专题研讨、新闻发布会及企业推介会等活动的机会，拓宽了学生的视野，使学生的学术水平和社会实践能力都得到了提高。例如，2011 年校内实习基地安排实习学生参加了 20 余场次校外实习活动，主要包括由俄罗斯新闻社组织的北京——莫斯科中俄专家视频连线座谈会、外国驻华使馆组织的活动、企业项目推介会、新闻发布会。此外，实习生还参加了上海合作组织成立 10 周年峰会、上合农业论坛等其他活动。实习基地为学生推荐的校外活动得到了实习学生们的热烈响应和积极参加，实习学生们在实习总结中多次写到：作为还没有正式踏入社会的大学生，参与这样的社会活动，开阔了眼界，增加了经历，实在是受益匪浅。

（三）实现实习效果和教学效果相互转化

校内实习基地规范化建设不仅可以为学生提供时间灵活性更高的实习机会，而且更有利于学生实习成果的评估，实现教学成果和学习成果相结合。校内实习基地为实践教学活动提供优良的平台，在相对稳定的为部委项目服务的基础上，探索出新的实践教学管理模式和教学组织运作方式。通过规范校内实习基地建设，实习基地在向学生提供实习计划的同时，也积极为实验教学、学术活动、毕业论文/设计等多个实践教学环节提供基础数据或系统支持。一些学生也将实习工作中遇到的问题进一步深入研究，作为他们毕业设计或毕业论文的选题。同时，教学效果的提高也可以为校内实习基地提供更多优秀的指导老师和更加丰富的专业实习内容和专业实习机会，实现实习效果和教学效果相互转化。

五、学生培养效果

（一）实习生人数概况

截至 2011 年 12 月 31 日，在采编中心校内实习基地实习的学生累计 657 人次，实习学生中本科生占 78%，研究生占 22%。这些学生来自对外经济贸易大学信息学院、国贸学院、外语学院等共计 10 余个院系和专业，还包括来自哈萨克斯坦国家的留学生及本校勤工俭学中心推荐的特困生。此外，还有来自中国人民大学、北京师范大学、北京航空航天大学、武汉大学、北京联合大学等多名其他学校学生。

表1　“中外经贸合作网信息采编中心”实习生人数

时间	学校类别	人数	百分比	学历类别	人数	百分比
2004－2012	本校生	612	92%	本科生	507	78%
	外校生	45	8%	研究生	150	22%
合计		657	100%		657	100%

（二）实现了人才培养目标

“中外经贸合作网信息采编中心”校内实习基地自成立以来，吸引了大量的本校和外校的不同专业的学生参加实习，在培养学生的沟通能力、综合实践能力、创新能力等方面取得了很大成效，实现了人才培养的目标。

1. 巩固了学生的理论知识

实习基地十分注重支持学生的专业知识学习和学术研究，鼓励学生参与到教师的科研项目中，为培养学生创新能力提供条件。实习基地为学生提供许多真实背景资料，如在老师指导下开发“中外经贸合作网站信息采编系统”，利用数据挖掘技术对中外经贸合作网站的真实 Web 日志数据进行分析等。通过在采编中心的实习经历，一些学生会对遇到的实际问题作深入研究，选择这些问题作为毕业设计或论文的研究方向，如《中外经贸合作网企业服务子系统开发》等。

此外，实践基地派出实习学生参与各类学术研究和学术交流活动，鼓励学生积极参加各类学术竞赛，撰写学术论文，以拓宽学生的视野，巩固学生已经掌握的基础知识、基本理论、基本技能，培养学生理论联系实际的思想方法，提高学生独立思考、综合运用所学知识解决问题的能力。

2. 培养了学生的综合实践能力

实习基地通过有计划地设定专业实习岗位和团队项目课题，针对学生的实战能力、应用能力、创新能力和沟通能力等方面进行综合培养，以真实环境对学生进行目标岗位的训练，取得了较好的成效。实习基地还鼓励学生对网站的各项工作提出自己的建议和创意。实习基地自成立之初就强调规范化、科学化的管理，注重信息技术在管理工作中的运用。在不断总结经验、提高管理水平的基础上，通过实践制定了学生实习工作相关的管理制度，其中一些制度的形成正是由有经验的实习学生设计完成的，提高了学生的创新意识和综合管理能力。

3. 受到学生的广泛欢迎

实习基地建立的8年间，共吸纳了659名学生参加实习。学生在实习体会、工作总结和调研报告中普遍反映通过实习基地的实践工作，加深了自己对专业知识的理解，在应用所学专业知识解决实际问题时，激发了对专业知识学习的浓厚兴趣。此外，通过实习工作，学到了许多课本理论知识所没有涵盖的工作方法、团队合作以及沟通技巧，提高了自己的综合素质，实习基地得到了学生的广泛欢迎。

六、结语

校内实习基地的建设有利于培养学生的沟通能力、创新能力及综合实践能力，利用部委合作项目，使实习基地建设得到了更加广泛的支持。如何在完成日常工作的同时，充分利用这个平台，设计出与学生所学专业结合更加紧密的专项实习内容，并探讨如何发挥广大教师的积极性和能动性，通过制度建设和激励措施使平台发挥更大的作用是今后需要进一步加强建设的方面。

参考文献

[1] 陈进，等．北京现代服务业研究．北京：对外经济贸易大学出版社，2009.

[2] 黄健青，陈进．基于信息服务项目的校内实习基地建设．现代服务业人才培养探索与实践，北京：对外经济贸易大学出版社，2011.

[3] 张安富．创新实习基地建设，探索学研产育人新机制．中国高等教育，2008（200）．

[4] 余传杰．试论大学生创新能力的培养［J］．河南科技学院学报（社会科学版），2005（1）．

金融学（金融服务外包方向）硕士研究生课程设置调查分析[①]

曹淑艳[②]　姜　华[③]

摘　要：全球服务外包市场持续升温引发专业化人才培养渴求，金融服务外包研究生课程设置与人才培养质量密切相关，调查学生学习感受，科学合理地进行培养方案设计，不断改进课程设置使之满足社会和学生需求是一项长期工程。

关键词：金融服务外包　课程设置　研究生培养

一、引言

对外经济贸易大学信息学院金融学专业金融服务外包方向硕士研究生自2010年开始招收第一届硕士研究生至今已有两年，共有2010、2011两届全日制学生入学学习，且2010级学生马上毕业。在这两年的教学实践和研究生培养过程中，我们围绕课程设置、人才培养进行了密切跟踪和调研，本文仅就课程设置在两届研究生中的调研反馈情况进行分析，为新一轮培养方案制定提供支持。

二、信息学院金融服务外包方向硕士研究生课程设置（2010、2011）情况

金融服务外包方向研究生学制为二年，其中2010、2011人才培养目标及培

---

① 本文是对外经济贸易大学研究生教学项目：新建金融学（金融服务外包方向）社会需求调研及培养方案设计与实施研究。

② 博士，教授，对外经济贸易大学信息学院副院长，研究方向：金融信息系统风险，电子商务。

③ 对外经济贸易大学信息学院研究生教学秘书。

养要求一致，课程设置情况基本相同。

1. 人才培养目标

主要面向国际金融机构前后台业务分离趋势以及我国金融产业的创新发展需求，培养具有创新精神的金融后台服务规划、运营与管理的高级专门人才。

2. 人才培养的具体要求

（1）具有扎实的金融、信息、管理与统计等学科基础知识；

（2）具有熟练的外语运用技能；

（3）具有使用信息技术开展现代商务活动的问题综合分析与解决能力；

（4）具有独立工作能力和创新精神，能够独立开展金融服务外包特定业务领域的高层次应用人才。

3. 课程设置情况

本专业方向的课程设置是为学生提供本学科领域的基础理论和系统的专门知识，使学生掌握信息技术与金融服务创新相结合的方法和技能，具备合理的知识结构和能力结构。学习内容涉及到管理、金融、信息等多个领域，目的在于培养信息技术与金融相结合的人才。

2010、2011 级研究生培养方案中课程分别设置为必修课和选修课，必修课又分为学位基础课、学位必修课和方向必修课，本调查分析侧重必修课情况。选修课调查主要从课程类型方面体现。

为了体现和加强复合型人才培养，学院特别提出了补修本科课程的要求，如本科学历为非经济、管理、金融类的考生需要补修一定学时的经济管理、会计金融等本科课程。

三、调查结果分析

本调查分析采用李克特 5 级量表，通过对本学院 2010 级、2011 级金融服务外包方向硕士研究生的调研问卷进行分析，情况如下。

1. 2010、2011 学位基础课满意度情况分析

如图 1 所示，我院 2011 级研究生中的 80% 对学位基础课如金融风险管理学、经济数据分析的设置是感到满意的，而 2010 级中对此的满意人数只有 20%，超

过一半的学生对学位基础课的设置感到不太满意，说明我院学位基础课的教授水平在2010级教学积累的基础上有所提升，然而，要达到学生普遍非常满意的水平，学位基础课的课程设置及教学内容改革仍有很大的调整空间。

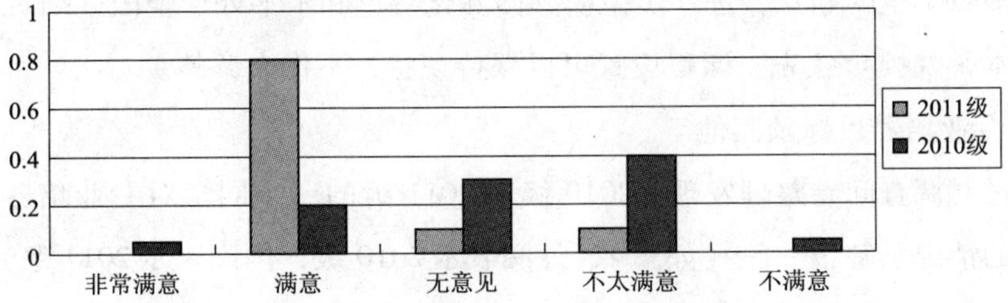

图1　学位基础课满意度情况

2. 2010、2011 学位必修课和方向必修课满意度情况分析

在学位必修课（数学经济学、银行经济学）和方向必修课（服务外包理论与实务、金融 IT 服务外包与管理）的设置上（如图 2、图 3）亦是如此，2011 级的满意度普遍高于2010 级，说明课程的教学水平在进步，学生的满意度在提升，但满意水平不是很高。2011 级中仅有 10% 对学位必修课感到非常满意，而对方向必修课感到非常满意的学生数是 0，课程的设置仍需要调整。

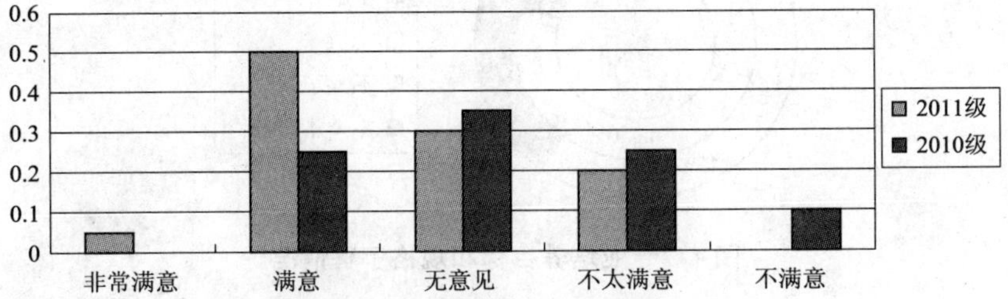

图2　学位必修课满意度情况

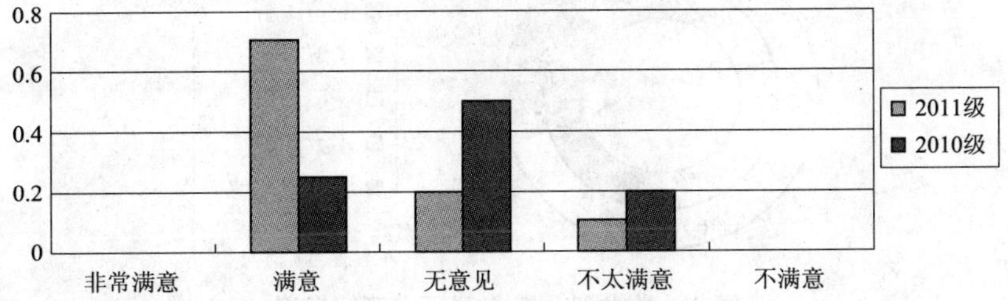

图3　方向课满意度情况

3. 2010、2011 公共课满意度情况分析

对于公共课（英语、政治）的设置，两届学生超过 50% 的人数都觉得是合理的，基本上能够满足学生的需求，说明对外经济贸易大学雄厚的英语教学实力得到大多数学生的满意，进一步说明其国际化特色和水平处于全国（研究生来自全国各本科院校）领先。课程设置可以保持现状，不作大调整。

4. 专业培养目标及其他

通过对调查问卷整理发现，2010 级和 2011 级的一半同学对专业培养的目标和规格的情况了解很一般（如图4，外圈表示2010 级，内圈表示2011 级），2011级有一半的学生对专业培养的目标和规格表示了解“一般”，2010 级也高达45%表示了解“一般”，说明学院要加强对专业培养的目标与规格的宣传；而对学术型硕士、专业型硕士的情况了解程度（如图 5，外圈表示 2010 级，内圈表示 2011 级），2011 级有 50% 的学生表示“了解”，而 2010 级反而有 60% 表示了解情况“一般”，说明随着我校专业硕士招生规模的扩大，学校对学术型、专业型硕士的宣传已初见成效。

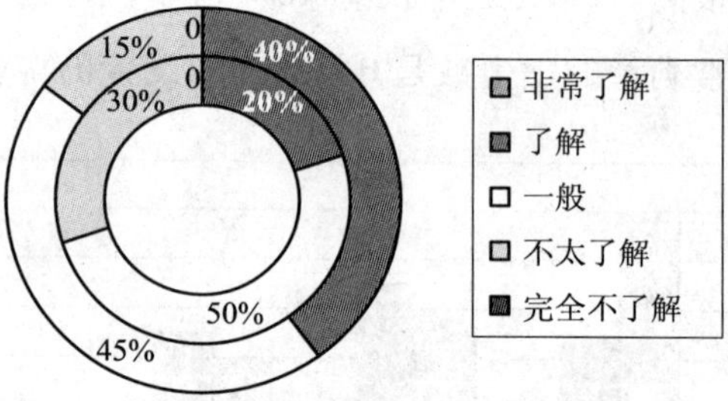

图 4　专业培养目标和规格了解情况

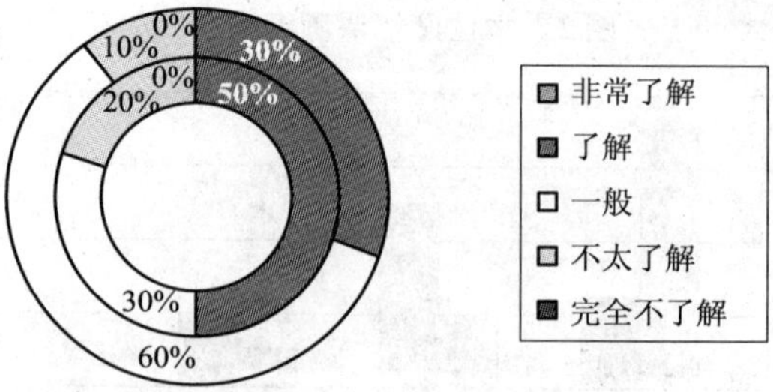

图 5　学术型、专业型硕士了解情况

5. 课程类型设置情况分析

课程类型设置调查主要从三个方面进行：一是信息类与金融类课程的设置比重、实务课与理论课比重以及跨学科综合课程设置。

在信息类与金融类课程的设置比重上（如图 6），2011 级的学生 40% 认为是 1∶1.5，比较倾向于金融类的课程；而 2010 级的学生 40% 则认为是 1∶1。

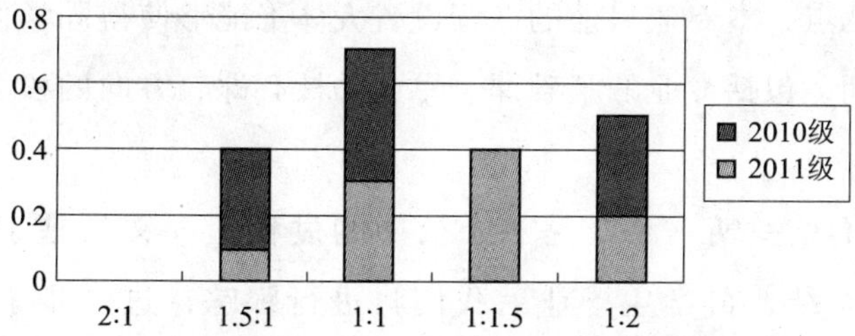

图 6　信息类与金融类课程的设置比重

在实务课与理论课所占比重方面（如图 7），2010 级 30% 与 2011 级 40% 的学生认为是 1∶1；在课程设置方面 2011 级学生更加关注应用实践能力，而 2010 级学生大多数则认为应更多地关注学术研究能力，但 2010 级和 2011 级超过一半学生普遍都认为研究生课程不仅仅要帮助他们获得系统性的知识，同时还要能够提供就业导向。由此可见，两届学生都比较重视实际应用，希望课程设置能够提高自己的就业能力，因此，在课程设置上，适当地增加一些偏应用的课程，教师在授课的过程当中，可以适当地减少理论的介绍，增加案例的分析，给学生多一些动手和动脑的机会。

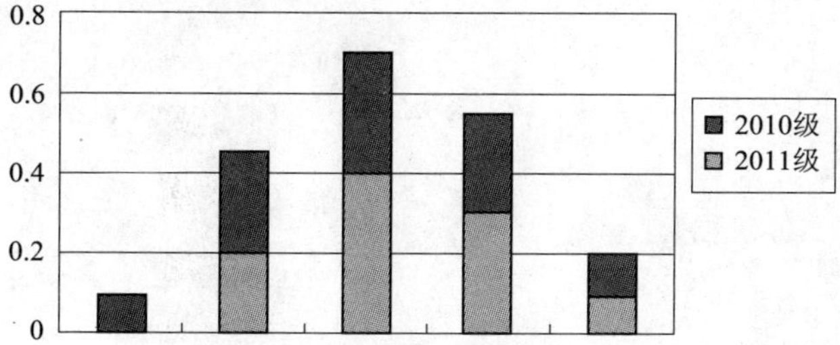

图 7　实务课与理论课所占比重

对于目前的课程设置，两届学生一致认为能够帮他们了解本学科的前沿动态，在跨学科综合课程设置方面，50%的学生认为是合理的，表明本专业课程设置总体上没有大的问题，只需在细节上，如课程设置比例问题，进行调整。

四、总结与展望

基于以上几点，本专业目前的课程设置大体上能够使得同学们满意，但仍有很大的改进空间，包括专业的基础课、专业的核心课、方向的核心课的设置、课程比例等。

人才培养不止一朝一夕，是一个长期的过程。本文是基于在校学生进行调研后的分析总结，待学生毕业后我们将进行跟踪，进一步了解就业后学生对课程设置的反馈情况，以便进一步改进我们课程设置，为高质量人才培养服务。

参考文献

[1] 2010、2011 金融学（金融服务外包方向）培养方案．对外经济贸易大学信息学院．

[2] 曹淑艳．金融服务外包硕士人才培养模式思考//改革与探索．北京：对外经济贸易大学出版社，2011.

从学生海外学习意向看国际化人才培养

——以信息学院为例

张志娟

摘　要：我们正处在一个信息化和全球化不断加快的时代，在当前这一多元文化并存的国际化背景下，如何积极有效地做好学生工作，全面培养始终代表先进文化前进方向、具有国际竞争力的新时代人才，是摆在每一个教育工作者面前的重要课题。本文旨在通过对学生海外学习意向深入调查研究的基础上寻找到国际化人才培养的有效途径。

关键词：大学生　海外学习　国际化人才

一、信息学院学生海外学习意向调研分析

为了解国际化背景下学生的海外学习意向，信息学院针对本院 1 ~ 3 年级本科学生海外学习需求情况进行了抽样问卷调查。共发放问卷 100 份，收回 98 份，其中有效问卷 97 份。本问卷从留学意向、学校专业的选择、家长态度、留学费用及对学校工作意见等方面设置了 20 道问题，从调查结果来看，三个年级统计结果分布基本一致，但存在一定差异，通过分析我们得出以下结论：

（一）留学意向

三个年级都有超过 70% 的同学有海外留学意向，整体有出国意愿的学生达 76% 。但由于调查学生当前所处的年级不同，大三年级学生主要倾向于第四学年出国，而大二、大一年级学生则更明显倾向于第三学年、第四学年或暑假到海外

学习。所有学生选择海外学习时间如图 1：

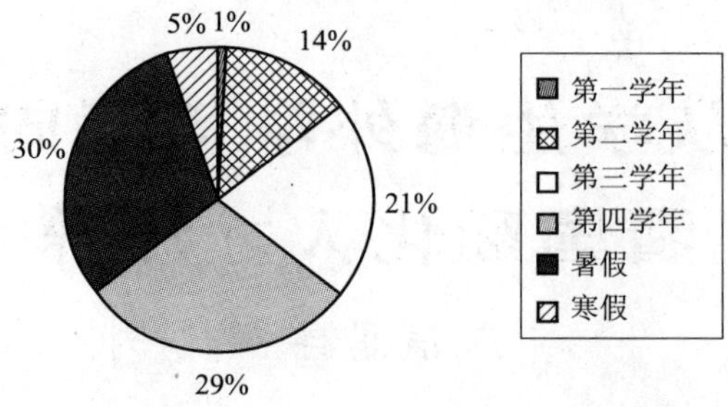

图 1　大一到大三年级学生倾向留学时间分布

（二）学习时间长短

大三年级和大一年级学生对在国外学习时间意向较分散，大二年级学生更倾向于在国外学习 1 学期或 1 年，汇总结果显示愿意出国学习 1 个寒暑假、1 学期、1 年或者更长时间的学生数量差别不大，倾向于在国外学习 1 学期或 1 年略多。

（三）学习地点

大多数学生倾向于选择美国作为首选地点，也有部分同学选择英国以及其他国家和地区。（如图 2）

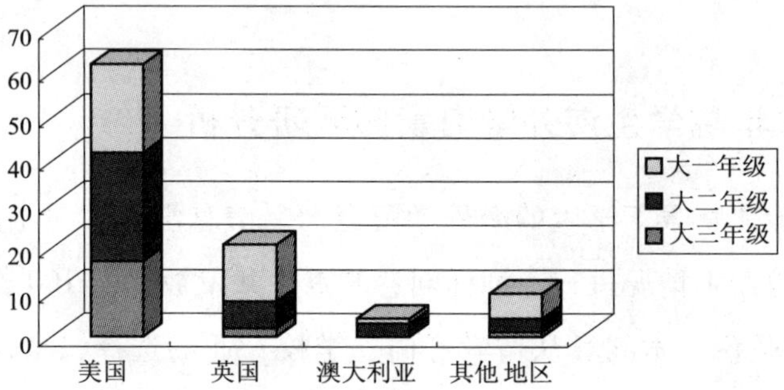

图 2　大一到大三年级学生倾向留学国家分布

（四）专业的选择

结果显示，大多数学生选择了攻读经济类、管理类专业，个别同学选择文化、语言等其他类专业，这与本校本科专业的设置、定位有着不可分割的关系。而影响专业选择的主要原因集中在就业前景和个人兴趣两方面，这表明大多数同学在专业选择上

本着理性、实际的态度，期望通过海外学习获得更好的工作机会。(如图3)

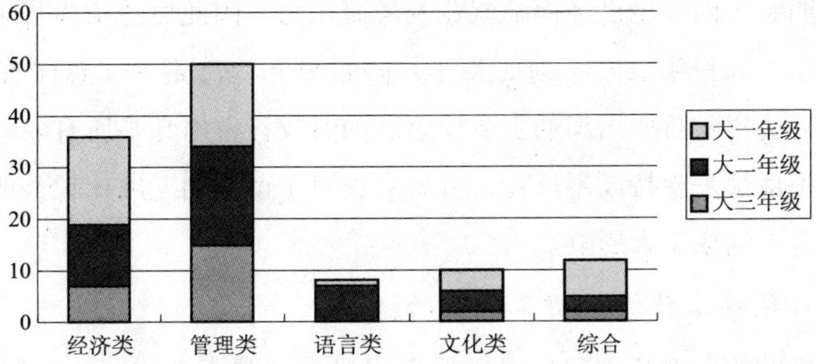

图3　海外学习专业选择分布

（五）费用选择

根据调查结果显示，绝大多数学生认为出国留学的费用应保持在低水平上，这也与目前出国留学仍然花费较大的现状有很大关系。即使能到美国排名前50的名校就读，三个年级大多数学生还是选择了10～15万元较低的费用，这说明在出国留学的高额学费面前，大部分学生家庭在没有把握申请到奖学金时，仍然难以承受出国的费用。

（六）留学事项

三个年级都有超过70%的同学认为对在海外学习期间能有参与实习的留学机会更有兴趣，反映了学生对于留学与实习就业的关注。同时60%以上的学生更倾向于到国外读研究生；在海外学习的考虑因素中，大三年级同学相对更关注学校的排名，而大二和大一年级的同学则更关注学校是否适合自己，费用以及性价比。(如图4)

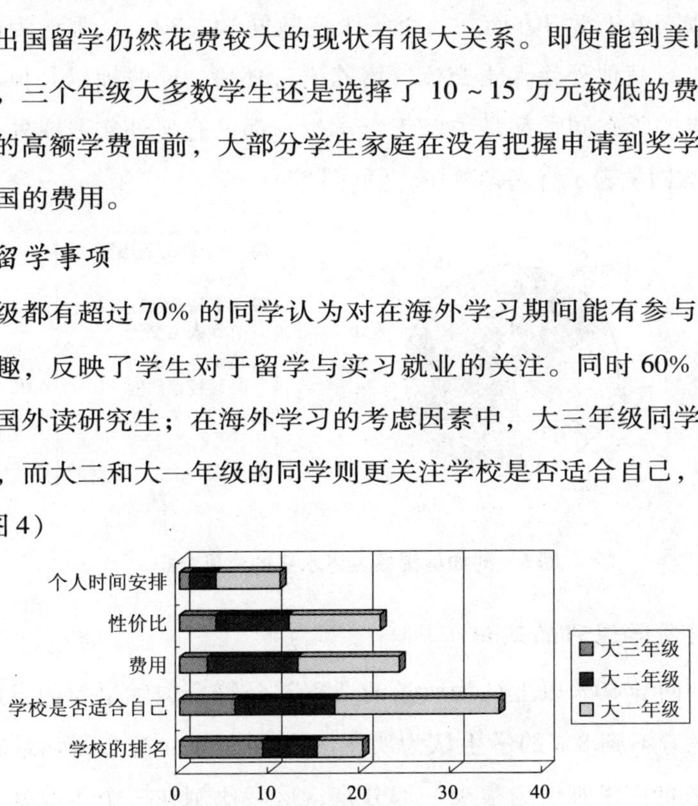

图4　本科阶段海外学习考虑因素分布

（七）留学原因和家庭态度

数据表明，大四学生已经面临就业及考研压力，因此更注重为将来出国读研作准备；大二、大一年级同学则更关注开阔眼界和提高素质，总体有 50% 的同学以开阔眼界为本科阶段出国的主要原因。同时统计得出几乎所有的家长对学生出国留学的态度都是支持或不反对，可见家长对于留学的态度比较开明，对学生最终的选择并不构成重大影响。

（八）对学校工作提供留学机会的意见

三个年级的学生都认为我校提供的出国机会数量一般或很少，同时 65% 的学生认为学校为学生提供出国学习机会的质量还可以，20% 以上的同学不够满意，说明我校应进一步加大学生海外交流工作的力度。

（九）英语学习及海外实习

在如何提高英语学习方面，三个年级多数同学（70%）都认为最好的办法是多和留学生或其他外籍人士交流，培养语言环境，同时辅以其他各种学习方法。参与调查的所有同学都是中低年级学生，都没有海外实习或外企实习的经历，但 80% 的同学表示有兴趣参加。（如图 5）

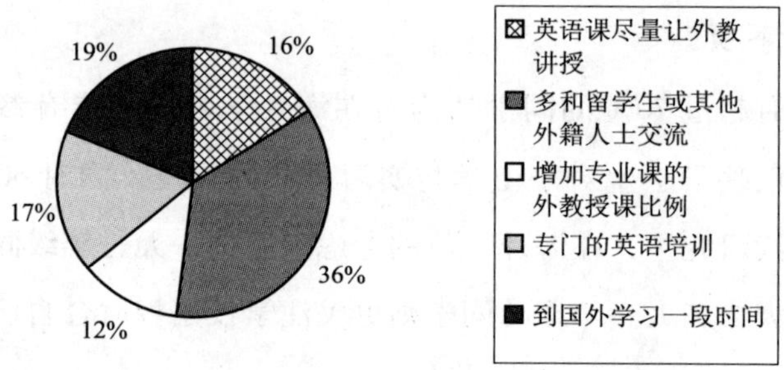

图 5　对如何提高英语水平的意见分布

（十）对所学课程的认识

被调查的同学 60% 以上认为所学的课程部分符合国际最新的发展趋势，但仍需加强；只有不到 8% 的学生认为所学的课程大部分符合国际最新的发展趋势。另外 20% 的同学则认为很少一部分是，这一比例在三个年级基本一致，说明学生们认为我校的课程设置仍应继续加强与国际最新趋势的结合。

(十一) 学生对海外学习交流工作的建议

参加调查的同学普遍认为我校应在为学生提供留学机会时提高外国大学的档次以及费用的优惠比率，同时兼顾项目的设计，具体到年级，大三年级学生对外国大学的档次更为看重，而大一年级学生更看重费用优惠，大二年级学生两方面比例基本持平；三个年级希望我校能在促进学生海外学习包括办理签证、学分互换和我校课程与海外学校课程安排的协调这三个方面都为学生提供帮助，其中我校课程与海外学校课程安排的协调最为同学们所重视，这也反映出了很多同学虽然有出国留学的意愿，但仍然十分重视自己在经贸大学本科的学习，不希望因为出国耽误太多现阶段的学习。(如图6、图7)

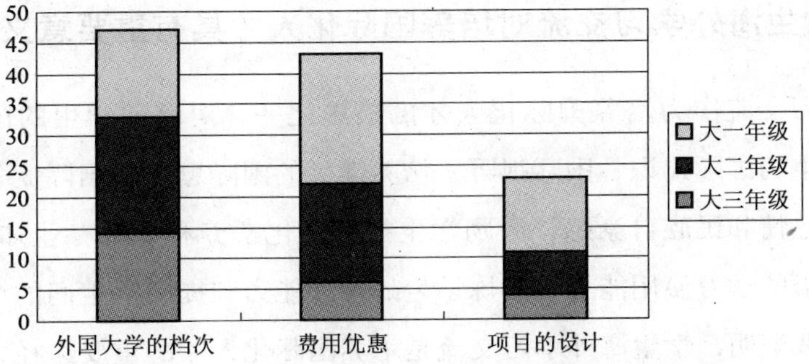

图6 对我校海外学习工作应提高的意见分布

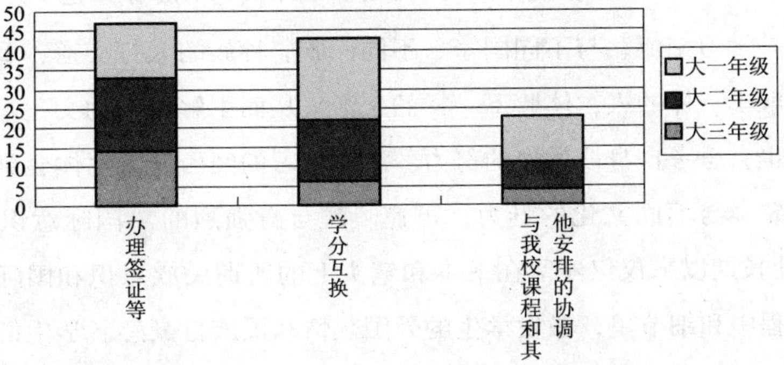

图7 对学校应提供帮助方面的意见分布

通过以上调查结果分析，多数同学都有海外学习的意向和兴趣，同时更青睐于在国外读研究生的方式。学校的选择以美国为主，专业主要是经济类和管理类这两种本科阶段都主要学习的课程，而大多数同学希望以较低的学费出国留学。同时由于被调查的学生年级不同，较高年级学生在选择时更多从就业、考研等实际需求考虑，对外国大学的排名以及将来的发展考虑较多，而低年级学生更多希望通过海外学习开阔眼界，提高自身素质。学生普遍希望通过多和留学生交流这种方式提高自己的英语交流能力为出国作准备，同时认为我校的学生海外学习交流工作应继续加强，为更多的本科生提供海外学习交流的机会，尽可能多的与海外的高水平大学建立合作关系。同时各年级学生希望学校能在办理签证以及学分互换这些较为复杂的环节提供帮助和支持，而且不希望自己的出国影响到现阶段在学校的本科学习。

二、学生海外学习交流对培养国际化人才具有重要意义

海外学习交流作为培养国际化人才的措施之一，对培养学生的国际交往能力，拓宽学生的国际知识、国际视野，培养学生的国际思维和国际竞争力，增强学生的爱国热情和民族自豪感，激励学生提升文化素养和学习专业知识的兴趣，强化学生外语的学习使用能力，锻炼学生的各种能力和提高学生们的综合素质意义重大。实践证明，学生海外学习交流是培养国际化人才的重要途径，不断推进和加强我校学生的跨文化交流活动对培养国际化人才具有重要意义。

（一）拓宽国际视野，增强学生的爱国热情和民族自豪感

学生海外学习交流，与不同国家、不同民族、种族的人打交道，看到不一样的环境，接触不一样的人，体验不一样的生活，从而了解不同的文化习俗、风土人情，同时也会思考自身该做出的努力。海外学习的经历使学生体会到世界的广博、民族的差异与不同文化的魅力，迅速唤醒自身强烈的“国际意识”和“民族意识”，使长期以来仅仅停留在书本和笔头上的所谓民族意识和国际意识凸显到活动的过程中和细节里，激发学生的爱国热情和民族自豪感。学生们在感受外国文化的同时也能够宣传我们的中华文明，弘扬中华民族的优良传统。

（二）激励学生提升文化素养和学习专业知识的兴趣

海外学习交流给同学们提供了零距离接触海外高校的教学模式、课堂环境、相同教育背景海外学生的学习方式与感受的机会，对提升学生的文化素养和专业

认知度上有很大的帮助。深厚的知识功底是实现跨文化交流的基础，只有具备广博的文化素质，才能在跨文化交流中游刃有余，应付自如；也只有掌握扎实的专业知识，才能赢得对方的尊重。学习过程中，同学们的修养和知识在不断经历着检验，同学们更加珍惜来之不易的学习和交流机会，他们用眼观察，用脑思考，用心体会，通过学习过程来对自身能力作综合评估，同时也把这个学习过程本身当作是提高综合素质和实现自身价值的极好机会，使同学们更加热爱自己的专业，更要以百倍的信心与热情投入之后的学习当中。

（三）强化学生外语的学习使用能力

在国外如果语言不过关则是寸步难行。无论是上课，还是生活各个方面，都需要用到语言交流。虽然现在国内的外语教育已经很普及了，但每一个出国的学生都会体会到在国内学到的英语是那么捉襟见肘。出国交流恰恰是给了学生一个走进外语环境的机会，听到的用到的都是英语，这对他们的语言水平是很大的考验，也是一次难得的提高机会。在海外的学习生活给了学生一个全新的语言环境，要想在国外的学习实习顺利并学有所成，必须过语言关。学生们在这种耳濡目染的环境下，英语水平能得到迅速提高。

（四）锻炼学生的各种能力和提高综合素质

海外学习交流给了学生们一个全新的视野和一个广阔的空间，学生们需要学会生活，学会学习，学会做人做事，要独自面对所有的问题，处理一切大小事务，这对学生的生活能力、自我管理能力、解决问题能力、团队协作能力等都是一个全方位的考验。海外的学习交流能学习到许多通过其他途径无法获得的知识和经验，这些对于他们今后的学习、工作和生活，具有重要的启迪和指导作用。这种海外学习的经历以及生活的磨练提高了学生的综合素质。

实践证明，海外学习交流是培养国际化人才的重要途径，不断推进和加强我校学生的跨文化交流活动，意义深远。

三、对促进学生海外学习交流的建议

通过对信息学院学生海外学习交流意愿的调研分析，多数同学都有海外学习的意向和兴趣，希望通过海外学习开阔眼界，提高自身素质。同时认为我校的学生海外学习交流工作应继续加强，为更多的本科生提供海外学习交流的机会。

为促进和加强我校学生的跨文化交流活动，提高学生海外学习交流的数量和质量，至少可从以下方面采取措施：

（一）建立制度，完善体系，为学生海外学习交流提供政策支持

在机构设置、规章制度等方面要适应国际化的趋势；在教学和管理等方面要与国际接轨。不断更新管理制度，完善课程体系。制定学分认定标准和转换政策，解决因学分问题给在校学生出国学习带来的障碍，有利于促进学生根据自己的需要来选择适合自己的课程和专业。

（二）创造条件，加强交流，为学生海外学习交流提供便利条件

加强交流与合作，通过多种途径，提高利用国外优质教育资源的效率，推动学生海外学习交流。积极采取措施，降低出国学习的门槛，为学生提供更多的学习交流机会，一方面积极开拓海外学习交流渠道，尽可能多地与海外高水平大学建立合作关系，为学生提供优质的学习资源，同时通过设立奖学金、学费优惠、学费互免等措施，让更多的优秀学生能获得海外学习的机会。

（三）优化环境，营造氛围，构建国际化的校园文化

优化校园文化环境，营造健康、开放的校园氛围，加强中外学生的融合和交流，搭建留学生与本国学生的交流平台，创造更多的交流机会。继承和发扬中国传统文化中的优秀成分，正确引导和吸收西方文化的精髓，培育浓厚的国际化文化交流和学术交流气氛，构建国际化的大学校园文化。

国际化本科人才培养的创新与实践

黄健青　于芳芳　沈　沉

摘　要：人才培养的国际化是适应高等教育国际化发展的需要，对外经济贸易大学信息学院站在国际化人才培养的前列，抓住机遇，更新发展理念，准确定位，不断调整办学思路，充分挖掘和利用国内外优质教育资源，积极探索国际化人才培养的新道路。学院从国际合作、师资交流、学生实习交流、校内外实践等多方面采取措施，构建适合本校区域和学科特色的国际化人才培养模式，培养学生的国际竞争力，提升学校的核心竞争力。

关键词：国际化　人才培养　创新

一、国际化人才培养的背景及意义

当今和未来的国际竞争，说到底就是人才的竞争。世界经济一体化进程的加快，推动了对国际化人才的强烈需求，也造成了世界性的人才短缺和人才争夺白热化的局面。这一问题在中国尤其凸显。中国加入 WTO 后，经济发展更快，也更广泛地融入到全球一体化的浪潮之中，在与全球化相适应的国际化人才培养上，尽管我国已经取得了不少的成绩，但仍远远满足不了社会经济发展的需要。中国经济要继续保持持续稳定发展，就必须要具有培养国际化人才的能力和机制。这个重大的历史任务就摆在了高校面前。高校作为人才培养和科技创新的重要基地，应积极主动承担起培养国际化人才的重任，这既是我国经济发展的需要，也是高校拓展办学方向、提高办学层次的需要。

二、国际化人才培养的理念

经济全球化使竞争全球化，提升国际竞争力的一个重要方面是要有国际化的人才队伍，因此培养适应时代发展和国际大环境的国际化人才成了一个必须面对的新课题。高校作为培养人才的重要基地，必须要研究和探索国际化人才特别是本科人才的规律。只有在遵循国际化的人才培养规律，确立国际化的人才培养理念的基础上才能培养出一批具有国际化意识和胸怀以及国际一流的知识结构，视野和能力达到国际化水准，在全球化竞争中善于把握机遇和争取主动的国际化人才。

国际化人才培养理念中最重要的就是合作理念，即充分利用国际教育资源，以及充分向外国开放本国的教育资源，在合作的过程中，促进教育的发展和经济的发展。这一理念始终贯穿于我们国际化人才培养的实践探索中，具体体现在三个方面：强化学术的国际交流导向；拓宽教师的国际交流渠道；构建学生的国际交流平台。

三、信息学院国际化本科人才培养的实施与创新

（一）实施背景与概况

信息学院在本科阶段目前开设有“电子商务”和“信息管理与信息系统”两个专业，以及来华留学生电子商务专业（国际服务贸易方向），其中，为更好地顺应时代发展及市场需求，本科电子商务专业自2010年起，又分为国际商务和金融服务外包两个方向，每年招生规模120人。

（二）“十一五”期间的发展与创新

“十一五”期间，在学校有特色、高水平、国际知名的办学目标指导下，信息学院在本科人才国际化培养方面做出了努力，主要包括以下几方面：

1. 加强教师国际交流，逐步加大双语课程开设数量

信息学院2005年开设了第一门双语课程，之后较长一段时间内一直未能继续增设。学院近两年加大了对引进教师海外留学经历的考察，同时加强已入职教师出国学习培训的力度。2010年，3名教师出国进修，出国访问4人次，2011年

出国进修教师 5 人，出国访问或参加国际会议 5 人次。近两年，陆续增开了 3 门双语课程，具体情况见表 1。

表 1　　信息学院双语课程开课信息统计表

序号	课程名称	授课教师	首次开课时间
1	网络营销	华迎	2005 年 9 月
2	经营管理中的决策方法	倪耀东	2010 年 9 月
3	电子商务规划与管理	程絮森	2011 年 2 月
4	电子商务物流管理	程絮森	2011 年 9 月

2. 学生海外实习计划实施

自 2010 年起，信息学院共有约 38 名本科学生被派往美国、加拿大、澳大利亚、日本、瑞士、新加坡、保加利亚等国家出席国际会议或参加海外实习和游学活动。对这些出国的学生而言，海外的经历是一个职业生涯的全新起点，一次充满挑战的人生冒险，一种不同寻常的生活体验，一堂焕然一新的人生课堂。

他们各自通过课堂和课下的学习方式，在同学和老师所进行的学业沟通以及不同的校园环境和资源等方面获得全新的感受，海外的学习经历让他们学会了重新审视学习的意义和过程。同时，他们也了解了世界上不同国家人们的不同的生活习惯、性格特点、流行文化和行为方式。在研修或实习空余时间的游玩中，享受到的不仅是不同国度美丽的自然风光，更是世界各地千奇百怪的文化大餐。

其中，除参加学校组织或个人联系之外，信息学院自 2010 年起每年通过公开报名遴选，由学院提供一定的补贴，选派 5 ~7 名学生参加国外合作高校的短期学习，有效地提高了本科学生在校期间国际交流的比例。

3. 利用校内实习基地，组织国际化实践活动

如表 2 中所示，“中外经贸合作网站信息采编中心” 为学生提供了丰富的参加各类高层次的对外经贸活动、学术交流、专题研讨、新闻发布会及企业推介会等活动的机会，拓宽了学生的视野，使学生的学术水平和社会实践能力都得到了提高。

2011 年采编中心安排实习学生参加了 20 余场次校外实习活动。如表 3 中所示，主要包括由俄罗斯新闻社组织的北京——莫斯科中俄专家视频连线座谈会、

外国驻华使馆组织的活动、企业项目推介会、新闻发布会。此外，实习生还参加了上海合作组织成立10周年峰会、上合农业论坛等其他活动。采编中心为学生推荐的校外活动得到了实习学生们的热烈响应和积极参加，实习学生们在实习总结中多次写到：作为还没有正式踏入社会的大学生，参与这样的社会活动，开阔了眼界，增加了经历，实在是受益匪浅。

表2　2011年采编中心为实习生安排的校外主要活动列表

编号	活动时间	活动内容
1	1月25日	《中国和俄罗斯在全球经济中的作用》北京—莫斯科中俄专家视频连线座谈会
2	3月3日	在俄罗斯驻华商务代表处举办的俄罗斯经济投资政策说明会暨梁赞州经济特区及合作项目推介会
3	3月23日	2011年度俄罗斯萨哈林州—中国推介会
4	4月12日	中俄（东宁）机电产品展销洽谈会
5	4月15日	伊利姆林业集团新闻发布会
6	5月16日	第七届中国吉林·东北亚投资贸易博览会新闻发布会
7	5月27日	《中俄渔业合作潜力》北京—莫斯科中俄专家视频连线会议
8	6月15日	上海合作组织成立10周年峰会
9	6月20日	俄新社北京新闻中心举行的《中俄能源合作》中俄专家视频连线座谈会
10	6月23日	ITE集团在北京世纪财富中心举行的“新西伯利亚及克拉斯诺尔地区项目推介会”
11	6月29日	《上海合作组织发展前景》北京—莫斯科中俄专家视频连线座谈会
12	8月18日	俄罗斯新闻社北京新闻中心举办的《美债危机问题及其影响》北京—莫斯科中俄专家视频连线会议
13	8月24日	俄罗斯新闻社北京新闻中心举行的《北方海路合作与发展》北京—莫斯科中俄专家视频连线座谈会
14	8月31日	在乌鲁木齐举行的“上海合作组织农业经济合作研讨会”和“上海合作组织农业经济论坛”
15	12月12日	肯尼亚国庆日晚宴活动

表 3　2011 年采编中心实习生主要调研工作列表

编号	时间	参与人	工作内容
1	2011 年 1 月	曹嘉浩	中俄经贸企业信息需求调研报告
2	2011 年 1 月	刘瑞菁	《中俄经贸合作网》网站信息更新状况调研和数据统计分析报告
3	2011 年 2 月	白龙	肯尼亚航空公司合作需求调研报告
4	2011 年 3 月	魏晓博、杨格、朱钰冰	中俄经贸合作网站影响力调研报告
5	2011 年 5 月	仇璐	《上海合作组织区域经济合作》网站信息更新状况调研和数据统计分析报告
6	2011 年 6 月	邱才俊、鞠娜	《中国南非经贸网站现状分析》调研报告
7	2011 年 8 月	闫晗、孙莉、于博、林珊	《中韩经贸网站现状分析》调研报告
8	2011 年 10 月	徐晔	中俄铁路集装箱国际货运代理公司宣传方案策划报告
9	2011 年 12 月	卓晗、李梅、孙一凡等	《中俄经贸合作网》调查问卷策划报告

四、国际化本科人才培养的目标

根据经济全球化以及加入 WTO 的需要，借鉴西方发达国家的国际教育理念，我国高等教育培养国际化人才的目标应是：在进一步加强爱国主义教育的同时，注重培养学生国际理念、国际竞争与国际合作意识；在继承中国优秀文化传统的同时，注重多元化的吸收，并具备良好的文化“免疫力”，注重综合素质、良好心理素质的培养；鼓励学生掌握一种或多种外语，并善于进行国际间的文化合作、沟通及信息处理；具有创新意识和创造能力。

根据我国高等教育的总体办学目标，“十二五”期间信息学院将在已开展的国际化工程基础上，继续加大推进力度，从政策支持、经费保障、师资培训、实习实践等方面进一步规范和扩大影响范围，并提出以下具体目标：

（一）提高国际化师资水平

“十二五”期间，按照学校规划指标，学院将重点建设现代服务业、电子商务两个国际化研究方向，争取国际合作课题2～4项，每年组织两次国际性或全国性的学术会议，举办十次高水平的学术讲座，英文检索期刊SSCI、A&HCI、SCI、EI等论文发表数量达到30篇左右。引进世界一流专家学者短期讲学与开展合作科研，引进国外师资及先进教学经验和理念，每年派出2～3名教师出国研修、讲学、合作研究，鼓励教师参加高水平的国际学术活动，使90%以上的教师具有国外培训经历或获得海外学位，实现20%以上课程的国际化教学。每年派出2～3名管理人员进行短期培训。

（二）扩大国际化学生规模

继续实施学生海外实习计划，每年选拔5～10名学生利用假期进行专业实习。加强合作办学，积极探索人才培养的创新模式，争取开发、培育、创办更多高层次的国际课程班项目。扩大留学生招生规模，五年内留学生人数翻一番。

（三）拓宽国际化交流项目渠道

除派出本院学生和教师赴海外实习、进修或访问等交流形式外，学院将落实与英国、澳大利亚等国外大学已经达成的互派协议，争取尽快开展“海外学生学习中国”项目，接收海外学生来学院进行短期学习。目前学院已经与英国诺森比亚大学、澳大利亚迪肯大学等达成初步协议，对方大学对此项目都很感兴趣并愿意尽快实施。

（四）建立海外实习基地

学院将尝试与国际企业合作，建立海外实习基地，提高毕业生在真实的国际化环境中的协同工作、团队合作的实际能力，成为国内国际化程度较高的信息学院。目前已经联系了硅谷“华源科技协会”，该协会有近20家各行业的企业会员，愿意接受我校的实习生。

（五）经费支持和保障

继续设立并加大专项国际交流基金支持力度，在“十二五”期间，一方面用于教师的出国培训、学习，另一方面将用于学生实习、国外基地建设等。

五、结语

通过推进国际化本科人才培养模式的改革与创新，不仅促进了学生国际化综合素质的提高、创新精神和实践能力的培养以及个性的发展，而且深化了国际化教育教学改革，提高了教育教学质量和人才培养质量，从而取得了良好的办学成效。

在高等教育国际化的时代背景下，中国高校都在努力推行自身的国际化办学战略。我校一直以有特色、高水平大学为发展定位，以国际化水平领先的国际知名大学为目标。信息学院国际化、现代化及复合型特色鲜明，承载着学校国际化本科人才培养的重要任务，学院在学校提供的国际化的优越环境下不断地实践与创新，一定能探索出一条适合社会需求的国际化人才培养之路。

参考文献

[1] 菲利普·阿特巴赫，姜川，陈廷柱．全球化与国际化［J］．高等教育研究，2010（02）．

[2] 陈学飞．关于高等教育国际化的若干基本问题//大学国际化：理论与实践，北京：北京大学出版社，2007.

对外经贸大学电子商务专业建设及人才培养模式研究

李　兵　苏　丹

摘　要：本文对对外经贸大学电子商务专业建设现状进行了分析，根据高等教育的特点，针对对外经贸大学电子商务专业实际情况，从教学内容、建立专业实践教学体系，以及教师队伍的建设等几个方面对电子商务专业建设进行了深入研究，着重探讨了电子商务人才的培养模式。并对未来电子商务专业建设中的一些亟待解决的问题进行了归纳和提出了一些解决问题的思路。

关键词：电子商务　培养模式　实践

一、引言

随着信息与知识经济时代的到来，互联网日益成为人们从事商业贸易、生产经营、事务处理等工作的重要工具和媒介，基于互联网的电子商务正逐渐成为互联网发展的重要内容，电子商务将主导21世纪的国际经济。近年来中国的电子商务发展迅速，随着电子商务的发展，我国国民经济各部门对电子商务技术人才、专业管理人才的需求都将会急剧增加[1-4]。为了适应这种形势，2001年，国家批准了13所学校成为首批开设电子商务本科专业的高等学校。作为第一批13所院校之一的对外经济贸易大学电子商务专业，2001年正式招生，2005年已有第一批本科毕业生。在产业经济学硕士点下已开设了电子商务方向，并正在申请博士点的电子商务方向，形成了电子商务专业教学、科研的良好支撑体系[5]。本文的主要内容就是关于对外经济贸易大学电子商务学科建设情况的研究和探讨。

二、专业建设回顾与分析

（一）电子商务专业建设回顾

从全国范围来看，电子商务属新兴专业，对外经贸大学是国家教育部批准建立的第一批 13 所院校之一，在师资队伍、课程建设等方面有较好的基础；在“十五”期间，我们在教学研究、科研合作、师资队伍、教学实践、学生能力培养等方面有所创新，探索出一套教学管理与培养模式的特色方法，促进了教学质量的提高。具体包括：

1. 教学研究成果显著

开展了人才培养方案研究、课程建设研究、人才培养模式及教学培养模式研究；提出了复合型电子商务专业的人才培养方案，形成了具有国际化、精品化特色的专业人才培养模式，获得北京市精品课程立项和北京市教育教学成果奖。

2. 科研促进教学工作

承担了国家自然科学基金项目、国家社科基金项目、商务部、科技部等课题 10 余项，形成了科研与教学有机结合的良好环境。

3. 教学实践特色突出

通过与企业和国家商务部的合作，建成了一定规模的实践基地，完善了人才培养模式。我校参加实习学生占实习学生总人数 70% 以上；开展学生电子商务社会活动，每年开展大型活动 1 次，中型活动 5 次，吸引 50% 以上的学生参与活动（IT 文化节、电子商务竞赛等）。

4. 开展国际化的教学交流活动

先后与 4 所外国大学建立了良好的合作关系，开展了电子商务专业与课程教学交流活动；与许多国内大学建立联系，组织前来参观、进行专业教学研究交流活动，讨论专业发展规划，提高了教学水平。

（二）专业建设面临挑战

电子商务专业属新兴专业，而电子商务发展日新月异，电子商务理论发展远未成熟，且理论发展滞后于实践，给规范的院校教学带来诸多不定因素和滞后性。因此，电子商务专业建设在探索和实践中不断地完善和发展着。

此外，教师专业背景不完全合理。电子商务专业教师队伍通常是由其它专业转行过来，一部分教师出身于理工类的计算机专业，其经济、管理知识较为缺乏，不利于专业的交叉性和复合性发展，因而完全形成自己的符合市场需求的教学体系和规范也需要一定的时间。

最后，由于电子商务专业在许多企业中缺少明晰的岗位定位，很多企业对专业缺乏了解，也没有专门的岗位规划，使专业实习、实践环节缺少社会力量的支持。

（三）专业建设所面临的机遇

电子商务是近几年公认的新的经济增长点之一，在国内以每年 45% 左右的速度高速发展，有专家估计，我国在未来 10 年大约需要 200 万名电子商务专门人才，人才的缺乏将会是今后发展电子商务的瓶颈问题之一；此外，当前有关电子商务特别是围绕电子商务应用的研究在国内外较为活跃，一些即使尚未开办电子商务专业的院校也都开设了方向课程，未来市场需求前景看好，有广阔的发展空间，也为专业建设带来良好的发展机遇。

通过上述分析，我们可以得出这样的结论，从电子商务专业的角度来讲，所面临的机遇与挑战并存。因此电子商务专业所面临的很多问题，都有可能随着这个专业的快速发展而逐步得到解决。

三、专业建设指导思想及建设目标

在专业建设过程中，我们一直坚持从国家和社会需求出发为指导思想，希望建成信息管理与经济相结合的新兴交叉学科和复合型专业，培养具有国际化品质、具有实践和创新能力的电子商务专门人才。

（一）建设目标

通过学科与专业建设，电子商务专业以国际先进水平为目标，以重点发展商务管理为特色进行建设；积极开拓研究生和留学生教育，并为发展相关新的学科专业奠定基础；通过努力，向研究教学型专业转化。

（二）专业特色和指导思想

电子商务本科专业属于管理学学科，学科基础是管理学和信息科学，并融合经济学等其他学科，具有多学科融合的专业特点。人才培养特色为实务性、复合型、多元化。在培养模式上，我们主要考虑从知识、能力和素质三个方面构建人才培养体系，加强实践环节，鼓励学生以各种形式参与第二课堂的学习，如参与教师科研项目、专业建设调研等，以灵活多样的方式使学生将书本上的知识与社会大市场实践相结合。

四、人才培养模式现状分析

电子商务是一个融合了管理、经济、商务和技术的复合型的综合学科，是一个在这几类学科理论发展的基础上，通过现代信息技术，将其融会贯通加以应用的综合性学科。电子商务专业是基于管理、经济、商务和管理信息系统等理论，为培养从事电子商务相关领域研究和应用工作的人才而设置的专业。学科的基本理论是管理科学、经济、商务和金融理论、系统科学、心理学、计算机、通信科学等。管理科学、经济、商务和金融理论、系统科学、心理学的理论和方法作为本学科的研究背景和分析手段，电子商务中需要解决的问题是信息技术服务的目标，计算机和网络通信技术是实现目标所利用的工具。

通过组织毕业生调查发现，多数学生从事与电子商务相关的管理工作，有少部分学生分别从事系统开发和经济信息研究工作。我校学生的突出优势体现在经济管理知识全面，适用面广，沟通能力强，不足是动手能力弱。针对这些问题，在培养方案制定和课程教学中我们加强了动手能力的培养。

五、人才培养模式构建

在培养方案制定过程中，我们研究了国内外有关院校的培养方案，撰写了《电子商务专业培养方案比较分析报告》，深刻剖析了国内外不同院校培养方案的共同点和不同之处，分析这些差别的原因和对学生培养目标的影响，总结出了适合我校的学生特点的人才培养模式。

电子商务专业今后的重点是在加强基础学科（数学和英语）学习的基础上，重点培养学生在电子商务领域的综合实践能力。强调学生的“一专多能”，鼓励学生根据个人兴趣和就业预期提升自己的核心竞争力。强调无论是对电子商务管理或技术中的哪个领域感兴趣，一定要做到学有所长，要有自己的特点，使学生能真正做到把所学到的知识和今后的职业生涯有机地结合起来。本着这个思路，本专业为学生重点推荐一些相关学科的重要课程，强调学习要有所侧重，不能一概而论。另外鼓励教师在课程讲解过程中，加大案例教学的比重，鼓励在课堂教学中引入教师的科研项目的讲解，逐步过渡到案例驱动的课堂教学，让学生真正领会到所学的知识在实践中的真正用途，真正做到“知行合一”。另外，要从系统的角度来规划本专业的课程，构建合理的课程体系，强调“授之以渔”的观点；强调课程内容随需而变的观点；强调打好基础，不拘泥某些特定编程语言的观点；强调因人而异，学有侧重的观点；强调学生快速学习、快速上手能力培养的观点；使学生能以一个系统性、整体性的观点理解本专业的知识体系，使学生通过学习能够真正体会到电子商务专业的综合性和实践性的特点，使学生真正对本专业的飞速发展能有一个较好的就业适应能力。此外，还要重点培养学生的实践能力，鼓励学生参与教师的科研课题，鼓励学生利用假期参与各种社会实践。提高学生在实践中对本专业的认知度。

电子商务专业属于应用型实验学科，教学实验是必不可少的环节，建立与教学内容配套的实验室是高水平完成教学目标的基础。为此，本专业在学校现有实验室的基础上又建立了电子金融实验室、企业信息化实验室等专业实验室，为学生进行系统开发、网络部署提供了条件，相应进入实验室的课程都编写了实验大纲和手册，为培养训练学生的专业技能提供了必要条件。

六、结语和展望

总体上，电子商务专业学科建设的方向是正确的，也确实取得了一些成果。但是，从前几年的毕业生反馈的情况看，我们在专业建设中还存在很多问题需要改进。另外，从上述分析可知，课程应该适应社会的需要，追踪当今行业新的趋势，这样才能吸引学生学习。这也是我们今后进行学科建设需要进一步努力的方向。

参考文献

[1] 韩昉，郑晨升，杨玮．开展 ERP 沙盘模拟实验　改变传统的教学模式 [J].

财会月刊, 2005 (8).

[2] 张喜征，单汨源，袁凌. 高校电子商务专业培养模式的探讨 [J]. 大学教育科学, 2005 (4).

[3] 李琪，张仙锋. 我国电子商务专业本科人才培养 [J]. 计算机教育, 2004. (1).

[4] 王新庄，党庆忠. 电子商务专业人才培养目标和培养模式研究 [J]. 成都理工大学学报, 2004 (4).

[5] 曹淑艳等. 信息学院专业建设及人才培养模式研究 [A]. 对外经济贸易大学研究报告, 2008.

国内外部分高校电子商务专业培养方案的对比分析

李　兵　苏　丹

摘　要：本文对对外经贸大学电子商务专业和其他高校相同专业的培养方案进行了对比分析，根据高等教育的特点，针对电子商务专业实际情况，从培养目标、开设课程、专业特色和课程安排计划四方面进行比较，并对未来电子商务专业建设中的一些亟待解决的问题进行了归纳，同时提出了一些解决问题的思路。

关键词：电子商务　培养方案　对比分析

一、引言

随着信息与知识经济时代的到来，互联网日益成为人们从事商业贸易、生产经营、事务处理等工作的重要工具和媒介，基于互联网的电子商务正逐渐成为互联网发展的重要内容，电子商务将主导21世纪的国际经济。近年来中国的电子商务发展迅速，随着电子商务的发展，我国国民经济各部门对电子商务技术人才、专业管理人才的需求都将会急剧增加[1-4]。为了适应这种形势，2001年，国家批准了13所学校成为首批开设电子商务本科专业的高等学校。作为第一批13所院校之一的对外经济贸易大学电子商务专业，2001年正式招生，2005年已有第一批本科毕业生。在产业经济学硕士点下已开设了电子商务方向，并正在申请博士点的电子商务方向，形成了电子商务专业教学、科研的良好支撑体系[5]。为了更好地进行专业建设，我们把我们的培养方案和国内外部分高校同类专业的培养方案进行对比分析[6]，力图找出我们的不足之处，本文的主要内容就是关于对比分析的结果介绍。

二、培养目标

本部分首先对各个学校电子商务专业培养目标进行列举，然后着重探讨这些培养目标的相同之处和差异之处。

（一）培养目标列举

各学校的培养目标如表1所示，国内的这四所学校，都是教育部“211”大学，其中两所综合性大学，两所财经类大学；而美国卡内基梅隆大学更是一所世界知名的高等学府。因此，这种比较具有一定代表性。

表1　几所高校培养方案列举

学校	培养方案
对外经济贸易大学	本专业旨在培养德、智、体全面发展的，具有经济贸易、管理理论基础和较高的外语水平，掌握计算机、电子商务理论和技术，从事电子商务设计、开发、应用和管理的具有国际竞争力的专门人才。
北京大学电子服务专业	电子交易：培养领域急需的电子商务软件开发和电子商务运营管理人才。通过该专业方向的培养，学员将掌握电子商务支撑平台开发、电子商务运营管理、电子商务安全等方面的理论和实践知识。
	电子政务：培养政府信息化工程所急需的掌握电子政务领域知识和软件开发技能，了解电子政务框架、实现技术和开发工具的IT人才和运营管理人才。通过该专业方向的培养，学员将掌握如何利用电子商务支撑平台、电子商务运营管理、电子商务安全等信息技术提出电子政务应用软件解决方案，建立大型应用系统数据库。
	电子金融：培养领域急需的掌握金融业务领域知识和软件开发技能，了解金融工程技术的IT人才和运营管理人才。通过该专业方向的培养，学员将掌握如何利用电子商务支撑平台、电子商务运营管理、电子商务安全等信息技术提出金融领域应用软件解决方案，建立大型应用系统数据库，掌握金融工程技术，推广金融业务发展。

续表

学校	培养方案
上海财经大学	本专业学生应具有扎实的信息技术专业知识和系统全面的经济学和管理学相关知识，能将技术与管理有机地融合；能把握本专业作为新型交叉学科的特点，了解本专业领域的主要研究成果，关注企业信息化的发展进程暨电子商务在企业的应用进展。学生毕业后能在相关部门从事企业电子商务的规划、应用和开发管理工作，能够为企业制定和实施电子商务战略的复合型人才。
东华大学	本专业培养具备管理学理论基础、计算机科学技术知识和能力、法学和经济学方面的基本知识，能熟练运用电子商务技术、信息技术、网络营销等方法，从事电子商务系统的规划、开发、应用、管理和评估的高级专门人才。
卡内基梅隆大学	The purpose of this masters program is to educate a new generation of managers, planners, analysts, and programmers, on the realities and potential for electronic commerce. This must be understood for all forms of trade and commerce among industrial, commercial, governmental, institutional, and consumer participants.

（二）培养目标对比分析

1. 培养目标的相同点

从表1中我们可以看出，无论是国内还是国外的大学，基本上都是培养面向电子商务应用的复合型人才，而并不是单纯为了科学研究来培养人才。从这一点来看，各个学校对电子商务的实践性这一特点还是有很大共识。这也和当前电子商务的发展趋势比较吻合。因此，从培养目标的角度讲，强调学生的在掌握知识和培养能力方面的复合性和应用性，更符合学科发展方向。

2. 培养目标的差异分析

从各个学校的培养目标来看，存在的差异也非常明显。由于专业依托的背景不同，有的学校侧重于培养学生在金融、法律和经济管理方面的能力，IT 技术只是一种辅助手段；有的学校更加侧重 IT 技术，而其他方面的内容只是作为背景知识来学习。另外，从实践环节来看，大家的重视程度也不同。但无论怎样，都应该强调结合学校的特点，培养“一专多能”的学生，即学生必须要有特长，这才足以保证学生在未来的职业生涯中游刃有余。

综上所述，培养学生在实际工作中的综合能力，应该是我们培养目标的重点。这种能力应该既包括实际的执行能力，又包括对新知识的学习和掌握能力。因此，我们的培养目标更应该有所侧重，而不是面面俱到。从对外经贸大学的实际情况看，学生的跨文化交流能力是我们的特长，因此，如何在这个特长的基础上，根据学生自身的特点提升其在某一感兴趣的领域的专业特长，是我们在培养目标制定时要重点考虑的问题。

三、开设课程比较

（一）学科基础课和专业必修课的比较分析

从课程设置情况看，我校电子商务专业的学科基础课和专业必修课与上海财经大学、东华大学等相关本科专业的课程设置比较接近。与北大电子服务专业和卡内基梅隆大学等电子商务硕士课程设置相比，则相差较大。我们可以根据今后的实际需求来适当调整我们的学科基础课和专业必修课的课程设置。

从课程设置来看，可以说我校该专业的学科基础课和专业必修课反映了国内这个学科教学的基本现状。应该说相对来讲课程设置是基本合理的，也比较符合本科学生现有的基础和接受能力。但即使同一名称的课程，不同的教学方法和教学内容，对学生能力的培养也是不一样的。因此，我们应该重点研究课程应该包括的具体教学内容，以及课程之间的内在联系等。只有建立了比较系统的课程知识体系，才能让学生在学过一门课程以后，能够了解本门课程在整个知识体系中的地位和作用，以及对未来工作会有哪些帮助等，使学生能够真正理解为什么要学习这门课程，避免学习的无目的性。在这方面，我们可以参照卡内基梅隆大学的做法。另外，从复合型人才的培养角度讲，并不是面面俱到才是最好的，而是在某一方面或几方面要有自己的核心竞争力。因此，在一些重要课程的授课内容上，应该更加紧密地贴近学科最新的发展方向，注重学生基础知识的扎实程度，使之具有较强的学习新知识的后劲。

（二）选修课比较分析

从知识体系角度来讲，选修课是拓展学生知识面、增强学生对学科背景知识了解的重要手段。从选修课内容来看，对外经贸大学电子商务专业和上海财经大学、东华大学的课程设置比较类似，但和北京大学以及卡内基梅隆大学的课程差异较大。从后面两个学校的选修课程来看，北京大学的课程更加注重与实践的结合，而且更加专注于IT技术；而卡内基梅隆大学的选修课程，在注重与实践结合的同时，选择的范围非常广，非常便于学生根据自己的情况和就业倾向进行有针对性的选择，这一点十分值得我们借鉴。

从我们的情况看，课程内容与实践结合方面还有所欠缺，在课程的实用性方面还有待于进一步提高。而且从选修课程的总量上看，可供学生根据自己实际情况进行选择的范围还是比较窄，这也有待于我们进一步改进。

四、各个学校专业特色比较分析

从各个学校专业特色来讲，虽然侧重点有所不同，但都非常重视课程的实践环节，以及课程内容的先进性。这一方面是由于电子商务这一学科本身就是一门实践性非常强的学科，另一方面则是由于市场对毕业生的需求状况所决定的。因此，要想培养出在未来电子商务领域具有核心竞争力的人才，一方面不能削弱我们学生固有的外语优势，另一方面还要在课程内容上与时俱进，使之更加符合电子商务的发展趋势。只有这样，才能培养出市场需要的、具有核心竞争力的毕业生。因此，我们需要在很多方面加以改进和提高。例如为了增强教师对学科实际发展情况的了解，可以参照国外很多大学都鼓励教师在完成本职教学和科研任务的基础上，在各种公司担任顾问的做法；再如可以更新过时的课程内容和教学方法，使之更加符合现实的需求，反映当前电子商务的实际状况，这样学生的学习兴趣也会更大；还有借助电子商务实验室建设的契机，积极开展与政府和企业间的合作，争取到更多的承办各种相关培训和认证考试的机会，提升专业的知名度和学生的实际操作能力等。此外，提升教师的科研水平，以及为教师提供各种国内外进修的机会，也是改进课程内容的先决条件。

五、结语和展望

总体上，对外经贸大学电子商务专业的课程设置基本上是合适的，通过与其他学校对比可知，本专业比较明显的不足之处是学生在本科开始阶段对专业的理解比较模糊，因此需要适当调整课程安排计划，使学生较早地接触专业课程。从各所大学的课程设置来看，我们还是要加强课程的应用性环节，这也是和电子商务学科特点比较符合的。此外，应该培养学生快速学习新知识、适应新环境的能力，“授之以鱼不如授之以渔”。而一些公共基础课和专业必修课的学习，恰恰是培养学生可持续学习能力的前提条件。因此，我们需要在这方面有所侧重。

另外，从上述分析可知，课程应该适应社会的需要，追踪当今行业新的趋势，这样才能吸引学生学习。我们可以通过增加适当的选修课，以及改进原有课程知识陈旧的问题，来弥补这个方面的不足。

参考文献

[1] 韩昉，郑晨升，杨玮．开展 ERP 沙盘模拟实验 改变传统的教学模式［J］. 财会月刊，2005（8）.

[2] 张喜征，单汨源，袁凌．高校电子商务专业培养模式的探讨［J］. 大学教育科学，2005（4）.

[3] 李琪，张仙锋．我国电子商务专业本科人才培养［J］. 计算机教育，2004（1）.

[4] 王新庄，党庆忠．电子商务专业人才培养目标和培养模式研究［J］. 成都理工大学学报，2004（4）.

[5] 曹淑艳，等．信息学院专业建设及人才培养模式研究［A］. 对外经济贸易大学研究报告，2008.

[6] 李兵．关于电子商务专业培养方案的比较报告［A］. 对外经济贸易大学研究报告，2007.

服务外包人才需求类型分析

赵星秋　卓　晗　杜　涛

摘　要：本文从服务外包业务内容分析入手，深入分析了外包企业的服务对象、任务要求，总结出了服务外包企业需要的五种人才结构，分析了每种人才所承担的工作任务，需要的知识、技能以及培养层次和方法，为今后相关专业制定培养方案，确定课程内容提供了依据。

关键词：服务外包　人才培养　人才类型

一个行业的发展离不开人才，纵观国内外服务外包承接地的成功实践经验可以看出，服务外包业发展较好的地区在服务外包人才培养上都具有较大的优势。印度服务外包业的成功在很大程度上归因于其完善的教育体系，印度每年培养出200万拥有很强技术能力的毕业生，加之印度本身具备的英语优势，使其在服务外包业发展中处于优势地位。可见，人才培养在发展服务外包业的过程中起到关键性的作用，培养什么样的人才可以满足服务外包行业的需要是我们制定政策规划首先要考虑的问题。

一、服务外包人才概况

人才是服务外包业的核心竞争力。据麦肯锡与商务部联合发布的《将中国打造成服务外包产业的全球巨人》[1]白皮书指出，人才瓶颈将成为中国进入更广阔服务外包市场主要的障碍和挑战。这是由于服务外包产业是一种专业性、智能型和知识密集型产业，企业的价值增值主要依赖人才，只有具备了人力资源优势，才有可能在国际服务外包市场上占有一席之地，获得较大的利润分成，而这一点也成为中国实现产业转型升级，发展服务外包产业的关键。2009 年 4 月 10 日，中国教育部和商务部发表公告，要求各大学设立具体的外包业培训计划，预计该行业在未来 5 年内为毕业生创造 100 万就业机会。随着中央和各级地方服务外包人才补贴政策的进一步落实，2010 年我国软件与信息服务外包产业从业人员规模继续扩大，总量超过 73 万人，同比增长约 32.7%。

事实证明，尽管中国拥有丰富的人力资源，但是基本上只能满足服务外包产业发展低端市场的需求。中国发展服务外包产业的关键障碍之一就是中高端专业技术人才短缺，能够真正符合公司发展要求的劳动力供给严重不足。整体上看，中国拥有为数众多的高校，仅 2011 年就有 608.2 万大学毕业生走向就业岗位[2]，数量庞大，具有十分丰富的人才储备。但是，由于中国高等教育、职业教育等人才培养模式存在诸多方面的缺陷与不足，人才市场呈现出不合理的状况，如人力结构欠合理，服务外包中高层技术人才短缺等。就目前来看，中国既缺乏具有丰富经验的服务外包项目经理及系统架构师等中层软件外包人才，又缺少熟悉国外客户语言和国际文化背景、精通国际外包行业规则、具有国外市场开拓能力的商务管理人才。另外，中国的人才激励机制还不够完善，特别是在高级人才的引进上缺乏吸引力。

二、服务外包人才需求类型

与传统产业不同，服务外包企业的固定资产投入较少，其价值增值主要依靠服务外包人员提供的服务来实现，因此，人才在服务外包企业中的重要性更为突出。从价值链分析的角度看，服务外包的价值增值更多地体现在专业服务人员与客户之间不断交流和沟通上。实践中，生产性服务人员的知识储备、专业化水平在完成外包项目上起决定性的作用，而具备高素质、强能力的服务外包管理人才是高效率、高质量地完成项目，取得竞争优势和业务高速增长的关键所在。人才不仅对完成外包任务起到了举足轻重的作用，也是发包商选择外包公司、地点主要考虑因素。科尔尼公司在对各国吸引离岸外包业务的能力进行评价时，将人才素质作为一项重要的评价指标。不可不提的是，在服务外包行业发展初期，由于可以承接外包项目的企业较少，接单方业务能力不强，人们把关注的重点放在了任务的完成上，对员工的技术能力关注较多。随着接单企业增多，竞争越来越激烈，具有跨文化交流能力的商务型素质就显得尤为重要。因此，服务外包人才的需求是多方面的。具体可以分为如下5类：

1. 实用操作型（高职高专）

实用型人才主要是基于信息技术或某项专门知识、技能的应用，对学生的单项技能要求比较高，动手能力强，上手快，熟悉行业背景和文化背景，其工作是大量重复简单的劳动，这是人们对服务外包最简单、直接的认识，也是导致这类服务外包人才流失率非常高的主要原因。这类人员主要集中在BPO服务外包业务，如客户服务、呼叫中心，人力资源的工资与福利外包、金融数据后台处理等。这类人才需要了解服务外包工程知识，对服务外包工程实践和服务外包领域技能有较高的要求，属于掌握外包基础知识的初级服务外包白领工人。这类服务外包人才主要由高职高专培养，由于这类人员工资成本低，企业培训费用小，因此，深受外包企业的青睐，人员需求量极大。学校在培养这类人才的时候，应该注意为学生提供更多的实践操作机会，及时更新学校教材，加强与企业的联系，在校内可以把企业案例加到学习中，更多地使用产教结合方式，使得教育体系培养出来的服务外包人才能及时上岗，具备实际操作技能，达到学校与企业人才培养的无缝对接，满足用人企业的要求。

2. 应用技术型（理工本科）

这类人才是外包团队中的主要技术力量和基层管理人才来源，主要承担ITO业务。虽然从事ITO外包的人数不如BPO多，但创收一点也不少，特别是软件外包，不仅创收远高于其他业务，也积聚了大量发展潜力较大的人才。这类人才具有较深的信息技术理论知识和专业技能，需要在学校进行系统的培养和企业实践，具有独立承接任务和开发能力。

随着工作经验的积累，他们中一部分具有较强组织能力者，将成长为具备技术服务管理的人才。因此，他们不仅是服务外包企业的中间力量，而且也是企业从外包型向开发型转变的潜在力量。这类人才的表现是可以胜任系统开发或其他业务，如软件编程、动漫制作，或者熟悉电信、金融、娱乐等行业。这是中国理工类高校培养的主要服务外包人才。

3. 业务管理型（财经类本科）

服务外包产业属于知识密集型的现代服务业，不仅需要完成具体任务的技术人员，而且还需要具有一定技术知识、经管知识和对外沟通能力的复合型管理人才。这就要求他们不仅要掌握计算机方面的知识，而且要了解经管知识和具有较高的外语水平以及一定的行业背景知识。与单一技能的实用型人才和应用技术型人才相比，复合型人才的培养难度更大，过去主要从应用技术人才通过岗位培养，经验积累来自然发展，这样所需的时间长，目的不明确，而且也需要有合适的工作岗位来培养。这类人才的培养目前看来最成功的方法是把具有企业工作经历且有较强组织管理能力的员工送到学校来深造，类似 MBA。我们也可以探索通过校企合作，把企业管理经验编辑成教材，部分课程由企业管理人员来讲授，直接利用经管类专业来培养，这样既可以提高人才培养的目的性，缩短人才培养周期，又能使管理人才在较低的管理岗位上起步，是最受企业欢迎的实践型管理人才。

4. 高层次技术类（工程硕士，行业在职培养）

对于这类人才，他们不仅掌握了计算机、软件和信息管理等基本技术，更具有较深的行业背景知识和系统架构知识。服务外包是为行业服务的，行业业务有很强的针对性和特殊性，要求服务提供商能和发包商进行实时沟通——准确理解发包方的需求、意图和要求，协调业务进展及纠正服务的不足等，因此，这类人才还要有良好的跨文化交流能力。仔细研究世界上主要的外包中心就可以发现，他们或多或少地得益于优越的语言环境。我国外语教育总体起步较晚，人才的数量和质量都很难适应国内企业发展外包服务的要求，与国外发包商的交流存在障碍，这对于我国承接国际离岸外包业务极为不利。

埃森哲的研究分析显示，中国外包服务提供商约 44% 的收入来自美国和欧洲客户，超过三分之一的收入来自日本和韩国，其余 20% 来自国内客户。因此，高层次技术人才只有掌握英语、日语等外语能力，才能与国外发包商进行畅通的交流，进而充分了解客户的真正需求，顺利完成外包业务。

5. 高层次管理类（具有信息技术背景的管理硕士）

当代中国是人才辈出的时代，每年有超过 600 多万大学毕业生，50 多万研究生，但问题在于专门培养服务外包企业高层次管理人才的却寥寥无几。服务外包企业不同于一般工商企业，其服务对象当前主要是欧美、日本这些发达国家，这就迫使高校培养管理人才时，要更加注意培养学生的国际经验和对国际惯例的了解。因为在接包过程中，很多客户都是来自发达国家的公司，接包人员一定要对西方（包括日本）商业的经营模式、经营环境以及法律等方面有很好的理解，这样才会有很好的沟通，理解所承接的业务内容。另外一方面，我们可能还需要对很多的国际惯例有一个基本的了解，甚至包括对不同国家的文化方面的了解，更需要培养国际化能力很强的人才。中国现在已经具备了基本的国际化条件，现在更需要加强的就是这种软实力，软实力方面需要再提高一个层次，从而能够更多地与国际上的业务实现融合。

现代国家间的竞争，实际是人才的竞争，企业要稳定地发展，必须有持续不断的优秀人才资源，根据行业发展需要制定长远、合理的人才培养计划是确保人才资源的根本保证。

参考文献

［1］《将中国打造成服务外包产业的全球巨人》白皮书，EDS，Research support provided by McKinsey & Company，2007. 6. 27.

［2］2012年中国大学生就业报告．北京：中国社科院社科文献出版社，2012.

高等院校经管类服务外包专业课程体系研究

赵星秋　卓　晗　竹枭东

摘　要：本文从服务外包人才需求入手，分析了当前我国服务外包行业急需的人才是经营管理型人才，依据服务外包企业管理人才应该具备的要素和技能，确定了服务外包人才所具备的知识领域，据此设计了相关课程体系。

关键词：服务外包　人才培养　人才类型　课程体系

一、前言

在国际化大潮的推动下，随着信息技术的迅速发展，特别是互联网的广泛普及，一个新兴的行业——服务外包诞生了，这是世界经济发展的需要，也是经济学比较优势的现实应用。服务外包不仅推动了发达国家（发包国）企业向更高效益发展，同时也推动了发展中国家充分发挥人力资源和劳动力成本低的优势，为这些国家解决劳动力就业，快速吸收先进技术和管理经验打开了方便之门，是一项真正双赢的交易。

服务外包对发展中国家的经济发展尤为重要，根据菲律宾《商报》的报道，菲律宾2012年业务流程外包（BPO）行业收入预计增长19%，达到130亿美元；而在2011年，业务流程外包行业收入为109亿美元，比2010年的89亿美元增长了22%；而从业人数则达到64万人。而2010年菲律宾服务外包业收入同比增长率更是高达26%；服务外包业就业人数52.5万人，年增长率达到24%。菲律宾政府希望将外包市场再扩大一倍，到2016年实现年收入达250亿美元，新增就业70万左右。这个目标一旦实现，该国该行业从业人数将达到130万，行业产值达到国内生产总值的9%，接近一成，而行业年收入则将比1 000万在国外工作的菲律宾人向国内汇款的累积金额还要高（海外菲劳汇款亦是推动菲律宾经济增长的一大支柱）。

印度服务外包的出口额逐年增加，2001～2002年度出口额仅为80亿美元，2010～2011年度增加到590亿美元，九年之内增长了六倍多。除2008年后受金融危机影响，增速有所下降外，其余年份维持了约30%的增速。印度服务外包对经济的贡献度虽然没有菲律宾大，但总量还是排在世界前列。服务外包产业占GDP的比重在1999～2000年度仅约为1.2%，到2010～2011年度已经达到6.4%，服务外包产业已经成为印度国民经济的重要组成部分。另一方面，服务外包行业直接从业人数1999～2000年度为28.4万，到2010～2011年该行业的直接从业人员达到250万人，解决了大量人口就业问题。

中国行业咨询网数据显示，2008年我国承接国际服务外包业务的企业达到3 300家，从业人员52.7万人，合同执行金额46.9亿美元。截至2009年6月，中国服务外包企业共6 673家，从业人员121.5万人，累计承接服务外包合同执行金额142.4亿美元。中国行业咨询网分析预计，2009～2013年中国软件服务外包市场将以年均25%增长，2010年，我国软件服务外包市场规模接近50亿美元；预计到2013年，软件服务外包市场规模将超过90亿美元。2009～2013年中国业务流程外包（BPO）市场将以年均30%左右增长，2010年，我国业务流程外包（BPO）市场规模超过25亿美元，预计到2013年，业务流程外包（BPO）市场规模将超过50亿美元。

人才是服务外包业的核心竞争力。印度之所以这么高的服务外包能力，在很大程度上归因于其完善的教育体系，印度每年培养出200万拥有很强技术能力的毕业生，加之印度本身具备的英语优势，使其在服务外包业发展中处于优势地位。2009年4月10日，中国教育部和商务部发表公告，要求各大学设立具体的外包业培训计划，预计该行业在未来5年内为毕业生创造100万就业机会。随着中央和各级地方服务外包人才补贴政策的进一步落实，2010年我国软件与信息服务外包产业从业人员规模继续扩大，总量超过73万人，同比增长约32.7%。

服务外包人才主要分为5类，实用操作型（高职高专）、应用技术型（理工本科）、业务管理型（财经类本科）、高层次技术类（软件工程硕士，行业在职培养）、高层次管理类（具有信息技术背景的管理硕士），我国当前需要量最大、最缺少的是业务管理型人才，这是我们今后重点培养的人才。

二、管理型服务外包人才要素

（一）管理型服务外包人才要素

与传统产业不同，服务外包产业属于知识密集型的现代服务业，员工都是从事脑力劳动的高级白领，他们的工作外人是很难直接看到的，这就要求管理者是具有一定的专业技术知识、经营管理知识和对外沟通能力的复合型管理人才。

他们不仅要掌握信息技术（计算机方面）知识，而且要懂得经营管理和具有较高的外语水平以及一定的行业背景知识。与单一技能的实用型人才和应用技术型人才相比，复合型人才的培养难度更大。过去，复合型人才主要通过岗位培养，即应用技术型人才通过在岗位上的经验积累而自然发展成为复合型人才，但这样的培养模式不仅需要耗费漫长的时间，而且必须要有合适的培养岗位，且不成功将给企业带来较大损失。这类人才的培养目前看来最成功的方法是把具有企业工作经历且有较强组织管理能力的员工送到学校来深造，类似 MBA，但现实是这些人在企业中起着主要作用，很难抽出时间来学校深造。基于这种现实情况，我们也可以探索通过校企合作，把企业管理经验编辑成教材，部分课程由企业管理人员来讲授，学校培养理论知识，企业负责能力的培养，这样既可以提高人才培养的目的性，缩短人才培养周期，又能使管理人才在较低的管理岗位上起步，成为最受企业欢迎的实践型管理人才。

（二）管理类服务外包专业知识领域

1. 服务外包的定义

是指企业将其部分业务（一般是非核心业务）转由外部专业团队来完成，从而使其专注于核心业务，从而降低成本、提高效率、增强企业核心竞争力和环境应变能力的一种企业管理模式。服务外包包括 BPO（业务流程外包）、ITO（信息技术外包）、KPO（知识流程外包）。

根据服务外包的定义，它并没有指定具体行业背景，仅仅是业务流程、信息技术和知识流程，可见是一个适用于所有行业的泛专业。综合分析，我们可以概括商务管理类服务外包专业的知识领域为以服务学为基础、信息技术为手段、管理学和国际贸易为指导，服务于不同行业的复合型专业。

2. 知识领域

服务学、管理学、国际贸易、IT 技术、行业知识以及人文素质等。

三、高等院校管理类服务外包人才培养课程体系

根据管理类服务外包的知识领域，其课程见表1。

表1　　管理类服务外包课程

模块	课程
基础	外语（英语/日语）、高等数学、概率论与数理统计、线性代数、运筹学、应用统计学
服务管理	服务管理概论、服务设计与创新、服务项目管理、服务贸易与营销、服务管理综合实践与实习等
经济管理	经济学、管理学、财务会计概论、运作管理、企业风险管理、战略管理、组织行为学、工作分析与设计等
国际贸易	国际服务贸易、国际商务谈判、国际金融
人文社科	商业伦理、知识产权法、跨文化交际导论、国际商业文化
信息技术	程序设计基础、高级程序设计、数据库系统、计算机网络、系统分析与设计、信息安全管理（非技术）
行业特色	金融行业的货币银行学、动漫设计行业的动漫产业概论、动漫编导等课程。

以上课程又可以分为：

1. 公共课

基础模块：外语（英语/日语）、高等数学、概率论与数理统计、线性代数；

服务学模块：服务管理概论；

经济管理模块：微观经济学、宏观经济学、管理学；

国际贸易模块：国际服务贸易；

信息技术模块：程序设计基础、数据库系统、计算机网络；

人文社科模块：商业伦理 ；

必修课：高等数学、概率论与数理统计、线性代数、服务管理概论、微观经济学、管理学、国际服务贸易、程序设计基础、数据库系统、计算机网络、外语（英语/日语）。

2. 专业基础课

服务管理模块：服务项目管理、服务贸易与营销等；

经济管理模块：财务会计概论、企业风险管理、战略管理、组织行为学等；

国际贸易模块：国际商务谈判、国际金融；

人文社科：知识产权法、跨文化交际导论；

信息技术模块：高级程序设计、系统分析与设计、信息安全管理（非技术）；

数学：运筹学、应用统计学；

必修课：服务项目管理、财务会计概论、国际商务谈判、跨文化交际导论、系统分析与设计、运筹学。

3. 专业方向课

专业方向课不指定必修课，这部分由各学校根据本校特色确定。

服务管理模块：服务设计与创新等；

管理学模块：运作管理、工作分析与设计等；

人文社科：国际商业文化等；

信息技术模块：数据库仓库与商务智能；

行业相关模块：货币银行学、动漫设计行业的动漫产业概论、动漫编导等课程。

服务外包面对的行业很多，目前比较成熟的有金融、证券、保险、电信、物流、教育、医疗卫生、旅游、动漫娱乐等行业。

4. 实践课

实践环节是企业实践，校企合作，由企业辅导教师担任，课程有服务管理综合实践与实习等。

服务外包是一个新兴专业，其课程设置还需要实践的检验，这里是抛砖引玉，希望大家在实践中不断补充。

参考文献

[1] 李晨，韦有周，李秋淮．印度服务外包发展及其对我国中西部地区的启示．观察，2012（01）．

[2] 2010年中国服务外包产业发展预测．中国商情网，http：//www. askci. com.

[3] 中国服务外包人才培养忧思录．中国服务外包，2012（1）．

[4] 王晓红．创新外包人才培养模式．加大外包培训力度——关于中国服务外包人才培养的政策建议．中国服务外包网，2012（1）．

国内外服务外包人才培养比较

赵星秋　卓　晗　杜　涛

摘　要：本文从服务外包发展的趋势入手，阐述了主要服务外包国家服务外包人才培养的途径及优势。不同国家由于历史渊源、人才的特点要求和承接的项目各不相同，我们不能一味照搬其他国家模式，本文给出了适应中国当前发展需求的人才培养模式。

关键词：服务外包　人才培养　人才类型

一、前言

20 世纪 90 年代以来，随着信息技术的迅速发展，特别是互联网的普遍存在及广泛应用，服务外包得到了蓬勃发展。印度、爱尔兰、菲律宾、中国等成为了代表性的服务外包承接国。更为重要的是，作为一个新兴行业，服务外包在世界经济格局发生深刻变化，经济全球化不断发展的今天，对国家产业结构调整，提升国家综合国力有着重要的意义。

服务外包（Outsourcing of Services）是指企业将其非核心的业务外包出去，利用外部最优秀的专业化团队来承接其业务，从而使其专注于核心业务，降低成本、提高效率、增强企业核心竞争力和对环境应变能力的一种管理模式。传统认为服务外包包括 BPO（Business Process Outsourcing，业务流程外包）、ITO（Information Technology Outsourcing，信息技术外包）、KPO（Knowledge Process Outsourcing，知识流程外包）。目前，这一定义的外延在不断扩大和丰富之中。

2010 年以来，中国软件与信息服务外包产业摆脱了金融危机的冲击，开始了新一轮高速增长。产业规模持续扩大，对经济增长的贡献不断增强。国家继续加大对软件与信息服务外包的支持力度，产业政策体系进一步完善。产业实力持续增强，龙头企业加速扩张，并购上市此起彼伏，文思与海晖两大外包公司的合并使中国软件外包企业的规模迅速扩大，员工人数超过 23 000 人，跻身世界前列。从全球来看，服务外包对信息产业、金融产业在内的多种产业链产生深远的影响，对促进经济发展，加速经济转型起到了良好的推动作用，为经济格局的变化提供了催化剂。

同时需要看到的是，在当前服务外包产业迅猛发展的大背景下，如何提升增长速度，优化产业结构，实现跨越式增长成为全球性的课题。特别是对于中国而言，尽管近年来增长明显，长期潜力强劲，然而仍在各个方面存在一定的问题，如国内相关企业仍以附加值较低的业务部分构成自身业务的主体，不能集中自身优势在高附加值业务上等。因此，跨越式增长和高速高潜力发展的要求决定了中国服务外包产业必须对其自身进行深刻的研究，找到与国情相适应的关键增长引擎，结合各方面力量，发挥多方面的催化作用。

在这样的形势下，服务外包行业人才的培养成为了备受瞩目的研究重点，了解各国人才培养模式，制定人才培养战略是加速我国服务外包行业发展的根本保证。

二、国外服务外包人才培养

服务外包行业的人才要求有其特殊性。不同国家由于其发展历史和文化背景不同，所承接的外包业务各不相同。发展中国家，如印度、菲律宾、中国作为外包承接国，需要的人才与欧美发达国家不同，因此，人才培养模式和途径各不相同。

1. 印度

印度政府尤其注重高等教育，且高等教育相当发达。20 世纪 90 年代以来，印度每年正规高等院校的入学人数高达 350 多万。庞大的高等教育体系和众多的一流大学为印度的科学技术，特别是为印度信息技术的迅速发展源源不断地培养、造就和输送了大批一流的高级人才，从而使印度（虽然目前在经济上还欠发达）成为世界信息技术人才资源（人才资本）大国。印度的大学教育，几乎全部与国际接轨。除保留其本土的语言文字、历史等专业之外，其他专业，在师资配备、课程设置、教材选用上，几乎同欧美国家一致。印度大学的教学用语主要是英语，本土语言其次。因此，印度大学毕业生的语言国际化程度很高，在国际社会就业的空间很大，在全球教育界的地位也日益提高。据调查，印度服务外包人才通过三个小时的语言培训就可以消除语言本地化的不足，形成纯熟的外语口语，直接与国外企业进行面对面交流。这一点是中国的外包人才所难以企及的。

2. 爱尔兰

爱尔兰拥有良好的教育体系和培训系统，在教育方面投入的公共支出比重高，居于欧洲前列。爱尔兰的教育在很多方面具有独特之处，如在全国大力普及电子信息和电子商务知识；而软件专业的培养模式是前两年专心学习基础知识，第三年到企业进行实习，最后一年完成独立设计，这样就使得理论和实践得到较好的结合，从而在很大程度上提高了学生的业务能力。爱尔兰的母语是英语，再加上其作为欧盟成员国，欧盟成员内的劳动力流动较为便捷，可以自由选择在爱尔兰就业，借助这一优势，爱尔兰采取多项优惠措施吸引了欧盟区内大量掌握双语或多语的高素质人才，在爱尔兰从事服务外包业务。此外，爱尔兰在美国有大量的移民，因此与美国有着颇为密切的关系，并在一定程度上促成了两国在服务外包产业方面的业务往来。

3. 美国

服务外包业务涉及的领域极为广泛，业务处理过程相当繁琐，这就使得发包企业与接包企业之间的合作必须以双方相互信任、充分理解、友好相处为基础。美国的多元文化教育旨在重新建构整个教育过程，促进社会文化的多元化发展。它所倡导的课程内容，是围绕着不同种族和民族，不分性别、社会阶层而重新组织起来的，并特别提倡教师队伍应包括各类人才，具备不同的教学能力，使教学以学生的学习风格为基础，适应学生的技能水平。多元文化教育鼓励所有学生保持其母语，并且鼓励所有学生学习多种语言。其中，人际关系课包括消除成见、比较个体之间的异同，以及学生所属的种族团体对社会的贡献等内容。只要向学生提供有关不同民族、种族和社团情况的正面教育，增加实际接触的机会，就能够促进各个种族之间的和谐相处与相互理解。

同时，由于印度、中国为首的发展中国家的教育条件和教育水平极大地提高，培养了大批的科技人才，这些科技人才有很大一部分被美国的跨国公司抢走。另外，由于信息技术快速发展，美国可以通过跨境交付等方式获取替代资源，从而使美国与印度、中国等外部组织建立伙伴关系，实现共生性互依。

4. 菲律宾

美国是菲律宾外包服务的最大客户，份额占将近四分之三。其次是英国和日本。然而，来自其他欧洲国家、澳洲、韩国的客源也在逐渐增加。据统计，菲律宾外包服务行业来自澳大利亚市场份额总收入已经由 2008 年的 1.5% 增长到 2010 年的 6% 。菲律宾承接外包服务的国家和区域呈现出多样化的趋势。

据菲律宾商业流程协会（BPAP）提供的数据，2012 年菲律宾服务流程外包（BPO）行业收入预计增长 19% ，达到 130 亿美元；而 2011 年的这一行业收入为 109 亿美元，从业人员 63.8 万人。

菲律宾被美国殖民统治近 50 年，期间美国大肆推广英语语言及美国文化教育，使得菲律宾人无论是语言习惯、文化认同以及行事方式，都同美国有较多相通之处，因此，菲律宾成为美国外包服务的重要基地，显得顺理成章。

作为世界上人口最多的二十个国家之一，同时也是东南亚人口增长率最高的国家，菲律宾充足的人口基数保证了每年都有源源不断的人才流向这个最为新兴的行业。菲律宾目前拥有 2 900 万技术人员，其中信息产业及计算机专业人员 7 万、工程师 3.5 万、注册会计师 10 万、商务管理人员 10 万。全国 72% 的人能流利使用英语，技术人员熟悉国际先进的专业知识及用户服务标准，具备良好的业务能力及职业道德。另外，菲律宾普通劳动力成本低于亚洲大多数国家，略高于竞争对手印度。人才和人力成本的优势不言而喻。

为了促进行业发展，菲律宾政府专门启动了“投资优先计划”，将服务外包业纳入优先发展产业，并推出一系列具体优惠措施。

政府还花大力气培养服务外包行业的本地人才。例如拨专款设立面向服务外包的“应用型人才培训基金”，为达不到公司录用标准的求职者发放培训券，免费提供各种技能培训，还承诺将经过培训后就业的人员所缴纳的个人所得税再用于补充培训基金。菲律宾政府已多次向上述基金拨款，每次 1 000 万美元。

三、中国服务外包人才培养对策

中国政府非常重视服务外包人才的培养，教高［2009］5 号文件指出：“在高职高专、本科、研究生等层次培养高质量的服务外包人才，力争在 5 年内培养和培训 120 万服务外包人才，新增 100 万高校毕业生就业。”数量上实现这一目标并不难，难的是如何满足企业的需求。

中国服务外包人才培养过去主要是通过专门的培训机构来完成，由于产业发展迅猛，人才需求量大，质量难以保证，在这种情况下，一些大的服务外包企业开始自办培训学校，如文思大学、东软信息学院、中软 ETC 卓越培训中心等。近年来出现的软件学院是服务外包人才培养的新生力量，为服务外包企业培养了大批技术人才。然而，这些人才培养模式都存在不同程度的缺陷，如学校培养的实践能力差，难于满足快速发展的服务外包行业需要；企业培养针对性强，一旦学生不能在本企业或本行业就业，适应性就很难满足需要；培训机构的逐利性使他很难站在产业发展的高度培养学生。

为此，要充分发挥政府在人才培养方面的主导作用，聚集院校、培训机构、企业力量，依托高等院校专职师资队伍和教学条件的优势，鼓励企业与学校合作建立实训基地，实训基地优先选择建在校内，这需要国家予以经费和政策支持，企业选派优秀工程技术人员和项目经理和学校教师开展合作，编写教材和实训案例，企业同时定期派人到校内实训基地讲课并指导学生实践，有效地解决教学团队、课程开发、实训项目、教材建设、实习基地等关键环节的问题。政府主导下的资源有利于向社会推广，这些优质资源进一步向培训机构推广，扩大受益面。高校在教学和管理中充分利用多元文化教育的多样性和优越性，使学生深刻理解各民族的传统文化及贸易习惯，培养学生跨文化沟通能力，提高业务洽谈和业务开展的成功率。这将成为我国服务外包行业实现跨越式发展的根本保证。

参考文献

［1］李东，张小圃．菲律宾服务外包“野心”：再翻一倍．http：//news. ynxxb.

com/content/2012 -7/23/N98744414875. aspx.

[2] 中国服务外包人才培养忧思录．中国服务外包，2012（1）．

[3] 王晓红．创新外包人才培养模式，加大外包培训力度——关于中国服务外包人才培养的政策建议．中国服务外包网，2012（1）．

金融信息服务高层次应用型创新人才培养模式探讨

崔金红

摘　要：在分析国内外现状的基础上，探讨了金融信息服务高层次应用型创新人才培养模式，重点分析了金融信息服务高层次应用型创新人才知识结构、以应用研究与实践学习为导向的培养模式和金融信息服务人才培养实践教学体系创新。

关键词：信息服务　金融　应用型　创新

一、引言

在金融信息化高度发展的今天，金融创新与信息技术在金融业的应用深度密不可分。在发达国家银行体系和实体经济进入调整期的同时，中国银行业面临重大的历史发展机遇。大力推广应用信息化将使我国金融行业风险降到最低。

20 世纪 90 年代以来，国际金融业呈现出前台与后台业务加快分离和后台业务分工不断细化的发展趋势，其主要表现为金融机构后台业务不断被独立出去和外包服务规模不断扩大，并且后台业务离开了传统的金融中心区域，这种变化正在改变着国际金融业发展的产业格局和地域分布的现状。

金融信息服务建设和建设国际金融中心关系密切[1]。北京市发展和改革委员会 2010 年 3 月 6 日对外公布《中共北京市委北京市人民政府关于促进首都金融业发展的意见》。北京金融业发展的目标是，将北京打造成具有国际影响力的金融中心城市。北京计划通过建立全方位的政策支持体系、多层次的金融市场体系、多样化的金融组织体系、立体化的金融服务体系，构建“一主一副三新四后台”格局的金融业空间布局规划。

金融信息化人才培养是当务之急，金融危机后对金融信息化人才提出了新的要求。面对新一轮经济全球化与服务外包兴起的重要历史机遇，以及我国迫在眉睫的人才需求挑战，高等学校有必要、有责任、也有能力在整合国贸、金融、保险、管理、信息及语言等优势学科基础上来推动“金融信息服务”这一新兴、交叉领域的学科建设与人才培养等工作，这不仅会大大促进我国金融信息服务与金融服务外包产业的国际化发展，也有利于加速我国从制造业经济向服务业经济的转型过程。在金融危机爆发后，金融后台业务呈现出由欧美向亚太等地区加速转移的新态势。以培养高层次应用型创新人才为目标导向，积极探讨其人才知识结构，培养模式创新以及实践教学体系创新，从而服务于高等学校研究生教学活动与专业硕士培养。

本文的研究将会极大促进高等学校在金融信息服务领域高层次应用型人才的培养，既符合国家经济结构升级趋势，也有利于推动高校毕业生充分就业。

二、国内外研究现状

University College London（UCL）在现状评估的基础上，提出后危机时代对金融信息化人才的需求预测[2]。UCL 在金融信息化人才培养体系中不仅有硕士层次，也有博士层次，并且针对不同专业背景的学生提供不同的培养。由路透和 4 大投行支持的实训基地在 UCL 开办，专门培训金融信息化人才，它将有助于金融中心为保持其世界级金融中心的地位培养其需要的人才。Ian Hathaway 和 Sameer Khatiwada（2007）的研究提出要充分评估金融教育项目，把评估作为金融教育项目的必要环节，并且在项目策划阶段就应该包含项目的评估[3]。美国伊利诺大学图书与信息学院院长 John Unsworth 指出，已经有一些图书馆利用文本挖掘的工具与分析方法在人文科学领域研究中进行尝试，例如 Monk 项目[4]。

中国科学院研究生院软件学院院长、中国科学院金融科技研究中心主任潘辛平教授（2005）较早就预测了金融信息化对人才需求的变化[5]。西安交通大学经济与金融学院张成虎（2006）指出金融创新需要依靠大量掌握信息技术及其应用知识、熟悉金融理论与实务并能把握金融业发展脉搏的复合型金融信息化人才[6]。黄晓涛、吴驰（2008）以华中科技大学 IBM 技术中心为例来探索金融信息复合人才培养[7]。汪宜丹、黄志斌（2009）在分析我国金融信息化人才培养现状基础上，进一步研究了国际金融信息化人才培养的趋势，提出中国后危机时代的金融信息化人才培养策略[8]。贾君枝（2009）分析了中美网络金融信息服务的差异，主要从网络信息服务用户、提供金融服务的主体和网络金融信息服务内容三个方面进行了论述，并指出国内网络金融信息服务未来的三大发展趋势：服务的专业化、精深化，用户的交互性、个性化和信息检索技术的智能化[9]。李佳佳、许鑫（2009）从虚拟价值链角度予以分析，构建了金融信息服务业的价值链，并以此为基础探讨了基于虚拟价值链分析的金融信息服务体系[10]。

近年来，金融数据的海量增长使得金融分析和决策日益受到挑战，为了促进交叉领域的发展，第三届金融信息处理研讨会（FIP’2010）的主题是“金融信息处理与危机管理”，汇集了金融信息处理技术、金融安全与金融监管中的最新学术成果与创新实践，是金融信息领域的高水平学术会议。

目前我国的高等教育体系，无论是理论研究还是课程体系，无论是学校教育还是业务实践，都难以满足金融信息服务和金融外包业的人才需求，也没有专门的服务外包专业的毕业生。因此，本文将开展这一新兴交叉学科的高层次应用型创新人才的培养模式与实践教学体系研究，从而为我国金融信息服务业长期发展奠定坚实基础。

三、金融信息服务高层次应用型创新人才培养模式

1. 金融信息服务高层次应用型创新人才知识结构

金融信息服务专业主要面向国际金融机构前后台业务分离趋势以及我国金融产业的创新发展需求，培养具有扎实的金融、信息、管理与统计等学科基础知识，熟悉西方文化与商业惯例，具有在金融信息服务特定业务领域综合运用跨学科知识进行问题分析与解决的能力，具有国际化视野和创新精神的金融后台服务规划、运营与管理的高级专门人才。金融信息服务高层次人才必然是交叉复合型，虽然高校一直在倡导大力培养复合型人才，但是具体措施、效果却始终不尽如人意。典型问题就是，某些复合型专业学生难以明晰未来职业定位，造成在学

习、实践及就业时的彷徨。因此，本文密切结合金融信息服务实践发展，努力探索、创新金融信息服务人才的知识结构，从而能够为高校人才培养提供指引。

金融信息服务高层次应用型创新人才知识体系应该强调跨学科、宽口径知识基础，并考虑本科专业来源多样性，具备从事金融信息服务所必备的专业素质，包括项目管理、跨文化沟通、数据分析能力等，也要具备发展与关键岗位相对应的深入专业技能。

2. 以应用研究与实践学习为导向的培养模式

金融信息服务专业方向跟一些成熟学科不一样，教材还不成熟，教师也大都来自各个学科专业，教学难度非常大，所以作为教师更应该不断地进行科学研究，从而不断从实际发展中汲取宝贵经验。面向我国金融信息服务业发展，我们将会重点探索创新科研与实践互动融合的教学模式与培养机制，及时把科研成果转化为教学内容，鼓励学生参与科研活动，以提升金融信息服务专业人才的创新精神与实践能力。

依托以科研与实践互动融合来培养金融信息服务人才，并归纳具体实施办法。此外，积极建立实习基地作为开放式实践平台，使学生能够在企业实际环境学习并积累经验，从而能够在毕业之后较快适应金融信息服务的工作岗位与职能。与金融机构、园区与行业部门之间设计并建立更为高效、双赢的合作机制，为学生打造开放式实践平台与学习环境，从而促进不同层次金融信息服务人才培养与供给。

3. 金融信息服务人才培养实践教学体系创新

既然金融信息服务更加需求高端复合型人才，那么在高等院校内就必须打破不同学科、不同院系之间的界限分割。因此，重点内容就是金融信息服务人才培养实践教学体系创新。基于国际贸易、金融保险、信息管理与商务英语等优势学科，并坚持以信息技术为联系纽带，发挥在经济全球化与现代服务业领域的学科优势。

实践教学体系是发展学生在某一行业或职能的领域知识及实践能力，高等学校与业界开展合作，联合面向业界从业人员进行培训，借助业界的信息技术平台，培养高校学生的实际操作能力，由业界资助高校，提供最新的信息平台和技术资源，帮助高校建设课程。并与金融机构、金融后台服务园区或金融外包企业等合作，从而尽量缩短学生培养与企业实践之间的能力差距。

四、实现途径

对外经济贸易大学信息学院拥有北京市教委共建的“北京现代服务业研究中心”、北京高等学校实验教学示范中心——“现代服务业人才培养实验教学中心”，商务部中外经贸合作网采编中心等科研及实验教学机构，设备水平先进，能够为金融信息服务高层次应用型创新人才培养提供充分的保证。学院与APEC电子商务工商联盟、商务部信息化司、中国国际电子商务中心、阿里巴巴等部委、企业具有良好的科研、培训方面合作关系，为培养金融信息服务高层次应用型创新人才提供了实践平台。

高等学校培养金融信息服务高层次应用型创新人才可以依托研究生培养实践以及现代服务业人才培养实验示范中心建设，因此可以以实践教学环境为突破口，并有效利用教育学、心理学、统计学等理论方法及信息管理与网络等关键技术，通过典型案例研究、专家访谈、问卷调查、统计分析等技术手段对金融信息服务高层次应用型创新人才模式进行分析研究。以科学研究和实践创新为主导，通过学科交叉与融合、产学研紧密合作等途径，推动金融信息服务高层次应用型创新人才培养。

要培养金融信息服务高层次应用型创新人才，首先要实地调研，通过访谈、走访金融机构、行业部门、产业园区及重点企业，汇集来自第一线实践对人才知识与能力的具体需求，进一步明晰金融信息服务人才基本定位与知识结构；其次到实习基地调研，通过与教师、学生之间互动访谈，摸索、归纳应用研究与实践学习融合的培养模式创新及关键环节；最后结合金融信息服务专业方向学生培养工作，并在调研金融机构、服务外包人才培训中心、重点高校金融信息服务课程与人才培养实践的基础上，提出关于实验课程体系方面的改革建议。

参考文献

[1] 方星海. 金融信息服务业与建国际金融中心关系密切. http://

finance. eastday. com/m/20090513/u1a4369237. html.

[2] http：//www. cs. ucl. ac. uk/financialcomputing.

[3] Ian Hathaway and Sameer Khatiwada，Do Financial Education Programs Work? Working papers，www. clevelandfed. org/research，2007.

[4] Enhancing Historical Research With TextMining and Analysis Tools. http：//www. dancohen. org/2008/02/04/enhancing-historical-research-with-text-mining-and-analysis-tools/

[5] 潘辛平．金融信息化对人才需求的变化．程序员，2005（5）.

[6] 张成虎，吴文．金融信息化建设与金融信息化教育．中国金融电脑，2006（7）.

[7] 黄晓涛，吴驰．金融信息复合人才培养探索．软件导刊，2008（9）.

[8] 汪宜丹，黄志斌．后危机时代的金融信息化人才培养策略研究．现代管理科学，2009（11）.

[9] 贾君枝．中美网络金融信息服务对比研究．山西大学学报（哲学社会科学版），2009（1）.

[10] 李佳佳，许鑫．基于虚拟价值链分析的金融信息服务体系构建．图书情报工作网刊，2009（12）.

中澳大学电子商务专业比较分析

华 迎 毕翼峰 吕 凌

摘 要：随着电子商务的发展，社会对电子商务人才的需求从量上和质上都在不断增加。本文选择对外经济贸易大学和格里菲斯大学这两所比较有代表性的中、澳大学，从培养目标、课程设置、教学手段、实践教学等方面，对其电子商务专业进行了比较分析，总结出我国高校电子商务教育的特点以及未来的发展方向。

关键词：电子商务专业 格里菲斯大学 对外经济贸易大学 中澳

随着经济全球化、一体化的速度不断加快，社会对电子商务人才需求迅速增加。电子商务人才需要具备更强的综合能力与实践能力。因此，教学模式的改革与创新成为各高校电子商务专业发展的重点。就电子商务专业建设现状而言，不同高校情况各异。首先，电子商务专业的设置，有的在管理学院，有的在经济学院，还有的在信息科学与技术学院，因此一些院校注重互联网技术、计算机技术，还有一些院校会把课程重点放在商务模式上面，各院校培养出来的学生的专长也会有一定的区别。

为了适应电子商务发展对人才的需求，教育部2001年首次批准13所普通高校开设电子商务本科专业。对外经济贸易大学作为首批设立电子商务专业的高校，也是教育部电子商务专业教学指导委员会副主任委员单位，在专业建设方面不断积极研究探索，与时俱进，特色建设和发展水平始终处于全国前列，并于2009年获批为北京市高等学校特色专业建设点，2010年获批为国家级特色专业，是国内高校中颇有代表性的电子商务专业。

格里菲斯大学是澳大利亚联邦政府投资承建的一所高等学府，是澳洲31所开设电子商务本科专业的大学之一，自成立至今30年以来，一直都是澳洲最好的高等教育机构之一，在信息技术及多媒体领域有所成就。格里菲斯大学以社会及产业对于人才的需要为中心，其电子商务培养体系规范并且富有灵活性，能够很好地反映出澳洲大学电子商务教学的理念。下面将以对外经济贸易大学为代表的国内高校和以格里菲斯大学为代表的澳洲高校的电子商务专业体系与培养模式进行对比分析。

一、专业定位及培养目标

对外经济贸易大学是以经、管、法、文为基础学科布局的外向型财经类大学，对电子商务的定位要依托学校整体布局和特色进行。电子商务专业是一门实践性很强的新型交叉复合型学科，突出特点在于其背景学科的交叉融合性和专业知识技能的复合创新性。因此对外经济贸易大学电子商务专业的定位为保持专业学习的综合性及交叉性，经济、管理、信息技术、外语、沟通能力并重，同时高度强调动手实践能力，培养学生面对商务问题的处理能力、创新思维和创业能力。培养目标为具备现代经济、贸易、管理和信息技术等多学科融合知识和能力，及较高外语水平，具有实践能力、跨文化沟通能力和创新精神、创造能力、创业本领，能利用电子化、网络化和信息化的工具、手段和方式从事企业和社会商务活动中营销、经营和管理等多种现代化商务工作的，适应现代化需要的高素质复合型、专门化人才。总的来说，更加侧重商务管理方面的综合能力，技术是实现商务目标的手段，同时特别强调创业能力和国际化能力。

格里菲斯大学因其电子商务专业设置在信息技术学院，因此更强调IT技术，侧重商务环境下信息技术应用人才的培养，培养方向更加细化。如能应用信息技术，开发基于Web的信息系统；进行管理决策方案的模拟与优化，致力于研究管理过程的优化和信息技术对管理过程的支持；从事具体电子商务系统的分析、设计、实现与维护工作，进行电子商务运作管理；商务智能系统的分析等，商务类课程设计较少。因此对于人才培养，更有针对地进行特定商务环境或某一细分领域具体技能的深入培养。由于澳洲的就业环境的激烈竞争程度远不如中国，因此对于学生创业能力的培养并没有特别强调。

二、课程设置：学科基础课与专业课的有机结合

专业课程体系的设置是实现人才培养目标的主要途径，对外经济贸易大学电子商务专业在课程设置上，依据教指委制定的《普通高等学校电子商务本科专业知识体系》提出的四层次框架为指导，将专业所需的电子商务技术、经济、管理、综合四部分知识点，依据自身学科特点，分解到不同课程中，构建基于《知识体系》的主干课程为核心的课程体系。主干课程包括能体现信息技术、商务管理和网络经济三方面扎实基础的核心基础课程和培养学生系统应用能力及创新能力的专业课程、与国民经济和社会发展同步甚至更具前瞻性的前沿课程三部分。除了专业理论知识体系，还越来越重视学生的实践实验能力，因此专门建立了专业实验实践体系，包括实验课程和社会实习实践。

相对而言，格里菲斯大学的课程设置更为集中。虽然课程设置上同样分为基础课和专业课两大类，专业课也分为必修课和选修课，但是课程范围则是更针对于技术能力的培养。如下图所示为两校电子商务专业课程设置的比较。

（一）对于必修课的比较

两高校对课程的组织都分为学科基础课和专业方向课。从学科基础课的内容上看，两者都属于“加法的”课程组织结构和“抽样的”课程组织结构，即认为电子商务是管理、经济、技术等学科的综合。因此，在学科基础中选择了与之相关的基础课程，但是没有提供各个分支领域的深层次的课程，因此缺乏各门学科自身的逻辑性和完整性。

从专业课的内容上看，对外经济贸易大学电子商务专业属于“关联的”课程组织结构，采取的是融合形式，把不同的学科合并或融合为一门新的课程。例如，把管理学与信息系统论融合为电子商务系统建设与管理，把计算机技术和金融学融合为电子金融。而且，在必修课里，国内高校是既有管理类又有经济类又有技术类，而澳洲高校如格里菲斯等的专业必修课主要是以技术为主，管理类的课程多置于专业选修课中。

学校 课程	UIBE	Griffith
专业必修课	程序设计基础 数据结构 面向对象的程序设计 计算机网络 数据库系统 系统分析与设计 电子商务系统建设与实施 供应链管理与 ERP 电子商务物流管理 *电子商务 电子金融* *网络营销*	初级编程 中级编程 计算机数学 计算机网络及系统导论 信息系统发展导论 IT 专业化议题 数据库设计 项目管理 IT 项目（开发）
专业选修课	计算机系统 Web 应用程序设计 离散数学 软件开发工具 企业群件系统 电子商务应用技术 经营管理中的决策方法 网络实用技术 会计信息系统 信息技术与电子商务专题 电子商务项目管理 信息管理概论 电子商务安全与管理 电子商务规划与管理	高级编程 Web 应用程序设计 信息系统安全 分布式计算 软件国际化 多媒体技术 业务流程及模型 电子商务架构与设计 组织系统学 系统及组织管理 *电子商务概论* *电子商务* *网络营销*

注释（字体代表）：技术类课程、管理类课程　*经济、商科课程*

图 1　对外经济贸易大学和格里菲斯大学电子商务专业课程设置对比

（二）对于选修课的比较

在选修课方面，对外经济贸易大学电子商务专业对选修课的内容进行了一定程度的分类，学生在选择时还是被规定每一类课程都需要选择若干学分。因此，这样的课程结构并不能使学生对电子商务某个分支进行深入学习，培养出来的学生也不能马上具备电子商务专业人才的知识水平。

澳洲高校的选修课没有进行分类，只要求学生在其提供的课程中选择几门自己感兴趣的课程，因此，澳大利亚在对电子商务专业分支的深入学习是在选修课过程中由学生自己选择的。例如，在上面表格中提供的选修课程中要求学生选择三门课程，可以都选择像电子商务这类的经济课程，也可以全部选如 WEB 应用程序设计这类技术类课程，具体结果是学生根据自己的发展规划而选择的。

此外，格里菲斯大学的学位课程对各学科的自然融合是该大学的特点之一，课程灵活多样，向严格的学术结构作出了挑战。学生可以同时选择工程和科技，经济和心理学，或者信息技术和微电子。其本质特征在于当职业的划分不再有清晰的轮廓或被简单的定义时，这些课程能够帮助学生成为具有较强适应能力的多面手。企业已经认识到，格里菲斯大学的毕业生在用他们掌握的多学科知识和技术解决工作中的难题。他们也认识到，格里菲斯大学的毕业生用他们高水平的技能，积极肯干和永不放弃的精神来完成他们所担负的责任。

三、教学手段的比较

对外经济贸易大学的电子商务专业教学，采用案例教学、实践教学、双语教学、网络教学、开放式实验教学相结合的方式。案例教学分为应用案例和实务案例两类，应用案例教学是根据课程介绍的理论和方法，教师自主设计问题、通过课堂讲授、报告、讨论、布置作业或论文等；实务案例教学是根据已经发生的历史案件，运用信息和商务专业知识，解剖分析案例，使得学生认识、理解理论和方法的应用，提高学生学习的兴趣。本专业还重视建设双语专业课程，体现国际化，培养国际化专业交流能力。建设教学网站，提供教学资源服务器。录制网上课程，为学生的学习和复习提供多种选择，创造按需学习的环境。开放式实验教学把学生推到实验的主体位置，充分利用 ERP 实验室、电子金融实验室、网络实验室，北京市实验示范中心提供良好的实验环境，进行开放式的实验教学，培养学生自学能力、动手能力、创新能力。

格里菲斯大学充分利用计算机、多媒体和网络来丰富教学内容和提高教学效果。同时，他们还重视实验室的建设，无论是硬件还是软件都很先进，为提高学生的实际操作能力提供了优越的条件。其有特色的是强调“Lecture + Lab + Tutorial”的完美结合。Lecture 即国内所说的大课，这种课以教师讲课为主。大课主要讲授理论，抽象的东西很多，教师会举一些例子来加强理解。一般大课的时间在 2 小时左右，所有选择这门课的学生都参加。多数课程每周只有一次大课。Lab 即实验课，Tutorial 即讨论课。一般每门课程除了有大课之外，都有相应的小课，即这两种形式。每个班人数大约在 20 到 30 人左右，实验课是以上机为主，讨论课上课内容一般是分组讨论某个与课程相关的话题，教师会提出问题让学生回答。小课的一些教师由学生担任，上课时间在 1 小时左右。格里菲斯的教学风格比较自由，在课堂上学生可以随时打断老师，提出自己的意见，甚至与教师争论，教师也很欢迎这种行为。每个教师都有固定的答疑时间与学生交流。学生也可以通过电子邮件与教师交流。

四、实践教学

电子商务专业是一个实践应用性很强的专业。目前，对外经济贸易大学电子商务专业的专业实验体系包括实验课程和社会实习实践。实验课程包括：伴随各门课程开设的课程内实验；作为专门课程开设的电子商务系列实验，如电子商务系统建设与实施等；企业 SCM、ERP、CRM、BI 等商务系统实验；SAP、IBM 等企业合作实验课程。社会实习实践包括：学生独立到企业、社会实习；学生集体到企业、社会实习；学生结合课题到科研、实践单位实习；鼓励学生以各种形式参与第二课堂学习，如参加电子商务比赛、网上开店创业、参与教师科研项目等。以灵活多样的方式使学生将书本上的知识与社会大市场实践相结合，培养学生的实践能力。

格里菲斯大学尤其注重加强实践教学基地的建设。通过自建或与电子商务企业联建等方式建立电子商务专业实践基地，让学生有机会参与电子商务的实际活动，体会电子商务的运营情况，将理论知识和实践知识有机结合起来。格里菲斯大学的信息技术学院拥有众多强大的行业伙伴，如：IBM internships，Women in IT – in partnership with IBM，Praxa involvement in course and program development，Praxa guest lectures。在信息技术类专业学生的培养上尤其重视企业的实际需求，

Links with Industry – 跨越就业的鸿沟，真正做到符合社会需求，教学跟着就业走。满足行业需求，开创学子美好未来。

格里菲斯大学电子商务专业教学方案中直接纳入项目实践，学生在一个实际的案例中相互研讨，互相学习，把书本上的知识真正运用到实际之中，在项目的进行过程中，会有知名企业专家作出指导与点评，同时，学生的新的思想、新的创意也往往让企业收益，在这样一个良性的环境中，学生的实践能力得到迅速的提高。

如今信息类专业学生就业面临极大压力，企业的需求与学校的供给得不到很好的衔接。而在这一点格里菲斯大学做出了很好的创新，格里菲斯大学的学生可以参与一个学校专门设计的项目，还是学生的他们就可以真正在 IT 行业工作。当经过一年的信息技术全职学习，剩下的三年都可以作为兼职人员在 IT 行业带薪实习。毋庸置疑，学生的知识水平与工作能力得到完全的历练，他们的就业也将得到最大的发展空间。

五、结语

本文从专业定位、培养目标、课程设置、教学手段和实践教学等方面，对对外经济贸易大学和澳洲格里菲斯大学的电子商务专业进行了比较，总的来说，两校都认可电子商务是一个综合性和实践性较强的专业，在培养目标和课程设置上，都非常重视学生实践实验能力的培养，也通过多途径建立校企合作机会，尽可能为学生提供全方位的实验实践机会。由于两校学科重点不同，两国就业市场差异较大，因此在具体培养目标上，对外经济贸易大学更注重学生的宽口径复合型能力及创业能力的培养，而格里菲斯大学则更明确地以培养学生能解决电子商务领域某一方面的技术能力为核心。

从两校的对比分析来看，国内高校的电子商务专业建设，应该更加注重国际交流合作，在专业发展和学科建设方面紧跟国际最先进的趋势和方向，进一步加强和企业的合作，建立真正的政产学研的体系，使得人才培养能和社会企业需求更紧密地结合，也为改革和完善课程体系提供充分的依据；通过专业建设，探索创新型电子商务人才培养模式、教学内容及相适应的教学方法，形成制度化、更为完善的实践教学体系，进一步提升社会服务水平和质量，为社会经济和现代服务业发展作出更大贡献。

参考文献

[1] 华迎，黄建青．基于专业建设的现代信息服务业人才培养模式探索．现代服务业人才培养探索与实践．北京：对外经济贸易大学出版社，2011.

[2] 教育部高等学校电子商务专业教学指导委员会．普通高等学校电子商务本科专业知识体系．北京：高等教育出版社，2008.

[3] 陈明晶，姚建荣．电子商务专业串并结合教学模式研究．计算机教育，2010. 2. 10（3）.

[4] 余绍军．我国电子商务人才培养模式探析．中国管理信息化，2006（11）.

[5] 陈德人．创新创业型交叉学科专业的知识化探索与社会化实践——电子商务专业人才培养及其规范性研究．中国大学教学，2010（1）.

澳大利亚大学本科实践教学模式研究

——以迪肯大学信息技术专业为例

刘瑞林　巩喜云　王朝培　沈　沉　吴梅梅

摘　要：通过对迪肯大学信息技术专业本科实践教学模式的分析，希望对我国大学信息管理专业的实践体系建设和模式创新起到借鉴作用。第一，实验课程的计划和内容设置，针对性强，交叉内容少；第二，更重视学科基础知识和基本技能的教育；第三，建立良好的实习管理机制，建立企业导师制，充分发挥职业导师的作用。

关键词：信息技术专业　实践教学模式　课程与实习

一、引言

在新经济环境变化加速的今天，如何培养能在毕业后快速适应社会和企业对人才需求，有一定经验和能力的学生，是所有高校面临的难题。提高实践环节的质量和水平，为学生建立一个高质量的实践平台，加上较完善的管理和评价机制，可以大大提高学生的实践能力、应用能力和创新能力的培养水平，能尽量满足社会对人才的需要。

本文希望通过对澳大利亚高校本科实践教学模式的研究，发现我国与国外实践教学的差异，为建立一个更加合理、满足社会需求的实践教学模式提供参考。这将会极大促进高等学校在学生实践教学环节质量提高，既符合高校实践教学水平升级要求，也有利于推动高校毕业生充分就业。

本文以澳大利亚迪肯大学信息技术专业本科生学位教育为例进行实践教学模式研究。

二、迪肯大学概况

迪肯大学 Deakin University（http：//www. deakin. ac）建立于 1974 年，共有 5 个校区，两个校区在墨尔本，两个校区在维多利亚州城市基朗，还有一个校区在海滨城市瓦南波。迪肯大学是澳大利亚的顶尖大学之一，为国内外 7 万多名学生提供专业教育。迪肯大学是澳大利亚唯一一所两次荣获年度重点大学荣誉的学校。1995 年迪肯大学被《优秀大学指南》评为年度“科技教育奖”，1999 年被评为“杰出培训教育奖”。

迪肯大学重视培养学生职业发展的潜质，课程与市场需求紧密结合，注重知识的实时更新，其学位课程得到全球大学和澳大利亚相关职业协会认可。

（一）学生就业方向

学科设置的毕业生就职领域包括软件开发、软件分析师，软件工程、数据库管理员，基于 WEB 的设计、网络和系统管理员，系统集成、测试和系统分析员，以及 IT 咨询师。毕业生也适合系统编程、软件编程、数据通讯、管理、计算机系统维护以及信息系统开发领域的工作。

从迪肯大学的调研结果得知，目前迪肯大学信息技术专业的毕业生主要就职于 IT 公司、银行、咨询公司和一些私人企业，主要从事 IT 相关的工作。

目前澳大利亚 IT 从业人员的待遇水平是：程序设计员入职起薪点为每年 4. 5 万澳元，程序项目经理薪酬为每年 15 万澳元，网络行政人员薪酬为 4. 5 万澳元，网络经理薪酬是 11 万澳元。从事 IT 行业 23 ~25 岁人员薪酬比其他行业同年龄段高得多①。

（二）信息技术学士学位

从迪肯大学的课程介绍可以得知，这个学位的通用课程包括以下主要系列：计算机科学、游戏开发、互动媒体设计、网络技术、数学建模、安全和软件开

① 数据来自国内知名留学中介金吉列 http：//www. jjl. cn。

发等。

迪肯大学信息技术学士学位（专业实践）更偏向实践，需要有在这个行业的企业全职工作经验，这也在课程计划当中。信息技术荣誉学士学位为成绩优秀的学生设计，在完成本科阶段学习后，可以延续到研究生学位。

（三）迪肯大学的信息技术本科生的学分要求

从迪肯大学教学管理部门了解到的准确信息表明，这个专业的本科生学位需要 24 个学分点，其中包括：

（1）16 个核心课程，8 个选修课程。

（2）必须完成安全指导课程（Safety Induction Program）（0 学分，但必修）。

（3）第一学年① - 最多 10 个学分点。

（4）第二和三学年② - 两个学年均要求至少 14 个学分点。

（5）第三学年 - 至少 6 个学分点，至少 4 门课程是 SIT 课程群的课程。

（四）专业核心课程

专业学位的核心课程分为通用专业课程和方向专业课程。

（1）按照学年开设的通用专业课程

第一学年：安全引导课程（0 学分，但必修）、信息技术基础、数据库设计入门、网站开发入门、批判性思维和解决问题。

第二学年：计算机网络、信息技术专业技能。

第三学年：项目和项目管理。

（2）不同系列或方向的核心课程

以软件开发方向为例，按学年开设的核心方向课程包括：

第一学年：编程入门。

第二学年：Web 编程、类库和算法、面向对象的开发。

第三学年：软件工程、软件开发实践。

对于专业实践的信息技术本科学位来说，更强调 6 ~ 12 个月的企业实习经

① 相当于中国大学的大一年级。

② 相当于中国大学的大二和大三年级。

验，也是学分点的一个部分。

三、迪肯大学的实践教学模式

迪肯大学实践教学模式对人才的培养，尤其对学生实际经验的获取起到关键作用，也代表了澳洲高校同类型专业实践教学模式的普遍性。以下主要分析课堂实验环节、实验室管理、学生实验成绩评价方式、课外实习等几个方面。

（一）迪肯大学的实验课程设置

在迪肯大学的学校网站上，公布每门课程的详细介绍，对课程学分、实验、作业等安排以及要求十分明确。

本研究以三个学年的系列编程课程为例，分析课程实验部分的设置等相关内容。

1. 编程入门①（Introduction to Programming）

Credit point（s）（学分）:	1
Offerings（开课学期）:	Trimester 2（二学期）
EFTSL value（EFTSL 值）:	0. 125
Unit chair（负责教师）:	J Wells
Prerequisite（要求）:	Nil（零）
Incompatible with（不兼容）:	MSC211
Contact hours（课时分配）:	1 × 2 hours lecture per week, 1 x 1 hour online tutorial per week, 1 x 2 hour practical per week.（每周 2 小时理论课程，1 小时在线课程辅导，2 小时实践课程）

（1）课程介绍

这门课程介绍软件系统与生成系统的计算机程序代码之间关系。学生通过作业和实验室实际操作积累简单软件编写去体验这种关系，学生学习和使用各种数据类型，包括数组和结构化数据，以及流程控制中的函数调用、迭代和重复等技

① 课程共分三个年级，本课程属于第一年级。

巧。学习 I/O 设计，处理文本文件和通过终端以及图形界面的用户访问技术。

（2）成绩评定

考试占 50% 比例，两次作业分别占 10% 和 15%，共计 25%，实验作业占 25%。

2. 信息技术职业技能①（Information Technology Professional Skills）

Credit point（s）（学分）：	1
Offerings（开课学期）：	Trimester 1（学期 1）
EFTSL② value：	0.125
Unit chair（主讲教师）：	J Coldwell-Neilson
Prerequisite（要求）：	Must have completed a minimum of two SIT coded units（必须至少完成两门 SIT 学分课程）
Corequisite（必修课程）：	SIT105
Incompatible with（不兼容课程）：	SIT301
Contact hours（课程时间安排）：	1 x 1 hour lecture per week. Students are expected to participate in virtual group activities（minimum of three hours per week）（每个星期一次理论课程，要求学生参加虚拟小组活动，每个星期至少三个小时）

（1）课程介绍

这门课程介绍给学生一系列的职业技能，并给学生在一个组织中体验的机会。课程将介绍用于开发和管理信息技术系统方面的技能。课程涵盖商业交互文档和文本的团队作业，合作与协商技巧等。另外也关注信息技术对社会的影响，以及作为 IT 专业人士的伦理、职业操守等内容，大多数作业都是在一个虚拟电讯企业——联合企业内部在线完成。

（2）成绩评分

考试占 60%，小组作业占 10%，职业规划作业为 15%，职业实践报告

① 本课程位于第二学年，这门课程是交互式媒体方向的核心课。

② Equivalent Full Time Student Load，是每年学习的标准要求，每年要求 8 个学分点的标准全职学习。

为15%。

3. 软件开发实践①（Practical Software Development）

Credit point（s）（学分）：	1
Offerings（开课学期）：	Trimester 2（第二学期）
EFTSL value（EFTSL值）：	0.125
Previously coded（前期课程要求）：	SCC333，SCC386
Unit chair（课程主讲）：	K Ong
Prerequisite（必修课程）：	One of SIT131，SIT153，SIT232 or SIT251
Contact hours（课时安排）：	1 x 1 hour lecture，1 x 2 hours practical session per week（每周一次理论课，每周1次两小时的实战会议）

（1）课程介绍

这门课程主要内容包括介绍软件系统的设计技术，以便学生未来能够满足客户软件设计的需求，本课程还包括为一个作好的设计编程。课程通过扩展学生的技能以达到专业水准，课程共计12个主题，关注点在基于.NET的平台、数据库和国际互联网的技术上。为了完成这门课程，要求学生学习到编写超强代码的技能。

（2）成绩评价

需要学生完成两次作业，分别占40%和60%。

从上述课程介绍可以看出，迪肯大学没有设置专门的实验课程，所有实验内容均融于课程之中。按照课程的性质，教师在教学计划中安排学生作业和编程实验环节，而且要求比较严格。

（二）迪肯大学的课外实践活动

1. 企业学习 Industry learning

（1）科学与技术工作综合学习计划（The Science and Technology Work-Integrated Learning-WIL）。这个计划提供全职或兼职的企业训练，为选修的课程，

① 本课程在第三学年。

并对学分有一定要求，不满足学分要求的学生没有机会去实习。这些要求主要依据学位的情况，有些企业也设置企业奖学金。

（2）实践型的专业信息技术（Professional Information Technology）本科学位要求6～12个月的工作经验，顺便提一下，另一个专业商务信息系统学位的学生通过商务实习计划（Business Internship Program）也有获得商业经验的机会。

从迪肯大学的课外实践活动来看，学校与企业的结合十分紧密，迪肯大学与IBM等大型IT企业联系紧密，并签署有协作办学的协议，在学生被派往企业实习的过程中，企业有专业的辅导员，作为学生的导师，学生直接参与到企业的项目中。企业也会在适当时候派专家来校园作讲座。

2. 迪肯大学大多数信息技术和商务信息系统学位可以被澳洲计算机学会认可。迪肯大学还提供思科的认证考试。

（三）实验室管理

迪肯大学有两级的实验室管理机制，一级是学校级别的，学校提供公共的实验室，为所有专业学生上课和实验所用，同时提供e-Service的网络平台，学生可以从互联网上访问学校的实验资源。另一级是学院级别的，例如科学与技术学院，设置自己的专业实验室为本学院本科、研究生使用。

（四）实习管理

（1）迪肯大学每个学院设置固定的联系人员负责选择学生、联系企业等事宜，让专业教师从繁琐的事务中解脱出来。

（2）迪肯大学的学生进入企业后，加入到实际的工作项目中，由企业的导师负责岗位培训和指导。

（3）根据学生提交的企业实习报告，由学院学术委员会对学生的报告评价，而不是简单的提交文档。这种做法十分严谨并具有权威性。

四、结论

（一）迪肯大学的实践教学模式框架

迪肯大学是以图1所示的实践教学模式进行人才培养的，第一层是课程作业，尤其强调小组工作模式的作业；第二层是课外实验，结果需要提交，作为考核成绩的一部分；第三层是成绩达到一定水平的学生被允许进入企业实习。

图1　迪肯大学的实践教学模式

从学生的就业情况分析（参考学生就业部分），学生就职的行业需要实际经验和团队合作能力，尤其是技术的应用能力，所以在课堂教学内容和考核方式上，特别强调实验结果和小组合作能力的考核，更重要的是，成绩过关的学生，可以去企业实习，实习后，学生需要提交项目报告给企业，对于学校方面，学生被要求提交另一份学术报告，内容包括实习期间的学术进步等内容。

（二）课程分析

澳大利亚的学制为三年，迪肯大学所设置课程实验内容均包含是课程计划之内，不同层次的课程要求不同，对实验部分的考核均体现在课程成绩里面，年级越高，实战能力的要求越高，越接近实际工作情景，考核方式越显示平时训练的成果的重要性。另外，学生团队的协作和工作模式也被特别关注。

教师在设计课程和内容之前，要充分了解社会和企业需求，并能把内容设置得更有学术性，做到理论与实践密切结合，而不是一味追求脱离学术的实验课程，这点特别值得我们借鉴。

（三）课外实践活动

（1）在调研中发现，迪肯大学已经意识到一个问题，企业一方把学生作为企业员工使用，对学生的评价基本依据企业的要求，但会忽视学校的学术要求，所以迪肯大学在给学生评价时，需要学生提交一份除了企业实习报告之外的学术报告。

（2）企业导师制是十分有效的机制，迪肯大学与企业的协议中要求企业导师有义务去介绍行业发展和技术发展的动向，职业发展等方面的信息给实习学生，从另一方面保证了实习的质量，值得学习。

（3）开放的 E-SERVICE 服务，为学生提供了全天候的实践平台。

（4）并不要求所有专业的学生必须参加实习，更重视学校教育对学生基础知识和基本技能的培养。灵活、可操作的实习管理模式值得国内大学学习。

总之，通过对迪肯大学信息技术专业本科实践教学模式的比较分析，希望在以下几点国内大学的实践体系建设和模式创新起到借鉴作用：（1）课程设置边缘分明，避免交叉度高，不容易浪费教学资源；（2）在加强实训的同时，更重视学科基础知识和基本技能的教育；（3）建立和落实实习的管理机制，建立企业导师制，充分发挥职业导师的作用。

参考文献

[1] 周宽久，仇鹏，王磊．基于实践论的隐性知识获取模型研究．管理学报，2009（3）.

[2] 汪宜丹，黄志斌．后危机时代的金融信息化人才培养策略研究．现代管理科学，2009. 11.

[3] 陈晓静．组织学习方式对隐性知识创新的影响——来自中国企业的实证研究. 科学学研究，2009（2）.

[4] http：//deakin. edu. au/scitech/courses.

北京市级“现代服务业人才培养实验教学示范中心”建设

刘瑞林　陈　进　沈　沉　黄健青　赵星秋

摘　要：2008 年，对外经济贸易大学信息学院“现代服务业人才培养实验教学中心”被评为北京市级实验教学示范中心，从那时起，开始了实验中心新的发展历程，历时 4 年时间，在教学体系创新、制度建设、教学方法等方面，不断探索与实践，积累了一定经验。2012 年，基本完成项目所有的建设目标，并成功申报了国家级的实验教学示范中心。本文希望从实验中心的建设中总结经验，寻找潜在的问题，为其他学校实验中心的建设提供参考和借鉴。

关键词：实验中心建设　建设目标和任务　优化和创新

一、建设总目标

实验中心在制订实验中心和实验教学发展规划过程中，考虑到国家和北京产业结构调整所需人才的特点，以培养现代服务业复合型人才的实践能力、创新能力为己任，以建设国家级的一流财经类实验示范中心为目标。

项目的总目标是“通过项目建设，取得实验课程体系、教学方法、教学内容、教学手段和师资发展方面的创新，以此来提高现代服务业人才的培养质量。”

具体目标包括：

探索跨学科实验教学体系创新，探索信息经济环境下，实现理论教学与实践的结合。

提升与现代服务业密切相关的信息管理和电子商务专业、金融、企业管理、会计、财务、国际贸易等专业学科师资水平，带动师资和团队建设。

通过项目的“点”，取得实验教学中心的全国示范效应，带动“面”的发展。

二、主要建设工作

借助信息学院理科背景和国际合作办学经验，总结多年来在经管类学科开展实验教学的经验，结合现代服务业对复合型人才的需要，提出教学改革与创新总体思路：“以培养和提高现代服务业人才的实践、科研和创新能力为主要目标，以信息技术为手段，实现信息技术与经济管理应用相结合，优化跨学科实验教学体系，加强基础训练，提高综合能力，培养创新能力”。

（一）优化和创新跨学科的实验教学体系

将经济理论、管理方法和信息技术密切结合起来，进行实验教学。在实践教学中，将经贸大学经济、管理多学科知识与信息技术有机结合，跨越学科知识，交叉融合，开辟一条人才培养的良性发展道路。

培养具有综合素质和创新能力人才是实验中心探索的模式，跨学科的实验教学已经取得一些突破性成果。

（1）在结构设计上体现多层次、模块化、综合性，构建垂直的基础＋核心＋特色的实验体系框架，基础实验培养实践能力，核心实验培养技术应用能力，特色实验培养综合应用经济理论、管理方法、数学和信息技术创新能力。

第一个层面培养掌握软件操作能力和使用能力人才；第二个层面培养利用信息技术进行企业信息化建设的人才；第三个层面培养综合应用数学、经济理论、管理理论和方法及信息技术的创新人才。

（2）面向不同专业，设计不同模块，在不同模块中侧重培养不同能力。通过不同层次实验教学，培养学生“以理论为指导，将信息技术应用于企业运营管理，支持企业决策”的能力。

① 组织相关领域的学科带头人讨论现代服务业的最新发展，尤其是金融、国际贸易等领域新的发展特点，充分了解和掌握人才的实践能力和其他能力的特点。

② 组织大型调查项目，更新和完善相关实验课程教学内容。

③ 通过研究，多角度建立新的实验教材体系，出版系列教材，有10余本教材已经完成编写工作，在组织内部审稿工作，并在2010年5月出版第一批具有

跨学科特色的实验教材。

2008年以后，相继开发了SAP大学联盟澳洲学习资源，提供ERP与供应链、会计信息系统、系统分析与设计等本科实验课程，并在研究生层次引入SAP/ERP系统、IBM商务智能等实验课程，均受到学生欢迎。

实践过程中，我们在以下几个方面不断探索：

（1）不断更新实验课程内容，例如改革传统实验课程，提升学生解决问题的能力。

（2）突出特色，进行跨学科的实验课程建设，提高学生综合运用知识的能力。

（3）拓展课外实验环节，积极组织和参与“三创”、“数学建模”等全国电子商务大赛。搭建一个永久性的平台，通过比赛过程锻炼学生综合运用知识的技能。

（4）注重研究以就业为导向的学生能力提升的教学方法和教学内容创新。

（5）在结构设计上体现多层次、模块化、综合性，构建从课堂到科研、实习和参赛的培养模式。

通过课堂实验、课外实习、基地实习以及参加科研项目等多种途径，组织实践教学。克服了“单一实验课程”的模式对创新人才培养的不足，给学生提供丰富想象和创新空间，不断提高复合型人才的培养质量。

（二）实验教学队伍建设

近5年来，我们着重培养实验教学队伍的骨干力量，特别是重点实验室学科带头人、具有跨学科知识的骨干教师、研究人员和技术管理人员，保证实验教学正常有序进行，实现科研带动实验教学的良好局面。

实验教师队伍目标是逐步建立起多学科的、国际化的、师德高尚、业务出色、创新能力突出、教学水平较高、协作能力强、具有年龄结构优势且拼搏向上的实验教学队伍，成为具有国内领先水平的实验教学团队。

我们采取的培养模式是国外+国内访问、进修、学位教育、讲座培训、企业进修的全方位综合方式。具体做法是：

（1）每年赴国外进修教师2~4名；国内进修不限名额。

（2）鼓励中青年教师攻读更高层次学历学位，按照学校的政策可以获得资助。

(3) 教师进入企业实习，积累实践经验，丰富实验课程内容。

(4) 聘请国内外知名专家参加暑期学校授课、举办教育论坛、学术讲座或观摩教学。① 举办三届“全国实践教学创新”论坛，聚集全国行业知名专家，推广实践教学理念和经验。② 举办北京市现代服务业发展论坛，获得项目的示范效应。③ 举办实验课堂观摩教学研讨会，提升实验教学研究水平，推动人才培养的质量不断向前发展。

(5) 每年引进1~2名精通外语、专业知识基础好、业务能力强、有工作热情和能力的高层次人才。

在项目建设中，注重国外最新专业知识的引进，处理好学科的交叉关系，尤其是与工商管理、金融、人文、法律等的交叉领域的教学研究。特别重视“金融服务外包”、“现代服务业论坛”等交流和研讨会议，建立与政府、企业良好的合作关系，聘请相关行业的专家作为咨询委员会的委员，开展与兄弟学校合作研究，收效十分显著，对实验教学质量的提高和人才培养质量都起到积极的促进作用。

(三) 教学手段和方法改革

实验教学方法和手段在实验教学中的地位十分重要，经过几年的努力探索，总结了以下几种行之有效的教学方法。

1. 主导复合型，培养应用能力

实验中心面对的是经管类的工商管理、财务管理、会计、市场营销管理、人力资源管理、物流管理、国际贸易、信息管理、电子商务、金融工程等多个学科、多个专业的学生。学生在实验课堂上将经济、管理和信息技术的知识融合在一起，培养应用信息技术解决经管问题的能力，在解决问题中应用经济、管理理论和方法指导实践。

“ERP与供应链管理”将供应链管理思想、方法与SAP的ERP系统实验结合起来；

“经营管理中的决策方法”将运筹学理论和计算机软件SPSS的实验结合起来；

在“网络技术与应用”、“经济数据分析”、“企业级数据库”等实验课程中，以企业需求或实际问题解决方案为出发点，引导学生将信息技术与企业管理和决策结合起来，培养学生信息技术的应用能力。

2. 引入 PBL 方法，促进自主学习

PBL（Problem-Based Learning）是以培养学生的能力为教学目标，以问题为导向、以学生为主体的启发式教育方法，PBL 教学法的精髓在于发挥问题对学习过程的指导作用，调动学生的主动性和积极性。这种教学法首先被用于医学院的教学中，后被引入于英语教学。中心尝试在“ERP 与供应链管理”、“网络技术与应用”等课程引入 PBL 的教学方法，收到很好的效果，学生自主学习的能力明显提高。

基本思路是：（1）教师提出要处理的实际问题；（2）学生小组寻找问题解决方案（可查找资料或讨论）；（3）分组实验实施解决方案；（4）得出可以解决问题的结论；（5）教师对问题的解决方案总结；（6）学生小组自我总结。

3. 体验真实系统，提前进入社会

真实的 SAP/ERP 系统加上模拟的企业数据，构成了 ERP 系统的数据库。其中包含财务管理、库存管理、客户管理、供应商管理和订单管理等模块，功能丰富，适合多门经济和管理类实验课程。

（1）利用位于澳洲昆士兰科技大学的 SAP 亚太学习中心 ERP 数据库，为“ERP 与供应链管理”等课程提供业务流程、多种业务活动的实验平台。也在“系统分析与设计”、“会计信息系统”、“数据挖掘与商务智能”等实验课程中增加 SAP 系统学习课时。

在课堂中提前体验社会工作的系统环境，学生在体验中理解管理的思想和方法，在实验过程中积累经验。

（2）每学年定期邀请 SAP 的工程师进校讲座，介绍管理咨询和 IT 咨询的发展和应用。

（3）利用暑期组织学生参加 SAP TERP10 培训；参加 SAP 全球商业同略会。

4. 促进课外科研，开发创新能力

培养学生具有更强的创新能力，需要不间断地“实践、深入学习、再实践、再深入学习”，是一个渐进的阶梯式过程。在课外，学院和中心提供三种模式供学生选择。

（1）参加教师科研项目。信息学院从2008年开始利用学院发展基金支持教师带学生科研模式，约有40%左右的学生受益。

（2）实验中心科研团队。队员来自国际经济贸易学院、商学院、金融学院、信息学院；自由组队，自由选题，自行研究，自我学习。这个团队诞生了许多参赛策划书、系统、研究报告和研究论文。

运行模式：学生团队自主管理；实验中心组织、监督和指导。

（3）校内实习。中心的“商务部中外信息采编中心”是一个与商务部共建的公共信息服务基地，为学生提供系统开发、系统管理、语言翻译、中文编辑、数据分析和商务智能等多学科、多种能力训练的机会，深受商务部领导和学校的好评，也很受学生欢迎。

截止2012年5月，已经有600名不同专业的学生参加实习。

5. 加强教学研究，提高教学团队能力

自从2008年以来，实验中心先后主办会议：

年份	会议题目	主题
2010	全国首届现代服务业人才培养实验教学创新论坛	实验教学体系创新研究
2011	第二届现代服务业人才培养实验教学创新论坛	实验室建设
2011	现代服务业实验教学课堂观摩研讨会	实验课堂教学经验交流
2012	第三届现代服务业人才培养实验教学创新论坛	实验中心与实习基地建设

中心协办会议：

年份	会议题目
2009	电子商务实践课程体系经验交流会
2009	北京现代服务业发展论坛
2009	首届中国服务外包产业发展与人才培养高峰论坛
2010	第二届中国服务外包产业发展与人才培养高峰论坛
2011	对外经济贸易大学商务信息管理优秀教学团队课程体系研讨会
2011	第三届中国服务外包产业发展与人才培养高峰论坛

通过研讨和经验介绍，获得了先进的实验教学理念、经验、方法，同时也将我校实验教学的经验分享给参会人员。经验丰富的教师进行实验课堂观摩教学，专家和教师共同讨论提高实验教学质量的手段和方法，积极推动了教学方法的改革进程。

2011年，由实验中心主持出版了《现代服务业人才培养探索与实践（2011）》论文集，收集现代服务业人才培养与教学方法研究论文30多篇，并收录了学生研究论文、创新创业策划、数学建模研究项目报告等成果，共计40多万字。

6. 开放实验资源，拓展实验课堂

中心特别配置了专用实验教学服务器，24小时开放，为实验和科研提供平台。

另外，在充分利用学校提供的选课系统和教学辅助系统之外，还建立了“对外经济贸易大学信息学院 实验课程学习资源开放交流平台（http://xxzy.uibe.org/boke/）”，支持教师与学生的沟通和交流。实验平台和学习交流平台突破了时空限制，很大程度拓展了实验课堂。

（四）建立良好的运行机制

1. 日常运行

学校教务处负责制订培养方案和教学计划，统筹安排、调配和使用实验教学资源，实现优质资源共享。

实验中心的行政管理归属信息学院；人事、财务等事宜均由学校和信息学院管理；科研管理归属学校科研处；实验教学管理归属学校教务处；设备管理归属学校资产处，设备和软件均属于学校固定资产。

2. 建立合理的实验教学管理流程

经过几年的摸索和实践，总结并建立了比较合理的实验教学管理流程。

（1）每个学期末教务处根据培养方案下达下学期实验教学任务。

（2）实验教学中心汇总实验课程表，安排实验室，上报教务处。

（3）学生在教务处平台选课并得到系统确认。

（4）新学期开学，任课教师提出实验所需软件和数据库要求。

（5）技术管理人员准备实验环境。

（6）中心负责人检查实验室准备情况。

（7）教师按时授课。

（8）中心检查实验教学情况。

（9）学校督导组检查实验教学。

（10）期中教学检查征求学生意见并反馈给任课老师。

（11）期终实验教学中心总结实验教学情况，并上报信息学院和教务处。

3. 课外实验管理

（1）各实验室专门开辟了“开放实验室”时间对学生开放，每天保证 2 小时的开放实验时间。

（2）实验中心为学生提供综合实训项目和科研项目，通过招聘、预约等方式，学生可以自行选择实习和实训时间，选择参与学生科研小组活动。

（3）实习和实训项目的建设与实施由中心指定部门负责，同时还负责学生实习过程和成果的检查验收，以及对实习学生的评价。

（4）学生科研团队成员的招募、选择、培训均由学生自主管理，按制定好的制度执行，中心主要起到监督和指导作用，并为科研项目提供足够的支持。

（五）完善中心管理制度

为了实现可持续发展，更好地激励教师开展实验教学研究和教学改革，鼓励学生认真上好实验课，提高参与实践活动的积极性，学校、学院和实验中心在人才引进、人才培养和实验教学管理以及激励学生参与社会和科研活动等多方面都制定了相关政策和管理制度。

三、主要结论

（一）建设成果

（1）在队伍建设方面加强青年教师的培养力度，派出了更多的教师参加进修，与国内外同行建立协作关系。开展联合教学、联合研究，促进本专业知识的全球交流，进而达到创新发展的目标。

（2）在专业知识体系方面，要深入研究和思考发展转型的未来趋势，抓住机遇，进行现代服务业人才知识体系的进一步创新研究，尤其关注实验课程，建立了较完善的实践教学体系，并且继续进行体系创新的研究。

（3）经过几次教学与研究高级研讨会，探索引入国外现代服务业人才培养实践教学知识体系内涵和外延，创新教学和研究角度，开发出了新的课程体系和课程内容。

（4）在团队协作的科研方面，准备走合作化的道路，将实践与国外的理论联系起来，努力探索出国内外教师结合、相互促进的知识创新体系，为现代服务业人才实践能力培养，作出了应有的贡献。

（5）经过几年的建设，实验中心在软硬件的建设方面取得了突破，软件平台全面，硬件运行稳定。

（二）几点体会

（1）领导的重视是项目成功建设的前提。只有各级领导都来关心、重视和支持精品实验中心的建设，并制定相应的政策，实教学改革才能顺利进行。

（2）体制改革是关键。实验教学改革首先是体制改革，实验中心单独建制，人、财、物统一管理，是改革成功的关键。

（3）实验教师的积极性和队伍凝聚力是基本条件。只有充分发挥实验教师的自觉性，充分理解、尊重、信任和关心他们，才能激发教师从事实验教学工作的积极性和创造性，才能增强队伍的凝聚力，才能深化实验教学的改革和提高实验教学质量。

（4）实验教学管理人员的责任心和事业心是基础。实验教学的管理工作是一项十分烦琐而辛苦的工作，每天都要坚持做好，只有从事实验中心的管理人员全身心投入工作，日积月累，才能见到成效。

（5）切实可行的管理制度是保障。实验教学体制改革的运行，需要有相应的管理制度做保证，只有建立起切实可行的管理制度，并实行岗位责任制，目标管理，责任到人，才能做到管理规范化、制度化，才能使实验教学管理改革顺利实施。

（6）建立创新型人才培养新体系，提高教学质量，是建设的目的。实验教学中心的建设目的是为了提高教学质量，培养具有国际竞争力的复合型、高素质、创新型人才。

（7）做好建设规划，按部就班，不断进步。

（三）存在的问题及原因分析

（1）设备的更新换代问题。对示范中心的经费投入不足，大大制约了设备的升级和改造。

（2）教师对实验教学的重视程度不高。由于对教师的评价体系的制约，大大影响了教师对实践教学的投入，包括课程建设、教材建设和教学研究工作。

（四）进一步推进项目建设的有关建议

第一，成立教育部或北京教委的项目督导组，指导和监督国家级和省部级质量工程项目的建设。

第二，在经费方面，希望相关部门提供更强的保障机制。

第三，推进教师评价机制的改革，对不同岗位的教师有不同的评价机制，充分考虑实验教学的特殊性。

第四，示范的质量工程有长久的支持，让其良性发展。

高等学校人才培养必须与社会发展同步，应该为本地区的社会和经济持续发展输送掌握经济理论、先进管理思想和方法与信息技术的复合型人才。因此，实验中心在加强实验教学的基础上，把为现代服务业培养人才工作作为工作重点，结合学校规划，扩大跨学科综合实验课程比例，为更多学科、专业学生开设实验课程，尤其要进一步扩大开放式实验课程和项目的数量及规模，辐射面更大、更宽，为培养更多跨学科的复合型人才作出更大贡献。

在培养适应市场全球化、管理科学化，既具有开拓创新精神、竞争与合作意识，又具有实际动手能力高素质复合型人才过程中，实验教学与理论教学同等重要，作为人才培养的实践基地，实验中心可以大有作为。

参考文献

[1] 教育部．国家教育事业发展第十二个五年规划．2012.

[2] 陈进，等．北京现代服务业研究．北京：对外经济贸易大学出版社，2009.

[3] 张安富．创新实习基地建设，探索学研产育人新机制．中国高等教育，2008（200）.

[4] 余传杰．试论大学生创新能力的培养［J］．河南科技学院学报（社会科学版），2005（1）.

抓“质量工程”建设，促人才培养成效

——信息学院本科教学“质量工程”建设项目综述

滕　凌　黄健青

摘　要：教学质量是高等学校的生命线，实施“质量工程”对提高人才培养质量和办学水平具有重要意义。信息学院深入开展了契合国家高等教育质量工程建设精神和体现学院特色的教学质量与教学改革项目建设，成效显著。本文从基本情况、建设内容、建设效果三个方面，对信息学院实施“质量工程”作全面介绍，并提出下一步建设规划。

关键词：“质量工程”　人才培养　教学改革

引言

2007年1月22日，经国务院批准，教育部、财政部联合颁发了《关于实施高等学校本科教学质量与教学改革工程的意见》（教高［2007］1号），提出高等教育要切实把重点放在提高质量上，正式启动了“高等学校本科教学质量与教学改革工程”（以下简称“质量工程”）。紧接着，2007年2月27日，教育部下发了《关于进一步深化本科教学改革，全面提高教学质量的若干意见》，作为2007年的“2号文件”，提出了今后一段时期进一步深化高等教育本科教学改革的6大部分、20个具体方面，为高校如何采取措施实施“质量工程”提出了指导意见。

“质量工程”是继“211 工程”、“985 工程”和“国家示范性高等职业院校建设计划”之后，我国在教育领域实施的又一项重要工程，是新时期深化本科教学改革，提高人才培养质量的重大举措。

信息学院以“质量工程”建设为平台，围绕提高人才培养质量这个核心，不断更新教育、教学理念，积极组织教师申报、参与并实践“质量工程”项目。经过几年的努力，信息学院从无到有，在市级实验教学示范中心、人才培养基地、优秀教学团队、教学名师、精品课程和精品教材等方面取得了突破，尤其是近几年来，随着各项目建设进程的不断推进，更带动了学院教学质量的全面提升，成功申报了国家级特色专业和精品课程等项目，效果显著，起到了良好的示范作用。

一、“质量工程”实施基本情况

截至 2010 年底，信息学院共有 14 项北京市级以上“质量工程”建设项目获得立项，有 2 项教材获得北京市精品教材称号，其中陈进教授主持的 2008 年北京市教育教学改革面上项目“现代复合型商务人才能力培养的教学模式研究”，以及苏燕玲副教授主持的信息技术改造项目“用 MATLAB 和建模实践改造工科线性代数课程”已顺利完成并结项。具体项目参见表 1。

表 1　信息学院国家级、北京市级“质量工程”项目立项一览表

序号	项目类别	立项时间	项目名称	项目负责人
1	国家级第一类特色专业建设点	2010 年	电子商务	陈进
2	国家级精品课程	2010 年	电子金融	陈进
3	北京市级实验教学示范中心	2008 年	现代服务业人才培养实验教学中心	陈进
4	北京市优秀教学团队	2008 年	商务信息管理系列课程教学团队	陈进
5	北京市特色专业	2009 年	电子商务	陈进

续表

序号	项目类别	立项时间	项目名称	项目负责人
6	北京高等学校市级校外人才培养基地	2010年	中国国际电子商务中心	陈进
7	北京市教学名师	2010年	教学名师	陈进
8	北京市精品课程	2004年	管理信息系统	陈恭和
9		2008年	电子商务	曹淑艳
10	北京高等教育精品教材建设立项	2007年	电子金融概论	陈进　崔金红
11		2009年	数字经济学	陈进
12		2009年	信息管理导论	王朝培
13	北京市高等教育精品教材称号	2006年	管理信息系统	陈恭和
14		2008年	电子商务教程	曹淑艳
15	北京市教育教学改革面上项目	2008年	现代复合型商务人才能力培养的教学模式研究	陈进
16	信息技术改造项目	2008年	用MATLAB和建模实践改造工料线性代数课程	苏燕玲

二、“质量工程”建设内容

（一）特色专业建设项目

电子商务专业于2009年获批为北京市高等学校特色专业建设点，2010年获批国家级第一类特色专业建设点，经过近3年的建设，结合学校人才培养定位及发展目标定位，以优势学科为依托，以专业建设为改革平台，实现学科建设带动专业建设，科学研究促进教学改革，理论教学与实践教学并重，课内与课外教育教学的有机结合，构建经济社会发展需要的课程体系，改革实践教学，推进人才培养与生产劳动和社会实践相结合，加强国际交流合作，打造实力雄厚、具有学院鲜明特色的品牌专业，形成示范性的建设成果，带动和推进学院的专业建设，实现应用型人才创新精神与实践能力培养的突破性进展，效果显著。

（二）精品课程、精品教材建设项目

信息学院高度重视课程建设在教学质量和人才培养中的重要作用和特殊地位，注重以精品课程建设为龙头带动学院课程建设的整体水平提高，目前学院已建设国家级精品课程1门、北京市精品课程2门。国家级精品课程“电子金融”把握学科发展的新动向和最新成果，积极拓展课程的教学内容，充实应用教学案例，加强实验教学环节，充分利用校外实习基地，有针对性地组织开展实习活动；北京市精品课程“管理信息系统”自2004年起即开始建设，多年来教学内容已相当成熟，教学资源丰富，教学效果良好，得到学生的普遍认可，该课程的主讲教材被评为“十一五”国家级规划教材，并于2006年获得北京市精品教材称号；北京市精品课程“电子商务”构建合理的教学目标，突出了研究型教育方法的鲜明特点，在教学过程中注重教学案例的及时更新，鼓励学生围绕问题进行自我收集资料与学习，该课程教材《电子商务应用基础（第2版）》被选为2008年度北京市精品教材，结合课程建设发表教学研究论文2篇。

实施“质量工程”以来，学院教师在精品教材的编写和出版方面也有着喜人的成果。其中《电子金融概论》及《数字经济学》分别于2007年、2009年获批北京高等教育精品教材建设立项；《电子商务应用教程》及《管理信息系统——理论与实践》等2部教材喜获北京市高等教育精品教材称号。

（三）教学团队建设、教学名师培育项目

教学团队建设是课程建设和专业建设的一个重要组成部分，在创新人才培养工作中发挥着重要作用。“商务信息管理系列课程优秀教学团队”自2008年经北京市教委批准建设以来，在信息学院的组织建设下，充分发挥教学名师的先锋模范作用和示范带头作用，建立团队合作机制，以国家精品课程建设、高级别教材建设和申报市级以上优秀教学成果奖等高水平的教学研究成果作为建设目标，改革教学内容和教学方法，开发教学资源，促进教学研讨和教学经验交流，大力培养青年教师，形成了一支以信息管理与信息系统专业、电子商务专业教师为基础的教学水平高、结构合理、可持续发展的高素质教师队伍，在教学科研中取得了丰硕的成果。

（四）实验教学示范中心建设项目

经过近几年的建设，北京市“现代服务业人才培养实验教学示范中心”逐步建立了电子商务实验室、中外经贸合作网信息采编中心、电子服务实验室以及企业信息化实验室、信息管理实验室、电子商务研究所和金融服务外包实验室，建立了以ERP与供应链、网络营销、企业决策方法、会计信息系统、网络银行为龙头的具有鲜明特色的实验课程体系，为“对电子商务标准ebXML的研究”、“现代服务业研究”、“中外经贸采编信息系统”和“金融服务外包”等研究项目提供专门的研究平台。

中心于2011年汇集并由对外经济贸易出版社出版了《现代服务业人才培养探索与实践》论文集，该论文集收录实验教学研究论文30多篇，其中由学生提交的科研论文和项目研究报告达10余篇。

从2009年底开始，中心组织教师参加编写系列实验教材《现代服务业实验教材》，该系列教材共分10余册，目前已经印刷出版4册，其余已完成初稿。

实验教学示范中心的建设促进了实验教学水平的不断提高，同时也推动了硕士和博士层次的教学和科研工作。

（五）校外人才培养基地项目

北京市校外人才培养基地“中国国际电子商务中心”自批准建设以来，在对外经济贸易大学、北京联合大学和中国国际电子商务中心领导支持和三方有关教师的共同努力下，建立了长期的、不间断的学生实习实践基地，对学校人才培养模式和课程体系的建立提供了有力的支持，为学生就业能力的培养打下了良好的基础。同时，为其他基地建设提供了宝贵经验。

（六）教育教学改革项目

为深化教育教学改革，学院继续实施教育教学改革与研究项目，加大本科人才培养创新内容的研究力度。2008年，“现代复合型商务人才能力培养的教学模式研究”获批北京市教育教学改革面上项目，该项目的主要研究内容是，面向我国开放型经济发展，研究建立科研与实践互动融合的教学模式与培养机制，培养现代复合型商务人才的创新能力、实践能力以及综合问题解决能力。目前，该项目已通过验收顺利结项。

三、“质量工程”建设效果

（一）改善实验教学条件，构建实验教学体系

通过“质量工程”的立项，共申请经费160多万元，特别是通过“现代服务业人才培养实验教学中心”立项建设，明显改善了专业实验教学条件，加大了对实验教学资源的优化整合，构建了比较系统的实验教学体系，充分实现了实验教学资源的开放与共享，为复合型人才培养提供了良好的实验教学条件保障。

（二）优化师资队伍结构，提升教学团队核心竞争力

依托2008年“商务信息管理系统课程教学团队建设”立项，学院在对内强化师资队伍培训、对外引进高水平青年学者方面重点建设，优化了师资队伍结构，博士化率达54%。

2010年教学名师的评选表彰有力促进了我院的教师队伍建设，使教师更加关注人才培养质量，更加重视教学工作。

（三）强化实践教学能力，深化教学模式改革，培养高素质创新人才

正在建设中的“电子商务”特色专业提出了明确的建设思路和建设目标，在课程和教学资源建设、实践教学体系建设、教学模式改革等方面投入了极大精力并取得了显著效果。

2010年中国国际电子商务中心校外人才培养基地的建立，对加强学生的实践能力、培养学生创新思维和创新能力起到了极大的促进作用，增强了人才的适应性和国际竞争能力，为学院高质量专业人才的培养提供了切实的实践条件。

（四）以专业、课程和教材建设为依托，全面提升教学质量和效果

目前，信息学院已成功申请了国家级精品课程“电子金融”、北京市级“管理信息系统”和“电子商务”2门专业核心课程，配合3门精品教材建设，对全面提升教学质量和效果形成了有力支撑。此外，依托“质量工程”项目的支持，编制了现代服务业系列实验教材。

（五）基于互联网的平台化建设效果显著，实现教学资源共享

为更有效地推动“质量工程”的建设，学院建立了“教学资源和建设成果

展示平台”，涵盖了实验教学示范中心、特色专业和教学团队建设等主要内容，图 1 为网站首页。

图 1　信息学院教学资源和建设成果展示平台首页

四、下一步“质量工程”建设规划

（一）提高全体教师积极参与的意识和使命感

教育部 2012 年 4 号文件《教育部关于全面提高高等教育质量的若干意见》中明确提出“巩固本科教学基础地位，把本科教学作为高校最基础、最根本的工作，领导精力、师资力量、资源配置、经费安排和工作评价都要体现以教学为中心”。应当大力宣传和领会教育部的文件精神，让广大教师从思想上和行动上能真正将本科教学的基础地位落到实处，加大本科教学精力投入，切实提高教学质量。

（二）利用互联网平台，积极推进项目建设

在互联网广泛普及的今天，“质量工程”项目的推广和应用应多利用这个大

学生每天面对的平台。在已立项的“质量工程”项目中，信息学院选取了3个涉及面较大的项目作为试点，建立了“信息学院教学资源和建设成果展示平台”。这3个项目是：

（1）北京市实验教学示范中心——现代服务业人才培养实验教学中心。

（2）北京市优秀教学团队——商务信息管理系列课程教学团队。

（3）北京市及教育部——电子商务特色专业。

通过互联网信息展示，一方面梳理和构建了相关项目的建设框架，另一方面及时向广大教师和学生展示建设成果，也方便兄弟院校的交流学习。

（三）强化实验课堂，创新教学方法

“质量工程”建设中突出了实验课堂的特色，信息学院今后在本科生教学中将大力推进实验课堂教学。本年度计划完成现代服务业系列实验课程教材编制，同时搭建实验课程交流互动平台，并投入实际使用。

（四）加强“质量工程”检查力度，增进经验交流

在学校整体规划基础上，建立学院“质量工程”建设工作组，制定有关工作规范和措施，使“质量工程”建设落到实处，具体办法包括：

（1）将“质量工程”项目建设工作纳入常规性管理，定期总结。

（2）加强与校内外相关院校沟通，交流建设经验和办法。

（3）加大建设成果的推广和利用。通过多种方式宣传建设成果，特别是充分利用互联网进行展示，使建设成果真正被广大教师和学生共享。

（4）加强学生参与度。让学生通过体会、报告等形式，展现学生参与“质量工程”项目的收获。

五、结语

信息学院在“质量工程”建设上取得的成果是学院长期以来重视本科教学、深化教育教学改革的结果，是培养高素质复合型、专业化人才的长效保障，这对带动团队、凝练队伍、提升教师整体的科研能力、教学水平，全面提高人才培养质量，确保教学工作的中心地位具有重要意义。信息学院将以“质量工程”建设为抓手，认真总结经验，加大建设和投入力度，强化质量意识，深化各项教学

改革，强力推进学院“质量工程”项目建设进程，全面提升教育教学和人才培养质量，努力开创教育教学改革的新局面，使学院的本科教学水平和人才培养质量再上新台阶。

参考文献

[1] 教育部关于全面提高高等教育质量的若干意见．教高[2012]4 号,[2012-03-16].http://www.moe.gov.cn/publicfiles/business/htmlfiles/moe/s6342/201204/xxgk_134370.html.

[2] 教育部　财政部关于“十二五”期间实施“高等学校本科教学质量与教学改革工程”的意见．教高[2011]6 号,[2011-07-01].http://www.moe.gov.cn/publicfiles/business/htmlfiles/moe/s6342/201109/xxgk_125202.html.

[3] 教育部关于进一步深化本科教学改革全面提高教学质量的若干意见．教高[2007]2 号,[2007-02-17].http://www.moe.gov.cn/publicfiles/business/htmlfiles/moe/moe_1623/201001/xxgk_79865.html.

[4] 教育部　财政部关于实施“高等学校本科教学教学质量与教学改革工程”的意见．教高[2007]1 号,[2007-01-22].http://www.moe.gov.cn/publicfiles/business/ htmlfiles/moe/moe_1623/201001/xxgk_79761.html.

服务外包及相关人才培养研究

王树西　周　颖

摘　要：本文首先给出了服务外包的定义，说明了服务外包的背景与意义，在列举信息技术服务外包的分类和内容之后，对中印两国软件服务外包进行了比较，在此基础上，探讨了高等院校服务外包人才培养模式。

关键词：服务外包　人才培养

一、引言

如今，全球化已经成为时代发展的必然趋势，日益扩大的市场给企业带来了更多的机遇和挑战，服务外包成了企业实现领先竞争对手的现实选择，重组价值链、优化资源配置、追逐成本最低，从而专注于自身核心竞争力的建设。

二、服务外包的定义

服务外包是指企业将其非核心的业务外包出去，利用外部最优秀的专业化团队来承接其业务，从而使其专注核心业务，达到降低成本、提高效率、增强企业核心竞争力和对环境应变能力的一种管理模式。它包括商业流程外包（BPO）、信息技术外包（ITO）和知识流程外包（KPO）。

服务外包企业，是指根据其与服务外包发包商签订的中长期服务合同，向客户提供服务外包业务的服务外包提供商。服务外包业务，是指服务外包企业向客户提供的信息技术外包服务（ITO）和业务流程外包服务（BPO）。包括业务改造外包、业务流程和业务流程服务外包、应用管理和应用服务等商业应用程序外包、基础技术外包（IT、软件开发设计、技术研发、基础技术平台整合和管理整合）等。

WTO 将服务分为 12 个部门，即商务服务、通信服务、建筑和相关工程服务、分销服务、教育服务、环境服务、金融服务、健康服务、旅游服务、娱乐文化和体育服务、运输服务、其他服务。服务外包可以按这 12 个部门进行分类。

发包方，也就是发包商，一般来自劳动力成本较高的国家和地区，如美国、西欧、日本。接包方，也就是外包供应商，来自劳动力成本较低的国家和地区。世界主要的服务外包承接国有 7 个，即欧洲的爱尔兰、捷克和亚洲的中国、印度、菲律宾、马来西亚和新加坡。

三、服务外包的背景与意义

服务外包产生的背景在于生产和服务环节的国际化分工细化。

竞争的关键由一般技术转向核心技术，企业把一般技术的生产和服务外包出去，开发核心技术，以最大限度地保持企业的竞争力。总之，企业成本最小化、利润最大化和增强企业核心竞争力成为内在动力。而且信息技术特别是网络技术的发展，使服务外包从可能成为现实。企业将自身的非核心业务外包，将企业的资源、技术、人力运用在企业自身核心业务上，是企业资源优化配置的一种表现形式。

对于不发达国家来说，发展服务外包，有利于提升服务业的技术水平、服务水平，推动服务业的国际化和出口，从而促进现代服务业的发展。其对经济的具体作用表现为：

（一）有利于提升产业结构

服务外包产业是现代高端服务业的重要组成部分，具有信息技术承载度高、附加值大、资源消耗低等特点。承接外包服务，可以增大服务业占 GDP 的比重，提升产业结构，节省能源消耗，减少环境污染。

（二）有利于转变对外贸易增长方式，形成新的出口支撑点

承接外包服务，可以扩大服务贸易的出口收入。近几年来我国外贸出口在稳步发展，但同时也遇到许多问题。发展服务外包，因其对资源成本依赖程度较低、国外设限不强，具有快速增长的余地，从而有望成为出口新的增长动力。

（三）有利于提高利用外资水平，优化外商投资结构

服务外包项目由于对土地资源要求不高，一旦外商有投资意向，落户概率将远高于二产项目。我国下一轮对外开放的重点是服务业，服务业的国际转移主要就是通过服务外包来实现的，承接服务外包产业，就能够实现国际先进服务业逐步转移，从而优化利用外资的结构，更加适合城市经济的和谐发展。

（四）有利于提高就业率

20世纪80年代以来，服务业吸收劳动力就业占社会劳动力比重逐年提高，而服务外包作为现代服务业的推动器，将创造大量的就业岗位，缓解知识分子尤其是大学生的就业压力。IT服务和IT相关服务与其他制造业相比，是典型的高收入行业。同时，它还将带动政府、高校、企业加强人才培训，提升劳动力素质，培养一批精通英语、掌握世界前沿科技，且与海外市场联系广泛的人才。

四、信息技术服务外包的分类和内容

信息技术方面的服务外包，大致可以分为如下几类：信息技术外包（ITO）、业务流程外包（BPO）、知识流程外包（KPO）。

（一）信息技术外包（ITO）

包括系统操作服务，如：银行数据、信用卡数据、各类保险数据、保险理赔数据、医疗/体检数据、税务数据、法律数据（包括信息）的处理及整合。系统应用服务，如：信息工程及流程设计、管理信息系统服务、远程维护等。基础技术服务，如：承接技术研发、软件开发设计、基础技术或基础管理平台整合或管理整合等。

（二）业务流程外包服务（BPO）

包括企业内部管理服务，为客户企业提供企业各类内部管理服务，包括：后勤服务、人力资源服务、工资福利服务、会计服务、财务中心、数据中心及其他内部管理服务等。企业业务运作服务，如：为客户企业提供技术研发服务、销售及批发服务、产品售后服务（售后电话指导、维修服务）及其他业务流程环节的服务等。供应链管理服务，如：为客户企业提供采购、运输、仓库/库存整体方案服务等。

（三）知识流程外包（KPO）

这是服务外包的高端部分。

上述信息技术服务外包，它们都是基于IT技术的服务外包。其中，ITO强调技术，更多涉及成本和服务，BPO更强调业务流程，解决的是有关业务的效果和运营的效益问题。KPO往往涉及若干业务准则并常常要接触客户，因此意义和影响更重大。不仅IT行业需KPO，而且KPO的每项业务都离不开IT业务的支持，从而产生IT外包机会。

五、中印两国软件服务外包比较

印度作为全球服务外包行业的标志，自20世纪九十年代以来，一直引领全球产业的发展趋势，特别是其软件外包产业，从1981年的不足1000万美元增长到2008年的300亿美元，成为公认的软件外包产业大国，被誉为“世界办公室”。而作为“世界工厂”的中国却正面临着经济进一步发展的瓶颈，产业附加值低、资源浪费、环境污染严重、第三产业发展缓慢等弊端越来越明显，因此迫切需要经济转型和结构调整，而服务外包业是一种资源节约型、环境友好型的产业，比较符合中国现阶段经济发展的实际，因此大力发展服务外包业是一个很好的选择。

2010年，我国软件信息服务外包产业增长达到了35.2%，产业规模突破2750亿元。2011年年初颁布的《进一步鼓励软件产业和集成电路产业发展的若干政策》［国发（2011）4号文］显著加强了对软件服务的政策支持。在我国软件外包服务产业高速发展的大背景下，我们仍应当看到我国服务外包业起步较晚，目前还不是很成熟，仍面临着很多问题，表现出结构上的不合理、缺乏技术含量、外包层次低、整体的国际竞争力相对较弱等不足。

印度作为一个发展中国家，与我国同为金砖四国之一，双方有着很多相似之处。印度在服务外包业发展上取得了骄人的成绩，因此，研究和学习借鉴印度的成功经验，对我国软件服务外包业更好更快地发展，增强中国服务外包业的国际竞争力就相当有现实意义。

六、高等院校服务外包人才培养模式

在以上论述的基础上，我们认为：在服务外包人才培养方面，应该注重实践，注重增强人才培养的实用性，培养实践型的服务外包人才。一方面，要鼓励服务外包企业与高等院校开展服务外包人才培养合作，开展订单式服务外包人才培养。另一方面，鼓励服务外包企业在高校中建立实训基地，支持企业接纳高校学生开展在校期间的实训、毕业实训，实现“毕业即就业”的人才对接。

下面以软件服务外包人才培养为例，探讨高等院校服务外包人才培养模式。

目前在我国，真正适合于国内外市场的从事软件和软件服务外包的人才极为短缺，人才问题已经成为中国软件外包行业的一大瓶颈。国内传统的学历教育所培养出来的软件人才，与企业所期望的人才相比还存在较大差距，主要体现为学生普遍缺少项目实践经验和专业技能，很难达到企业的用人标准。

事实上，对我国外包企业来说，所需要的外包人才按照需求不同是有所区别的，最合理的外包人才结构应该是“金字塔”型。

具体来说，底层是基础的软件开发人员，基本能力要求是编写代码、技术文档，以及与团队成员和项目经理共同完善设计方案，要有较强的专业技术能力和表达能力。

中层是数量较多的具有丰富经验的项目经理人才，应该具有很强的沟通和团队领导能力，了解客户需求，能够对软件项目进行系统分析、模块化分析，协调各种资源并掌握项目进度和质量控制。这类人才需要有技能和经验，以及较高的个人素质。

最高层是既懂管理又懂软件，并具有外包市场开拓能力的高级人才。这样的人才应该熟悉国际化企业工作管理模式，能够紧跟世界前沿技术动态和趋势，掌握国际标准和规范，熟悉对方的文化，参与国际软件竞争和市场开拓。

目前我国外包企业对以上三种人才都有技术、经验以及团队协作能力的需求，但我国现有高等院校软件外包人才培养模式，还很难满足企业对人才的需要，具体来说，这样培养出的学生，能掌握基本的软件开发技术，但缺乏软件开发工作经验、项目交流和团队合作锻炼，企业选择这样的学生，需要经过相当长时间的项目知识与技能培训。

针对上述情况，我们提出“基础知识 + 技能培训 + 企业实训”的人才培养方式。这种培训模式，主要是包括如下两点：（1）学生在高校接受传统的教育；（2）学生在企业中进行实习，或者在企业于高校中设立的实验室进行实习。

这样，学生在接受传统高等教育的同时，有更多的实践机会，将来毕业进入企业之后，就可以快速进入角色，在工作上很快上手。

七、结论

本文首先给出了服务外包的定义，说明了服务外包的背景与意义，在列举信息技术服务外包的分类和内容之后，对中印两国软件服务外包进行了比较，在此基础上，探讨了高等院校服务外包人才培养模式。

参考文献

[1] 秦至谦，杨晓峰，崔立军. 浅谈高校合并实验室建设与管理［J］. 高校实验室工作研究，2003（2）.

[2] 陈秀平，刘拓等. 四所重点大学人才培养计划的比较研究［J］. 电气电子教学学报，2004（5）.

[3] 赵辉，王洪君. 浅析专业课程的教材建设与实践［J］. 电气电子教学学报，2009（1）.

[4] 荣昶，赵向阳，蔡惠萍. 实验教学与创新能力培养探析［J］. 实验室研究与探索，2010（2）.

[5] 王煌. 创新是推进实验教学与实验室建设的密钥［J］. 实验室研究与探索，2011（7）.

试论现代服务业复合型人才的培养
——思政工作视角下的思考

秦东方

摘　要：现代服务业具有鲜明的时代特征，现代服务业需要的是复合型人才。复合型人才不仅仅要具有过硬的专业知识和技能，还要有正确的观念、健全的人格和基本的人文素养。而观念、人格和人文素养的塑造则不是简单的书本知识和课堂教育可以达成的，这需要高校通过开展思政工作来完成，思政工作人员需要通过实际工作的开展，引导学生形成正确的三观和法制观念，具备良好的职业操守和政治素质。另外思政工作者还要关注行业的发展，并具备国际化视野，为现代服务业培养和输送合格的复合型人才。

关键词：现代服务业　复合型人才　思政工作　高校

服务业是现代国民经济的重要组成部分，加快发展现代服务业已经成为政治、社会和经济学界研究的热点。根据国际经验，当一个国家的人均 GDP 超过 2 000 美元时，服务业便将进入加速发展的阶段。据统计，2007 年，我国人均 GDP 达 2 456 美元，这标志着我国已经进入服务业快速发展的时期。国务院在《关于加快发展服务业的若干意见》中指出，服务业是国民经济的重要组成部分，服务业的发展水平是衡量现代社会经济发达程度的重要指标。未来 15 到 20 年间是我国现代化建设的关键时期，因此，加快服务业特别是现代服务业的发展，具有十分重要的战略意义。

一、现代服务业及其时代特征

（一）现代服务业的概念

随着电子信息技术的迅速发展以及经济全球化进程的加快，全球经济呈现出从“工业型经济”向“服务型经济”的转变趋势，现代服务业逐渐成为世界经济增长的重要引擎。现代服务业的概念最早是由美国学者丹尼尔·贝尔在其1973年的著作《后工业社会来临》中提出的。作者在书中指出：以前的农业社会由于生产效率低、剩余劳动力多、素质较差，因而服务业主要以个人和家庭的作坊式服务为主；到了工业社会，服务业主要围绕商品生产活动而展开，以商业和运输服务为主；但到了后工业社会时期，服务业则是以技术性、知识性的服务和公共服务为主。后工业社会的服务业就是现代服务业，它是相对于传统服务业而言的。其后，美国经济学家马克·卢普在《美国的知识生产与分配》一书中明确提出了现代服务业的一般范畴，并进行了简单分类。

对于现代服务业的概念，我国有着自己的科学界定。1997 年党的十五大报告中首次提出了“现代服务业”的概念。根据 2012 年 2 月国家科技部发布的第 70 号文件中的最新定义，现代服务业是指以现代科学技术，特别是信息网络技术为主要支撑，建立在新的商业模式、服务方式和管理方法基础上的服务产业，既包括随着技术发展而产生的新型服务业态，也包括运用现代技术对传统服务业的改造和提升。现代服务业有别于商贸、住宿、餐饮、仓储、交通运输等传统服务业，以金融保险业、信息传输和计算机软件业、租赁和商务服务业、科研技术服务和地质勘查业、文化体育和娱乐业、房地产业及居民社区服务业等为代表。

（二）现代服务业的时代特征

现代服务业有着鲜明的时代特征，可以归纳为“两新三高一集群”。“两新”代表了新的服务领域和新的服务模式。其中新的服务领域是指适应现代城市和现代产业的发展需求，突破了消费性服务业领域，形成了生产性服务业、智力（知识）型服务业和公共服务业的新领域；新的服务模式是指现代服务业通过服务功能换代和服务模式创新而衍生出新的服务业态。“三高”是指现代服务业具有高人力资本含量、高技术含量、高附加值三大特质。“一集群”是指现代服务业在发展过程中呈现出集群性特点，主要表现为行业集群和空间集群。

二、复合型人才及其培养

（一）人才与复合型人才

根据中共中央、国务院2010年6月印发的《国家中长期人才发展规划纲要（2010－2020）》中的界定，人才是指具有一定的专业知识或专门技能，进行创造性劳动并对社会作出贡献的人，是人力资源中能力和素质较高的劳动者。按照人才所从事的工作性质，可将其分为学术型、工程型、技术型和技能型人才四大类。

然而，现代社会对人才提出了更高的要求，不仅需要人才是具有一技之长的“专才”，更需要人才是一个人格健全、知识广博的“通才”，“专才”加上“通才”即是“复合型人才”。复合型人才的标准归纳起来，大致有三个要点：（1）正确的三观和良好的品质；（2）广博的学识和一技之长；（3）恰当的做事方法和创造性思维。其中最重要却最容易被忽视的即是第一个要点，以往的人才培养中往往过于强调对于专业知识和技能的培养，却疏忽了对学生人格、观念与品质的引导和塑造，结果在高校屡屡出现跳楼自杀的现象，出现了药家鑫、李启铭、刘海洋这样令人痛心的悲剧人物。

（二）现代服务业需要复合型人才培养

现代服务业是伴随着信息技术和知识经济的发展产生，利用现代化的新技术、新业态和新方式改造传统服务业，创造新需求、引导新消费，向社会提供高附加值、高层次、知识型的生产生活服务的新型服务业态。现代服务业在发展本质上来源于社会的进步、经济的发展以及社会分工专业化等需求，具有智力要素密集度高、产出附加值高、资源消耗少、环境污染少等特点，是全面现代化的服务业。目前，现代服务业与高新技术产业、先进制造业及服务业内部各行业融合发展的趋势越来越明显，已经催生并将不断催生大量技术含量较高、综合化较强的职业岗位，需要的是大量的复合型人才。因此，如何培养并向业界输送大量合格的复合型人才，是开展学生工作所面临的首要问题，也是一个严峻的挑战。

三、高校思政工作与现代服务业复合型人才培养

（一）复合型人才培养中渗透思政教育的重要性与必要性

教育有两种职能：一是生产和再生产劳动力，即通过传授知识和技能，使学生适应一定的生产力要求，成为具有一定生产知识和生产技能的人；二是培养和训练人，即通过灌输和熏陶，使学生成为具有一定的政治观点、思想认识和道德修养的人。高校思想政治工作承担的就是教育的第二种职能，它是德育工作的重要组成部分，也是贯彻党的教育方针政策，实现高校人才培养目标的必要措施。

21 世纪是一个风云变幻的世纪，社会形势复杂多变，在这样的新形势下，一方面，经济的发展和思想的开放使意识形态领域正在经受着前所未有的严峻冲击和考验，社会大环境下的种种消极因素不可避免地影响着尚未完全成熟的大学生的思想意识的形成与发展，这为大学生思想政治教育工作提出了新的挑战。现代服务业更是处于风头浪尖的先锋产业，更具有多元化特征。同时，高校开展思政工作的首要目标就是为了培养德才兼备的复合型人才，这也是我党的教育方针的具体体现。因此，在此现实因素和教育目标的基础之上，高校思政工作要在为学校教育提供动力支持、紧紧围绕教学中心开展工作的同时，发挥自己特有的优势和作用，关注学生的思想动态，秉承“以人为本”的理念，将培养人格健全、学识广博的复合型人才作为工作的首要目标。

（二）复合型人才培养中贯彻思政工作的要点

1. 指导大学生正确认识党的路线、方针及政策，实现党的政治领导

思想政治教育的主要任务就是通过组织学习和宣传，来提高大学生拥护我党的自觉意识。现实中许多教育实践和经验教训已经证明，导致大学生思想行为发生重大变化的一项重要原因就是对党的路线、方针和政策在认识上的偏差。正确阐释和宣传党的路线、方针和政策，通过多种方式和多种途径使学生正确接受并理解这些理论的具体内容，是培养学生树立正确观念和良好精神面貌的起点。

2. 引导大学生树立正确的法制观念

我国政治体制的目的就是在中国共产党的领导下，在人民当家做主的基础上，依法治国，发展社会主义民主政治。民主、法制的环境对人的政治意识、政

治热情、政治态度和政治行为具有重大的影响，新时期的这种良好环境可以为大学生思想政治教育带来积极影响，提高大学生思想政治教育的实效性。另一方面，作为当代大学生，知法守法也是其所必备的基本素质之一。除了学习专业知识技能，法制观念这一课更是不能缺失。但是仅靠几门基础课程的讲解并不能真正使法律的威严深入到每个学生的内心，因此这需要通过思政工作在日常对学生进行潜移默化的教育和灌输。

3. 培养大学生树立正确的三观

三观是一个人对世界、对人生和对人生价值的根本看法及态度，加强对大学生进行三观教育，既是思想道德建设的基本任务，也是高校学生工作的基本要求。培养大学生树立正确的三观对于提高其思想政治觉悟，培养其健全人格均起着决定性作用。然而，由于大学生思想活跃但不成熟、接受新鲜事物较快但不善于鉴别、自身经历简单缺乏社会经验等特点，要想使学生真正树立起正确的三观，是一项长期复杂而又艰苦细致的工作，必须根据学生的思想道德状况，因人而异、因材施教，理论与实践相结合，才能真正收到成效。

4. 辅导大学生具备良好的职业操守和人文素养

职业操守是在从事职业活动中必须遵守的最低道德底线和行业规范，具有基础性、制约性等特点，凡是从业者必须做到。现代服务业是以金融、保险、物流、信息等行业为主的第三产业，对于从业人员的职业道德规范要求较高；而且从广义上来讲，不管从事任何职业，良好的职业操守都是必备条件之一。另外，作为复合型人才，人文素养也需要具备，它不仅体现了一个人在人文社会科学方面的知识水平，更体现了个人的内在品质及修养，是人的基本素质的展现。

四、思政工作者需要注意的两个问题

高校思政工作在培养现代服务业复合型人才中起着至关重要的作用，在社会主义核心价值体系的标准和要求下，人才是否具有正确的观念和健全的人格，能否真正为生产实践所用并产生社会效益，是评价人才培养成功与否的关键，两个方面缺一不可，亦不可偏颇。因此，培养为现代服务业所用的复合型人才，必不可少的一环就是高校思想政治教育。结合现代服务业的现实要求和复合型人才的培养标准，在通过思政工作的开展培养人才的实践中，思政工作者有以下两个问题需要注意：

（一）在开展思政工作的同时要关注现代服务业的行业发展

现代服务业是适应现代社会和现代城市发展需求而产生和发展起来的，是具有高技术含量和高文化含量的服务业，涉及领域较为广泛，并且随着科技的日新月异而变化迅速。因此，在培养应用于现代服务业的复合型人才时应当时刻关注行业的发展动态，提高自身对于行业的敏感度和认知度，紧紧把握行业发展的方向与特点，对行业的现状及前景有正确的认识，这样才能在教育工作过程中把握好方向及力度。另外，在开展思政教育工作的过程中，也需要与时俱进，将行业发展和时代要求相结合，并切实贯彻到人才培养的实际工作中去，才能有所成效。

（二）要具有国际化的视野和意识

在世界经济全球化的国际背景下，我国的现代服务业势必在更广的范围和更深的程度上对外开放，同时也使服务业的国际竞争趋于白热化。因此，不仅从业人员需有国际视野、通晓国际惯例，肩负着为现代服务业培养并输送复合型人才的思政工作者也要有着广阔的国际化视野和意识，在人才培养中不能墨守陈规，而应大胆创新和尝试，结合现实状况采取多种方式，引导和培养学生成为真正的复合型人才，为现代服务业输送更多新鲜血液。

参考文献

[1] 张云，李秀珍. 上海现代服务业发展与人才培养创新——以应用型特色人才培养为例 [J]. 现代经济信息，2010（10）.

[2] 胡庆浩. 现代服务业人才培养研究 [J]. 现代商贸工业，2010（22）.

[3] 仲丛友，曹洁，郭奇. 对接现代服务业需求的应用型人才培养实现路径探讨 [J]. 科技管理研究，2010（22）.

[4] 张耀荔，张杰. 现代服务业不同视角的界定 [J]. 物流技术，2009（8）.

[5] 曾欣. 思政教育在财经类人才培养中的作用 [J]. 改革与创新，2011

(11).

[6] 林晓婵，陈丽燕，李莹. 独立学院金融专业人才培养模式的研究 [J]. 黑龙江对外经贸，2010 (6).

[7] 中共中央、国务院. 国家中长期人才发展规划纲要 (2010 - 2020 年) [OL]. http://www.gov.cn/jrzg/2010-06/06/content_1621777.htm.

信息技术环境下文化创意产业所需人才培养研究[①]

姜　华

摘　要：本文分析了信息时代下文化创意产业特点，提出了文化创意产业需要的人才特征，并以此为依据针对我院在信息化人才培养方面的优势，提出我院应在人才培养上加强高校企业联合和高校间联合的思路，从而全面提升我院人才培养质量。

关键词：信息技术　文化创意产业　人才培养

文化创意产业，是一种在经济全球化背景下产生的以创造力为核心的新兴服务业，强调一种主体文化或文化因素依靠个人（团队）通过技术、创意和产业化的方式开发、营销知识产权的行业，在当前信息技术环境下文化创意产业更加具有活力和生命力。《国家“十二五”时期文化发展规划纲要》明确提出了国家发展文化创意产业的主要任务，全国各大城市也都推出相关政策支持和推动文化创意产业的发展。最新数据显示，北京目前文化创意产业产值已经超过八百亿元人民币，占北京市 GDP 的百分之十还要多。可见未来文化创意产业的人才需求将迅速增加，我院凭借自身在信息技术人才培养方面的优势，更是大有可为。

一、信息时代下的文化创意产业特点

（1）信息时代下文化创意产业的形态发生了巨大变化，创意产业不再简单

①　本文由对外经济贸易大学信息学院基金资助。

地囿于过去的传统文化产业，它是在信息时代出现的创新性的概念，是对信息时代下新形态的概括、总结和发展。根据英国提出的13类创意产业部类，主要包括新生的产业类别，如动漫、游戏、数字艺术，甚至软件设计、手工增值文化产品，虽然仍然沿用过去的电影、电视、服装设计，但内涵已大大变化，例如影视作品的制作已经是数字电影数字电视设计。

（2）信息时代下文化创意产业已经打破了产业行业的局限性。信息时代下文化创意产业打破二、三产业的原有界限，通过越界，寻找提升第二产业，成为融合二、三产业的新的增长点，二产要三产化，要创意化、高端化、增值服务化，以推动文化发展与经济发展，并且通过在全社会推动创造性发展，来促进社会机制的改革创新。需要特别注意的是，创意产业一方面是在过去总体的文化产业基础上发展起来的产业概念，另一方面又是不同于过去文化产业的新的产业形态。创意产业往往是在制造业充分发展，服务业不断壮大基础上形成的，是第二、第三产业融合发展的结果。创意产业中既有设计、研发、制造等生产活动领域的内容，也有传统三产中的一般服务业，更有艺术、文化、信息、休闲、娱乐等精神心理性服务活动的内容，是城市经济和产业融合发展的新载体，是现代服务业的重要组成部分。创意产业的根本观念是通过“越界”促成不同行业、不同领域的重组与合作。在总体服务业的业态中，通过越界，寻找提升和融合制造业的新的增长点，开拓艺术型、精神型、知识型、心理型、休闲型、体验型、娱乐型的新的产业增长模式，培育新的文化消费市场，涵养新一代创意消费群体，以推动文化发展与经济发展，并且通过在全社会推动创造性发展，来促进社会机制的改革创新。

（3）信息时代下文化创意产业运作模式更加动态化，成为市场经济运行的高端方式。在当下的全球化消费时代，市场的全球性，传播的全球性，需求的精神化、心理化、个性化、独特化，消费的时尚化、浪潮化，使得创意作为产业，从根本上改变了过去固化的稳态工业发展模式：常规结构，常规模式，常规营销，常规消费，而代之以不断变动的创意策划，创意设计，创意营销，创意消费。它在不断关注市场中，创造消费惯例，涵养消费人群，引导消费时尚潮流。它不断在创意中寻找热点、利润和机会，更多地依靠市场和消费自身的推动，同时又不断地设计市场，策划市场，涵养市场，激发市场，以一种动态的平衡模式替代或提升过去的稳态工业发展模式。因此，它高度依赖策划，依赖人才，依赖变化，眼睛每时每刻盯着市场哪怕微小的变动，捕捉机会，放大机会，展开新一轮竞争。它的活力在于每个企业都有机会也有风险，每个企业都要面对竞争也面对失败，每个企业都要殚精竭虑面对生存挑战。

（4）信息时代下文化创意产业产品更加差异化。由于信息时代消费者信息沟通加强，对于潮流的追逐和爱好也更加趋于个性化，对于创意产品的要求也更高，这就要求文化创意产品在风格、基调、艺术特色上具有更多的差异性。尤其是在信息技术逐步完善的条件下，这种创意产品的“原创性”“技巧性”也变得越来越容易，因为在虚拟化、数字化的时空，人们能获取更多的信息资源，而且人的思维和想象力也易跳出传统束缚，再加上先进的图像、数据、声音处理技术，这些都在一定程度上促进了文化创意产品的差异化。

二、信息时代下的文化创意产业所需人才的特点

现代信息技术对文化创意产业的渗透，使其超出了传统意义的技术范围，因此对于文化创意产业的人才特点要求也较之以往出现了很大的不同。

（1）具有一定的民族历史文化底蕴，且掌握先进信息技术的人才。我国是一个历史悠久的国家，拥有众多的文化资源和遗产。历史文化遗产的积累形成了社会与经济发展的精神支柱，它是各民族、不同国家间进行文化交流，促进相互了解、相互学习、相互补充的宝贵资源。而目前在我国，整合、包装这些传统文化资源还处于起步阶段。如果能借助数字化操作则可以将这些传统文化资源转化为经济资源，从而产生巨大的经济效应。因为经过这种开发，许多以往被排斥在经济领域之外的文化形态，在信息技术的承载之下，文化学家和人类学家也可以借助现代信息技术，清晰地描述一个国家的民族文化图谱，有助于一个民族文化的传播和发展。

（2）具有强烈的知识产权保护意识，并熟练掌握信息管理技术的人才。网络经济的快速演变，导致网络环境下知识产权保护客体的日益多样化，推动着知识产权保护对象的不断动态扩张。目前我国知识产权管理及知识产权信息管理本

身还没有真正成为科技文化的进步与信息、文化产业成长环节中的重要构成因素，促进科技创新和知识产权管理的机制尚未形成，鉴于此对于从事这一产业的人员来讲，具有知识产权保护意识和信息管理技术，不仅有利于保护自身合法权益，还有利于促进文化创意产业健康发展。

（3）具有强烈的自我实现愿望和团队协作能力的人才。创意产业需要从业人员具有挑战精神，这种挑战精神要求创意产业人才不仅注重物质激励，更加注重他人、组织及社会的评价，并强烈希望得到社会的认可和尊重，只有这样才能使其具有足够的动力寻找发挥专业特长、成就事业的机会，从而推动这一产业不断向前发展。同时文化创意产业人才流动性加大，一般不从属于某个固定的经济体，经常会去寻求更大的发展空间，这就决定了创意产业人才的高流动性。因此只有那种能够在不同环境下，与不同的人进行充分合作的人才才能在这一产业中立足和发展。

三、对我院培养适应信息时代的文化创意产业人才的建议

信息时代里对于文化创意人才的培养，将不再单纯地由学校来完成，需要以学校为中心，充分调动社会各方面力量，增强高校间的合作，才能培养出符合当前条件的文化创意人才。

（1）加强校企联系，开展人才合作培养。文化创意产业人才对知识要求极高，而当今日新月异的社会，知识不断更新，所以再学习的重要性就不言而喻；尤其是对于应届生来说，从高校毕业进入企业其实践能力还有待提高。所以为了更好地培养文化创意产业人才进而为企业创造更多价值，应发挥好北京市内的行业内名师和著名培训机构作用，加大与微软、IBM、思科等著名软件巨头合作，交流其工作经验和教训，继续构建并完善覆盖产业的人才培训和实训体系，不断完善人才培养、评价机制，营造人才成长的良好环境。

（2）加强高校间联系。不同高校间所拥有的资源和条件各不相同，鼓励高校间人才合作培养能够相互取长补短，满足各自所需，降低培养成本。充分利用清华、浙大、复旦大学等国内高校师资优势，充分利用高校的师资优势为其人才培养服务。

参考文献

[1] 翁卫军．杭州文化创意产业发展报告［M］．杭州：杭州出版社，2007－2009 年版．

[2] 张京成．中国创意产业发展报告［M］．北京：中国经济出版社，2006－2011 年版．

[3] 王晓玲，徐志彪．中国广州创意产业发展报告（2010）［M］．北京：社会科学文献出版社，2011.

[4] 李建盛．北京文化发展报告（2009－2010）［M］．北京：社会科学文献出版社，2010.

[5] 叶辛，蒯大申．上海文化发展报告（2011）［M］．北京：社会科学文献出版社，2011.

[6] 上海市经济委员会，上海创意产业中心编．创意产业［M］．上海：上海科学技术文献出版社，2005.

以服务我国文化产业发展为目的的复合型金融人才培养方案理论探究[①]

——以信息学院金融学专业为例

姜 华 刘 敏

摘 要：文化产业是朝阳产业，其发展需要金融产业的支持。在提供金融资金投资机会的同时，文化产业也促进金融产业进行机构改革和产品创新，二者在相互融合的过程中催生出文化金融产业。本文通过对信息学院复合型金融人才培养内涵理论层面上的认识，初探以服务我国文化产业发展为目的复合型金融人才的培养机制，进一步提升我院金融学硕士研究生的综合素质和就业竞争力。

关键词：文化产业 金融学 复合型人才 培养模式

一、复合型金融人才培养的内涵

跨学科复合型人才培养的理论起源于学习迁移理论，尽管该理论由多个学派构成，但是整体来说这一理论认为，后继学习对于先前学习具有横向迁移的影响，学习者可以运用先前学习的经验和知识架构，学习新的知识，从而为学习带来事半功倍的效果。后来这一理论被用于研究高等教育复合型人才培养问题。

我国大学复合型人才培养模式的探索与改革始于本世纪初，目前国内各大知名高校均根据自身学科优势和办学特点，形成了具有自身特色的复合型人才培养

---

① 本文由对外经济贸易大学信息学院基金资助。

机制和模式。根据2005年教育部高等教育司调研报告显示，54.8%的高等学校、72.4%的专任教师认为经济学、工商管理类专业的人才培养目标应该是复合型人才，社会用人单位对复合型人才的需求倾向也十分明显。

信息学院亦于2008年开始加强针对硕士研究生复合型人才的培养工作，充分利用校内外各种资源，大胆创新，结合市场需求，充分发挥学院自身优势，培养掌握金融专业知识，熟练运用IT技术的复合型人才，目前学院历届毕业生均能达到全员就业。

二、以服务我国文化产业发展为目的复合型金融人才培养的社会与学科发展的意义

21世纪是一个国际化的高科技时代、信息时代、经济全球化时代、智力和人才竞争时代，知识经济的地位日益突出。由此看来，教育是社会进步和经济发展的奠基工程，教育的产品——人才已经成为未来社会的焦点。当今世界经济竞争、综合国力的竞争，突出地表现为高科技的竞争，而人才的竞争在一定意义上又突出地表现为复合型人才的竞争。高等院校为适应经济时代的需求和科学技术的迅猛发展，也必须培养高素质的复合型人才。

2011年召开的党的十七届六中全会制订了“至2016年，文化产业增加值占国内生产总值的比重达到5%，成为国民经济支柱性产业”的宏伟目标。要完成这一目标，该比重每年均需提高0.4个百分点，这将产生巨大的需求，为我国经济增长开辟新的动力，同时也将为金融业释放出广阔的金融服务市场空间，截至2010年末，全国文化产业中长期贷款达到724亿元，同比增长61%，总量和增速均创历史新高。然而，尽管文化产业与金融产业融合的趋势日益明显，文化金融产业是当今新的经济增长点，金融企业目前也正在不遗余力的打造自己的文化金融服务品牌，但是由于文化产业主要是智力密集型产业，可用于信贷的可抵押固定资产价值低，且其产品价值只有通过市场的检验才能够被认可，因此造成了金融企业无法依据原有的投资周期、风险类型、抵押品价值、企业净值来对文化产业进行投资，这促使金融企业迫切需要既懂得文化产业概况又了解金融运作的人才，从而完善自身相应的文化产业金融服务的管理制度和评价标准，并进一步

完善金融服务体系。因此我院可以结合市场的需求，在对金融学专业硕士研究生的培养内容中加入更多的文化产业的内容，以培育服务于文化产业发展的复合型人才这一目标展开研究，以进一步提升我院金融学硕士研究生的综合素质和就业竞争力。

三、复合型金融人才培养方案理论探究

1. 实地调研和分析。文化产业内部行业间差异性极大，既有动漫、电影制作等文创行业，也有博古等典藏行业，而且即便是同一行业中，因为参与者的不同，其经营方式和盈利模式也会不同，因此有必要对这些行业进行有效地区分和描述，并将其作为基础知识的课堂教学引入我院研究生培养方案之中。另一方面，对不同的文化产业的企业进行访谈，了解这些企业的经营模式和行业现状，以及在经营中遇到的问题，同时，也需要考察金融企业对文化产业的投资中遇到的问题，使得我院培养内容的引入更加有针对性。

2. 及时了解行业、企业的发展战略。考虑到金融业是一个中介服务行业，其各种金融手段的应用、资金的投放和业务的开展，都必须围绕当前的产业政策和宏观经济发展形势而展开。因此，对于未来我国长期产业发展战略的研究也是关系到我院未来复合型人才的培养内容和方向的一个决定性因素。

3. 产学研相结合。这是培养复合型人才的重要条件。在培养方案中我们可以设置社会实践类的课程，要求学生深入企业进行实地考察和实习，同时可以与国际赛事和商业项目紧密结合，让学生能够通过实践活动掌握该领域的知识，进一步促进文化产业领域的知识与金融学专业知识的融合。

参考文献

[1] 白雪竹．构建复合型人才培养的新模式．现代传播，2009（3）.

[2] 白婧，王大鹏，刘澄．促进金融与文化产业融合发展．探讨与研究，2011（2）.

电子商务人才培养创新模式研究

王树西[1] 夏增艳[2] 李瑗瑗[1] 李梦嘉[1] 李梦雅[1]
陈 斌[1] 彭丹琳[1] 朱文瑾[1] 武 迪[1]

摘 要：本文首先简述了社会对电子商务人才的需求状况，然后指出目前电子商务人才培养存在的问题，提出建设应用型人才培养的模式，并以北京邮电大学和对外经济贸易大学为例，分析了理工类大学和经贸类大学电子商务专业的不同。

关键词：电子商务 人才培养 创新模式

一、引言

教育部高教司，于2000年批准第一批13所高校设立电子商务专业，从此开始了我国电子商务专业人才培养的规范性尝试。至今全国有近千所高校设立了电子商务专业，电子商务已经成为我国高等教育专业建设中发展速度最快、最为热门的一个专业。近年来高校对电子商务专业的教学研究也广泛开展起来。

电子商务方面人才需求日益增大，急需高校培养知识面宽、实践能力强、具有创新精神的、高素质全面发展的、技术应用型和业务管理型人才。虽然高等院校每年都有大量电子商务专业毕业生，但是电子商务人才缺口问题仍是一个困扰企业的问题。企业对学生的实践能力要求越来越高，需要各个高校对电子商务人才培养模式进行教育改革创新。

---

① 对外经济贸易大学信息学院。
② 北京邮电大学民族学院。

二、电子商务人才的需求

从事电子商务活动的人大致可以分为三类：技术型人才、业务型人才、管理型人才。相比较起来，管理型人才的需求量最小，一般一个企业有一两位就够了，而且，这种管理型人才也不是从学校可以直接培养出来的，需要来自实践的锻炼和积累。此外，电子商务行业中的技术型人才，有很大一部分是从IT等相关行业转换过来的，所以人才还比较多。相比之下，业务型人才是最为缺乏的。现在电子商务领域尤其是专业的电子商务公司，最缺乏的是那些能够将商务网站平台的优势介绍给客户，负责将网站推销给他们，并将这些客户最终锁定为忠实客户源的市场开拓型的业务型人才，因为这部分人最终肩负着将商务网站的技术和产品转化为利润的任务。而培养技术型与业务型人才的任务，很大一部分就落在高校的肩上。

三、目前电子商务人才培养存在的问题

由于人才培养的滞后，人才短缺已成为我国在发展电子商务所面对的最根本、最紧迫的问题。纵观国内外电子商务教育现状，坚持需求导向、教育先行、学用结合、自主创新的原则，针对不同的对象，分层次、多形式地开展培训工作，是保证我国电子商务健康快速发展的一个重要前提。电子商务人才培养是一个综合性的、系统的工程，如果高校电子商务人才培养问题解决不好，电子商务的应用就不可能顺利实施，也难以保持电子商务在我国持续高效地发展。因此，建立一个合理的、完善的、高效的培养体系，是目前电子商务人才培养亟待解决的问题。

（一）人才需求旺，就业率低

一方面，市场需要大量的电子商务人才，另一方面，电子商务专业就业率却不高。电子商务专业的需求旺和就业率低，形成了一对鲜明的矛盾。

（二）专业课程设计不合理

由于缺乏对电子商务在国际上领先应用和在中国企业实际应用的理解，课程设置的随意性很大，其问题主要表现在两个方面：一是将现有的有关技术和商务

方面的课程简单堆砌在一起，缺乏有机结合的系统特性；二是强于书本而弱于实务，缺乏必要的案例教学和实务操作能力的培养。课程设置的不合理最终造成培养目标不明确，在就业市场上失去了自己的个性，因而也就丧失了竞争力。

（三）专业定位不清，方向不明

电子商务专业不像其他专业，比如会计、营销、金融、贸易等一些很传统、已经很成熟的专业，有很明确的方向和定位，学生在学这个专业以前，就明白为什么要学这个专业，这个专业学什么，以后会从事什么工作。电子商务专业却不一样，目前无论是从实践上还是理论研究上都处于探索的阶段。学生学这个专业是因为很热门，听起来很时髦，觉得学这个专业很不错，但是为什么要学，学什么，以后怎么就业都是很模糊的。其实在学校的专业建设上对于这样的一些问题的思考也是不成熟的。应该着力于培养宽口径、厚专业的人才，这样的人才综合素质比较高，在市场上才有很大的竞争优势。

（四）人才培养缺乏实践的环境

现有的电子商务教育中，在理论上阐述电子商务的实施与运作的较多，缺少电子商务的运作模拟和实际操作环境。电子商务是一个应用性很强的专业，实践环节是教学环节当中很重要的一个部分。目前，许多学校普遍采用的实践教学方式就是在学校内部的实验室里上机操作相关模拟软件，但是模拟软件和实际应用还是有一定的距离。表现在：电子商务实践应用发展过快，模拟软件不能及时地升级换代，或者是一些开发这类软件的公司已经转行或者其他的原因不能继续服务，同时学校由于资金使用的限制也制约着它的发展。

四、建设应用型人才培养模式

电子商务给人们提供了立足本地、开拓世界的机会，而针对电子商务的人才培养也应该本着立足本国联手世界的原则，根据我国实际情况，跟随世界发展动态，学校必须脚踏实地，积极为电子商务的发展和运作培养人才。

（一）对现有的电子商务相关专业的课程体系进行改革

以加强创新人才培养为目标，大力推进人才培养模式的改革，通过建立以“基础核心特色”的课程体系、构建电子商务专业实验室与实践教学体系等措施，培养具有管理、经济及信息技术等综合专业知识的高级人才。

（二）打造校企联合培养模式一体化

学科建设、专业结构调整是实验室、实践教学基地建设目标指向，而高规格的实验室优质资源建设，使得学科建设、主动适应社会需求的专业结构调整和教师开展科研方面如鱼得水，重点专业再上新台阶。

五、理工类与经贸类大学的电子商务专业比较

本文选取北京邮电大学经济管理学院的电子商务与法律专业（以下简称“北邮”），与对外经济贸易大学信息学院的电子商务专业进行比较研究。

（一）课程设置的比较

北邮与对外经贸大学的电子商务专业对课程的大致分类相同，主要涉及经济类课程和信息类专业课，但是在各类课程的比重上存在明显差异，与学校的整体特色存在很大相关性。

1. 基础课程

以经管法和计算机类课程为例，对外经贸大学属于典型的经贸类学校，电商专业中所要求的经管法和电子商务类课程的学分均高于北邮。而北邮以信息科技为特色，拥有通信工程、电子信息科学与技术等强势专业，学校整体偏向理工科，因此其计算机类课程的比例高于对外经贸大学，并且是其经管法课程的两倍，电商类课程的五倍多。

2. 专业特色

北邮的电商专业全名为电子商务及法律专业，可见该校在培养电商人才时对法律的重视度。而法律在现代的经济运行中确实必不可少，在互联网发展尚不完善的阶段，法律有着规范市场准则、引导经济发展的作用。在北邮电商专业的课程设置中包含了经济法、知识产权基础、西方法律基础、电子商务法等相关课程，而对外经贸大学的电商专业没有一门与法律或电子商务法律相关的课程，导致了对外经贸大学该专业学生对法律方面存在着明显的知识空白，是亟待弥补和改进之处。

（二）实践环节的比较

1. 北京邮电大学

北京邮电大学于2005年成立了“企业经营与电子商务创新实践基地”，提倡和鼓励学生自主学习和研究性学习，培养学生的创新意识与实践能力。为此，北邮主管的经济管理学院计划每年投入15万元经费用于活动的开展和基础管理等。并成立一个“企业经营与电子商务创新”协会（学生组织），每年进行两次实践基地工作。在此基础上，基地组织并培训学生参加各种国际国内电子商务知识、网站开发、商业策划、创新、创业比赛，每年举办一次电子商务商业策划比赛，每年举办一次电子商务网站开发比赛。

同时，“企业经营与电子商务创新实践基地”广泛与企业合作，成立了北邮阿里巴巴认证培训中心、北邮网络营销师认证培训中心，组织学生成立了“企业经营与电子商务创新实践协会”。举办了电子商务创业策划大赛、企业竞争模拟大赛、电子商务网页开发大赛、工行“金融@家”全国大学生电子商务竞赛北邮校区选拔赛动员会等一系列富有实践意义的比赛。

2. 对外经贸大学

在实践方面，2006年中国电子商务中心与对外经贸大学正式签约合作建设学生实习基地。作为国家级电子商务全程服务机构和中国国际电子商务培训基地，中国电子商务中心具备丰富的电子政务、电子商务建设及教学经验。凭借在电子商务培训的优势，该中心为即将踏入社会的对外经贸大学电商专业学生提供了不少社会实践机会。但是该合作方式也存在一定问题，作为实习基地，其主要面向大三大四学生，这使得低年级学生很少有机会接触到电子商务的实践操作，使电子商务的实践教学仍存在较大的空白。

（三）就业的比较

尽管两个学校在就业人数、就业流向分类等方法上存在着一定差异，但我们仍然能发现其中一些显著的差别。

1. 单位不同

对外经贸大学电商专业学生有相当一部分进入了金融系统、会计事务所，或从事外贸行业。虽然不排除有毕业生在该类单位中从事信息技术类工作，但从就业整体和我小组对部分毕业学生了解的情况看，侧重于IT方面的就业流向并不多，在工作中更多的是将其经济学、管理学知识和一部分IT知识相结合。

北邮的电商学生就业流向相对更专业化、技术化一些，从其就业分类标准中单列一项IT类企业就可以看出。凭借北邮偏理科的学校氛围，毕业后有相当一部分的学生进入了专门IT类企业，或者在大型企业中的IT部门担任工作。

2. 社会认可

根据对外经贸大学信息学院2010年就业工作总结中的不足方面来看，我们发现学校和社会上大范围的招聘信息对本学院的专业需求量一般，社会对本学院专业的认可度有待于进一步加强。而北邮依赖其较强的IT技术能力，从一开始企业对其电商专业学生就有较高的期望值，使得其需求量略高于对外经贸大学专业。

六、结论

本文首先简述了社会对电子商务人才的需求状况，然后指出目前电子商务人才培养存在的问题，提出建设应用型人才培养的模式，并以北京邮电大学和对外经济贸易大学为例，分析了理工类大学和经贸类大学电子商务专业的不同。

参考文献

[1] 潘郁，潘芳．“电子商务”本科专业学生核心能力的创新培养［J］．安徽农业科学，2007（7）．

[2] 何建华．电子商务环境下企业价值链模型［J］．安徽师范大学学报（人文社会科学版），2007（4）．

[3] 朱玉春．电子商务专业建设存在的问题与对策［J］．高等农业教育，2006（6）．

[4] 孙华金．我国旅游业电子商务现状及对策分析［J］．华东经济管理，2005（8）．

[5] 朱玉春．我国电子商务人才培养中的问题与对策［J］．农业网络信息，2006（7）．

[6] 徐学军．我国发展电子商务的主要瓶颈及对策［J］．科技管理研究，2004（2）．

浅析建导方法在高校教学中的运用①

程絜森　韩亚静

摘　要：随着现代信息技术的发展和现代服务业人才培养的要求的提高，传统的高校教学模式已经不能满足当代企业对于人才的需要，如何吸收国外先进的教学理念和思想，低成本、高效率地进行课堂改革，从而大幅度提高和培养学生的创新和团队协作能力，提高毕业生综合能力，成为众高校面临的重要问题之一。本文引入国外新型的建导教学方法，并以思想利丝的建导技术为例，阐述了建导法在课堂改革中的优越性。

关键词：建导　教学改革　思想利丝

一、我国高校教育面临的困境

当前，全国范围内高校数量的增加和已有高校大范围的扩招，如何提高本科生培养的教学水平，比如，提高现代服务业方向电子商务人才培养的素质，已经成为了全社会关注的热点。随着社会的进步，如何培养出企业需要的，具有良好的协作能力、学习能力、创新能力的人才，也成为各个高校面临的重要的问题。具体来说，主要有以下几个方面：

（一）授课方式单一，降低了学生对课堂的兴趣

作为传授知识的最直接的方式，“教学”在中国已有几千年的历史。时至今日，在高校中较为普遍的教学依旧以“演讲型”为主，“老师在上面讲，学生在下面抄”的问题还没有得到很好的解决。就我国实际情况来说，庞大的学生数量

---

① 本文由对外经济贸易大学信息学院科研基金（No. SIT2011012）资助。

和有限的师资资源的矛盾也成为教学方式改进的最大障碍。在这种“演讲型”的教学方式之下，老师变成课堂的主体，学生变成了观看老师表演的观众。再加上目前高校的课时普遍偏长，很容易导致学生出现走神、注意力不集中的现象，长此以往，学生将逐渐对课堂失去兴趣，而课堂本身也失去它存在的意义。

（二）课堂形式过于死板，忽视了学生的多元化发展

目前高校的教学方法大多是一味地向学生教授固化在书本中的知识。学生和老师每学期都在重复着这样的流程：老师每堂课向学生“输入”知识，学生在期末考试时简单地“输出”知识。在这种情况下，更多的是锻炼了学生的重复、记忆的能力，而对大学真正需要培养的学习能力、协作能力、创新能力却没有太大的影响。与此同时，这种方式一方面忽视了学生与老师之间的沟通交流，一方面也忽视了学生之间个性的差异，从而将人脑复杂的认知机制简单化，对学生之后的发展有很大影响

（三）学生之间交流协作少，协作能力低

由于课时安排紧，书本知识多，当前的大学课程中给予学生的自由讨论、交流的时间明显不足。即便课堂上有一定的小组讨论时间，也存在着协作效率低，部分小组成员的“搭便车”现象。从师生角度来说，在有限的时间内，教师也起不到很好的监督、协助小组协作的作用。这种状态长期维持下去，对学生的团结协作能力的培养，甚至是在学生将来的职业生涯中，都有百害而无一利。

二、国外高校教育现状

国外的高等教育的发展较中国早，但就高校教育质量来说，也存在一些问题。就美国来说，随着近些年来其他国家申请美国高校的人数的增加，传统的私立名校也面临着学生数量多、协作少等问题。但较之于中国，仍旧有很多优势。据调查研究显示，美国名牌大学的学生在课外自主协作学习的时间是在课堂上教师授课学习时间的3倍，而在中国，大部分学校为1倍，个别名牌高校可以达到2倍。其次，国外的授课形式较国内多样化，主要有小组活动、演讲、辩论、调研、研讨会等形式，指导老师、助教、学生之间可以更好地沟通。再次，国内外教师承担的角色也不尽相同，在把课堂上的同学分为若干小组的前提下，教师主

要担任小组协作的组织者、监督者，而不是演讲者。这样，在教师对小组适时的指导、监督下，学生的自主学习能力、协作能力有很大提高。

三、建导技术在教学改革中的应用

由以上对比可以看出，抛开难以改变的应试教育体制，造成国内外教学效果差异的最大原因在于学生自主参与学习的积极性和学生之间的互助协作。因此，如何进行适当的技术改进，增强学生与学生之间、学生与教师之间的沟通、协作，进而增进学生在毕业之后的综合竞争力，成为教学改革的难题。因此，我们引入建导法来进行改革。

建导（facilitation），即建设性的指导，是一种先进的参与型领导技术[1]，是协作工程学[2]中的一个重要概念。在现代信息技术的支持下，建导法可以提供架构性、步骤性的方法，帮助群体中的每个成员找出自己适合的发展方向，激发团队成员的热情和积极性，从而引导群体达到最好的协作效果。而专门使用建导技术，服务、监督群体协作的专职人员，就是建导师（facilitator）[3]。

由此可见，基于建导法的课堂教学，就是要将班内学生划分为一个个小的学习型组织，而教师不仅仅要承担传授知识的角色，更要承担好建导师的角色，为学生的学习协作过程提供全方位的服务和管理。更具体的来说，所谓学习型组织，其真正内涵在于学生与学生之间的尊重、开诚布公、宽容基础上所形成的组织整体的共同学习、共同提高的一种状态，其基础是组织中的互动、沟通模式高度有效，内耗被消除到最低程度。而高校教师所要承担的建导师角色，需在行动学习中，时刻关注小组的分享反思，必要时进行对话的干预，让对话不离中心，增强学生之间的沟通技能，使协作卓有成效。

建导源于西方一些非营利性组织的社区开发实践[4]，就目前来说，建导技术已经被国外很多高校、企业运用，并作为提高核心竞争力的一个重要途径，作为一种非标准化的流程技术，建导技术的发展具有高度的多样化。在2006年的美国组织发展协会的年会上，专家们粗略统计出在各行各业中正在得到广泛应用的各类建导技术，共有六十一种[5]，其中有一半以上是可以应用到教学中的方法，而绝大多数也可以应用到学校本身的组织管理之中[6]。

下面，主要介绍一种比较适合运用于中国课堂教学的建导方法——思想利丝。

思想利丝[7]是创建一种可预见、可重复的并能实现共同目标的小组协商类型所需的最小的智力资本。简言之，思想利丝从一个引导者的角度，通过为小组提出明确的提示以及引导小组成员作出决定的形式，描述了一种基本的小组协作流程。

在具体的执行中，首先要将班内同学划分为若干个小组（每个小组 5 ~ 6 人），然后按顺序执行以下流程：

1. 头脑风暴（Free Brainstorming）

这是流程的第一步，承担建导师角色的教师首先要给每个小组布置任务，和当期小组长一起，调动组员的积极性，并鼓励团队成员大胆、自由、尽量多地表达自己的意见。

2. 米花拾掇（Popcorn Sort）

这是流程的第二步，这一步的主要目的是将上一步产生的各种意见、思想归类、汇总，为接下来的讨论作准备。

3. 水桶漫步（Bucket Walk）

这是流程的第三部，这一步主要是将上一步归类、汇总后的结果进行筛选。在筛选过程中，要以团队的实际情况为原则。

4. 麦秆投票（Straw Poll）

这是流程的最后一步。在这个阶段，需要就上一步筛选出的方案，在小组长的组织下，对所有结果进行投票，选出最终结果，是所有成员达成一致的意见。

这种科学的流程可以使小组成员在较短的时间内达到令所有人满意的结果。在此过程中，团队成员的发散思维、协作能力也真正得到了锻炼。为了使该流程达到更好的结果，思想利丝方法的执行需要还以下三方面的支持（如图 1）：

5. 工具

主要指创建思考模式，实现思想交互所需的一定版本的软件和硬件以及相关配置。主要指一些在线的聊天讨论工具，比如常见的腾讯 QQ、MSN，以及新型

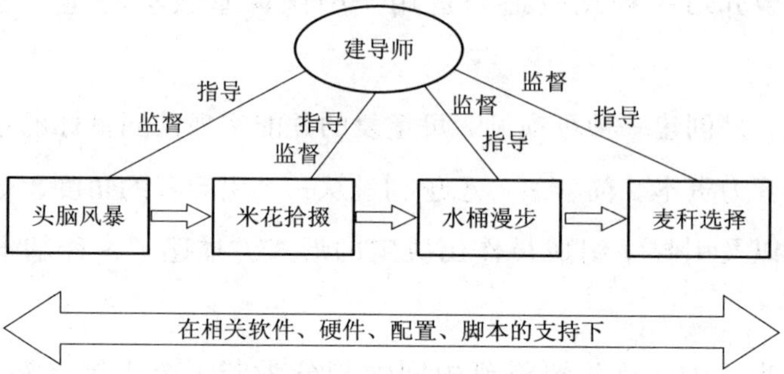

图1 思想利丝协作流程

的 thinktank 等。在这些工具的支持下，小组成员可以更方便地在课下进行头脑风暴、米花拾掇等流程。

6. 脚本

主要指小组协作过程中的内部活动形式和收到指令的顺序，在一定程度上起到了建导师的角色。在脚本的支持下，小组成员可以按既定的、科学的方法按顺序地执行，减弱建导师个人能力对团队协作效果的限制，还能有效地防止话题转移等问题的出现。

7. 人员

主要指参与协作的学生小组以及承担建导师角色的教师。其中，普通的教师如何增强自己的建导技术，更好地承担建导师角色，是影响协作效果的关键。

四、建导法在教学过程中的优势

与传统的教学方法相比，建导法在协作流程本身以及团队写作方面均有很多优势，具体来说，有以下几个方面：

（一）创新性地提出协作流程的概念

在以往的团队协作中，小组协作时并没有明确的流程。很多时候是小组长主观地制定协作流程，抑或是没有流程之下的盲目讨论，然后得出结果。而建导法带来一种新的思想——协作是可以流程化的。这样，建导师们运用专业技术研究出一系列的流程，然后团队成员根据自己实际情况选取适合自己的流程，创造性地将抽象的协作变得客观化、具体化。

（二）建导法是一种低成本的创新模式

和以前的教学改革相比，低成本是建导法最显著的特性。它不需要学校购置大量昂贵的教学设施，也无需学生添置相关的资料、工具。相反，它只需要学生运用现有的手机、笔记本等通信工具，辅以相关的软件支持，在互联网的帮助下选取合适的建导方法，并严格按照规定执行，即可获得有效的成果。

（三）建导法是一种真正提高学生素质的教学技术

使用建导法时，每个学生轮流担任团队组长，可以使每个同学的领导能力得到锻炼，同时，担任组长的经验也可以使得成员在以后的协作过程中更加积极地参与协作。此外，建导法创建的是一种学习型的协作小组，团队成员在教师帮助下的自主交流、协作，对学生的表达能力、沟通能力、协作能力、调动资源能力均有很大的提高[8]。

五、结语

在高校传统教学方式的弊端逐渐显现出来的今天，如何运用现代信息技术，低成本、高效率地对其改进，培养出社会需要优秀的现代服务业人才和毕业生是我们面临的重大难题。作为一种创新性的协作流程技术，建导法的产生给我们的改革指明了一条改革之路。然而，如何选取合适的建导技术，更好地让它服务于高校的课堂教学，还需要我们在今后实际运用过程中不断揣摩，进而达到教师、学生、流程三者的和谐统一。

参考文献

[1] 罗艺．从“教师”到“建导师”——对大学教师角色的重新定位．复旦教育评论，2007.

[2] R. O. Briggs, G. J. de Vreede, J. F. Nunamaker. Collaboration engineering with ThinkLets to pursuesustained success with group support systems. Journal of Management Information System, 2003.

[3] 王炎蔚．协作、参与、效率——试论建导法在研究生教育中的运用．复旦教育评论，2007.

［4］李明华．建导法在高等教育“质量工程”中的运用：无形投入以创建教学一流的大学．复旦教育评论，2007.
［5］史玉新，樊旭．基于建导方法的混合式教学模式设计．中国电化教育，2010.
［6］胡继旋．在教学方法中普及应用建导技术是释放学生创造力与协作力的关键．复旦教育论坛，2007.
［7］R. O. Briggs，G. J. de Vreede，ThinkLets. Building Blocks for Concerted Collaboration，Delft，Delft University of Technology，2001.
［8］谢立宁，姜先华．运用建导法改进传统的高校教学方法．中国电力教育，2009.

大学数学实验融入微积分教学的探索

张小燕

摘　要：首先，我们对我校大学数学实验与微积分教学相结合的意义、目标、定位有了较为清晰的认识。其次，对数学实验与微积分课程教学的结合点进行了分析、研究、实践与调整，将大学数学实验内容与微积分教学进行了衔接与融合。另外，我们连续两年少课时小范围内带领学生开展实践活动，提高了学生理解与运用数学知识解决实际问题的能力，培养了学生的创新和应用的意识。

关键词：matlab　大学数学实验　微积分　融合点

一、开展大学数学实验教学的意义

教育部在"2011 计划"中要求高等院校大力推进与科技、经济、文化相结合，构建协同创新的教学模式与创新机制，号召学校加大应用型、复合型、技能型人才培养力度，增加实验教学比重，促进科研与教学互动，提升实验教学水平。在这种新形势下，大学数学实验课在高等院校数学教育中尤显其越来越重要的地位。

数学实验是数学教学的一种新型教学模式。数学实验的问题不涉及高深的专业问题背景，更多的是我们学习、生活、工作中常见的普通问题。数学实验过程就是根据实际问题的特点和要求，经过对实际问题的反复观察和研究后，提出某些尽可能合理的假设，并进行抽象和概括，建立数学模型，然后研究所建数学模型的求解方法，利用计算机及其数学软件求得结果，再回到实际问题中去检验和解释实际现象。数学实验不直接把现成的结论教给学生，而是根据数学思想的发展，创设问题情境，让学生进行大量的图形观察和实际问题的演算，从直观想象进入到发现、猜想和归纳，然后进行验证及理论证明，让学生通过实验去“学数学”，学中用，用中学。这种实验是以学生为中心，以问题为载体，以计算机为手段，以数学软件为工具，以教师为指导，以培养学生能力为目标来组织开展数学教学工作。

计算机广泛应用和数学软件的迅速发展，使得以往许多繁复的数学推导过程可简单地用计算机来完成，许多难以用手工做出的函数图形，一些较复杂的三维立体图形也可以在计算机屏幕上动态显示出来，极大地方便了数学教学，特别是计算机提供给人们更多的意想不到的结果与新的问题，更加激发了人们对数学的探索与兴趣。因此，将计算机、数学软件及数学知识融为一体的大学数学实验课程迅猛发展起来。目前国内外的不少大学，把计算机辅助教学以及学生上机等实验内容引进数学教学过程。这种情况自然会对包括微积分在内的许多课程的教学内容和教学手段产生深刻的影响。

将数学实验课程与微积分课程相结合，其意义不仅在于使学生掌握必要的数学知识，更重要的在于使学生从枯燥无味的定义、定理的证明中解放出来，使学生独立参与到课程实践中去，从而提高学生学习数学的积极性，使他们更多地掌握数学的思想、方法，增强学习效果，提高学生对数学的应用意识和创新能力，这对于培养学生的创造性思维、创新意识和实践能力具有特殊的作用和意义。

二、微积分教学与大学数学实验的融合

明确了数学实验与微积分教学有机融合的目标，具体实施还要根据自有的条件和特点。那么，我校的数学实验应与微积分教学进行怎样的融合；针对我校的微积分课程，数学实验应设置哪些融合点；哪些实验步骤是适当的；应采取什么措施保障这一教学改革的质量等，还存在着一系列问题。目前，我校的数学教学中还没有开设大学数学实验课程，只是进行过两次小规模的8课时（附加的独立课时）的数学实验试点课程的讲授。因此，在大学数学实验比较空白的基础上，我们需要进行大胆的探索与研究，构建微积分教学与大学数学实验的融合的基本

框架。

（一）学校提供数学实验的基本课时和设备保障

应当在微积分教学过程中适时穿插大学数学实验内容，使微积分与数学实验有机融合。而不是与微积分课程分开，单独讲授数学实验内容。微积分中融入数学实验，势必增加了不少数学软件学习和上机实验内容，在不增加微积分原有学分与课时的情况下，将数学实验内容整合进入原本就课时紧张的微积分课程中是不合理的，我们认为应当增加至少12课时于微积分课程中，进行最基本的数学实验内容的学习。并且希望学生在进行数学实验内容时，每人使用一台装配有所需数学软件的电脑，以便在微积分课程中，适时融入数学实验的讲解、操作与练习。

（二）规范实验的格式与步骤

每个实验分六个方面：实验目的、实验原理准备、实验内容和步骤、实验所涉及的数学知识、实例与实验程序、练习与思考。

其中，实验目的是让学生了解微积分在其他学科中的应用，或者是通过实验加深学生对相关知识的理解和掌握，或者是让学生学会分析、解决问题的一般方法。实验原理准备主要是介绍实验所用到的比较浅显的数学知识，学生通过课后自学可以掌握。实验方法与步骤的设计是实验模型设计的关键，是围绕实验原理而设计的实际问题，先给出一种模型解法，然后让学生尝试自己的想法与做法，并讨论评价所得结论的合理性、科学性、稳定性，然后给出包括理论依据和应用与推广两部分内容的评注。思考题与练习是对实验的进一步的研究，课后学生上机实验题是为了学生进一步熟悉、巩固所学内容并进行自我思考探究而设计的课后练习。对思考题与练习部分，要求学生提交有一定格式要求的纸质实验报告，可以个人独立完成，也可三人以内合作完成，但严禁相互抄袭。

（三）大学数学实验与微积分的融合

利用数学软件的功能，围绕微积分课程的知识点，结合一年级新生的知识水平，利用数学软件在计算机上实现微积分中一元函数微积分学、多元函数微积分学、微分方程、无穷级数等基本内容的运算。具体内容如下：

1. 数学软件学习：掌握软件的基本操作命令和程序编写

了解软件的强大的各式各样的工具箱及其作用，进行各种数值演算和分析是数学实验的重要内容，而这些都离不开数学软件的使用。Mathematica、Matlab、Maple 等数学软件有突出的符号运算功能，能做多项式的运算和因式分解；能求极限、导数、原函数；还能进行函数的幂级数展开及求解某些微分方程等。这些数学软件有强大的数值计算能力，可以做具有任意位精度数值的计算；进行高精度的数值积分和方程求根等。这些软件作图能力也很强，可以很方便地画出一元函数的平面图形和二元函数的三维图形，并在同一坐标系内进行不同图形的比较，还可以对图形进行动态演示。通过软件的学习，要求学生熟悉软件的启动及其运行方法、数值计算与赋值、内部函数、自定义函数、集合的构成、绘制图形、编程等命令语句。

2. 与微积分课程的融合点：初期的数学实验主要是验证实验

验证实验课是指学生在数学实验室里利用计算机和数学软件的功能来验证一些数学概念、公式、定理和公理以及一些数学习题的结论等，从而加深对数学知识的理解和对数学问题的认识，使学生真正感受到数学的真谛。学生在大学里所学的那些看来枯燥无味但又似乎是天经地义的概念、定理和公式，并不是无本之木、无源之水，而是有其现实的来源与背景，有其物理原型或表现的。正是借助教学软件，学生能够从几何直观、数值分析和符号推演三方面加深对概念和理论的理解。

（1）微积分课程中的数列与函数的极限，极限运算、函数的连续与间断，求导运算、积分运算、方程求解及函数零点和微分方程求解析解、级数求和运算、泰勒公式或幂级数展开、数值运算、循环、判断与中断等，都可以用计算机进行符号运算，模拟其过程和结果。有利于加深学生对这些核心概念和相关基本概念的理解和掌握。

（2）图形演示实验：微积分课程中的一元、二元函数的画图，特别是二元函数的画图，以往课堂上将立体图形用平面形式表示出来，让学生感到十分困难，而利用数学软件，可以在电脑上直观、形象、动态地演示各种二维、三维函数（包括参数方程和隐函数）的图形，一方面可以一目了然地了解二元函数，看清其函数图形性态（如单调性、凹凸性、极值等），另一方面，可以自己动手变化函数各种形式，研究一系列变化所带来的新图形新问题，是探索、发现更多数学性质的非常好的手段。

(3) 数值计算实验：方程数值近似解的求法、定积分的近似计算、无穷级数与函数逼近、最小二乘法等。把学生从复杂的推导和运算技巧中解放出来，使学生把主要精力放在数学方法与数学基本内容的学习上。

（四）微积分中的数学实验模型探索

在上述验证试验的基础上，可以引导学生进行较为深入的微积分中数学实验模型探索，就是让学生运用已掌握的数学知识和实验知识，独立地去编程、计算，建立数学实验模型，解决现实生活中的具体问题。

1. 微积分中数学实验模型

选取、构造一些微积分实验模型（课上教师演示讲解，课后学生上机操作练习）。课上简单介绍实验模型所涉及的相关数学知识，更主要的是让学生掌握解决具体问题的数学思想和方法。

具体实验如下：一元震荡函数图形的绘制与研究。该实验显示，数学中的一些现象看上去杂乱无章，经过不断地实践与探索，可以发现其中可能蕴含着某种规律。又如，与微分方程和差分方程相关的应用实例：人口迁徙模型，方程迭代产生的分支与混沌现象，利用极限、微分、级数、蒙特卡洛（Monte—Carlo）等方法计算 pi 的高精度值比较，与方向导数有关的最速降线问题，自由落体的速度与位移的关系，按揭购房利率的计算，铁皮罐头的经济尺寸问题，山区地貌插值效果对比问题等。

2. 数学实验扩展模型

与优化问题有关的股票投资利润问题，水泥凝固时放出的热量 y 与水泥中 4 种化学成分的逐步回归，某化学反应的非线性回归模型，经济增长数学模型，电影放映场内最佳座位问题，非线性规划的供应与选址，目标跟踪问题等。

由于涉及数学知识面广，学生需要课下自学，广泛查找资料。这部分内容不作硬性规定，可根据课时和学生实际情况进行取舍。

三、实验过程中需要思考的问题

（一）数学实验课程的定位

从一些其他院校“数学实验”课程的开设情况看，大都是外加到原有的数学教学体系上的，也就是说是在承认它们重要性的前提下作为“补丁”加上去的。我们需要的不是孤立于原有微积分课程的体系之外的数学实验课程，而是真正将数学实验的精神融合进微积分课程中的新教学模式。而做到微积分教学与大学数学实验的有机融合不是短期行为，也不是一两个教师能办到的，还需要学校、各个学院齐心协力，共同探索，统筹规划，长期协作来完成。

（二）选取数学实验的原则

为了突出主旨，也为了避免占用过多的学时、加重同学负担，对微积分课程要精选融入的数学实验内容。其原则应是：仅仅针对微积分课程的核心概念和重要内容，不遍地开花；所用的实际背景应能简明扼要地阐述清楚，不拖泥带水，不烦琐臃肿；不追求自成体系、自我完善，在与微积分内容有机衔接的时候，数学实验要充当好配角，不喧宾夺主；数学实验指导力求文字简洁、通顺，朴实无华，不摆弄吓人的名词和概念。

（三）我校开展数学实验的师生情况

经过连续两年少课时小范围带领学生开展的实践活动，通过学生自己动手上机实验、摸索与验证，使学生的数学学习变被动为主动，提高了学生理解与运用数学知识的能力。另外，也注意到我校现有教师课程任务过重、无暇顾及数学实验、数学建模等实战性强的课程的研究与开发。现有授课的教师也没有进行过培训，就连有关课程的会议交流也极少参加，这不利于我校数学实验等应用数学教学的开展，希望学校能给予更多的重视与支持。

将微积分教学与大学数学实验相融合需要对该课程进行准确定位，对其教学基本要求及教学内容和方法要认真安排，这些在我校才刚刚起步，有待于今后进一步探索与实践。

参考文献

[1] 李尚志．培养学生创新素质的探索——从数学建模到数学实验［J］．大学

数学，2003－19（1）.

[2] 李大潜．将数学建模思想融入数学类主干课程［J］中国大学数学，2006（1）：9－11.

[3] 方文波．线性代数智能在线测试系统的设计与实现［C］．大学数学课程报告论坛论文集2006. 北京：高等教育出版社，2007：98－103.

求空间曲线切线方程与法平面方程的一种方法

张立卓

摘　要：本文给出了求空间曲线切线方程与法平面方程的一种方法。

关键词：空间曲线　空间曲面　切平面　法平面　切线　法线

同济六版高等数学下册第九章第六节《多元函数微分法的几何应用》中介绍了空间曲线的切线方程与法平面方程的一种求法，其中，当空间曲线 Γ 的方程以

$$\Gamma:\begin{cases} F(x,y,z)=0 \\ G(x,y,z)=0 \end{cases}$$

形式给出时，本文拟采用另一种方法确定其切线方程与法平面方程。

设 $M(x_0,y_0,z_0)$ 为 Γ 上任一点，函数 $F(x,y,z)$，$G(x,y,z)$ 有对各个变量的连续偏导数且在点 M 处不同时为零，并且 $\left.\dfrac{\partial(F,G)}{\partial(x,y)}\right|_{(x_0,y_0,z_0)}$，$\left.\dfrac{\partial(F,G)}{\partial(y,z)}\right|_{(x_0,y_0,z_0)}$，$\left.\dfrac{\partial(F,G)}{\partial(z,x)}\right|_{(x_0,y_0,z_0)}$ 不同时为零。

因为点 M 在曲线 Γ 上，即在二曲面

$$\Sigma_1: F(x,y,z)=0,\quad \Sigma_2: G(x,y,z)=0$$

的交线上，过点 $M(x_0,y_0,z_0)$ 作与曲面 Σ_1 相切的切平面 Π_1，则

$$\Pi_1: F_x(x_0,y_0,z_0)(x-x_0)+F_y(x_0,y_0,z_0)(y-y_0)+F_z(x_0,y_0,z_0)(z-z_0)=0$$

过点 $M(x_0,y_0,z_0)$ 作与曲面 $\sum_2$ 相切的切平面 Π_2，则

$$\Pi_2: G_x(x_0,y_0,z_0)(x-x_0)+G_y(x_0,y_0,z_0)(y-y_0)+G_z(x_0,y_0,z_0)(z-z_0)=0$$

又因为曲线 Γ 在曲面 $\sum_1$ 上，所以过点 $M(x_0,y_0,z_0)$ 与曲线 Γ 相切的切线必在切平面 Π_1 上，又因为曲线 Γ 也在曲面 $\sum_2$ 上，所以过点 $M(x_0,y_0,z_0)$ 与曲线 Γ 相切的切线也必在切平面 Π_2 上，因此过 $M(x_0,y_0,z_0)$ 与曲线 Γ 相切的切线必为平面 Π_1 与 Π_2 的交线，故该切线方程为

$$\begin{cases} F_x(x_0,y_0,z_0)(x-x_0)+F_y(x_0,y_0,z_0)(y-y_0)+F_z(x_0,y_0,z_0)(z-z_0)=0, \\ G_x(x_0,y_0,z_0)(x-x_0)+G_y(x_0,y_0,z_0)(y-y_0)+G_z(x_0,y_0,z_0)(z-z_0)=0, \end{cases}$$

由此可知，曲线 Γ 在点 M 处的切向量可取为

$$\begin{vmatrix} \vec{i} & \vec{j} & \vec{k} \\ F_x & F_y & F_z \\ G_x & G_y & G_z \end{vmatrix}_{M(x_0,y_0,z_0)} = \begin{vmatrix} F_y & F_z \\ G_y & G_z \end{vmatrix}_{M(x_0,y_0,z_0)} \vec{i} - \begin{vmatrix} F_x & F_z \\ G_x & G_z \end{vmatrix}_{M(x_0,y_0,z_0)} \vec{j} + \begin{vmatrix} F_x & F_y \\ G_x & G_y \end{vmatrix}_{M(x_0,y_0,z_0)} \vec{k}$$

于是曲线 Γ 在点 M 处的切线的对称式方程为

$$\frac{x-x_0}{\begin{vmatrix} F_y(x_0,y_0,z_0) & F_z(x_0,y_0,z_0) \\ G_y(x_0,y_0,z_0) & G_z(x_0,y_0,z_0) \end{vmatrix}} = \frac{y-y_0}{\begin{vmatrix} F_z(x_0,y_0,z_0) & F_x(x_0,y_0,z_0) \\ G_z(x_0,y_0,z_0) & G_x(x_0,y_0,z_0) \end{vmatrix}}$$

$$= \frac{z-z_0}{\begin{vmatrix} F_x(x_0,y_0,z_0) & F_y(x_0,y_0,z_0) \\ G_x(x_0,y_0,z_0) & G_y(x_0,y_0,z_0) \end{vmatrix}}$$

相应地，曲线 Γ 在点 M 处的法平面方程为

$$\begin{vmatrix} F_y(x_0,y_0,z_0) & F_z(x_0,y_0,z_0) \\ G_y(x_0,y_0,z_0) & G_z(x_0,y_0,z_0) \end{vmatrix}(x-x_0) + \begin{vmatrix} F_z(x_0,y_0,z_0) & F_x(x_0,y_0,z_0) \\ G_z(x_0,y_0,z_0) & G_x(x_0,y_0,z_0) \end{vmatrix}(y-y_0)$$

$$+ \begin{vmatrix} F_x(x_0,y_0,z_0) & F_y(x_0,y_0,z_0) \\ G_x(x_0,y_0,z_0) & G_y(x_0,y_0,z_0) \end{vmatrix}(z-z_0)=0$$

曲线 Γ 在点 M 处的法平面还可理解为曲面 $\sum_1$ 与 $\sum_2$ 在点 M 处的法线所确定，而曲面 $\sum_1$ 在 M 处的法线为

$$\frac{(x-x_0)}{F_x(x_0,y_0,z_0)}=\frac{(y-y_0)}{F_y(x_0,y_0,z_0)}=\frac{(z-z_0)}{F_z(x_0,y_0,z_0)}$$

曲面 $\sum_2$ 在 M 处的法线为

$$\frac{(x-x_0)}{G_x(x_0,y_0,z_0)}=\frac{(y-y_0)}{G_y(x_0,y_0,z_0)}=\frac{(z-z_0)}{G_z(x_0,y_0,z_0)}$$

则曲线 Γ 在点 M 处的法向量可取为

$$\begin{vmatrix}\vec{i} & \vec{j} & \vec{k}\\ F_x & F_y & F_z\\ G_x & G_y & G_z\end{vmatrix}_{M(x_0,y_0,z_0)}=\begin{vmatrix}F_y & F_z\\ G_y & G_z\end{vmatrix}_{M(x_0,y_0,z_0)}\vec{i}-\begin{vmatrix}F_x & F_z\\ G_x & G_z\end{vmatrix}_{M(x_0,y_0,z_0)}\vec{j}+\begin{vmatrix}F_x & F_y\\ G_x & G_y\end{vmatrix}_{M(x_0,y_0,z_0)}\vec{k}$$

于是曲线 Γ 在点 M 处的法平面方程为

$$\begin{vmatrix}F_y(x_0,y_0,z_0) & F_z(x_0,y_0,z_0)\\ G_y(x_0,y_0,z_0) & G_z(x_0,y_0,z_0)\end{vmatrix}(x-x_0)+\begin{vmatrix}F_z(x_0,y_0,z_0) & F_x(x_0,y_0,z_0)\\ G_z(x_0,y_0,z_0) & G_x(x_0,y_0,z_0)\end{vmatrix}(y-y_0)$$

$$+\begin{vmatrix}F_x(x_0,y_0,z_0) & F_y(x_0,y_0,z_0)\\ G_x(x_0,y_0,z_0) & G_y(x_0,y_0,z_0)\end{vmatrix}(z-z_0)=0$$

综上讨论可知，当曲线方程以 Γ：$\begin{cases}F(x,y,z)=0\\ G(x,y,z)=0\end{cases}$ 形式给出时，过 Γ 上点 $M(x_0,y_0,z_0)$ 的切线方程为

$$\begin{cases}F_x(x_0,y_0,z_0)(x-x_0)+F_y(x_0,y_0,z_0)(y-y_0)+F_z(x_0,y_0,z_0)(z-z_0)=0,\\ G_x(x_0,y_0,z_0)(x-x_0)+G_y(x_0,y_0,z_0)(y-y_0)+G_z(x_0,y_0,z_0)(z-z_0)=0,\end{cases}$$

或者

$$\frac{x-x_0}{\begin{vmatrix}F_y(x_0,y_0,z_0) & F_z(x_0,y_0,z_0)\\ G_y(x_0,y_0,z_0) & G_z(x_0,y_0,z_0)\end{vmatrix}}=\frac{y-y_0}{\begin{vmatrix}F_z(x_0,y_0,z_0) & F_x(x_0,y_0,z_0)\\ G_z(x_0,y_0,z_0) & G_x(x_0,y_0,z_0)\end{vmatrix}}$$

$$= \frac{z - z_0}{\begin{vmatrix} F_x(x_0, y_0, z_0) & F_y(x_0, y_0, z_0) \\ G_x(x_0, y_0, z_0) & G_y(x_0, y_0, z_0) \end{vmatrix}}$$

过 Γ 上点 $M(x_0, y_0, z_0)$ 的法平面方程为

$$\begin{vmatrix} F_y(x_0, y_0, z_0) & F_z(x_0, y_0, z_0) \\ G_y(x_0, y_0, z_0) & G_z(x_0, y_0, z_0) \end{vmatrix}(x - x_0) + \begin{vmatrix} F_z(x_0, y_0, z_0) & F_x(x_0, y_0, z_0) \\ G_z(x_0, y_0, z_0) & G_x(x_0, y_0, z_0) \end{vmatrix}(y - y_0)$$

$$+ \begin{vmatrix} F_x(x_0, y_0, z_0) & F_y(x_0, y_0, z_0) \\ G_x(x_0, y_0, z_0) & G_y(x_0, y_0, z_0) \end{vmatrix}(z - z_0) = 0$$

事实上，若一空间曲线 Γ 的方程以 $\begin{cases} F(x, y, z) = 0 \\ G(x, y, z) = 0 \end{cases}$ 形式给出时，其在点 M 处的切线可理解为二曲面在 M 处的切平面所确定，即二切平面的交线，其在点 M 处的法平面可理解为二曲面在 M 处的法线所确定，即过二法线所在的平面，如果这样思考问题的话，其切线方程与法平面方程便迎刃而解。这一方法比教材上给出的方法要简单、易行，而且又便于理解和记忆。

参考文献

[1] 同济大学数学系．高等数学（第 6 版）下册．北京：高等教育出版社，2007.

寓数学实验于多元积分学教学的探索与实践

张立卓

摘　要：本文通过示例阐述了寓数学实验于多元积分学教学的探索与实践

关键词：数学实验　二重积分　三重积分　曲线积分　曲面积分

数学实验是大学数学教学改革的新生事物。它是在现代教育理论指导下，旨在引导学生借助数学软件自主探索、研究数学问题和解决应用问题，其目标是提高学生的数学实践能力、培养学生的探索精神，进而树立学生的创新意识。

数学实验的目的就是在教师指导下建立以探究为基础的，而不是以传递信息为基础的教学模式。这不仅是教学模式的变革，而且也是教育理念的转变。从把学生作为知识接受者的文化转变为学生作为知识探究者的文化，是一种教师、学生共同参与的探索之旅。

下面仅就示例阐述寓数学实验于多元积分学教学的探索与实践。

例 1　计算 $\iint_{D_{xy}} . e^{-(x^2+y^2)} d\sigma$，其中 D_{xy} 是曲线 $2xy = 1$，　$y = \sqrt{2x}$，　$x = 2.5$ 所围成的平面区域。

【实验过程】

（1）画出积分区域的草图

```
>> x=0.001:0.001:3;
y1=1./(2*x);
```

```
y2 = sqrt(2 * x);
y3 = y + 0 * x;
plot(x,y1,'b - ',x,y2,'g - ',2.5,y3,'r - '),axis([ 0 3 0 3])
title('由 y1 = 1/2x,y2 = sqrt(2x)和 x = 2.5 所围成的积分区域 Dxy')
```

【运行结果】

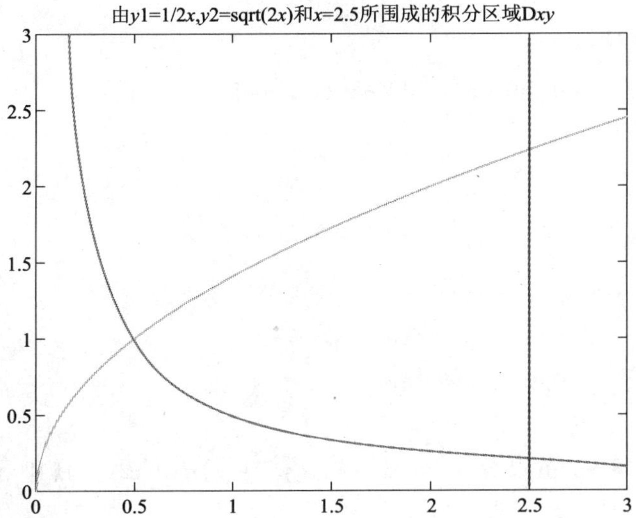

(2) 确定积分限

```
>> clear
syms x y
y1 = ('2 * x * y = 1');
y2 = ('y - sqrt(2 * x) = 0');
[x,y] = solve(y1,y2,x,y)
```

【运行结果】

```
x =

    1/2

y =

    1
```

(3) 计算积分值

```
>> clear
syms x y
f=exp(-(x^2+y^2));
y1=1/(2*x);
y2=sqrt(2*x);
I1=int(int(f,y,y1,y2),x,0.5,2.5);
I=double(I1)
Warning: Explicit integral could not be found.
```

【运行结果】

```
I =
    0.1241
```

即所求积分值为

$$\iint_{D_{xy}} e^{-(x^2+y^2)}d\sigma = 0.1241。$$

例 2 计算三重积分 $I = \iiint_{\Omega}(x^2 + y^2 + z)dxdydz$，其中 Ω 由曲面 $z = \sqrt{2 - x^2 - y^2}$ 与 $z = \sqrt{x^2 + y^2}$ 围成。

【实验过程】

（1）画出积分区域图形

```
>> [x,y] = meshgrid(-1:0.05:1);
z=sqrt(x.^2+y.^2);
surf(x, y, z)
hold on
z=sqrt(2-x.^2-y.^2);
surf(x, y, z)
```

【运行结果】

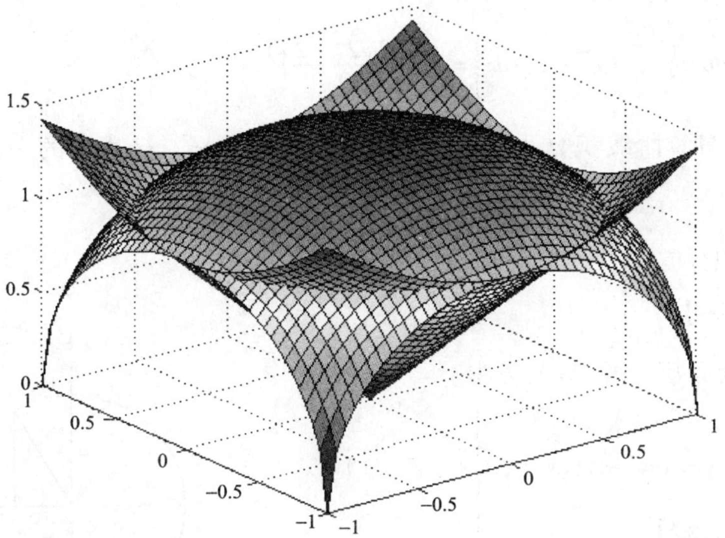

(2) 计算积分值

【方法一】

```
>> clear
syms r s z
f = (r^2 + z) * r;
I = int(int(int(f,z,r,sqrt(2 - r^2)),r,0,1),s,0,2 * pi)
```

【运行结果】

```
I =
    (pi * (32 * 2^(1/2) - 25))/30
```

【方法二】

```
>> clear
syms r s t
f = (r^2 * sin(t)^2 + r * cos(t) * r^2 * sin(s));
I = int(int(int(f,r,0,sqrt(2)),t,0,pi/4),s,0,2 * pi)
```

【运行结果】

```
I =
    (pi * 2^(1/2) * (pi - 2))/6
```

即所求积分值为

$$I = \int_0^{2\pi} d\theta \int_0^1 dr \int_r^{\sqrt{2-r^2}} (r^2 + z) r dz = \frac{\pi(32\sqrt{2} - 25)}{30}。$$

例 3 计算曲线积分 $\int_{AB} xyds$，其中 AB 为 $x^2 + y^2 = a^2$ 中的一段弧，如图所示。

计算积分值。

【方法一】

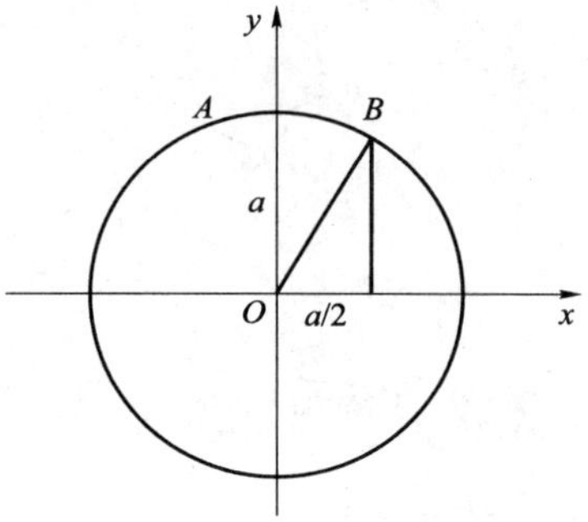

选 x 为参数，则 AB 有方程 $y = \sqrt{a^2 - x^2}$

$$I = \int_{AB} xyds = \int_0^{\frac{a}{2}} xy(x)\sqrt{1 + (y'(x))^2}dx$$

【实验过程】

```
>> clear
syms a x
y=sqrt(a^2-x^2);
f=x*y*sqrt(1+diff(y,'x')^2);
I=int(f,x,0,a/2)
I=simple(I)
```

【运行结果】

```
I =
    a^3/8
```

【方法二】

选 y 为参数，则 AB 有参数方程 $x = \sqrt{a^2 - y^2}$

$$I = \int_{AB} xyds = \int_{\frac{\sqrt{3}}{2}a}^{a} x(y)y\sqrt{1 + (x'(y))^2}\,dy,$$

【实验过程】

```
>> clear
syms t a
```

```
x = a * cos(t);
y = a * sin(t);
I = int(x * y * sqrt(diff(x)^2 + diff(y)^2),t,atan(sqrt(3)),pi/2)
```

【运行结果】

```
I =
    (a^2)^(3/2)/8
```

【方法三】

选 r 为参数，则 AB 有参数方程 $\begin{cases} x = a\cos t, \\ y = a\sin t, \end{cases}$ $(\arctan\frac{\sqrt{3}a/2}{a/2} \leqslant r \leqslant \frac{\pi}{2})$ ·

$$I = \int_{AB} xyds = \int_{\arctan\sqrt{3}}^{\pi/2} x(t)y(t)\sqrt{(x'(t))^2 + (y'(t))^2}dt$$

【实验过程】

```
>>clear
syms t a
x = a * cos(t);
y = a * sin(t);
I = int(x * y * sqrt(diff(x)^2 + diff(y)^2),t,atan(sqrt(3)),pi/2)
```

【运行结果】

```
I =
    (a^2)^(3/2)/8
```

即所求曲线积分值为

$$I = \int_{AB} xyds = \frac{a^3}{8}。$$

例 4 计算曲面积分

$$I = \iint_{\Sigma} xz^2dydz + (x^2y - z^3)dzdx + (2xy + y^2z)dxdy$$

其中 Σ 是上半球面 $z = \sqrt{a^2 - x^2 - y^2}$ 上侧。

【方法一】

【实验过程】

（1）作上半球面（的图形及其在三个坐标平面的投影图形。

```
>>clear
syms s t
a=2;
x=a*sin(s)*cos(t);
y=a*sin(s)*sin(t);
z=a*cos(s);
figure(1)
ezmesh(x,y,z,[0,pi/2,0,2*pi])
view(-35,-15)
axis equal
figure(2)
ezmesh(x,y,z,[0,pi/2,0,2*pi])
view(90,0)
axis equal
title('上半球面在yoz平面的投影')
figure(3)
ezmesh(x,y,z,[0,pi/2,0,2*pi])
view(180,0)
axis equal
title('上半球面在xoz平面的投影')
figure(4)
ezmesh(x,y,z,[0,pi/2,0,2*pi])
view(0,90)
title('上半球面在xoy平面的投影')
```

【运行结果】

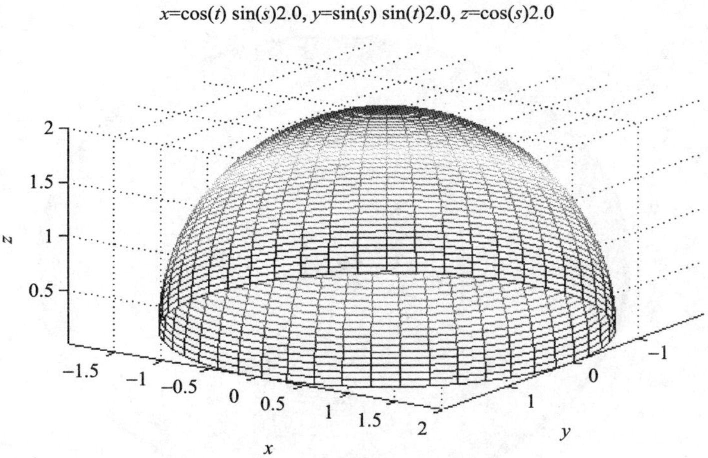
x=cos(t) sin(s)2.0, y=sin(s) sin(t)2.0, z=cos(s)2.0
2
1.5
1
0.5
z
−1.5 −1 −0.5 0 0.5 1 1.5 2
x
−1
0
1
y

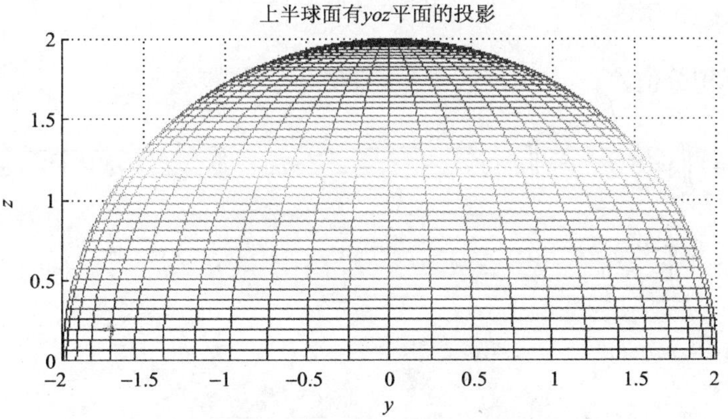
上半球面有yoz平面的投影
2
1.5
1
0.5
0
z
−2 −1.5 −1 −0.5 0 0.5 1 1.5 2
y

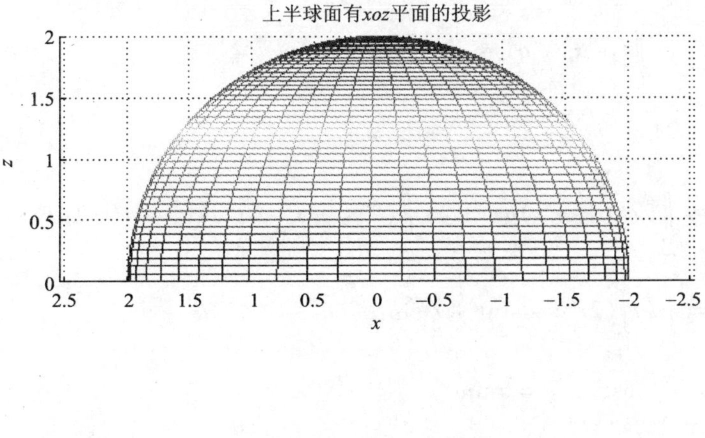
上半球面有xoz平面的投影
2
1.5
1
0.5
0
z
2.5 2 1.5 1 0.5 0 −0.5 −1 −1.5 −2 −2.5
x

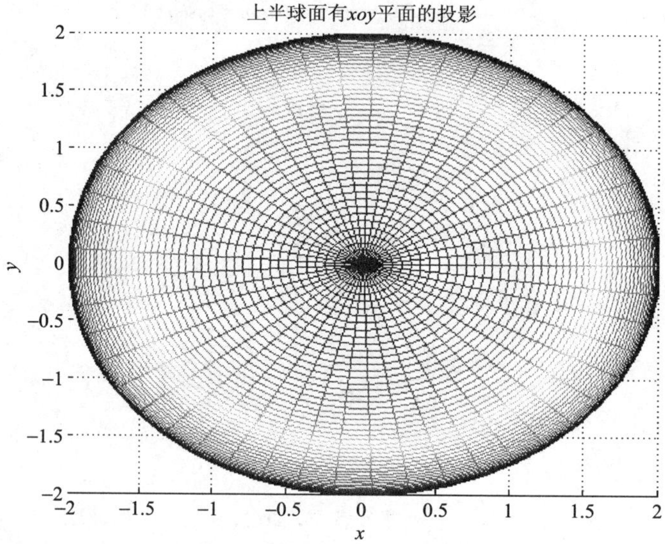

（2）计算积分值

$$I_1 = \iint\limits_{\Sigma} xz^2 dydz = \iint\limits_{D_{xy}} z^2 \sqrt{a^2 - y^2 - z^2} dydz - \iint\limits_{D_{xy}} - z^2 \sqrt{a - y^2 - z^2} dydz$$

$$= 2\iint\limits_{D_{xy}} z^2 \sqrt{a^2 - y^2 - z^2} dydz = 2\int_0^{\pi} d\ t \int_0^{a} r^2 \sin^2 t \ \sqrt{a^2 - r^2} rdr$$

其中令 $y = r\cos t$， $z = r\sin t$，

$$I_2 = \iint\limits_{\Sigma} (x^2 y - z^3) dzdx = \iint\limits_{D_{zx}} (x^2 \sqrt{a^2 - x^2 - z^2} - z^3) dzdx$$

$$- \iint\limits_{D_{zx}} (- x^2 \sqrt{a^2 - x^2 - z^2} - z^3) dzdx$$

$$= 2\iint\limits_{D_{zx}} x^2 \sqrt{a^2 - x^2 - z^2} dxdz = I_1$$

$$I_3 = \iint\limits_{\Sigma} (2xy - y^2 z) dxdy = \iint\limits_{D} (2xy + y^2 \sqrt{a^2 - x^2 - y^2}) dxdy$$

$$= \int_0^{2\pi} d\ t \int_0^{a} (2r^2 \cos t \sin t + r^2 \sin^2 t \ \sqrt{a^2 - r^2}) \ rdr$$

其中令 $x = r\cos t$， $y = r\sin t$，

$I = l_1 + l_2 + I_3$

【实验过程】

```
>> clear
syms a r s t
y = r * cos(t);
z = r * sin(t);
f1 = z^2 * sqrt(a^2 - y^2 - z^2);
I1 = 2 * int(int(f1 * r,r,0,a),t,0,pi)
I2 = I1
x = r * cos(t);
y = r * sin(t);
f2 = 2 * x * y + y^2 * sqrt(a^2 - x^2 - y^2);
I3 = int(int(f2 * r,r,0,a),t,0,2 * pi)
I = simple(I1 + I2 + I3)
```

【运行结果】

```
I1 =
    (2 * pi * a^5)/15
I2 =
    (2 * pi * a^5)/15
I3 =
    (2 * pi * a^5)/15
I =
    (2 * pi * a^5)/5
```

即所求积分值为

$$I = \iint_{\Sigma} xz^2 dydz + (x^2y - z^3)dzdx + (2xy + y^2z)dxdy = \frac{2}{5}\pi a^5 。$$

【方法二】

应用高斯公式计算，因为积分曲面Σ不是封闭曲面，添加平面品 ∗1：z = 0，取下侧，使其构成封闭曲面 ∗ + ∗1，取外侧。

$$P = xz^2, Q = x^2y - z^3, R = 2xy + y^2z$$

$$I = \iint_{\Sigma} xz^2 dydz + (x^2y - z^3)dzdx + (2xy + y^2z)dxdy$$

$$= \oiint_{\Sigma+\Sigma_1} xz^2 dydz + (x^2y - z^3)dzdx + (2xy + y^2z)dxdy$$

$$- \iint_{\Sigma_1} xz^2 dydz + (x^2y - z^3)dzdx + (2xy + y^2z)dxdy$$

$$= \oiiint_{\Omega} (\frac{\partial P}{\partial x} + \frac{\partial Q}{\partial y} + \frac{\partial R}{\partial z}) dv$$

$$= \int_0^{2\pi} d\ t \int_0^{\frac{\pi}{2}} ds \int_0^a (\frac{\partial P}{\partial x} + \frac{\partial Q}{\partial y} + \frac{\partial R}{\partial z}) \quad r^2 \sin(s) dr - \iint_{\Sigma_1} 2xydxdy$$

利用二重积分对称性知，$-\iint_{\Sigma_1} 2xydxdy = \iint_{D_{xy}: x^2+y^2 \leqslant a^2} 2xydxdy = 0$

【实验过程】

（1）作封闭曲面 $\Sigma + \Sigma_1$ 图形

```
>>clear
syms x y
a=2;
z1=sqrt(a^2-x^2-y^2);
z2=0*x*y;
ezsurf(z2,[-a/sqrt(2),a/sqrt(2)],'circ')
hold on
%ezsurf(z1,[-a/sqrt(2),a/sqrt(2)],'circ')
ezmesh(z1,[-a/sqrt(2),a/sqrt(2)],'circ')
hold off
hidden off
view(-35,35)
text(-0.8,1,2,'\Sigma')
text(-1.8,1.5,0,'\Sigma{1}\rightarrow')
axis([-2,2,-2,2,0,2])
```

【运行结果】

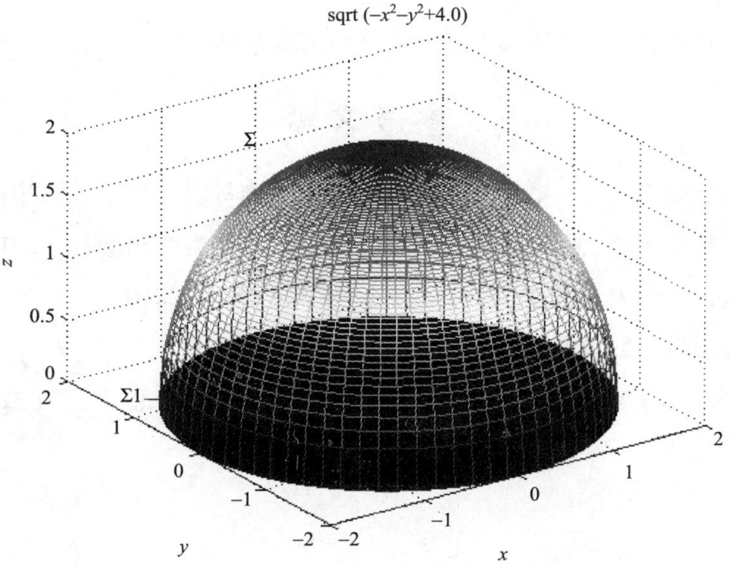

（2）计算积分值

```
>> clear
syms a z r t s x y
P = x * z^2;
Q = x^2 * y - z^3;
R = 2 * x * y + y^2 * z;
f = diff(P,x) + diff(Q,y) + diff(R,z);
f = subs(f, {x, y, z}, {'sin(s) * cos(t) * r','sin(s) * sin(t) * r','cos(s) * r'});
I = int(int(int(f * r^2 * sin(s),r,0,a),s,0,pi/2),t,0,2 * pi)
```

【运行结果】

```
I =
    (2 * pi * a^5)/5
```

即所求积分值为

$$I = \iint\limits_{\Sigma} xz^2 dydz + (x^2y - z^3)dzdx + (2xy + y^2z)dxdy = \frac{2}{5}\pi a^5 \text{。}$$

在多元积分学教学中践行数学实验，就是强调自主探索与实践，在探索和实践的过程中学习数学理论，以培养学生的创新意识和探索精神，为提升学生的数学素养以及未来学业的深造奠定了的理论与实践基础。

参考文献

[1] 郭科．数学实验——数学软件教程．北京：高等教育出版社，2010.

[2] 郭科．数学实验——高等数学分册．北京：高等教育出版社，2010.

[3] 刘启宽，等．大学数学实验．北京：科学出版社，2010.

[4] 堵秀凤，等．数学实验．北京：科学出版社，2009.

[5] 任玉杰．高等数学——多元微积分及其实验．北京：机械工业出版社，2005.

二元函数在某一定点各种属性之间的关系与示例

——记二元函数在某一定点的二重极限存在性、连续性、二偏导数存在性、沿任意方向的方向导数存在性、可微性与二偏导函数连续性之间的关系的注记

张立卓

摘　要：本文通过实例阐述了二元函数在某一定点各种属性之间的关系。

关键词：二重极限　连续　偏导数　微分　方向导数

首先，通过同济六版高等数学下册第九章讲述的二元函数在某一定点下述各种属性之间可以肯定的关系是：

沿任意方向的方向导数存在

$\Uparrow$

二重极限存在 $\Leftarrow$ 连续 $\Leftarrow$ 可微分 $\Leftarrow$ 二偏导函数连续

$\Downarrow$

二偏导数存在

其中，上述各种关系都是不可逆推的，下面仅以示例阐述上述关系。

其中，上述各种关系都是不可逆推的，下面仅以示例阐述上述关系。

例：试讨论下列各函数在（0，0）处上述各种属性的存在性以及彼此的关系。

1. 设$f(x,y)=\begin{cases}(x^2+y^2)\sin\dfrac{1}{x^2+y^2}, & x^2+y^2\neq 0,\\ 0, & x^2+y^2=0.\end{cases}$

【解】依二元函数在某定点上述各种属性的定义，有：

（1）$\lim\limits_{\substack{x\to 0\\ y\to 0}}f(x,y)=0=f(0,0)$，即$f(x,y)$在（0,0）处二重极限存在且连续。

（2）$\lim\limits_{\Delta x\to 0}\dfrac{f(\Delta x,0)-f(0,0)}{\Delta x}=\lim\limits_{\Delta x\to 0}\Delta x\sin\dfrac{1}{(\Delta x)^2}=0$，即$f_x(0,0)$存在且等于0，同理$f_y(0,0)=0$。

（3）$\lim\limits_{\rho\to 0}\dfrac{f(\Delta x,\Delta y)-f(0,0)}{\rho}=\lim\limits_{\rho\to 0}\sqrt{(\Delta x)^2+(\Delta y)^2}\sin\dfrac{1}{(\Delta x)^2+(\Delta y)^2}=0$，即$f(x,y)$在（0,0）处沿任意方向的方向导数存在且为0。

（4）$\lim\limits_{\rho\to 0}\dfrac{f(\Delta x,\Delta y)-f(0,0)-f_x(0,0)\Delta x-f_y(0,0)\Delta y}{\rho}=\lim\limits_{\rho\to 0}\sqrt{(\Delta x)^2+(\Delta y)^2}$ $\sin\dfrac{1}{(\Delta x)^2+(\Delta y)^2}=0$，所以$f(x,y)-f(0,0)-f_x(0,0)\Delta x-f_y(0,0)\Delta y=o(\rho)$，即$f(x,y)$在（0，0）处可微分。

（5）$f_x(x,y)=\begin{cases}2x\sin\dfrac{1}{x^2+y^2}-\dfrac{2x}{x^2+y^2}\cos\dfrac{1}{x^2+y^2}, & x^2+y^2\neq 0,\\ 0, & x^2+y^2=0,\end{cases}$

$f_y(x,y)=\begin{cases}2y\sin\dfrac{1}{x^2+y^2}-\dfrac{2y}{x^2+y^2}\cos\dfrac{1}{x^2+y^2}, & x^2+y^2\neq 0,\\ 0, & x^2+y^2=0,\end{cases}$

$\lim\limits_{\substack{x\to 0\\ y\to 0}}f_x(x,y)\ \lim\limits_{x\to 0}f_x(x,0)=\lim\limits_{x\to 0}(2x\sin\dfrac{1}{x^2}-\dfrac{2}{x}\cos\dfrac{1}{x^2})$不存在，

即$f_x(x,y)$在（0，0）处不连续，同理$f_y(x,y)$在（0，0）处也是不连续的。

综上讨论可知，即使$f(x,y)$存在（0,0）处满足条件：（1）二重极限存在；（2）连续；（3）偏导数$f_x(0,0)$，$f_y(0,0)$存在；（4）沿任意方向的方向导数存在；（5）可微分，仍不能推理得$f_x(x,y)$，$f_y(x,y)$在（0，0）连续。

事实上，$f_x(x,y)$，$f_y(x,y)$在（0,0）处连续仅是$f(x,y)$存在（0,0）处二重极限存在、连续、$f_x(0,0)$，$f_y(0,0)$存在、沿任意方向的方向导数存在及可微的充分条件而非必要条件。

2、设$f(x,y)=\begin{cases}\dfrac{\sqrt{|xy|}}{x^2+y^2}\sin(x^2+y^2), & x^2+y^2\neq 0,\\ 0, & x^2+y^2=0.\end{cases}$

【解】依二元函数在某定点上述各种属性的定义，有

(1) $\lim\limits_{\substack{x\to 0\\ y\to 0}}f(x,y)=\lim\limits_{\substack{x\to 0\\ y\to 0}}\sqrt{|xy|}\dfrac{\sin(x^2+y^2)}{x^2+y^2}=0=f(0,0)$，即$f(x,y)$在(0，0)处二重极限存在且连续。

(2) $\lim\limits_{\Delta x\to 0}\dfrac{f(\Delta x,0)-f(0,0)}{\Delta x}=\lim\limits_{\Delta x\to 0}\dfrac{0-0}{\Delta x}=0$，即$f_x(0,0)$存在且等于0，同理$f_y(0,0)=0$。

(3) $$\lim\limits_{\substack{\rho\to 0\\ (y=kx)}}\frac{f(\Delta x,\Delta y)-f(0,0)}{\rho}=\lim\limits_{\substack{\rho\to 0\\ (y=kx)}}\frac{\sqrt{|\Delta x\Delta y|}}{[(\Delta x)^2+(\Delta y)^2]^{3/2}}\sin[(\Delta x)^2+(\Delta y)^2]$$

$$=\lim\limits_{\substack{\rho\to 0\\ (y=kx)}}\frac{\sqrt{|\Delta x\Delta y|}}{\sqrt{(\Delta x)^2+(\Delta y)^2}}\frac{\sin[(\Delta x)^2+(\Delta y)^2]}{(\Delta x)^2+(\Delta y)^2}$$

$$=\lim\limits_{\substack{\rho\to 0\\ (y=kx)}}\frac{\sqrt{|\Delta x\Delta y|}}{\sqrt{(\Delta x)^2+(\Delta y)^2}}=\sqrt{\frac{|k|}{1+k^2}}$$（其中k为任意常数）

$$\lim\limits_{\substack{\rho\to 0\\ (x=0)}}\frac{f(\Delta x,\Delta y)-f(0,0)}{\rho}=\lim\limits_{\Delta y\to 0}\frac{f(0,\Delta y)-f(0,0)}{|\Delta y|}=0,$$

上两式说明$f(x,y)$在(0，0)处沿任意方向的方向导数存在。

(4) $$\lim\limits_{\rho\to 0}\frac{f(\Delta x,\Delta y)-f(0,0)-f_x(0,0)\Delta x-f_y(0,0)\Delta y}{\rho}$$

$$=\lim\limits_{\substack{\rho\to 0\\ (y=kx)}}\frac{\sqrt{|\Delta x\Delta y|}}{\sqrt{(\Delta x)^2+(\Delta y)^2}}\frac{\sin[(\Delta x)^2+(\Delta y)^2]}{(\Delta x)^2+(\Delta y)^2}=\sqrt{\frac{|k|}{1+k^2}}$$

该极限值因k而异，这表示当* *0时，$f(x,y)-f(0,0)-f_x(0,0)\Delta x-f_y(0,0)\Delta y\neq o(\rho)$，即$f(x,y)$在(0,0)处不可微。

综上讨论可知，即使$f(x,y)$在(0,0)处满足条件：(1)二重极限存在；(2)连续；(3)偏导数$f_x(0,0)$，$f_y(0,0)$存在；(4)沿任意方向的方向导数存在，仍不能推理得$f(x,y)$在(0,0)处可微。

事实上，$f(x,y)$在(0,0)处可微仅是$f(x,y)$在(0,0)处的二重极限存在、

连续、$f_x(0,0)$，$f_y(0,0)$ 存在及沿任意方向的方向导数存在的充分条件而非必要条件。

3. 设 $f(x,y) = \sqrt{x^2+y^2}$.

【解】依二元函数在某定点二重极限存在且连续的定义，有

（1）$\lim\limits_{\substack{x\to 0\\ y\to 0}} f(x,y) = 0 = f(0,0)$，即 $f(x,y)$ 在（0，0）处二重极限存在且连续。

（2）$\lim\limits_{\Delta x\to 0}\dfrac{f(\Delta x,0)-f(0,0)}{\Delta x} = \lim\limits_{\Delta x\to 0}\dfrac{|\Delta x|}{\Delta x}$ 不存在，即 $f_x(0,0)$ 不存在，同理 $f_y(0,0)$ 也不存在。

（3）$\lim\limits_{\rho\to 0}\dfrac{f(\Delta x,\Delta y)-f(0,0)}{\rho} = \lim\limits_{\rho\to 0} 1 = 1$，即 $f(x,y)$ 沿任意方向的方向导数存在且为 1。

综上讨论可知，即使 $f(x,y)$ 在（0,0）满足条件：（1）二重极限存在；（2）连续；（3）沿任意方向的方向导数存在，仍不能推理得 $f(x,y)$ 在（0,0）处偏导数存在。

事实上，$f(x,y)$ 在（0,0）处沿任意方向的方向导数存在仅能保证极限

$$\lim_{\Delta x\to 0^+}\frac{f(\Delta x,0)-f(0,0)}{\Delta x},\quad \lim_{\Delta x\to 0^-}\frac{f(\Delta x,0)-f(0,0)}{-\Delta x}$$

都存在，但不能保证二极限值相等，所以就不能保证 $f_x(0,0)$ 存在，同理也不能保证 $f_y(0,0)$ 存在。

4. 设 $f(x,y) = \begin{cases} \dfrac{xy}{x^2+y^2}, & x^2+y^2 \neq 0, \\ 0, & x^2+y^2 = 0. \end{cases}$

【解】依二元函数在某定点二重极限存在的定义，有

（1）$\lim\limits_{\substack{x\to 0\\ y\to 0}} f(x,y) = \lim\limits_{\substack{x\to 0\\ y\to 0}}\dfrac{xy}{x^2+y^2} = \lim\limits_{\substack{x\to 0\\ (y=kx)}}\dfrac{k}{1+k^2}$，极限值因 k 而异，所以 $f(x,y)$ 在（0,0）处二重极限不存在，进而 $f(x,y)$ 在（0,0）处不连续。

（2）$\lim\limits_{\Delta x\to 0}\dfrac{f(\Delta x,0)-f(0,0)}{\Delta x} = \lim\limits_{\Delta x\to 0}\dfrac{0}{\Delta x} = 0$，即 $f_x(0,0)$ 存在且等于 0，同理 $f_y(0,0) = 0$。

(3) $\lim\limits_{\rho\to 0}\dfrac{f(\Delta x,\Delta y)-f(0,0)}{\rho}=\lim\limits_{\substack{\rho\to 0\\(y=kx)\\(k\neq 0)}}\dfrac{k(\Delta x)^2}{((\Delta x)^2+k^2(\Delta x)^2)^{\frac{3}{2}}}$

$$=\lim_{\Delta x\to 0}\frac{k}{|\Delta x|(1+k^2)^{\frac{3}{2}}},$$

对于 $k\neq 0$，极限不存在。

$$\lim_{\substack{\rho\to 0\\(y=0)}}\frac{f(\Delta x,\Delta y)-f(0,0)}{\rho}=0,\quad \lim_{\substack{\rho\to 0\\(x=0)}}\frac{f(\Delta x,\Delta y)-f(0,0)}{\rho}=0。$$

上两式说明，$f(x,y)$ 在 $(0,0)$ 处除沿与 x,y 轴平行方向的方向导数存在外，沿其它任意方向的方向导数均不存在。

综上讨论可知，即使 $f(x,y)$ 在 $(0,0)$ 满足 $f_x(0,0)$，$f_y(0,0)$ 存在，不能推理得 $f(x,y)$ 在 $(0,0)$ 处二重极限存在、$f(x,y)$ 在 $(0,0)$ 处连续以及 $f(x,y)$ 在 $(0,0)$ 处沿任意方向的方向导数存在（除坐标轴方向）。

事实上，$f_x(0,0)$，$f_y(0,0)$ 存在仅能保证：(1) $f(x,y)$ 在 $(0,0)$ 处沿与 x 轴、y 轴平行方向的方向导数存在；(2) $f(x,0)$ 在 $x=0$ 处连续，$f(0,y)$ 在 $y=0$ 处连续，所以不能保证 $f(x,y)$ 在 $(0,0)$ 处连续。

5. 设 $f(x,y)=\begin{cases}0, & x^2+y^2\neq 0,\\ 1, & x^2+y^2=0.\end{cases}$

【解】依二元函数在某定点连续的定义，有

(1) $\lim\limits_{\substack{x\to 0\\y\to 0}}f(x,y)=0\neq f(0,0)$，即 $f(x,y)$ 在 $(0,0)$ 处二重极限存在但不连续。

(2) $\lim\limits_{\rho\to 0}\dfrac{f(\Delta x,\Delta y)-f(0,0)}{\rho}=\lim\limits_{\rho\to 0}\dfrac{-1}{\rho}$ 极限不存在，即 $f(x,y)$ 在 $(0,0)$ 处沿任意方向的方向导数均不存在。

综上讨论可知，即使 $f(x,y)$ 在 $(0,0)$ 满足二重极限存在，不能推理得 $f(x,y)$ 在 $(0,0)$ 处连续以及 $f(x,y)$ 在 $(0,0)$ 处沿任意方向的方向导数存在。

6. 设 $f(x,y)=\begin{cases}\dfrac{x^2}{y}, & y\neq 0,\\ 0, & y=0.\end{cases}$

【解】依二元函数在某定点连续的定义，有

（1）$\lim\limits_{\substack{x\to 0\\ y\to 0}} f(x,y) = \lim\limits_{\substack{x\to 0\\ (y=kx^2,\ k\neq 0)}} \frac{x^2}{kx^2} = \frac{1}{k}$，极限值因 k 而异。即 $f(x,y)$ 在 $(0,0)$ 处二重极限不存在，当然不连续。

（2）$\lim\limits_{\rho\to 0}\frac{f(\Delta x,\Delta y)-f(0,0)}{\rho} = \lim\limits_{\substack{x\to 0\\ (y=kx^2,\ k\neq 0)}} \frac{k(\Delta x)^2}{k\Delta x\sqrt{(\Delta x)^2+(k\Delta x)^2}} = \pm\frac{1}{k\sqrt{1+k^2}}$

（因方向一旦确定，Δx 的符号是确定的。当 Δx（0 时极限值前取正号否则取负号）

$\lim\limits_{\substack{\rho\to 0\\ (y=0)}}\frac{f(\Delta x,\Delta y)-f(0,0)}{\rho} = \lim\limits_{\rho\to 0}\frac{0}{\rho} = 0$，$\lim\limits_{\substack{\rho\to 0\\ (x=0)}}\frac{f(\Delta x,\Delta y)-f(0,0)}{\rho} = \lim\limits_{\rho\to 0}\frac{0}{\rho} = 0$，

上两式说明，$f(x,y)$ 在 $(0,0)$ 处沿任意方向的方向导数均存在。

综上讨论可知，即使 $f(x,y)$ 在 $(0,0)$ 处沿任意方向的方向导数均存在，不能推理得 $f(x,y)$ 在 $(0,0)$ 处二重极限存在以及 $f(x,y)$ 在 $(0,0)$ 处连续。

事实上，$f(x,y)$ 在 $(0,0)$ 处沿任意方向的方向导数存在仅能保证在 $(0,0)$ 的某邻域 $U(0,0)$ 内，当动点 (x,y) 沿直线趋近于 $(0,0)$ 时，$f(\Delta x,\Delta y)\to f(0,0)$，不能保证 $f(x,y)$ 在 $(0,0)$ 处连续。

7. 设 $f(x,y) = \begin{cases} \sqrt{x^2+y^2}\sin\frac{1}{xy}, & xy\neq 0, \\ x\sin\frac{1}{x}, & y=0, x\neq 0, \\ y\sin\frac{1}{y}, & x=0, y\neq 0, \\ 0, & (x,y)=(0,0). \end{cases}$

【解】依二元函数在某定点连续的定义，有

（1）$\lim\limits_{\substack{x\to 0\\ y\to 0}} f(x,y) = 0 = f(0,0)$，即 $f(x,y)$ 在 $(0,0)$ 处连续。

（2）$\lim\limits_{\rho\to 0}\frac{f(\Delta x,\Delta y)-f(0,0)}{\rho} = \lim\limits_{\substack{\Delta x\to 0\\ (y=kx,\ k\neq 0)}} \sin\frac{1}{\Delta x\Delta y}$ 不存在，

$\lim\limits_{\rho\to 0}\frac{f(\Delta x,\Delta y)-f(0,0)}{\rho} = \lim\limits_{\substack{\Delta x\to 0\\ (y=0)}}\frac{\Delta x}{|\Delta x|}\sin\frac{1}{\Delta x} = \lim\limits_{\substack{\Delta x\to 0\\ (y=0)}}(\pm\sin\frac{1}{\Delta x})$ 不存在，

$\lim\limits_{\rho\to 0}\frac{f(\Delta x,\Delta y)-f(0,0)}{\rho} = \lim\limits_{\substack{\Delta y\to 0\\ (x=0)}}\frac{\Delta y}{|\Delta y|}\sin\frac{1}{\Delta y} = \lim\limits_{\substack{\Delta y\to 0\\ (x=0)}}(\pm\sin\frac{1}{\Delta y})$ 不存在，

上三式说明，$f(x,y)$ 在 $(0,0)$ 处沿任意方向的方向导数均不存在。

综上讨论可知，$f(x,y)$ 在 $(0,0)$ 处连续，不能推理得 $f(x,y)$ 在 $(0,0)$ 处沿任意方向的方向导数均存在。

上述示例进一步阐述了二元函数在某一定点的各种属性之间的关系：

沿任意方向的方向导数存在

$\Uparrow$

二重极限存在 $\Leftarrow$ 连续 $\Leftarrow$ 可微分 $\Leftarrow$ 二偏导函数连续

$\Downarrow$

二偏导数存在

同时也诠释了这些关系都是不可逆推的。

参考文献

[1] 同济大学应用数学系．高等数学（第6版）下册．北京：高等教育出版社，2007.

实验教学中的学习理论比较研究

王树西　辛　爽

摘　要：本文首先列举了实验教学中现有的各种学习理论，并进行了点评，并对各种学习理论进行了比较。在此基础上，研究了各种学习理论在实验教学中的具体应用。

关键词：实验教学　学习理论　比较研究

一、引言

实验教学法，是指学生在教师的指导下，使用一定的设备和材料，通过控制条件的操作过程，引起实验对象的某些变化，从观察这些现象的变化中获取新知识或验证知识的教学方法。实验教学是一种重要的教学方法。

现代科学技术和实验手段的飞跃发展，使实验教学发挥越来越大的作用。通过实验教学，可以使学生把一定的直接知识同书本知识联系起来，以获得比较完全的知识，又能够培养他们的独立探索能力、实验操作能力和科学研究兴趣。

二、桑代克的试错学习理论

美国实证主义心理学家桑代克，用科学实验的方式来研究学习的规律，提出了著名的试错学习理论（联接学说）。桑代克认为：所谓的学习，就是动物（包括人）通过不断地尝试，形成“刺激——反应”联结，从而不断减少错误的过程。这种观点也被称为试错学习理论。

根据实验研究，桑代克得出了三条主要的学习定律。

（一）准备律

在进入学习活动之前，如果学习者做好了学习活动相关的预备性准备（包括生理和心理的），学习者就能比较自如地掌握学习的内容。

（二）练习律

对于学习者已形成的某种联结，在实践中正确地重复这种反应，会有效地增强这种联结。因此，重复练习是很有必要的。另外，桑代克也非常重视练习中的反馈，他认为简单机械的重复不会造成学习的进步，告诉学习者练习正确或错误的信息，有利于学习者在学习中不断纠正自己的学习内容。

（三）效果律

学习者在学习过程中所得到的各种正或负的反馈意见，会加强或减弱学习者在头脑中已经形成的某种联结。桑代克认为，学习者学习某种知识以后，即在一定的结果和反应之间建立了联结，如果学习者遇到一种使他心情愉悦的刺激或事件，那么这种联结会增强，反之会减弱。他指出，教师应尽量使学生获得感到满意的学习结果。效果律是最重要的学习定律。

简而言之，桑代克的试错学习理论，是让学生进行足够的练习，并且每次练习都有正向的反馈，学生根据正确的答案纠正自己的错误。经过足够的刺激，提高学生的学习水平。

三、斯金纳的强化学说

继桑代克之后，美国又一位著名的行为主义心理学家斯金纳，用白鼠作为实验对象，进一步发展了桑代克的“刺激——反应”学说，提出了著名的操作条件反射。斯金纳把进一步激发有机体采取某种行为的程序或过程称为强化，凡是能增强有机体反应行为的事件或刺激叫做强化物，导致行为发生的概率下降的刺激物叫做惩罚物。

斯金纳通过实验观察发现，不同的强化方式，会引发白鼠不同的行为反应。其中连续强化，引发白鼠按动操纵杆的行为最易形成，但这种强化形成的行为反应也容易消退；而间隔强化比连续强化具有更持久的反应率和更低的消退率。

斯金纳在对动物研究的基础上，把有关成果推广运用到人类的学习活动中。

斯金纳主张在操作性条件反射和积极强化原理的基础上，设计程序化教学，把教材内容细分成很多的小单元，并按照这些单元的逻辑关系顺序排列起来，构成由易到难的许多层次或小步子，让学生循序渐进，依次进行学习。在教学过程中，教师要积极应对学生做出的每一个反应，并对学生做出的正确反应，予以正确的强化。

斯金纳按照强化实施以后学习者的行为反应，将强化分为正强化和负强化两种方式。正强化是指学习者受到强化刺激以后，加大了某种学习行为发生的概率。如由于教师表扬学生做出的正确行为，从而使学生能在以后经常保持这种行为。负强化是指教师对学习者消除某种讨厌刺激以后，学习者的某种正确行为发生的概率增加。即使教师取消全程监控的方式以后，良好的学习习惯也能够保持。

简而言之，斯金纳的强化学说，就是建立学习上的奖惩机制，对于学生积极的学习行为，进行奖励，强化这种正向的学习行为；对于学生消极的学习行为，进行惩罚，弱化这种逆向的学习行为。通过一系列措施（例如从易到难），增加学生的学习积极性。通过上述奖惩机制，提高学生的学习积极性，增强学生的自我管理能力。

四、巴甫洛夫的经典条件反射

前苏联著名的生理学家巴甫洛夫，用狗作为实验对象，提出了经典条件反射学说。

经典条件反射理论可以应用于实验教学中。教学中，有时教师及时的表扬，会促进学生暂时形成某一良好的行为；但如果过了一些时候，当学生在日常生活中表现出良好的行为习惯而没有再得到教师的表扬，这一行为很有可能会随着时间的推移而逐渐消退。

也就是说，根据巴甫洛夫的经典条件反射理论，必须对学生不断地进行正向的刺激，可以通过奖励机制进行正向的引导，使得学生根据正向的引导，不断调整自己的行为。

五、加涅的信息加工理论

1974 年，加涅利用计算机模拟的思想，利用当代认知心理学的信息加工的观点来解释学习过程，展示了学习过程中的信息流程。

加涅认为，任何一个教学传播系统都是由“信源”发布“消息”，编码处理后通过“信道”进行传递，再经过译码处理，还原为“消息”，被“信宿”接收。该模型呈现了人类学习的内部结构及每一结构所完成的加工过程，是对影响学习效果的教学资源重新合理配置、调整的一种序列化结构。

在这个信息流程中，加涅主要强调了如下几点：学习是学习者摄取信息的一种程式；学习者自发的控制和积极的预期是制约课堂教学有效性的决定因素；反馈是检验教学效果的手段。

加涅在对学习活动进一步分析的基础上，又把与上述学习过程有关的教学划分为以下八个阶段：一是动机阶段；二是了解阶段；三是获得阶段；四是保持阶段；五是回忆阶段；六是概括阶段；七是作业阶段；八是反馈阶段。

简而言之，加涅的信息加工理论，就是把人的学习过程看做是一个计算机处理信息的过程。这种理论的局限性在于，本理论过于机械，没有考虑到人的情感因素。

六、班杜拉的社会学习理论

美国心理学家班杜拉，在反思行为主义所强调的“刺激——反应”的简单学习模式的基础上，接受了认知学习理论的有关成果，提出学习理论必须要研究学习者头脑中发生的反应过程的观点，综合行为主义和认知心理学有关理论，形成了“认知——行为”主义的模式，提出了“人在社会中学习”的基本观点。

按照班杜拉的理解，对于有机体行为的强化方式有三种：

（1）直接强化。对学习者作出的行为反应，当场予以正或负的刺激。

（2）替代强化。学习者观察其他人实施这种行为后所得到的结果，来决定自己的行为指向。也就是羊群效应。

（3）自我强化。根据社会对其行为判断标准，结合自己的理解，对自己的行为表现进行正或负的强化。自我强化参照的是自己的期望和目标。例如，在一次跳绳比赛中，一个学生对自己跳了150次而欣喜不已，而另外一个同样成绩的学生则懊丧不已。

简而言之，班杜拉的学习理论认为，必须把学生放入一个群体中间（例如班集体），这样学生的学习效果会更好。

七、各种学习理论的比较

上述各种学习理论，是有共性的。各种学习理论，几乎无一例外地都强调了对学生进行正向的引导，正向的激励，正向的反馈，正向的刺激。为了强化正向激励，可以引入奖惩机制，在学生出错的情况下进行处罚。但是总的来说，是正向引导为主，负面刺激为辅。

八、各种学习理论在实验教学中的应用

我们将上述各种学习理论，应用于实验教学中，具体步骤如下：

（1）教师事前做充分准备，进行先行实验，以保证实验的效果和安全。

（2）在学生实验开始前，对实验的目的和要求、依据的原理、仪器设备安装使用的方法、实验的操作过程等，通过讲授或谈话作充分的说明，必要时进行示范，以增强学生实验的自觉性。

（3）小组实验尽可能使每个学生都亲自动手。

（4）在实验进行过程中，教师巡视指导，及时发现和纠正出现的问题，进行科学态度和方法的教育。

（5）实验结束后，由师生或由教师进行小结，并由学生写出实验报告。

同时，我们提出“作业驱动教学法”的构思。也就是说，在操作性课程的教学过程中，以作业讲解的形式对课程内容进行讲解。通过讲解作业，对学生进行正向的反馈和刺激，加强学生的印象，提高教学效果。

九、结论和下一步的工作

本文首先列举了实验教学中现有的各种学习理论，并进行了点评，并对各种

学习理论进行了比较。在此基础上，研究了各种学习理论在实验教学中的具体应用，并提出了“作业驱动教学法”的构思。

本文的工作主要是定性的分析，下一步的工作，是收集更多的数据，进行定量的分析。

参 考 文 献

[1] 王军. 文化传承与教育选择 [M]. 北京：民族出版社，2002.

[2] Banks，J. A. (1994). An introduction to multicultural education. Boston：Afynand Bacon.

[3] 滕星，苏红. 多元文化社会与多元一体教育 [J]. 民族教育研究，1997 (1).

[4] 张步和，戴红英. 美国多元文化教育观与我国民族教育 [J]. 内蒙古民族大学学报（社会科学版），2009（3）.

[5] 王鉴，万明钢. 多元文化教育比较研究. 北京：民族出版社，2006（18）：45 -47.

[6] 王新俊，姜峰. 美国教师的多元文化教育. 中国民族教育，2010（1）.

[7] 王富强. 论多元文化教育视野下的我国少数民族高等教育. 民族论坛，2007 (2).

[8] 张直，王瑞武. 少数民族高等教育发展回顾与展望。内蒙古民族大学学报（社会科学版），2007（2）.

中美两国多元文化教育的比较研究

夏增艳[①]　王树西[②]　张　琪[②]

摘　要：中国和美国都是多民族的国家，在多元文化教育方面有相似之处。本文以美国康星狄格州公立大学为案例，分析了美国多元文化教育的现状和特点，然后结合我国少数民族特点，对我国少数民族教育需要改进之处进行了分析。根据我国少数民族高等教育本土化的实际需求，本文提出了构建中国特色少数民族高等教育的发展模式的几条建议。

关键词：多元文化教育　中美两国　比较研究

一、多元文化教育的研究

中国和美国都是多民族、多语言的疆域辽阔的国家。中国有55个少数民族，总人口超过一亿，占全国总人口的8%。美国是一个以移民为主体的联邦国家，民族和种族的多样性是其鲜明的特征。文化多样性是两国的共同特征。

多元文化教育的观念与策略，在欧洲大陆、英国、加拿大、澳大利亚等国家均掀起极大的浪潮。20世纪80年代后期，亚洲的一些国家如日本、印度等对多元文化教育给予关注。这些国家都纷纷对原有的国家教育进行了改革，多民族、多文化的教育从国家的方针、政策到学校的课程、教学等方面都有不同程度的体现。

早在20世纪60年代初期，美国为解决移民、少数民族（ethnic minorities）和贫困阶层群体的文化和教育诸问题开始实施多元文化教育。具体地说，多元文化教育最初是源于上述社会群体为谋求得到教育公平，抵制被美国社会主流文化同化的

---

① 北京邮电大学民族学院。
② 对外经济贸易大学信息学院。

一种反抗而开始的。经历五六十年的发展，多元文化教育的理论和实践日趋成熟，现已成为世界民族教育的一种潮流。目前，多元文化教育的研究引起了世界各国研究者的注意，他们从不同角度，用不同的方式对多元文化教育作出诠释。

美国华盛顿大学的多元文化教育理论学者 James A. Banks（詹姆斯 . A. 班克斯）认为，多元文化教育主要包括三个方面：（1）思想或概念。说明所有学生，不管他们属于什么群体，应该在学校里体验到教育平等的思想；（2）教育改革运动。它规划并引起学校的改革，以保证少数民族学生取得成功的平等机会；（3）一个持续的教育过程。它努力去实现理想目标，例如教育平等和废除所有形式的歧视。但是在人类社会中短期不能完全取得，需要一个过程[2]。

本文拟通过分析多元文化教育背景下美国高等教育发展模式的特点，结合我国少数民族高等教育本土化的实际需求探讨对构建中国特色少数民族高等教育的发展模式的启示。

二、美国多元文化教育现状

本文以康星狄格州公立大学为案例，对目前美国高等教育模式进行研究，因为这个案例具有一定的代表性。

State of Connecticut（康星狄格州，简称康州），位于美国东北部新英格兰地区，是新英格兰六州中工业最发达的州之一，面积约 13023 平方公里，在 50 州内列第 48 位。到 2006 年，人口达到三百五十多万，是人口最稠密的州之一，其中少数种族及族裔占人口的 22. 5% 。康州种族人口分布如图一所示。

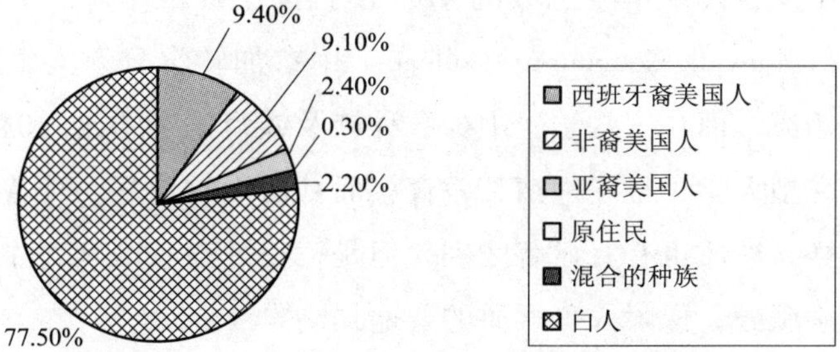

图一　康州种族人口分布

（一）办学层次多元化

University of Connecticut（康星狄格州立大学，以下简称康州大学），是美国东北地区最好的一所公立的综合性大学。另外四所公立的州立大学，在学科的设置与办学规模等方面要逊于康州大学，四个公立大学拥有联合授予博士学位的权利，每个公立大学只拥有本科和硕士学历授予资格。根据学区进行划分，康州设立了十二所办学层次更低的社区学院。

这种“社区学院——区域性公立大学——综合性公立大学”的学校设置模式，使得各层次的学生拥有更多机会享受到高等教育，更使在社会中处于劣势的少数种族及族裔学生十分受益。

这是因为，在美国，少数种族及族裔学生大多来自经济条件相对落后家庭。所以，学费低廉、入学门槛较低的社区学院成为很多少数种族及族裔学生的首选，社区学院的招生比重逐年增加，而且其中相当数量的少数种族及族裔学生是家庭中第一批接受高等教育的人。

美国的“社区学院”或“社区大学”，或可称为“两年制大学”（以下统称为“社区学院”）。学生在社区学院两年毕业后，学校会给学生颁发副学士学位（Associate Degree）（相当于专科学历）。如果学生想继续深造进修，也可以转读四年制大学，直接申请报读大三的课程，继续后两年的大学课程，取得学士学位。此外社区学院还颁发一年制的培训证书。社区学院实行广泛的开放性，学生不分年龄、种族或民族出身均有机会加入学习。社区学院为许多在其他学校无法继续学业的学生提供了受教育的机会，同时也使大多来自贫困家庭的少数种族及族裔学生能够享受到教育资源。

美国大学中少数民族学生总数的47%曾就读于社区学院。例如，康州的诺沃克社区学院（Norwalk Community College）中参加转学分入大学类课程的学生呈现逐年增加趋势，而在这些学生中少数种族及族裔学生的比例也在逐年增加。

美国的研究型大学，是一种精英教育，而社区学院，是一种普及教育。两者的侧重点不一样，性质也有着显著区别，但是，正因为有区别，才能够为高等教育不同层次办学服务，保障人口素质的普遍提高。

（二）课程设置多元化

多元化思潮进行得最深入的当属美国的教育界，尤其是反映在高校课程改革方面。多元文化主义的教育理念强调了非主流文化群体的文明价值观，突出反映了亚文化群体在美国历史上的贡献，同时指出应该加强不同民族和族裔间文化传统的理解。

多样化课程的设置导致了教育研究的多样化。黑人研究、妇女研究、拉美研究、西班牙研究、亚洲研究、同性恋研究等纷纷呈现，相关的学术研究机构和团体更是兴盛。

在康州大学以及其他州立大学中均设有各类文化中心，如非洲文化中心、西班牙波多黎各文化中心、亚洲文化中心、国际学生办公室等。各个文化中心由学生自主管理，有自己的小型阅览室、机房、活动室，可以供学生学习、交流、休闲并组织各类文体活动，既为本文化背景的学生生活与学习服务，也欢迎其他文化背景的师生参加。

（三）评估标准多元化

社区学院和大学适用不同的评估标准，在不同层次院校评估的同时还使用专业性评估。根据美国宪法规定，各州政府负责注册并审批各类高等院校，但各院校是否被社会所认可取决于政府承认的认证机构的认证。

美国联邦政府是通过区域性社区学院认证机构对社区学院进行间接管理的。在美国划分了6个大的区域，经美国联邦政府批准分别成立了社区学院办学资格认证联盟。这个联盟作为非政府机构，其成员是由当地社区学院推荐出来的代表组成的。该认证机构的主要职责是讨论和制定本地区社区学院办学资格认证标准，并组织评估专家对社区学院进行6年或10年一轮的办学资格认证评估。

美国高等院校的质量认证一般由专业认证机构负责，经美国教育部认可的专业认证机构主要有六大区域认证机构及近百个专业认证机构。联邦政府通过认证机构间接对各院校进行管理和规范。

目前，进行这种认证/认可机构“承认”的有两种方法：一是通过美国的“高等教育认证理事会”（Council for Higher Education Accreditation）的承认，这是一个非政府组织。另一种是通过美国联邦政府教育部（The United States Department of Education）的承认，这是一个政府组织。通过区域性认证协会或其他专业认证机构的认证，各院校可以实现学分相互转换，所颁发的学位证书或文凭证书能获得社会的广泛认可。

例如，全美教师教育认证理事会（NCATE）是美国教师教育发展史上首屈一指的教师教育专业认证机构，也是经美国教育部和美国高等教育评估委员会认可的第一个全国性教师教育评估理事会，自1954年成立至今已为652家教师教育机构进行过认证，它通过对全美各个院校和大学教育单位进行专业认证，为高质量的教师和教师教育计划提供保证。

三、我国少数民族教育的现状

我国现阶段少数民族高等教育是指以少数民族为主要对象，以少数民族文化为主要内容特色，以促进少数民族及其地区的经济、文化和社会发展为主要目的的跨文化的高等专门教育。

自建国以来，经过了六十余年的发展历程，我国少数民族高等教育取得了历史性的突破，在我国形成了少数民族高等教育体系。特别是在西部十二省和少数民族聚集区都有自己的大学，这些学校培养了一大批少数民族人才，为民族地区的发展提供了强大的动力。

少数民族地区高校主管单位属于国家民委和教育部。在国家民委的统筹下，民族高校形成了从预科生、专科生、本科生到研究生、博士后等各个层次的、较完整的少数民族高等教育体系。全国55个少数民族都有了自己的大学生，有些民族还有了硕士生、博士生，维吾尔、回、朝鲜、纳西等十几个少数民族每万人平均拥有的大学生人数已超过全国的平均水平。

（一）我国少数民族特点

1. 我国少数民族的构成与美国有着显著差异

我国的少数民族主要指除了汉族以外的其他55个少数民族。美国是一个典型的多民族国家。从族源来看，除美洲土著印第安人以外，主要是由移民组成。主要移民族群有白人（约占总人口的70%）、非洲裔（黑人，约占总人口的12.7%）、亚洲裔和西班牙裔美国人（约占总人口的17.3%）等。

2. 中国多民族文化有其与西方国家多民族文化有着不同的特点

文化多样性是世界上普遍存在的现象。从历史上看，我国多民族文化有其与西方国家多民族文化不同的显著特点，就那是，我国少数民族与作为主体民族的汉族构成多元一体格局，即汉族和55个少数民族同属于一个层次，互相结合而形成更高层次的中华民族（费孝通，1988）。美国的多元文化教育观产生于盛行文化霸权的社会，美国首先是欧洲人殖民、征服和制度性地屠杀当地土著人的结果。中国的民族关系基本上没有这种历史。

在我国，多元文化教育中的“多元”并不是一种绝对的、泛化的“多元”，而是一体化前提下的相对的、非泛化的“多元”，是基于我国以往文化过于划一、集中情况下的“多元”。它强调中华民族的国家主流文化，但也注重发展少数民族文化和地方文化，倡导国家文化、民族文化和地方文化的和谐统一，主张各种文化的平等、尊重、合作和共同发展，是多元一体化的多元文化教育。

3. 我国少数民族的分布区域与美国不同

中国少数民族主要分布经济水平相对落后的中西部地区，具有“大聚居、小混居”的特点。

4. 跨境民族的教育

中国的边境除了海岸线，还有更长的内陆边境线，这与美国毗邻两大洋拥有漫长海岸线的地理环境迥然不同，因而美国的多元文化教育主要针对海外移民，而中国的少数民族教育将面对跨境民族教育的问题。

（二）我国少数民族教育需要改进之处

针对我国少数民族的特点，目前我国少数民族教育还存在一些需要改进之处。

我国目前的少数民族高等教育的基本框架，基本上是在20世纪50年代的社会背景下建立起来的，它较好地体现了当时党和国家的方针政策，反映了广大少数民族的心愿，有力地保障了各族人民受教育的权利，有效地促进了民族地区的经济、社会和文化的发展。

但是，党的十一届三中全会以后，特别是20世纪90年代以来，我国长期实行的计划经济体制被市场经济体制所逐步取代，高等教育的无偿的公费制度被有偿的收费制度所取代，大学生毕业的国家分配制度被以“双向选择”为主的择业制度所取代。伴随着这些巨大的变化，少数民族高等教育在许多方面失去了国家的保护效应，于是，一些弱点和不足开始显露出来，一些过去行之有效的制度和措施，开始发生动摇甚至成为少数民族高等教育发展的一种阻碍。

（1）少数民族高等教育中传统的专业教育已不能满足新时期民族地区的经济、社会和少数民族文化发展的需要。

虽然少数民族高等教育的专业设置，同其他普通高等学校相比，有自己的特色和优势，但是，当前少数民族高等教育的专业设置已经远远落后于民族地区经济、社会和民族文化发展的需要。其中突出的问题是专业结构不合理。改革开放以后，随着社会的发展，少数民族高等教育开始对专业教育结构进行了调整。但是，由于多方面的原因，目前的少数民族高等教育中专业教育的结构还存在严重的缺陷。

（2）少数民族高校教师学历普遍偏低，能够融贯中西文化之长的学者青黄不接，缺少国际性通用的人才，这必然限制了少数民族高校未来的发展。

少数民族高校专业设置过于陈旧，缺乏创新，在市场经济条件下，少数民族高校学生面临更大的就业压力。

（3）少数民族高校在确立本校发展目标上缺乏主见，发展目标不是很清晰，没有切合实际地制定出具有跨时代民族高校发展的总体规划。

许多少数民族地区高层次人才倾向于选择内地的综合类大学，同时选择服务于内地建设，造成了民族地区高层次人才的严重流失。

（4）评估标准过于单一，各少数民族院校无法在保证特色的同时谋求发展。

至今为止，我国少数预科教育还没有统一的评估标准，而无论民族院校还是全国其他高校都使用一样的本科及研究生教育评估标准，忽略了各地区、各层次院校在教学理念、课程设置、师资培养、学生管理以及校园文化环境建设上的差异性，很大程度上阻碍了民族院校的特色发展。

四、对我国少数民族教育的启示

美国针对少数种族及族裔的教育，无论从对象还是具体实践，在各州及各个学校都存在一定差异，但经过长期的发展已经探索出应用于教学实践的多元文化教育理论，并建立了一整套使少数族群学生受益的多功能、灵活的办学模式。

然而，美国关于少数民族的教育制度扎根于美国历史、文化和当代社会的土壤之上，许多理念、经验和做法值得借鉴，但不可以照搬。虽然在课程教学、学生管理、师资培养等理念和做法上同我们基本是相通的。但中国必须认真研究本国民族教育现状，依据自己的国情探索有中国特色的少数民族教育发展模式。

根据美国多元文化教育以及中国少数民族教育的现状，对于我国少数民族教育，可以得出如下启示：

（一）科学定位

科学定位少数民族教育体系中各层次院校，全方位满足少数民族学生发展需求。

在中国，几乎所有的少数民族高校都建立在少数民族自治地区和少数民族小聚居大杂居的省会城市和地、州（市）首府所在城市。这种布局结构几乎覆盖了大多数中国少数民族居住的省份。除五大自治区外，全国有 19 个自治州建立有高等学校。各层次民族院校应根据民族地区发展需求明确办学目标，构建合理的人才培养体系，不应一味追求“创办一流大学”。

（二）加强师资队伍建设

加强各层次院校师资队伍建设，提高少数民族学生学习成就。

少数民族高校师资队伍整体水平还有待提高，我们的民族院校要引进管理方面人才，充分利用网络优势，建立具有符合民族高校发展的人事管理体系。民族高校教师培养也要从少数民族地区基础教育做起，培养一批既通晓本民族语言又能进行国际交流的高水平教师，为民族高校更好地为少数民族地区社会、经济发展服务。

在其他非民族院校中，教师队伍的多元化及教师对少数民族学生的态度，以及教师对少数民族文化的认同与理解，都在很大程度上影响着少数民族学生的学习成就。因此，高校教师在提高专业素质的同时还要加强多元文化教育，以更加开放和包容的态度来面对少数民族学生。

（三）加强教研及课程改革工作

根据实际需要推进各层次高等院校教育教学科研及课程改革，为少数民族学生营造良好的学习氛围。

少数民族高校要对学生培养实行通才教育，给予更加宽松的学习环境，营造良好的学术氛围。少数民族高校在学生专业设置上也要不断更新，有些不必要的专业可以重新调整，重点发展有学术潜力的学科，课程设置要有一定的深度，不能宽而泛，注重学生的实际操作能力，大力发展学生社团，给予更多的资金和学术指导。学生社团建设是学生未来走向社会的实践基地，少数民族高校更是可以利用特殊的优势，充分发挥少数民族高校生源多样化的特点，建立更多具有民族特色的社团。

其他非民族院校也要结合本校的地区及自身特色，开展各项少数民族文化研究，在课程设置和教学中积极实践各类有关少数民族研究成果，缓解少数民族学生由于文化和语言差异带来的压力。

（四）完善评估标准

根据不同办学目标，完善各个层次评估标准，保证高等教育质量。

美国虽然没有统一的少数民族教育体系，但是各层次的高等教育中均对少数民族学生的教育有所涉及，而且针对不同层次的高等教育机构拥有不同的评估标准体系，从而保障了各层次院校的质量。因此，我国的少数民族教育需要分层次地、有针对性地借鉴美国高等教育评估体系，构建符合中国实际发展情况的少数民族教育评估体系。

五、结论和下一步的工作

本文以美国康星狄格州公立大学为案例，分析了美国多元文化教育的现状和特点，然后，结合我国少数民族特点，对我国少数民族教育需要改进之处进行了分析。根据我国少数民族高等教育本土化的实际需求，本文提出了构建中国特色少数民族高等教育的发展模式的几条建议。

本文的工作主要是定性的分析，下一步的工作，是收集更多的数据，进行定量的分析。

参考文献

[1] 王军. 文化传承与教育选择. 北京：民族出版社，2002.

[2] Banks, J. A. An introduction to multicultural education. Boston: Afynand Bacon, 1994.

[3] 滕星，苏红. 多元文化社会与多元一体教育 [J]. 民族教育研究，1997 (1).

[4] 张步和，戴红英. 美国多元文化教育观与我国民族教育 [J]. 内蒙古民族大学学报（社会科学版），2009 (3).

[5] 王鉴，万明钢. 多元文化教育比较研究. 北京：民族出版社，2006. 18：45 - 47.

[6] 王新俊，姜峰. 美国教师的多元文化教育. 中国民族教育，2010 (1).

[7] 王富强. 论多元文化教育视野下的我国少数民族高等教育. 民族论坛，2007 (2).

[8] 张直，王瑞武. 少数民族高等教育发展回顾与展望. 内蒙古民族大学学报（社会科学版），2007 (2).

高校学生志愿者工作现状分析

王树西　蔡晓洋

摘　要：本文首先简述了高校学生志愿者工作现状及瓶颈，然后介绍了对外经贸大学学生志愿者现状，并简述了对外经贸大学学生志愿者网站建设构想，最后提出加强高校学生志愿者组织制度化建设的构想。

关键词：高校　学生志愿者　工作机制　网站建设

一、引言

学生志愿者，是共青团组织独有的工作品牌。1993 年底，团中央启动中国学生志愿者行动，经过 10 多年的发展，取得了突出的成绩。在当前构建和谐社会的时代背景下，学生志愿者服务工作面临着重要的发展机遇，某种意义上讲，和谐社会就是充满志愿者精神的社会。然而，随着工作的开展和深入，学生志愿者工作也面临着一些难题。例如，公众对志愿者的了解还不够广泛，不够深刻；传统的自上而下的工作模式，无法满足现阶段志愿者服务工作的要求；志愿者社会参与度还不够高；志愿者关注的自身发展需求还得不到满足等。

二、高校学生志愿者工作现状

2011 年 4 月 26 日，由中国社会科学院社会政策研究中心和社会科学文献出版社共同举办的“2011 年《慈善蓝皮书》发布暨中国慈善事业发展研讨会”在京举行，与会专家总结了 2010 年中国慈善事业的发展成就和存在的问题，展望了 2011 年中国慈善事业发展的趋势，并正式发布了 2011 年慈善蓝皮书《中国慈善发展报告（2011）》。

蓝皮书指出，2010 年，全国各地各种志愿服务活动层出不穷，推陈出新。在这一年里各种赛事不断，把志愿者推到了新的舞台，他们不断展示着志愿服务的内涵和价值。

2010 年，全国各级团组织、学生志愿者组织中规范注册的学生志愿者超过 3 124 万人。“共青团关爱农民工子女志愿服务行动”在 2 500 多个县（市、区）开展，结对农民工子女较为集中的学校有 2 万多所，覆盖农民工子女超过 320 万人；“大学生志愿服务西部计划”实施 8 年来，累计选派 10 万多人奔赴西部基层；“中国学生志愿者海外服务计划”已组织近 500 名学生志愿者先后前往老挝、埃塞俄比亚、圭亚那等 19 个亚非拉发展中国家，开展教育、医疗、农业、管理、文体等方面服务；“研究生支教团”开展支教活动 12 年来，从国内近百所重点高校选派近 5 000 名志愿者赴中西部贫困地区支教。由中国学生志愿者协会、35 个省级协会、5 000 余个地市和区县协会、近 2 000 个高校志愿者组织以及 13 万个志愿者服务站（服务中心、服务基地）组成的全国性青年志愿服务工作网络基本形成。

我国社区志愿者组织和社区志愿者数量也在持续增长。据不完全统计，截至 2010 年 12 月，全国社区志愿者组织已达 28. 9 万个，社区志愿者人数达 2 900 多万人，其中注册社区志愿者达 599. 3 万人，参与社区志愿服务活动超过 5 000 多万人次，服务小时数达 1 500 万小时。其中，参与天津达沃斯论坛、上海世博会、广州亚运会服务及青海玉树抗震救灾的社区志愿者达 2 000 多万人次。

蓝皮书指出，不少地方大胆创新社区志愿服务方式，积极开展经常性社区志愿服务，形成了社区志愿服务常态化、人人争做志愿者的良好态势。各地注重打造自己的社区志愿服务品牌，以此提升志愿服务形象。据统计，目前全国已涌现出 594 个社区志愿服务品牌。但是，中国的社区志愿服务总体上还处于发展的初级阶段，存在资金来源渠道少、法律制度建设滞后、居民参与面不广、专业化服务水平不高等困难或问题。

为此，蓝皮书指出，应建立项目创新机制，加强志愿服务宣传，使更多人认同或参与服务；加强志愿服务的连续性，使服务深入人心；加强志愿服务的全程监督，保证资源的高效利用和服务传递的有效性。

三、高校学生志愿者工作瓶颈

志愿者并不等同于慈善工作者。现代社会中的志愿者、志愿组织和志愿服务是19世纪西方文明社会的产物。国外的志愿活动模式，自宗教发端，经大众发展，在当代得到政府官方支持鼓励。

我国的志愿服务发展有其独特的模式。在高校和学生志愿者方面，志愿活动从一开始便是是由共青团系统自上而下发起的，即使是早期深圳市的学生志愿者活动也是在团市委的发起与领导下推广的。对外经济贸易大学也是这样的情况。虽然之前有绿色协会、爱心社等志愿类社团，但在2006年奥运志愿工作开始之后，我们才建立起从上到下覆盖到各级学院的志愿组织体系，并开始开展大型志愿服务工作。

而综合国内外志愿工作研究材料，可以看到以下几个问题是我们志愿工作中暴露出并需要改进的：

第一，志愿招募存在大量重复工作，志愿者注册制度虚设。

结合对外经济贸易大学情况，这一问题主要表现为每次志愿招募都需要重复填写招募报名表并进行申请。各志愿组织的报名表格式不同，造成了志愿者时间和精力的浪费。同时，由于缺少志愿者工作档案，每次招募都要耗费大量的时间精力在筛选报名表和整理报名表上。

第二，志愿组织运行管理机制不健全、不完善。

由于志愿组织缺少对志愿者和志愿活动信息的统筹记录，不能建立起志愿工作资料库，也不能建立并管理起一支长期志愿者后备队伍。我们既不能随时调出以前的活动资料进行参考总结，也不能对志愿者的服务时间进行认证并上报学校进行相关的社会实践学分认证。这既降低了志愿组织的公信力，也使志愿工作难以逃脱低层次的组织形式。

第三，志愿工作信息化程度不高，不能进行精细化管理。

相比国外的志愿服务组织，我国的志愿组织普遍存在信息化程度不高的问题。虽然中国志愿者协会、学生志愿者协会也有相关的门户网站，但是他们的工作重点在宣传上，并没有进行大规模的网络志愿者招募，志愿者招募还是以行政手段为主。而美国，作为互联网的发源地，运用信息和网络技术，实现全面、及时、准确和互动的信息传导，为志愿者、正在寻找志愿服务机会的公众和相关民间组织、企业、教育机构等提供优良的信息服务。而在英国，信息技术不但被用于志愿信息的交互，还被运用在了志愿品牌的宣传上。对于对外经济贸易大学的志愿工作来说，由于缺少信息技术的支持，我们很难对志愿者的特长、可服务时间等进行统筹记录，很多相关的工作难以落实到志愿者上，比如志愿服务技能培训和紧急动员。

第四，志愿信息没有有效汇总。

各级志愿组织作为各级团委的下级部门，除了组织志愿者完成志愿工作外，同样也需要向上级团委进行信息报送。但目前对外经济贸易大学各级志愿组织缺乏做信息的意识，信息报送的质量不高，信息报送的渠道不够快捷，信息报送主动性、时效性和针对性不强。这既影响了我们向上级领导争取支持，也不利于我们自己的组织管理，体现出了志愿组织者还处于办活动的低层次，没有看到活动的延伸和组织的发展的问题。

四、对外经贸大学学生志愿者现状

对外经济贸易大学开展志愿服务活动的历史由来已久，贸大人一直坚持着奉献自我、乐于助人的精神。

2006 年，在北京奥运会的历史契机下，对外经济贸易大学陆续成立了校志愿服务中心及各院系志愿分团，奥运志愿者工作正式启动，翻开了对外经济贸易大学志愿工作新的一页。

在学校各级领导的支持与自身的努力下，对外经济贸易大学的志愿服务活动进入了专业完备的运转轨道：志愿者的管理更加规范化系统化，志愿服务活动更加丰富多彩，志愿服务精神也得到了进一步的发扬。随着学校国际化品牌的推出，贸大志愿事业也走出校门，走向全社会。

在“北京奥运”期间，志愿者们以微笑的形象、优质高效的服务以及无私的奉献，不仅赢得了社会各界的广泛赞誉，为对外经济贸易大学树立了良好的外部形象，很好地宣传了学校，扩大了学校的社会影响力和知名度。后奥运时期，各级志愿组织积极发挥自身优势开拓创新，逐步转型到社会、社区、学校志愿工作上。在走向社会、服务社会的过程中，志愿者队伍不断发展壮大，志愿活动的规模及规格也不断扩大和提高。

但是，由于各级志愿组织成立时间不长、管理经验不足，在工作中也暴露出了许多问题。志愿工作缺少统筹规划，志愿信息缺少汇总记录，各级志愿组织沟通不畅，这些问题造成了工作中一定程度的低效、混乱。由此校团委及校志愿服务中心有了建设一个志愿者管理系统的意向，加强对外经济贸易大学志愿者队伍建设，促进志愿服务组织和志愿服务项目管理工作的规范化、制度化，进一步推动对外经济贸易大学志愿服务事业持续、健康发展，并希望以此系统为基础建立志愿门户，宣传各类志愿活动及各级志愿组织，向校内外传播志愿精神。

五、对外经贸大学学生志愿者网站建设构想

核心目标是建立全校统一的志愿服务系统，为各志愿团体提供招募的平台，为志愿者提供申请的平台。志愿者可在其中交流感言与经验。志愿团体和志愿者可以从系统查询已举办过的所有志愿服务活动，形成一个信息查询平台。

网站将设置三层权限，分别为志愿者、志愿组织及管理员。

（一）志愿者

志愿者可以查看招募信息并向志愿岗位提交申请。志愿者在系统里预先填写自己的个人信息，以免每次申请都要重复填表。同时，志愿者可以查看自己的志愿服务记录，并对参与过的活动进行评价，提出意见建议以供我们改进。诸如志愿者日志和志愿者站内信等功能在大型活动的志愿者系统中，如北京奥运会和上海世博会，得到了应用，但是相对于我们目前大部分小型分散的志愿活动，此功能是否实用还待考察。

（二）志愿组织

志愿组织包括各级志愿活动的组织。他们可以在系统上发布招募信息，并借助系统收集申请、筛选申请和公布志愿者名单。在志愿服务实践完成后，可以在系统上对志愿者进行认证，并对志愿者的表现进行评价。除了这些工作权限，还可以为每个志愿组织开通一个介绍页面，通过主页展示各志愿组织的风采。但需

要考虑的是，相比于人人网页面等SNS系统，我们开设的页面可能在维护上对技术要求更高。并且，由于浏览量较少以及形式过于官方等原因，存在更新不及时、内容不丰富等情况。

（三）管理员

管理员主要负责志愿网站的维护升级等工作。同时，管理员还应及时向上级报送信息，包括活动信息及志愿者认证信息。

系统建设的一大难点，在于各流程和权限之间的关联问题。高校不同于企业，具有一种非集中式的校园文化，学校各院系及组织间具有相对的独立性，因此部门之间是一种相对松散的关系，很难像ERP中各部分之间关系那么紧密，有点类似于松散耦合的“联邦模型”。这一部分的问题还需要结合实际操作进行调整，而在系统建设时，也应该留下一定的调整空间。

六、高校学生志愿者组织制度化建设

高校学生志愿者要真正高效、高质地参与到社区服务中，必须实现软件、硬件和平台建设的三位一体。这样既能促进大学生的思想道德和校园精神文明建设，又能充分调动各方面的积极性和参与性，实现高校学生志愿者与社区的科学对接，促进广大青年学子将学习和实践相结合，保证高校志愿服务的健康、可持续发展。

七、结论

本文首先简述了高校学生志愿者工作现状及瓶颈，然后介绍了对外经贸大学学生志愿者现状，并简述了对外经贸大学学生志愿者网站建设构想，最后提出加强高校学生志愿者组织制度化建设的。

参考文献

[1] 邓国胜．中国志愿服务发展的模式．社会科学研究，2002（2）.

[2] 梅鲜．中国大学生志愿者组织运作研究．复旦大学，2008.

[3] 裴广为．大学生志愿者组织的建设创新．高校辅导员学刊，2011（2）.

［4］何艳．新时期大学生志愿服务发展研究［D］．广西师范学院，2010.

［5］徐彤武．联邦政府与美国志愿服务的兴盛［J］．美国研究，2009（3）.

［6］江泽全．英国志愿服务发展及对中国的启示［J］．广东青年干部学院学报，2009（9）.

［7］宋玉芳．奥运会志愿者管理研究［D］．北京体育大学，2004.

中国软件外包发展与软件产业集聚现状分析

朱妮娜[①]　叶春明[②]

摘　要：20 世纪 90 年代以来，全球软件外包产业迅猛发展，逐渐成为一些国家经济发展的新增长点，印度的软件外包产值已超过 GDP 的 6%。进入 21 世纪，中国的软件外包产业得到快速增长，与此同时，软件产业的集聚现象逐渐凸显，软件园区成为软件产业集聚的主要表现形式之一。本文在分析我国软件外包发展现状的基础上，探讨中国软件外包对软件产业集聚现象，最后提出促进软件外包产业以及合理利用产业集聚效应的对策建议。

关键词：软件外包　产业集聚　软件产业集聚

一、中国软件外包发展状况

自 20 世纪末，我国的软件外包产业迅速发展，在全球软件外包市场中逐步发挥出竞争优势，从 1995 年至今的 17 年间，中国软件外包经历了从无到有、从弱小到强大的过程。

（一）软件外包规模

2001 年以前，中国软件外包处于起步阶段，少数大型跨国公司开始进入中国市场，开展软件外包业务，但需求量相对较小。2001 年之后，跨国公司海外战略调整，多数跨国公司将软件外包订单转移到中国，软件外包业务的需求量迅

---

① 北京工业大学实验学院。
② 北京第二外国语学院国际金融研究中心。

速增长，越来越多的国内企业加入到软件外包的行列中来，中国的软件外包市场规模越来越大，软件外包行业也开始迅速成长起来。

据 IDC 研究报告指出①，2001 年中国软件外包的市场规模不及 2 亿美元，但 2007 年已达到 19.7 亿美元，是 2001 年的十倍之多，年均增长速度超过 45%。这段时期是中国软件外包迅速增长的黄金期。2008 年开始，中国软件外包规模的扩张速度开始下降，2009 年增速首次低于 20%，但 2010 增速又开始回升。据 IDC 预测，中国软件外包的市场规模依然会不断增大，但增长速度不会像 2007 年之前那样维持在较高水平，而是以相对平缓的速度进行增长。图 1 列出了2004 ~ 2015 年中国软件外包的市场规模，其中 2011 ~ 2015 年为 IDC 的预测值。

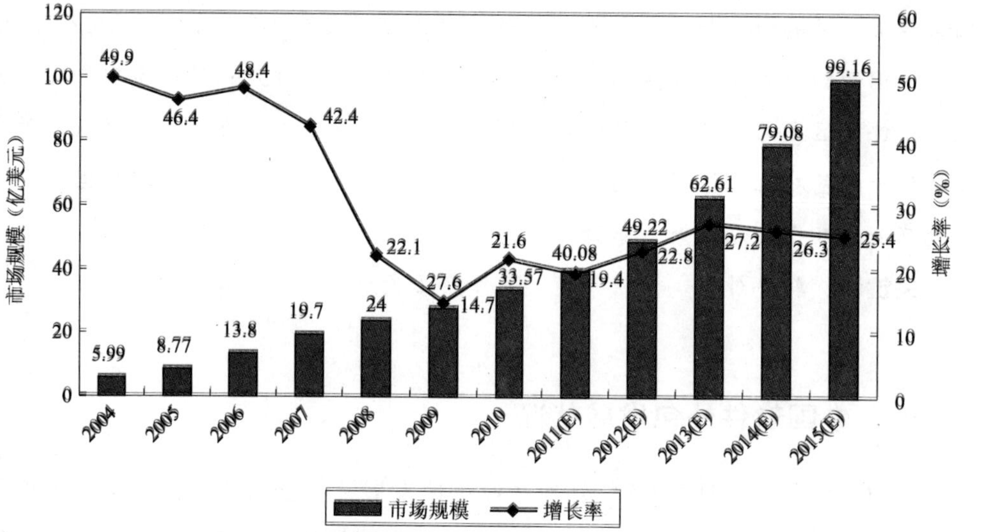

图 1　2004 ~ 2015 年中国软件外包规模和增长率

资料来源：根据《中国离岸软件开发市场 2011 ~ 2015 年市场分析及预测》整理

（二）软件外包业务

由图 2 数据显示得知，中国的软件外包与软件业务收入走势非常相似，都是在较小的规模基础上快速成长起来，达到目前较大的产业规模。另外，软件外包

① 此处的 IDC 研究报告指《中国离岸软件开发市场 2011 ~ 2015 年市场分析及预测》，http://wenku.baidu.com/view/e0bb1d8671fe910ef12df8dd.html。

的增长率要大于软件业务收入的增长率，软件外包对软件业的发展起到积极的促进作用。通过两者的对比可见，在21世纪的前十年，我国的软件业增长迅速，软件外包在软件业的发展中起到了非常重要的作用。

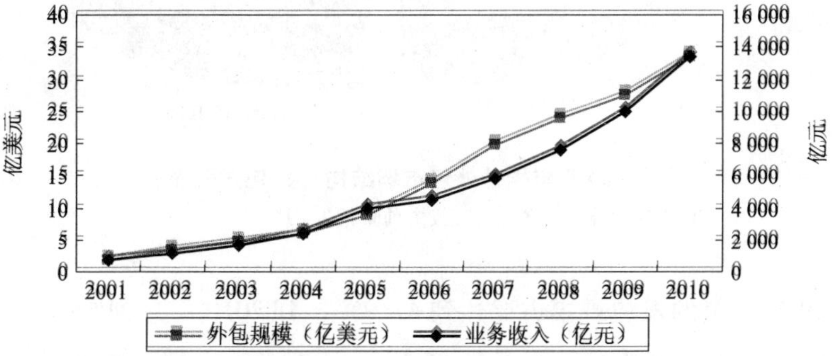

图2　中国软件外包规模与软件业务收入走势图

资料来源：01~09数据，《1949~2009中国电子信息产业统计》& 2010数据，中国工业与信息化部网站

（三）软件外包市场结构

从接包企业在我国的地域分布来看，我国的软件外包业务主要集中在华北、华东、东北和华南地区，这四个区域承担着超过80%的软件外包业务。但是，随着我国政府对软件外包产业关注度的提高，其他地区根据当地的资源特点，充分发挥相对优势，软件外包规模也在不断增长。图3为2009年软件外包市场在国内的分布图，由统计数据可见，华北地区所占比重最大，达到32.9%，其次是东北和华东地区，两地占比非常接近，华南占比排名第四。华北地区与日本距离较近，软件外包的市场规模一直领先于其他地方，但是从长远来看，随着其他地区软件外包的增长和资源优势的发挥，华北地区的增长速度可能会出现放缓趋势；华东地区与日本、欧美市场的关系较为密切，区位优势显著，因此该地区可能会出现持续快速的增长。

从发包方的地区分布来看，我国的软件外包市场主要集中在美国、欧洲、日本和韩国。由于我国和日韩在地理位置上比较临近，两国一直是我国软件外包的主要来源国家，所占比重较大。但是随着我国对欧美市场的关注，欧美市场在我国软件外包市场中的比重将进一步增大，2009年首次超过日、韩对中国的发包

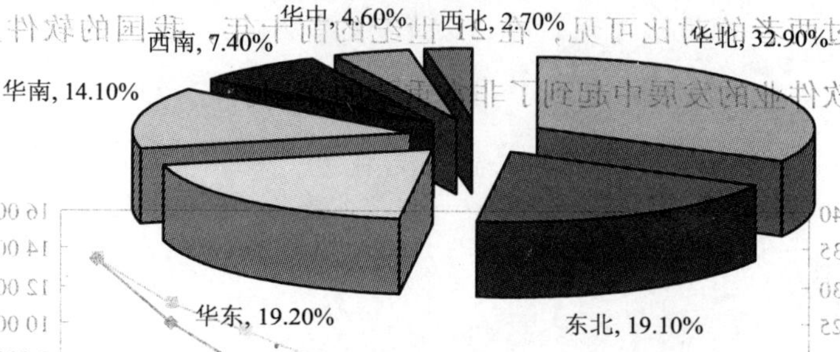

图 3　2009 年软件外包市场结构（接包方分布）

资料来源：《2009～2013 软件外包市场运行、投资前景报告》①

总额。2009 年欧美的发包规模占比达到 47.9%，到 2010 年达到 51.6%，增加了 3.7 个百分点；日本和韩国的发包比重在 2009 年为 43.9%，2010 年减少到了 40.3%。表 1 为 2009～2010 年我国软件外包来源地的分布情况。从表中数据得知，欧美市场比重呈现增大的趋势，而日、韩占比则呈现下降的趋势，这也是我国软件外包市场转型升级的必然结果。

表 1　2009～2010 年中国软件外包市场结构（发包方分布）　（%）

地区/年份	2009	2010	变化趋势
欧美	47.90%	51.60%	上升
日韩	43.90%	40.30%	下降
其他	8.20%	8.10%	下降

资料来源：《中国离岸软件开发市场 2011～2015 年市场分析及预测》

二、中国软件外包对软件产业集聚的路径分析

软件外包的直接动机是追求生产成本降低，实现机制是企业间的分工合作，竞争优势表现在原本由一家企业独立完成的生产转变为多家优势企业间分工协作来完成，生产的不同阶段分别由在各生产过程中具有比较优势的企业来完成，从

① http：//wenku. baidu. com/view/374e58791711cc7931b7165d. html.

而提高生产效率或降低生产成本。当多数进行软件外包业务的企业共同追求成本的降低和生产效率的提高时，它们会在空间上集聚起来，共享基础资源，加强相互间的协作、交流，从而促使该产业集聚现象的形成。因此，软件外包在自身的发展过程中，主要通过规模经济效应、技术溢出效应和要素积累效应这三条路径影响产业集聚的形成和发展。

（一）规模经济效应

新经济地理学认为，那些具有规模报酬递增特征的行业更容易在地理上形成集聚，也就是说规模经济是产业集聚形成的重要原因。Markusen（1989）① 认为服务业具有较高的产业集聚特征，原因是服务业本身具有规模报酬递增的特性。

规模经济是产业集聚的重要动因之一。软件外包行业具有显著的规模经济特征，对于承接软件外包的企业来说，它们可以通过大规模的生产获得规模经济，降低平均成本，提高企业的经济效益；而较低的生产成本和较高的经济效益，能够吸引相同或相关产业的企业进入软件外包产业，从而促使该产业的企业在一定区域形成集聚。当企业进行软件研发和生产时，它们的平均生产成本相对较低，这也将进一步增加企业在市场中的竞争优势和产品需求，这种良性的反馈最终将形成市场的高度集中。主要反映在两个方面：

1. 降低生产成本

据国外权威机构调查显示：外包能使企业平均节省 9% 的成本，而能力与质量却能够上升 15%。成本的节约主要来自于软件接包企业的规模经济和专业化生产。正是由于接包方生产规模扩大所带来的平均成本降低，外包业务的双方才能够实现利益共享。当一个地区通过软件外包，使得行业利润超出社会平均利润时，则会有新企业加入其中。那么，随着当地企业数量的增加，软件产业的规模也会得以扩张，更多的资金和其他生产要素也将进入该区域，大量的配套企业和服务商也会相伴而生，从而形成一个较大的软件产业集聚区。在这个软件产业的集聚区内，企业之间也会形成一个高效率的分工协作体系，从而有利于区域内企业规模经济效应的发挥。

① Markusen J. R. the Theory of International Trade [M]. New York: Harper & Row, 1989.

2. 加强专业化生产

由于产业集聚是伴随着某个区域内企业之间的专业生产和分工协作产生的。当软件行业的企业专业化生产某种或多种产品时，就会得益于比较优势，从而提高生产效率。其主要原因在于，专业化生产使劳动者从事有限的、相似度高的工作，使其劳动熟练程度提高，从而提高生产效率；专业化生产还可以节省从一个工作转换到另外一个工作损失的时间，同样能够提高生产效率。生产效率的提高意味着利润的增加，吸引其他企业加入到该产业中去，逐步形成集聚状态。

（三）技术溢出效应

马歇尔①最早解释了基于外部经济的企业在同一区位集中的现象，发现外部经济与产业集聚具有密切关系，基于外部性经济的企业能够集中使用在同一区域内获得的特定投入来提高生产效率，从而促进产业集聚。软件外包产业也通过技术溢出效应进一步促进其产业集聚现象的深化，主要体现以下两方面：

1. 示范效应

软件外包可以通过国外发包商的示范效应实现技术溢出。通过软件外包，国内的接包企业可以接触和学习到国外先进的技术和管理经验，这对于接包企业具有明显的示范效应。接包企业可以模仿、学习国外的先进技术为已所用，不断改进自身的生产方法，合理配置资源，提高软件研发能力。另外，由于接包企业在国际市场上面临的竞争对手更多，风险也更大，竞争将迫使他们积极地提高管理水平和生产效率，这些都有利于接包企业生产效率的提高。跨国公司在示范效应的传递中发挥着非常重要的作用。

2. 产业关联效应

由目前研究表明，信息与知识联系已成为产业关联最重要的内容。2001 年的世界投资报告《促进关联》中明确指出，产业关联可以成为关联企业之间信息和知识传播的直接通道。软件外包通过产业关联能够产生技术溢出效应，即国内接包企业与国外发包企业在契约的基础上建立关联，形成长期稳定的伙伴关系，而国外发包企业为了保证接包企业的服务质量，会向接包企业提供各种指

---

① Marshall A. Principles of Economics [M]. London: MacMillan, 1920.

导、帮助和技术支持，这些都有助于接包企业技术水平和生产效率的提高，为承接外包的企业带来技术溢出效应。

（三）要素积累效应

中国软件外包的迅速发展正是开放经济条件下中国参与国际竞争的结果。当一个国家某一产业发展态势良好，国际竞争力足够强时，较早进入该产业并且参与到国际市场竞争的企业，将获得比国内平均利润率高的投资收益。在这种利益的驱动下，国际资本开始流向这些产业；在国内市场机制的作用下，国内的社会资源也会向这些产业集中。从空间分布来看，这些资源都倾向于向那些拥有众多优势企业的区域流动，促进产业集聚的形成。

随着我国企业参与全球软件外包服务的深入，要素将进一步积累，这也进一步增强外部性效应。这里所涉及的要素主要指资本和劳动力。

（1）我国在参与国际贸易的过程中，沿海地区或者发达城市能够吸引大量的外商直接投资，在当地设立软件类跨国企业或者对国内软件企业进行投资，利用当地丰富资源，承接国外订单，完成软件的开发、编程等业务。随着外资的不断增多，资本不断向特定区域积累。

（2）软件外包的发展提供了更多的就业机会，尤其是作为技术更新快、知识传播迅速的行业，技术效应在劳动力市场中的作用凸显出来。根据工业与信息化部①的统计，2001 年软件业的就业人数为28.9 万人，到2010 年达到282 万人，是2001 年的大约10 倍。另外，软件外包通过引进国外先进人才，对国内的劳动力市场具有一定的影响，不但能够拉动和提高当地劳动力市场的平均工资，还能够增加当地劳动力市场的竞争压力，激励当地企业重视人力资本投资、技术引进等，从而通过各种途径提高劳动者的技能，形成人力资本的积累效应。

三、中国软件产业集聚现状分析

（一）中国软件产业集中度

本文按照软件业务收入将全国29 个省市进行排序，选取位列前5 位的地区，

---

① 工业和信息化部产业政策司. 中国产业发展和产业政策报告（2011）［J］. 北京：中信出版社，2011（7）.

依据产业集中度指标计算各年软件产业集中率 CR_n。2001～2011 年软件产业集中率情况如表 2 所示，集中率指标在测量产业集聚水平方法中是最简单、最常用的指标。该指标代表的是产业中规模最大的 n 个企业的就业人数或产值在该产业中所占的份额。计算公式为：

$$CR_n = \frac{\sum_{i=1}^{n} X_i}{\sum_{i=1}^{N} X_i} \qquad (式 1.1)$$

式 1.1 中，CR_n 为集中率，X_i 指居于该产业第 i 位的企业的就业人数或产值，n 为要计算的规模较大的企业个数，N 表示该产业的全部企业数量。CR_n 的取值在 0～1 之间，取值越大，表示该产业越集中。

表 2　　2001～2011 年中国软件产业集中率

年份	CR_n	主要地区（按照软件业务收入从大到小排列）				
2001	0.713 2	北京	广东	浙江	上海	陕西
2002	0.678 7	北京	广东	江苏	浙江	上海
2003	0.696 0	北京	广东	浙江	江苏	上海
2004	0.688 8	北京	广东	浙江	山东	上海
2005	0.655 7	北京	广东	江苏	上海	浙江
2006	0.700 5	北京	广东	江苏	上海	浙江
2007	0.688 9	北京	广东	江苏	上海	浙江
2008	0.693 9	北京	广东	江苏	上海	浙江
2009	0.677 1	广东	北京	江苏	上海	山东
2010	0.661 1	广东	北京	江苏	山东	辽宁
2011	0.653 9	广东	江苏	北京	辽宁	上海

资料来源：作者整理计算得出

表 2 的计算结果显示：2001～2011 年排名前 5 位的地区软件业务收入在全国占比均超过 0.65，2001 和 2006 年超过 0.70，而且这 11 年的 CR_n 分布相对平稳，波动不大，说明中国软件产业整体上集聚程度较高。从排名前 5 位的地区也可以发现，北京和广东连续 11 年居全国前五位，上海、江苏和浙江进入前五名的年

份也比较多，软件业务收入较高的地区变化不大。

（二）中国软件产业集聚的表现形式

由于中国承接软件外包，许多软件企业在空间上集聚在一起，形成了许多软件企业联盟，从而形成了各具特色的软件园区。软件园区也是我国软件产业集聚最主要的表现形式。目前，中国有16个国家级软件园区，分布在北京、西安、广东、上海等地。这些软件园区所在的地方，与上文中用集聚衡量指标分析的集聚程度比较明显的地区基本吻合，也就是说这些软件园区是软件产业集聚最直观的反映。根据《1949~2009中国电子信息产业统计》的数据进行测算，2009年大连软件园的业务收入占辽宁省的49.6%，而西安软件园的业务收入占陕西省的94.4%。由此可见，软件园区在促进软件产业发展方面起着非常重要的作用。表3中列出了我国4个主要软件园的优势和劣势。

表3 主要软件园区优劣势评价

名称	优势	劣势
西安软件园	人力成本优势	西安软件产业不够发达
	在西北地区具有相对优势	
	在华中地区具有相对优势	
大连软件园	政府扶持得力	人才资源相对缺乏
	整体品牌形象突出，集聚效应明显	
	对日外包优势明显	
北京中关村软件园	丰富人力资源	内部竞争激烈，没有形成整体品牌形象，没有很好体现集聚效应
	跨国企业众多，分包源众多	
	软件开发水平相对较高	
上海浦东软件园	城市在外商眼中形象好	以硬件制造业、芯片业为主，软件业优势不明显
	集聚效应明显	
	印度外包企业带来先进经验	

四、结语

本文主要分析了软件外包对产业集聚的促进作用，保持软件外包产业持续快速的发展，能够促进软件产业集聚现象的良性发展和进一步的深化。在此过程中，应当关注产业集聚对软件外包的促进作用，主要表现在以下方面：

一是基础设施规模效应。软件产业集聚区域内的企业在地理空间上相对比较集中，有利于它们充分共享和利用基础性设施，发挥规模效应，从而实现在公共基础设施供给水平不变的情况下达到使用成本降低的目的，从而为更多的软件企业加入该区域提供便利。

二是信息规模效应。软件产业的技术更新非常迅速，集聚区域内的企业相互关联，更容易了解市场变化，捕捉最新市场技术动态，掌握并高效传播信息知识，从而降低软件企业信息搜寻成本，有利于它们及时调整企业策略，承接高技术水平的软件服务。

三是人才流动效应。软件产业的产品具有技术性强的特点，产业集聚区域内的网络关系比较发达，为具有较高技术能力和管理经验的人员流动提供便利，从而促进了整个软件行业的技术进步。软件行业的集聚效应能够提高软件行业的竞争力，能够促使更多的软件行业更新技术，满足全球软件外包的需求，从而促进软件外包的进一步发展。因此，中国应该合理地利用软件外包和产业集聚之间相互促进的关系，扩大软件外包的规模，促进整个软件行业的发展。

参考文献

[1] 刘绍坚．承接国际软件外包的技术外溢效应研究 [J]．经济研究，2008 (5)．

[2] 周波，臧新．中国软件产业集聚度实证研究 [J]．现代商贸工业，2009 (4)．

[3] 中华人民共和国工业和信息化部．1949－2009 中国电子信息产业统计 [M]．北京：电子工业出版社，2011 (6)．

[4] 张晓强．中国高技术产业发展年鉴 2011 [M]．北京：北京理工大学出版社，2011．

[5] 工业和信息化部产业政策司．中国产业发展和产业政策报告（2011）[J]．北京：中信出版社，2011 (7)．

[6] 孙辉．软件外包人才培养模式研究中国教育技术装备．2011 (23)．

实 践

学生篇

区域旅游附属账户研究综述

陆冰洁　黄健青

摘　要：旅游附属账户（TSA，又称旅游卫星账户）作为测算旅游业贡献值的统计工具，在2000年推出后，得到了许多国家的积极响应，加拿大、美国、西班牙等国家已进行过省级区域的TSA核算。从我国实际情况来看，区域旅游附属账户具有极高的地理特征、突出的经济价值，但目前尚无明确的构建纲领，地域特性和统计数据相对缺乏的特点使其构建难度较大。未来我国对区域旅游附属账户的研究应在完善旅游统计调查制度的基础上，遵从国际规范，充分借鉴国外先进的构建方法，完善适应该区域的指标体系，逐步将其纳入到区域国民经济核算体系中。

关键词：旅游附属账户 TSA　区域研究　综述

一、引言

（一）区域旅游附属账户的研究背景

全球旅游业的快速发展在国民经济增长中所占的比重不断增加，测算旅游经济对国民经济的贡献度成为了困扰学者们的一个难题。简单的对旅游消费者支出、旅游业收入的统计不能宏观、全面地反映旅游业在经济中起到的作用，而旅游附属账户的编制恰好填补了这个空缺。2000年联合国统计署批准了由世界旅游组织等机构编制的《旅游附属账户：建议的方法框架》，在全球范围内对旅游附属账户的构建作出了统一的规范。2008年对其进行了一定的修改，完善了构建的方法框架。

另一国际上构建旅游附属账户的规范文件——《2008年国际旅游统计建议》

提到了关于制定包括不同地理环境的旅游业统计方法的特别问题，如何调整定义和概念以适应新的地点，尤其是惯常环境的设定，不同类型游客的定义。此外，新国民经济核算体系（SNA93）、主产品分类（CPC）、国际标准产业分类（ISIC）等标准都规范了旅游相关概念。

（二）区域旅游附属账户的研究现状

现今，旅游附属账户（TSA）已经成为一个各国认可的测量经济体中旅游活动的框架，对旅游供给和需求两个不同方面的经济信息进行统计、整合、组织和分析。

继法国1979年使用旅游附属账户概念、加拿大基于1988年的经济数据在1994年发表了第一个TSA之后，TSA很快走进许多国家。加拿大、美国、西班牙等国家还进行过省级区域的TSA核算。中国对旅游附属账户的尝试肇始于2003年到2005年的江苏省区域旅游附属账户的编制。此后，浙江、北京等也相继建立自已的区域旅游附属账户。个别地级市，如厦门、苏州、大连、成都、秦皇岛等都在尝试进行城市旅游附属账户的编制。

在实际的编制应用以外，陆续有学者介绍并研究了旅游附属账户。赵丽霞主持的《厦门市旅游产业对社会经济影响的综合研究》课题[1]、黎洁主持的《江苏旅游卫星账户研究》课题、康蓉从方法论角度较详细研究并比较了TSA［3］，这些都为区域旅游附属账户的构想提供了实现的理论依据和实践支持。

二、区域旅游附属账户的范围界定

《2008年国民账户体系》没有为地区核算界定特别框架，也没有为此目的规划大多数国家的一般统计体系。当国民账户中提到地区账户时，指的是一个总量表或一套总量，但是从来没有制定类似水平的相关账户。这不仅是因为观测有难度，主要是由于在这些领土不存在边境控制，而且因为许多国家核算概念并没有直接适用于国家以下一级。鉴于此，在RMF2008和IRTS2008的框架上，以我国发布的《国民经济行业分类》《中国国民经济核算体系》为参考，从需求和供给两个角度进行界定。

（一）需求角度

从需求视角来看，旅游附属账户研究的是游客、游客消费、旅游形式及其需求相关的各种概念定义。对不同地理级别的区域进行旅游附属账户的编制，必须对该范围的惯常环境、住所、旅游形式、旅行和旅行目的等概念予以界定。

惯常环境的概念是旅游业定义的基本组成部分，被定义为在一定的地理区域之内个人开展自己的日常生活的地方。

按旅行的时长，游客被分为过夜游游客和一日游游客。需要注意的是，旅行停留时间是评估对旅游业服务的需求水平，例如过夜住宿服务，以及预测与一次旅行相关的总支出的重要变量。按居住地，游客被分为国际游客、国内游客和该地区本地游客。

与旅游支出一样，可以对根据所涉交易者的居住地确定的不同种类的旅游消费作出定义，并将其与不同的旅游形式联系起来。

旅游形式和旅游消费分类

区域内旅游：常住游客在居住地内的活动，可以作为区域内观光旅行的一部分。	区域内旅游消费：常住游客在居住经济体内的旅游消费。
国内游客在区域内旅游：国内非当地常住游客在区域内观光旅行中的活动。	国内游客在区域内旅游消费：国内非当地常住游客在区域经济体内的旅游消费。
国际游客在区域内旅游：国外非当地常住游客在区域内观光旅行中的活动。	国际游客在区域内旅游消费：国外非当地常住游客在区域经济体内的旅游消费。
区域外旅游：常住游客在居住地之外的活动，可以作为区域外观光旅行的一部分。	区域外旅游消费：常住居民在居住经济体外的旅游消费。
区域内旅游：区域内旅游，作为区域内旅行的一部分，常住和非常住游客在居住地内的活动。	区域内旅游消费：常住和非常住居民在居住经济体境内的旅游消费。它是区域居民和非该区域居民的区域内旅游消费的总和。
居民旅游：区域内旅游和区域外旅游，作为区域内旅行和区域外旅行的一部分，常住游客在居住地内和居住地外的活动。	居民旅游消费：常住居民在居住经济体境内外的旅游消费。它是国内旅游消费和出境旅游消费的总和。

图1

此外，2008RMF 对 2000 版本在以下几个问题作了修订，解除了 2000 因模糊定义给编制过程带来的歧义。特殊的，作为生产者（企业、政府和非营利家庭服务机构）中间消费的旅游消费、自用度假宅邸提供的住房服务以及以旅游为单一目的的耐用消费品应当被计入旅游消费的范畴之内；而住户内部为其成员的利益提供的服务不应包含。

（二）供给角度

各地在编制旅游附属账户的时候，需要将各自对旅游的理解统一在一个基础上，唯一的方法就是各部门都依据固定的旅游产品清单进行操作。旅游产品清单不是一成不变的，而是处于一个不断更新的过程。随着经济的发展，会出现许多新的产品和活动，相应的，旅游产品清单也会发生变化。

《2008 年国际旅游统计建议》制定了对产品的分类。除了消费产品之外，还包括在参考经济体中流动并与旅游业相关的所有其他产品。在这些产品中，确定了两个主要类别：消费产品和非消费产品。

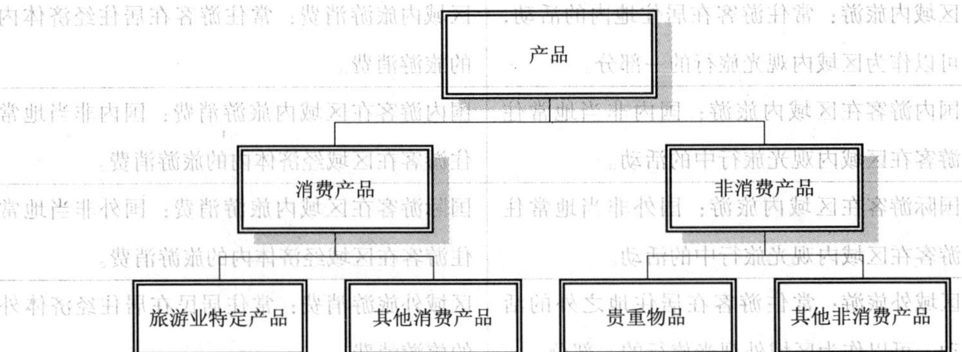

图 2　产品分类表

表 1 阐释了旅游业特征消费产品和活动的列表，两者分为旅游附属账户表中用到的 14 个相应的类型。类型 1 至 13 包括在国际标准行业分类活动种类和产品总分类产品小类进行国际对比的核心部分，在具体旅游特征产品、产业的范围定义上保持原意。类型 14 是针对区域的零售具体情况，包含旅游业特定产品货物，以及相关零售贸易活动。

表1　旅游业特征消费产品和具有旅游特征的活动（旅游产业）

产　品	活　动
1. 针对游客的住宿服务	1. 住宿业
2. 食品和饮料供应服务	2. 餐饮业
3. 铁路客运服务	3. 铁路客运业
4. 道路运输服务	4. 道路客运业
5. 城市公共交通服务	5. 城市公共交通业
6. 水上客运服务	6. 水上客运业
7. 航空客运服务	7. 航空客运业
8. 汽车租赁服务	8. 汽车租赁业
9. 旅行社、旅游经营者和导游服务	9. 旅行社和类似服务
10. 文化与游览服务	10. 文化艺术业
11. 自然保护和旅游景区管理服务	11. 自然保护和旅游景区管理业
12. 体育和娱乐服务	12. 体育娱乐业
13. 会议及展览服务	13. 会议及展览业
14. 具体地区的旅游业特征货物	14. 零售业

此外，根据旅游特征产业与国民经济行业分类的比对，结合当地的实际情况，在具体内涵上可以有一些调整。

三、区域旅游附属账户的积极意义及其局限性

地理特征突出的旅游附属账户有着明显的价值。总体来说，区域旅游附属账户的构建为当地提供了有关旅游的宏观经济总量指标，有效地整合了不同旅游相关部门的统计信息，提供了旅游消费的详细数据，并显示了这些消费是如何由不同产业的国内供给得到满足的；并提供了有关旅游就业，旅游业与其他生产经济活动之间的联系，通过对各省、地区的旅游花费、GDP和就业，测算各省市旅游经济的重要性，为当地政策制定部门、旅游管理部门、金融机构和广大企业提供了数据分析和战略制定的意见。

然而，区域旅游附属账户的构建，相较于国家级旅游附属账户的构建，存在

更多的困难。

第一，建立旅游附属账户是以国民经济核算体系（SNA）的建立为前提。对于旅游附属账户而言，编制旅游业相关的投入产出表是必不可少的。然而，旅游消费所涉及的产业活动大多是第三产业，第三产业由于数量大、规模小、变动大而历来是我国国民经济核算的难点，相关历史数据少，抽样调查时也需要依据较为健全的第三产业基本单位普查资料。

第二，区域旅游附属账户的建立，一方面，目前尚无成熟理论和类似 RMF 的规范性指导意见。我国虽有国民经济行业分类标准，但目前尚未建立类似 CPC（《主产品分类标准》）的国家产品分类标准。另一方面，由于面临更加开放、难以界定的地理范围，旅游消费有其自身的特点。这就使得对区域旅游附属账户的构建，一旦在产品分类、区域界定上出现不准确的操作，就很难保证编表后的结果能有效地为政府制定政策、管理市场、引导企业服务提供可靠意见。

第三，并不是所有的旅游变量（例如，旅行、住所和旅游形式）都是附加的，或者可以轻易地从国家环境转移到国家以下一级的；严格来说，一些活动不能被地区化（跨地区单位的附属活动和旅游业相关的中央政府服务），对于其他方面，例如区域内客运、旅游业经营者和旅行社服务，其计量方法比国家一级的更加复杂。

此外，最大的限制因素来自于需求方，因为要求适应于旅游附属账户的概念框架（最重要的例证是例如惯常环境、住所、旅游形式、旅行和旅行目的的概念），而且获得相应数据有难度且成本较高。

四、国外旅游附属账户对我国的借鉴意义

（一）国内外旅游附属账户模型

传统的旅游附属账户通常采用投入产出模型，Blake（2000）首先创新地对比了投入产出模型、可计算一般均衡模型和旅游政策与预测模型，从宏观层面提供了一种对旅游业影响的测算工具。Juan Gabriel Brida（2005）则利用可计算一般均衡模型测算出了旅游业对各个国家经济增长的影响及贡献率。Blake 后又在旅游附属账户的基础上引入了不可预测环境下旅游政策与预测模型，把传统的预

测与定量的预测相结合，利用这个模型分析了旅游业的发展状况，最重要的是在面对复杂环境条件下，政府如何来制定旅游政策。

然而目前我国对旅游附属账户的研究，尚集中在旅游乘数理论、投入产出模型。利用旅游附属账户从宏观层面上对旅游业进行指导还是一个空白，因此，国外目前关注的旅游政策与预测模型将是对我国进一步研究政府制定旅游政策的方向。此外，对旅游附属账户数据分析出的发展动态，也应更注重长远趋势，而不是仅注重即期利益。

（二）加拿大旅游附属账户的借鉴意义

加拿大作为全球第一个建立 TSA 的国家，其旅游指标体系已然成功实施了20 多年，已经成为加拿大国民经济核算中的重要内容，也为我国区域旅游附属账户的构建提供了一些值得借鉴的经验。

第一，加拿大旅游指标体系以价值量指标为主，这使得其旅游指标体系报告能清晰地反映出当前旅游业的发展情况，也能与国民经济核算有效衔接上，方便与其他行业进行比较。而我国以实物量指标为主的统计数据仅仅反映了旅游业的部分数量特征，难以从总体上反映旅游经济的运行状态，这导致现今我国的指标体系对旅游业实施全面的定量评估和预测还存在困难。

第二，加拿大旅游指标体系在数据获取过程中引入了许多统计学方法，如对数据进行季节调整，大量地构建时间序列数据，定期对数据进行修订等。对数据的定期修订，保证了其旅游指标体系在统计标准上的及时更新和数据的准确度，为旅游管理部门提供了更加详实的数据。然而，我国的旅游统计年鉴中仅提供了部分统计指标近 3 年来的数据，而且由于缺乏旅游价格指数，也不能提供相关的现价以及不变价数据。

最后，在数据的获取方面，加拿大国家旅游指标体系更多地采用了国民经济核算数据以及抽样调查数据，从而更好地与国民经济核算体系进行接轨。而我国的旅游统计指标体系较少来自国民经济账户中的数据，大多来自于旅游统计报表。随着旅游企业类型的日益复杂化，如大量的民营、个体旅游企业的加入，旅游统计报表的数据来源和形式已无法满足需要和适应新形势。

所以，我们要想对旅游业有一个充分、全面的认识，必须建立符合自己区域特性的旅游核算体系——旅游附属账户（TSA）。

参考文献

[1] 赵丽霞，魏巍贤．旅游卫星账户（TSA）-1998的构建［J］．统计研究，2001（8）：13-17.

[2] 黎洁．旅游卫星账户与旅游统计制度研究［M］．北京：中国旅游出版社，2007：23-24，52，131.

[3] 常莉，康蓉，匡林．对旅游卫星账户涵义和特点的深层思考［J］．旅游科学，2005（4）：17—21.

[4] 李明耀，黎洁，陈劲松．我国区域旅游卫星账户理论与实践的若干问题研究．旅游学刊，2004.

[5] 史蒂夫·史密斯，赵丽霞．探析旅游卫星帐户（TSA）的基本思想．旅游学刊，2004（2）.

[6] 葛宇菁．旅游卫星账户的发展与方法研究．旅游学刊，2007，22（7）.

[7] 郝志敏，王琪延．旅游GDP核算研究——以2004北京为例．统计与决策，2006（10）：16-17.

[8] 2008 Tourism Satellite Account: Recommended Methodological Framework, Tourism statistics, February 2008: 26 - 29.

黄山茶产品开展电子商务战略研究

陈哲茹[①] 刘瑞林[②]

摘 要：茶叶产业在中国是古老又长青的产业，而黄山地区拥有悠久的产茶历史和广阔的发展前景，同时也面临着日益严峻的挑战。茶叶企业规模普遍较小，生产技术力量薄弱，经营管理水平落后，出口门槛不断提高，电子商务的发展为黄山茶的崛起创造了机遇。本文通过分析茶叶企业品牌发展现状，以及茶叶企业电子商务应用的现状，提出了黄山茶叶企业电子商务发展基本对策，为加快黄山茶电子商务发展步伐、提高黄山茶企业品牌竞争力提供参考。

关键词：茶叶业 电子商务 品牌发展战略

一、引言

随着信息技术的迅猛发展，新型电子商务交易模式以其低成本、高效率等优势给传统产品交易模式带来崭新的变革。茶叶作为重要的农业经济作物，在国内外均有广阔的销售市场，因此，不断有茶叶企业开始尝试采用电子商务模式来扩大茶叶产品销售。目前我国各省市普遍建立了茶网，还涌现了一些大型茶网。网上经营的茶叶品种各具特色且形式多样。但与中国庞大的电子商务型企业相比，茶叶企业网站还显弱小，对于茶农来说，网上销售甚至是遥不可及的事情。

（一）茶叶电子商务的现状

目前茶叶电子商务的发展状况总体上仍处于比较初级的阶段，可以从以下五

---

① 对外经济贸易大学信息学院产业经济学2011级研究生。

② 对外经济贸易大学信息学院副教授，硕士研究生导师。

个方面概括茶业电子商务的现状：

（1）许多茶商对新兴的电子商务还比较陌生，仍以坐店经营、关系营销等为主要的经营方式，电子商务的应用水平更是滞后于其他行业。

（2）有一定实力的茶商看到了茶业电子商务的发展潜力，已建立起了企业网站，虽然比例很小，但开展网络营销的茶商呈快速增长的趋势。

（3）已建立网站的茶商营销效果不一，主要是通过建立网站，将公司与产品的优势通过网络向广大的潜在客户传播，扩大客户群。

（4）茶叶网络营销交易的主要方式：① 客户在网上订购茶商的产品，同城的情况下，茶商亲自或通过快递公司把产品送到后客户验货付款。② 通过网站了解产品之后，到实体店面了解洽谈。③ 外地的客户在确认茶商是比较可信的情况下直接付款，然后茶商发货。

（5）企业自有网站与茶叶行业网站销售并存。

（二）茶叶行业电子商务蕴藏的商机

1. 网上零售

（1）市场覆盖范围更大。借助于互联网低成本跨时空的特性，将能把市场覆盖到同城、外地甚至国外。

（2）可实现 365 天 24 小时的销售，无时空限制。

（3）运营成本低。茶叶零售企业尤其是大城市的成本店面的租金是很大一部分，而网上销售的成本与店面的成本相比微不足道。因此，能以较低的运营成本获得可能比店面大得多的收入。

2. 网上批发

目前在茶叶产地已建立起了一些网上批发市场，由于减少了采购环节，采购价格更低，同时也加快了产品的流通速度。茶叶是时令性很强的产品，提高上市速度无疑意味着能把握住更多的商机。通过网站进行营销的茶商，有机会使采购商采购之前就对茶商的产品、地址有所了解，因而比没有网站的茶商有更多的商业机会。

3. 发展经销商或加盟店

对于希望面向全国发展经销商或加盟店的茶商，通过建立网站，将公司与产品的优势、加盟的条件等在网站上展示出来，然后利用互联网以较低的成本、较高的效率面向全国发布出去。还可以借助一些访问量高的茶叶网站发布有关信息。通过互联网发展经销商与加盟店，相比其他广告形式招商，这是一种时效长、覆盖面广、效果明显、投资小、回报率高的方式。

4. 网上国际贸易

随着我国取消茶叶出口的配额限制，为茶商的市场开发提供了机会。目前开展出口业务的主要途径是参加国内外的展销会。建立一个英文、日文、韩文等外文版本的网站并进行国际网络营销，足不出户，就可以低成本地获得国内外客商的询问与订单，从而开发无限的国际市场。目前已有一些具有前瞻眼光的茶商，通过电子商务建立起了一个国际市场渠道，以此获得了大量的国际订单。

二、黄山茶文化和品牌发展状况

（一）黄山茶文化

黄山地区是全国十大名茶“黄山毛峰”主产地、“太平猴魁”唯一产地。宜茶环境得天独厚，气候温和，雨量充沛，年平均气温15℃，年降水量15 56mm，茶区有雾天达200多天、森林覆盖率90% 以上。被国家农业部定为名优绿茶优势区域。总面积1 775 平方千米。现辖14 个乡镇，人口16. 3 万。茶园总面积4 000 多平方千米，茶农6 万多人。全区14 个乡镇87 个村生产茶叶，其中3 个乡镇和6 个行政村为纯茶区。

茶对黄山情有独钟，三区四县无不产茶，茶是该市的支柱产业之一。全市茶叶不仅覆盖面广，且品类繁多，名优茶比重大，“祁红屯绿”、“太平猴魁”、“歙县大方”、“黄山毛峰”、“紫霞连蕊”、“绿牡丹”等皆盛誉于世。因而，古徽州茶业史源远流长，精湛的制茶工艺及丰富的茶文化在茶业界独树一帜。

（二）黄山茶叶品牌发展情况

黄山市70 万亩茶园每年只有1. 72 万吨的产量，6 亿元的产值，而福建省铁观音之乡，30 万亩茶园每年却有3 万吨的产量，30 亿元的产值。再次，黄山市现有上千家茶企业，但大部分企业的年产值只不过一二百万元，名优茶有20 多种，没有一种形成规模。

名茶不成规模的深层次的原因：一是茶叶品牌多而杂，全地区注册商标有40多个，长期以来，宣传不规范、品质参差不齐，企业无序竞争明显。二是很多品牌例如黄山毛峰总体价格低，均价仅30元每斤，存在有品无牌现象。三是茶叶产业化水平不高，主要体现在茶农生产的专业化和组织化程度不高，市场竞争力和抗风险能力低。四是茶叶产业综合开发项目缺乏，茶叶精深加工、茶文化开发不足，附加值不高。

因此，产业链整合和品牌化营销已成为制约黄山茶产业发展的瓶颈，必须注重茶叶品牌建设，实施一系列措施，建立良好的品牌效应，并创造更大的附加价值，提高其自身市场占有率和更大的利润空间，而电子商务的蓬勃发展为徽茶在新经济时代的品牌振兴中提供了机遇，拓展网上营销是促进徽茶现代流通的当然选择。

（三）黄山茶叶产业电子商务现状

目前，已经有部分黄山茶企业在淘宝网等平台开设网店，但总体上对网上营销还处于尝试阶段。而且淘宝更适于C2C（即个人对个人）的交易模式，很难在短期内取得网上消费者的广泛信任。

三、黄山茶企业电子商务发展对策

发展茶叶企业电子商务，应当从以下几个方面着手：建立健全茶叶信息网络体系；在茶叶龙头企业及主要产茶区开展电子商务工作试点；发挥连锁及茶商优势，抓住普通消费者网上购茶的零售商机；提高茶叶企业服务意识，力争多种形式的批发订单；加强多语种茶叶网站建设，争取国际市场；加强茶叶企业电子商务人才培养，适应电子商务发展需求。

（一）小型茶叶企业发展策略

1. 利用茶叶行业网站宣传

茶叶行业门户网站，指专门针对茶业行业而建立的网络信息平台。其内容包括茶业行业新闻、资讯、展会信息、市场行情、茶叶专业技术知识、茶业企业信息等，通过这些资讯，汇集人气，吸引相关企业在网站上做广告；也有网站提供供求信息和茶叶交易的服务。这些网站的发展对茶知识的传播、喝茶习惯的引导、茶叶销售的带动都起到了积极的作用。

例如以下几个网站：（1）三醉斋是中国注册用户最多、人气最旺的茶业论坛型网站；（2）中国茶叶流通协会网，依托茶叶流通协会的专业优势，信息比较权威；（3）中国茶叶网，以资讯出名；（4）企业马连道茶网，实体销售和网上商城相结合，有最新的市场行情，茶叶价格信息。

2. 利用本地政府部门的网站宣传

在这方面，福建茶叶网提供了一个很好的范例。福建茶叶网创建于2006年，前身为福建茶叶商务网，是由福州茶叶协会、福州五里亭茶叶批发市场等机构共同主办的福建茶叶商务综合门户网站，目前的业务领域包括：

（1）提供商务定制茶服务：集合各个茶厂的优质茶源，为企事业单位、个人等定制各类茶礼、茶品；项目运营团队集中主要优势于会议、商务、纪念、馈赠、定制等茶礼市场的开拓与发展。

（2）茶叶网上商城：依托于茶叶批发市场的资源并集合各个茶厂的品牌优势，开展网上茶叶超市大卖场，极力打造品质有保障的茶叶销售公共平台。

（3）茶叶中小型卖场加盟：卖场以“茶叶批发、品牌代售、茶礼定制”的经营模式为基本布局，开展各类茶企的招商活动。

在推广福建茶的同时，福建茶叶网也极力地推广了福建的茶文化。

（二）大型茶叶企业发展策略

大型茶叶企业如果已组建网站，并且已在开展网上在线交易，还应确保网站运行速度快、功能完善、安全可靠。进一步借鉴其他行业开展电子商务的成功经验，结合茶叶的产品特点、企业目标市场、营销策略等，借助于国内外茶叶交易市场平台，制订出适宜茶叶企业发展的营销策略、物流方案、支付方式等相关的电子商务战略。还可以根据出口情况，有针对性地增加外文版本进行国际网络营销，足不出户就可以低成本获得国内外客商的订单，从而开发无限的国际市场。

（三）茶叶外贸企业发展战略

争取企业商务活动的过程全部信息化，最大程度消除人工干预。建立B2B的网上交易网站，实现全天候的茶叶贸易，实现在线浏览、订购、支付服务，并发布实时的物流信息，提供售后服务。

针对欧盟和日本等国家对茶叶农药残存量的要求，将整个茶叶产业链的信息发布在网站上，让客户充分了解黄山茶叶的生产、加工过程，赢得更多的市场份额和客户。

四、总结

电子商务所具有的成本低、开放性和全球性、虚拟性、高效率等特点，决定了茶叶电子商务是及时、有效地传递茶叶信息，实现茶叶电子商务的必经之路。通过建立茶叶企业电子商务平台，让茶叶消费者、茶商及时了解与茶叶有关的各种信息，增强他们对网上购茶的认可度。

关注和探索电子商务在徽茶营销中的作用，对黄山茶的品牌打造有非凡的意义。愿黄山茶叶企业和政府共同努力，抓住新经济时代黄山茶产业品牌振兴的历史机遇。

参考文献

[1] 许乃新，顾家雯．做大做强徽茶产业——安徽茶产业发展调研报告［J］．安徽农学通报，2009（4）：1－4.

[2] 武咸春，姜含春．茶叶企业电子商务应用可行性探析［J］．中国茶叶加工，2010（1）：23，26－27.

[3] 武咸春，姜含春．浅析茶叶企业的网络营销策略［J］．中国茶叶加工，2008（2）：8－10.

[4] 胡慧萍．依托电子商务推动农业产业化发展进程［J］．科技经济市场，2009（8）：77－78.

[5] 赵雯俊，周跃斌．茶叶企业开展电子商务的态势分析［J］．湖南省茶叶学会2007年学术年会论文集，2007：259-264.

[6] 王和平．黄山市茶叶出口现状分析及扩大出口对策建议——对扩大黄山市茶叶出口的几点思考［J］．经济与金融，2004：35-37.

[7] 武咸春．我国茶叶电子商务发展存在的问题及对策［J］．甘肃科技，2011（8）：9-10.

[8] 赵雯俊．我国茶叶企业电子网络营销现状研究［J］．蚕桑茶叶通讯，2011（6）：19-20.

[9] 傅波．我国农产品电子商务发展研究［D］．长沙：湖南农业大学，2010：5-52.

[10] 张胜军．我国农产品电子商务平台建设的评价及建议［J］．农村经济，2011（10）：103-106.

社交网络的感知价值与用户归属感模型的实证性分析研究

赵　楠

摘　要：在国内外学者研究的基础上，本文采用四个功能性子变量来测量感知价值，分别是更新状态、交友、在线活动、分享。同时，在社交网络的虚拟社区中，归属感是维持网络社区稳定的基础，是进行网络营销的前提条件。结合实际，笔者提出社交网络的用户感知价值与用户归属感有相关关系的假设，采用演绎的方法通过问卷找出相关因子与相互关系。对于网络营销实践有一定的参考借鉴意义。

关键词：社交网络　感知价值　用户归属感

一、绪论

（一）研究背景

随着社区技术的高速发展和社区应用的普及成熟，互联网正逐步跨入社区时代。从论坛BBS、校友录、博客（Blog）、个人空间、SNS等新旧社区应用，到社区搜索、社区聚合、社区营销、社区创业、社区投资等社区经营话题，都是业界关注的热点。早在十年前就有国外的学者预测，在将来的几十年，社交网络的数量、网民对其的兴趣以及他的影响力都将得到巨大的增长（Kozinets，1999），社交网络对成员行为的许多方面都将产生越来越大的影响作用，如在建立和维持良好关系、学习、购买、消费等方面，社交网络的重要性可想而知。

网络营销作为与传统营销互为补充、促进的新型营销方式，因网络技术的迅速发展而对本身的创新有了更多的需求。社交网络是网络营销的一个重要渠道，例如美国总统奥巴马曾在大选前期首创地使用facebook来拉选票，达到了很好的效果。

（二）研究意义

用户归属感是通过社交网络渠道营销的前提条件。通过分析影响归属感的因素，例如社交网络不同功能给用户带来的感知价值，进一步了解如何提高用户归属感，从而为营销作更充足的准备，最终为从事社交网络建设并想通过社交网络渠道营销的人员提供参考借鉴。

二、文献综述

（一）社交网络

社交网络具有二重界定。一重界定的社交网络是着眼于现代社区建设中的物质标志，表明特定社区建设中所应具备的网络信息设备、网络信息疏通及网络信息使用等各种指标情况，是指网络现实社区；二重界定的社交网络是着眼于跨越时间和地域限制的网络空间的形成，是指网络虚拟社区。本研究所指的社交网络就是人们所界定的在线社区。

（二）感知价值

长期以来，中外学者都是从产品或服务本身或企业的视角来认识价值，顾客只是被动的接受者，直到20世纪90年代顾客价值概念的提出，价值研究开始从顾客的角度进行。国外学者Zaithaml（1988）认为：顾客感知价值就是顾客所能感知到的利益与其在获取产品或服务时所付出的成本进行权衡后对产品或服务效用的总体评价[1]。Jams · C · Anderson和Jams · A · Narus（1998）认为，顾客价值是顾客从购买的产品中所获得的价值与所要付出的所有成本的“净收益”[2]。

对于网络环境下的顾客感知价值的研究，有些学者将网络看成一种新的媒体，所以有的学者侧重对传统环境下的顾客感知价值理论进行分析，有的学者则侧重探讨在网络环境下顾客价值内涵的变化。Jarvenpaa和Todd（1997）认为在网络环境下顾客感知价值由产品、服务、购买体验以及消费者风险组成，而价值的提高可以通过提高产品质量、多样性、乐趣、服务质量，以及降低产品价格、不方便性和风险来实现[3]。

在前人研究的基础上，本文采用四个功能性子变量来测量感知价值，分别是更新状态、交友、在线活动、分享。更新状态是指用户通过SNS网站了解他人最新动态或使他人了解自己的最新动态。交友是指与朋友交友，用户通过给朋友留言或者别的方式来加强和朋友间的联系。在线活动是指通过参与SNS网站活动，用户实现了虚拟社区的互动，感受到价值。分享是指通过SNS网站获取有用信息。网络上信息花样繁多，且传播速度很快，SNS网站将信息传播主动权还给了普通大众，为个体提供了信息生产、积累、共享、传播的独立空间。网络上信息的分享便于用户获取有用信息，不少网民表示哪个网站分享量大，他们更倾向于哪个网站。笔者通过使用SNS网站的经历，以及通过访谈了解到很多用户使用SNS网站的原因之一就是想分享好的日志或好的图片，从而获取有用的信息。

（三）用户归属感

网络社区的出现，带给人们很多新的体验。从社会学的角度来看，网络社区也是一个小社会，有着自己特点的小群体。群体的核心是成员之间彼此有直接接触和交流，并发生相互之间交叉影响和情感上的认同感，形成"我们"的概念和归属。归属感对于网络社区来说是很重要的一个影响因素，它被用来检验一个在线社区的存在，也被认为是影响社区参与的重要因素（Tinto，1993），虽然归属感最好用较长的时间来测定，但是也可以通过虚拟环境中短时间的实验进行测定。不论从何种角度，归属感是维持一个群体自身或与其他群体稳定关系和连续性的重要条件。对于现实社区来说，归属感对社区稳定及其持续发展的作用重大，同样的对于人员流动无限制的网络社区来说，归属感尤为重要。理论上，归属感是维持网络社区稳定的基础，是进行网络营销的前提条件。

三、理论模型和研究方法设计

（1）提出假设。假设提高感知价值对提高用户归属感有促进作用。

（2）设计问卷。主要包括：用户基本信息、用户感知价值测量、用户归属感测量（使用频率与每天时长）。

（3）问卷发放与整理。

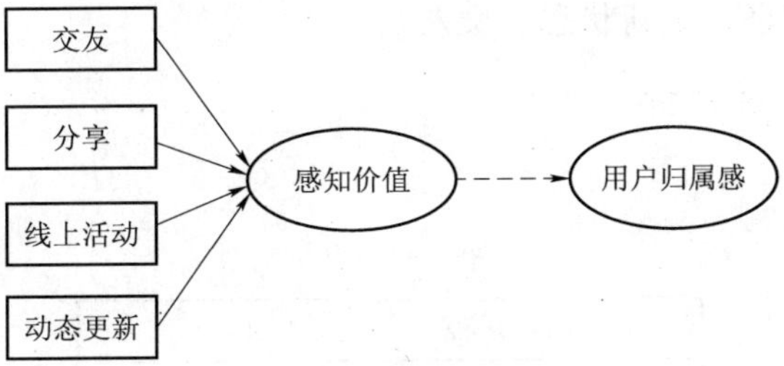

图 1　理论模型

（4）数据整理。首先对感知价值使用 SPSS 归纳出四个因子，将每个因子得分求和得到每位用户感知价值的大小。再对使用频率和时长加权得出用户归属感的大小。

（5）数据分析。对感知价值与用户归属感通过方差分析方法进行相关分析。

四、研究方法

共发放并回收有效问卷 250 份。

（一）因子分析

	Component			
	1	2	3	4
参加各种线上主题活动	. 894			
使用社交网站的论坛功能	. 805			
加入主题群结识新朋友 装饰主页	. 767			
将其他网站内容分享	. 576			
查找不相识的特定用户	. 561			
搜索浏览热门分享		. 829		
查看好友所分享内容		. 827		
分享给好友		. 808		
更新状态			. 818	
上传照片			. 813	
撰写日志			. 686	
访问不经常见面的好友				. 792
寻找老朋友、同学				. 766

Extraction Method：Principal Component Analysis.
Rotation Method：Varimax with kaiser Mormalization.
a. Rotation converged in 5 iterations.

图 2　因子分析

如上图所示，旋转后大致可以归纳出四个因子，根据它们共同的特征分别总结为在线活动、分享、更新状态、交友。

（二）信度效度分析

1. 信度分析

Reliability statistics

Cronbachs Alpha	N of ltems
.841	14

图3 信度分析

由 Cronbach's Alpha 看出，信度较好。

2. 效度分析

KMO and Bartlett's Test

Kaiser-Meyer-Olkin Measure of Sampling Adequacy.		.811
Bartlett's Test.of Sphericity	Approx. Chi-Square	1 501.070
	df	91
	Sig.	.000

图4 效度分析

由 KMO 检验结果看出，Sig < 0.05，效度较好。

3. 相关分析

ANOVA

归属感

	Sum of squares	df	Mean Square	F	Sig.
Between Groups	111.184	60	1.853	.707	.941
With in Groups	497.697	190	2.619		
Total	608.880	250			

图5 相关分析

由方差分析结果来看，Sig > 0.05，不能拒绝没有组间差的原假设，因此可以认为感知价值的大小对归属感没有明显的影响，且不存在线性关系。

五、研究结论

模型原本的假设未能得到证明，说明本文模型中确定的社交网络的感知价值对用户归属感影响不显著，导致所得结果的原因可能为模型本身的问题，可能为问卷收集的问题，由于时间所限，未能深入研究下去，在此向读者致歉。

模型所归纳出的决定用户感知价值的四个社交网络功能性因子，分别是交友、分享、更新状态、参加在线活动，较为合理贴切，可作为今后研究分析的参考之一。

附录　社交网络服务使用情况问卷

亲爱的朋友，您好！

此份问卷是关于社会网络服务使用情况，请您完整填写，这对于我们而言非常重要，谢谢您的配合。您的回答没有对错之分，请根据您的第一反应与看法填写即可。

SNS，即 Social Networking Services（社会网络服务）。时下流行 SNS 网站包括：Facebook、MySpace、人人网（校内网）、开心网、QQ 空间、聚友网、Cyworld 等。

1. 您的性别：____________。A. 男　B. 女

2. 您的教育程度：____________。A. 高中及以下　B. 大学　C. 研究生及以上

3. 您的第一语言是：____________。

3. 您的职业情况：____________。A. 中学生　B. 高校学生　C. 企事业单位职员　F. 其他 ________

4. 您的年龄范围：____________。

A. 18 以下　B. 18 ~ 25　C. 26 ~ 30　D. 31 ~ 40　E. 41 ~ 50　F. 50 以上

5. 您使用的最为主要 SNS 网站是 ____________？（下述问题，均以此网站情况来填写）

6. 您开始使用 SNS 网站的时间大致是：200 ______年_____月

7. 在过去一个月，平均而言你使用 SNS 网站频率，下述最合适的描述是 ____________？

A. 每月 1、2 次　B. 少于每周一次　C. 基本每周一次　D. 每周 2、3 次

E. 每周4、5次　F. 基本每天一次　G. 每天多次

8. 在过去一个月，平均而言你每天使用SNS网站所花时间，下述最合适的描述是 ________？

A. 少于10分钟　B. 10－20分钟　C. 半小时以内　D. 0.5—1小时　E. 1—2小时　F. 2—3小时　G. 3小时以上

9. 你在SNS网站上的朋友数量大约为 ________？

10. 对于你个人而言，下述社交网站功能/使用的重要性如何？（其中，1—非常不重要，7—非常重要，2、3、4、5、6两者之间，您在相应空格打上（✓，或✕等标记即可。）

应用功能	1	2	3	4	5	6	7
撰写日志							
更新状态							
上传照片							
装饰主页							
关注好友新鲜事的各项最新动态							
给好友主页留言							
与亲密朋友在网络上通过“@”互动							
给好友状态/照片等回复							
寻找失去联络的老朋友/同学等							
浏览、访问生活中熟悉但不经常见面的好友主页							
通过搜索功能查找不相识的特定用户							
浏览你好友的好友主页，结识新的朋友							
加入主题群组，结识新的朋友							
参加各种线上主题活动							
使用社交网站的论坛功能							
在线游戏							
社交应用							
在线音乐							
收听电台							
将其他网站内容分享到社交网站							
查看好友所分享内容							
搜索、浏览热门分享内容							
分享好友分享的内容给其他好友							

参考资料

[1] Zeithaml, V A. Consumer Perceptions of Price, Quality and Value: A Means—end Model and Synthesis of Evidence. Journal of Marketing, 1988 52 (3): 2 - 22.

[2] Anderson, J. C. and Narus, J. A. Business Marketing: Understand What Customers Value [J]. Harvard Business Review, 1998, November/December: 53 - 65.

[3] Jarvenpaa, S., Todd, P. A. Consumer Reaction to Electronic Shopping on the World Wide [J]. International Journal of Electronic Commerce, 1997, 1 (2): 59 - 77.

瑞安航空盈利模式分析

——从欧洲廉航看我国廉航发展

李海琳　黄健青

摘　要：廉价航空公司，又称低成本航空公司（Low Cost Airline），是当下欧美十分流行的一种出行方式，尤其受到年轻消费者的青睐。本文介绍了廉价航空的产生、发展和盈利模式——着重分析欧洲最大廉价航空公司瑞安航空的成功范例，并对廉价航空的积极意义和局限性进行分析总结。另一方面，相较于成熟的欧美廉价航空市场，我国的廉航产业尚处在起步阶段，仍有广阔的发展空间。该文也对我国廉价航空业现状作出分析，并对未来行业发展提出一些建议，启迪读者思考。

关键词：廉价航空　瑞安航空　盈利　发展

一、引言

（一）廉价航空的产生

廉价航空产生于20世纪70年代的美国，代表是于1971年成立的美国西南航空公司，是自1973年来唯一一家连续盈利时间最长的航空公司。即便是震惊世界的9.11事件也未对其盈利额产生重大影响。到了80年代，廉价航空开始在欧洲大陆进行发展。最有名的要数1985年成立的爱尔兰航空公司的瑞安航空，是目前欧洲最大的廉价航空公司，其超强的盈利能力使其一跃成为欧洲航空界第二大航空公司。

哪些因素会影响廉价航空的产生？经济发展，人民生活水平的提高是航空业得以发展的基础。正是由于人民收入水平的提高，使得大众在满足日常消费的同时能够利用空闲到处旅游，从而刺激了旅游业的发展。飞机则作为一种安全方便快捷的出行方式受到了越来越多人的青睐。至20世纪70年代，乘坐飞机出行在美国的大众化程度已经大幅提高；再加上1978年美国通过了《航空公司放松管制法》，更提供给廉价航空公司这种新型运营理念的公司一个发展的温床。

然而，归根结底，廉价航空得以持续发展的最主要的因素是其盈利性。不论在任何行业，公司的主要目的是通过日常运作交易取得收益，唯有那些能够在领域中保持盈利的公司才得以在市场洪流中生存下来。廉价航空相较于其他网络式航空公司的核心竞争力便是其有效的成本控制。

（二）廉价航空的盈利模式

如上所述，廉价航空主要通过有效的成本控制，最大限度地降低运行成本、服务成本和管理成本，通过低廉的机票价格吸引更多的乘客。同时，增加飞机的周转率，在数量上获得商业的成功。

具体而言，运行成本的降低主要是廉价航空通常选择租赁价格相对低廉的二线机场，飞机停靠在离登机口较远的停机坪，机组人员身兼数职等。服务成本则主要通过取消代理商制度，顾客直接登录公司网页进行购买，自行打印登机牌，不提供机上免费餐饮。而管理成本的控制归功于采取单一模式，即所有飞机采用单一机型，这样降低了维修维护成本，便于管理；同时在采购环节掌握更多的主动权，在价格的选择上更具竞争力。

总而言之，廉价航空的经营模式打破了传统运输业固有的框架，将零售营销的概念与航空业自身特点相结合，从乘客角度出发压低价格，以此吸引大量客源。从最早美国西南航空的一枝独秀，到后来瑞安航空、柏林航空、易捷航空、亚洲航空，以及澳洲维珍蓝航空的百花齐放，廉价航空正在经历着蓬勃的发展。英国廉价航空易捷航空近日宣布将进军非洲市场。虽然廉价航空在欧美等发达国家已经发展数十年，体制相对完善，但在世界其他地区的发展还处于初级阶段。由此看来，未来廉价航空在第三世界国家还有很大的发展空间。

二、瑞安航空的盈利模式

作为最成功的廉价航空公司之一，瑞安航空在很多方面值得其他企业学习思考。

瑞安航空公司于1985年在爱尔兰成立，如今是欧洲最大的廉价航空公司。如大多数企业一样，瑞安航空在成立的几年后也遭遇了瓶颈期，业绩出现下滑。而瑞安航空的优点之一是其十分善于学习，其借鉴美国西南航空低成本运行的理念，首次将廉价航空的概念引入欧洲。但其又不是一味照搬成功经验，而是在有效控制成本之外推陈出新，引入营销理念，遵循顾客至上原则。正是这样，瑞安航空经过数十年的发展壮大，成为“世界上最能赚钱的航空公司”。

瑞安航空力主开源节流，主要从以下3个环节入手：

（一）购票渠道

传统的机票销售模式是航空公司通过代理商进行销售。然而，中介的存在加大了管理成本和支付给中介机构（如旅行社）的佣金。瑞安航空跳过该环节，直接通过网络售票，大大降低了由传统售票模式所产生的额外费用。据统计，瑞安航空98%的机票为网络销售，而捷蓝航空只有79%的网络售票，西南航空的网络销售量仅为59%。这也为瑞安航空低廉的机票价格奠定了基础。

另外，商家的精明之处在于许多费用隐藏得比较隐秘。例如瑞安航空常会有超低价格的机票出现，甚至只有几欧。然而，当你选定航线进行支付环节时就会发现各种各样的附加费。有些是你无法避免的，如税费和燃油费；有些是你必须仔细阅读并自主做出选择的，如附加行李费、优先等级费、保险费、机票打印费、短信提醒费等。你必须小心仔细地阅读，不然一不小心就会支付比一般机票更多的费用。

即便选择好了机票，也不代表你完成了购买。瑞安航空网站还会见缝插针地寻找商机。它会自动链接租车服务和旗下酒店预订服务，为消费者提供了便利。但更多的，是为自身寻求更多的机会，发展纵线产业链。

不得不提的还有每笔交易必须支付的手续费六欧元。当你将初始票价和各种附加费用累计之后会发现并不像当初看到的价格那样吸引人，全程自助操作却还要支付毫无道理的六欧元手续费时，心中会感到不快。这是瑞安航空又发掘了商机。它与维萨卡，万事达卡等信用卡机构合作，推出专门针对瑞安顾客的信用卡，只要你开通便无需缴纳这六欧元的手续费。这种跨界合作从百货零售业延伸到传统运输业。不得不说瑞安航空可谓想尽一切办法寻求商机。

（二）机场选择

传统航空公司很大一笔费用是支付给各地的机场，乘客在享受了优质快捷登机服务时，殊不知航空公司已将租用停机坪、通道的费用转嫁到消费者身上。瑞安航空则选择避开与这些传统大型航空公司竞争，转战离目的地较远的二线城市机场。这样一来不仅降低了成本，还帮助了这些二线城市旅游业的发展，以及交通网络的发展。每个瑞安航空使用的机场都配有吻合航班时间的通勤巴士，让乘客能够及时到达目的地城市。即便是因为天气等状况无法按时到达，机场周边也有许多旅店方便乘客短暂停留。这些机场酒店有些和瑞安航空相关联，有些则是当地居民的家庭式旅馆。无论如何，这样的地理位置选择都是互利双赢的结果。

瑞安航空不同于传统航空公司的一大特点是乘客可从前后两个机舱门登记，并且机上没有固定座位。这样的模式好似乘坐巴士等公交系统，其在一定程度上节约了登记时间，加速了飞机的周转率。

（三）飞机设置

瑞安航空采用统一的波音 737 – 800 客机。单一机型的好处是其大大降低了维护维修成本。并且飞机内部也尽可能简单化。采用材质较为轻便的座椅，减少了燃油损耗；取消椅背杂物袋，将安全须知直接贴在小桌板上；缩短了每行间距，可以承载更多客人；行李箱上贴满广告，利用任何机会赚取额外收入。

并且，机上任意一项附加服务都是收取费用的，从零食饮品到毛毯枕头，这些在传统航线上“免费”的项目在瑞安航空都要自掏腰包。机组乘务人员在一至两个小时的旅途中也不会闲着，销售各类香水手表、中奖彩券，目的地巴士票等。有时机组人员还会讲笑话博得游客开心。最后，飞机着陆时广播还会播放一段祝贺瑞安航空又完成了一次准点飞行并伴有喝彩声。这些体现了瑞安航空顾客至上的原则：虽然在价格上吝啬，乘客需要购买任意一项服务，但这些小细节从一定程度上弥补了消费者对时时付费的不满情绪。

瑞安航空可以说是让消费者又爱又恨，初始价格低廉但总是节外生枝。但是，作为商家，瑞安航空是成功的，它的经验值得许多企业学习借鉴。

三、廉价航空的积极意义及其局限性

顾名思义，廉价航空其特点就在于价廉。至于物美与否则是仁者见仁智者见智，有人愿意花最低的价格到达目的地，而有些人则更乐意享受舒适的旅途和良好的服务。不论如何，正是由于廉价航空价格低廉，有时甚至比乘坐陆地公共交通更为便宜，从而使飞机也从最开始的“贵族”交通工具走进了千家万户，方便了更多人的出行。

首先，廉价航空的产生大大便利了经济条件一般的群体出游，以青年学生背包客为代表。相较于亚洲学生，欧美国家的青年学生会更多地利用假期时间到处旅游，体验当地风土人情。然而，欧洲铁路系统价格相对昂贵，绝大部分欧美学生从成年后又不再接受家庭的经济支持，因此无法承受高价的火车出游。廉价航空的产生则让此问题迎刃而解。从某种程度上讲，廉价航空促进了各国青年的文化交流。

其次，廉价航空机场多设在价格相对低廉的小城市，在一定程度上促进了当地旅游业以及相关产业的发展。许多乘坐廉航航班的乘客在到达机场所在城市后会利用半天时间游览当地景点，再乘坐巴士前往目的地。例如乘坐廉航至西班牙巴塞罗那，飞机将会停靠在距离巴塞罗那 100 公里外的古城赫罗纳。小城保留了犹太风格的古建筑，并且毗邻海岸线，风景独特优美。然而，在瑞安航空选择此地作为巴塞罗那机场之前，很少有人知道该城市。除此之外，由于机场离目的地还有一定距离，发展了机场通勤巴士系统；早晚班乘客需提前到达机场，又促进了机场周边的家庭旅馆产业等。

再者，廉价航空的产生打破了传统网络式航空公司的垄断地位，为航空业注入了新鲜血液。由于廉价航空低廉的机票价格，同业竞争者想要立于不败之地必须有效控制成本，及时调整商业战略模式，以各种促销活动吸引消费者。同时，更多新颖的商业模式也会应运而生。目前一些航空公司都在寻求合作，以求更好地降低成本。

然而，廉价航空自身也存在着一定的局限性。

首先，由于飞机班次少，遇到恶劣天气等不可抗因素时缺乏变通方案。再加上机场多为廉航专门使用小机场，无法与其他航空公司构架信息网络，当游客无法搭乘此次航班时没有另外的选择。而廉价航空机场又距离城市较远，随时往返也并非易事。这样大大降低了顾客满意度，不利于廉价航空的长久发展。

另外，廉价航空目前只适用于短途飞行。大多数短途乘客不介意机上服务，只求及时安全到达目的地。廉价航空价格低廉，准点率高的特点正好吻合此类消费者的需求，因而能够取得商业上的成功。然而，在远途航线上使用该方法则不那么见效。毕竟在长达数小时的旅程中乘客更愿意体验舒适的服务，而不是价格上的节省。澳洲维珍蓝航空公司就与美国达美航空进行合作，开拓廉价航空的国际市场。然而大众并不看好这种远程低成本航空，认为其没有生存空间。之前香港甘泉航空公司的命运似乎是这一观点强有力的证明。

任何事物的产生都有其积极意义和局限性。廉价航空的产生是适应消费者需求的产物，是创新商业模式的典范，是更加多元化市场的体现。然而，一切事物都不是一成不变的，廉价航空想要长久发展必须随着市场的变化而及时调整，以求更好更长久的发展。

四、瑞安航空对我国廉航发展的借鉴意义

（一）我国廉价航空现状

目前我国的廉价航空业还属于起步阶段，现仅有春秋航空一家定位于廉价航空的民营企业。我国的廉价航空还有很大的发展空间。

春秋航空有限公司成立于2004年，是我国第一家低成本航空公司。从创立之初只有三架租用的空客A320飞机到现在的31架，盈利额每年递增，至2011年营业收入超过43亿元；并且春秋航空是客座率最高的航空公司。春秋航空的成立打破了大型国有航空公司的垄断地位，开启了我国民航业的新篇章。其借鉴国外成功廉航公司商业运营模式，有效控制成本，加大飞机周转率，跳过代理售票制度等，定位于“草根航空”，合理有效地满足了部分消费者的需求，使其在优胜劣汰的市场竞争中存活。是我国三家民营航空春秋航空、奥凯航空和东星航空中仅存的硕果。

制约我国低成本航空业发展的不仅仅是航空公司本身。一方面，受航空管制

政策影响，民营航空很难争取到大型机场的使用权，昂贵的租赁费用也让刚刚起步的民营航空公司望而却步。没有大型机场的使用权，缺乏大量客源，通过高周转率盈利的廉价航空因此很难得到生存空间。另一方面，由于我国航空运输整体还处于初级阶段，人们对于乘坐飞机出行还停留在高端消费概念；并且我国现在机票价格相对昂贵，占人民可支配收入比重较大，这也从一定层面上限制了廉价航空的发展。

（二）我国廉价航空未来发展

如上所述，由于受国情、政策、油价以及机场准入等因素的制约，廉价航空要在我国生存发展并非易事。但随着我国人民生活水平的提高，观念意识的转变，会有越来越多的人选择乘坐飞机出行，为低成本航空提供一片沃土。

第一，从廉价航空自身来讲，一味照搬国外成功企业的经验是不能获得长久成功的。国内国外市场不同，宏观大环境有差异，只有积极创新适应国内的实际情况，才可以长盛不衰。另外，现代企业注重的已不仅仅是利润额和成本控制，更是企业文化的沉淀。当企业形成自己独有的特色时，才能吸引更多的人才为公司注入新鲜活力，让公司更具市场竞争力。

第二，政府加大对民营航空的支持力度，让航空业不再受几家大型国有航空公司垄断，形成良好市场经济。同时加强二线城市机场及相关配套设施建设，让廉价航空有长久立足之地，避开与大型国有航空公司正面竞争；同时也可以保证飞机的准点率。当然，基础设施的建设不是一朝一夕，我国整个航空业也只属于起步阶段。但随着人民生活水平不断提高，国家经济日益增长，这样的需求将很快显现出来。

最后，廉价航空应该更加细化自身定位。例如春秋航空以“草根”阶级为定位，可以更加细化至学生群体或背包客，推出相关的促销活动或商业模式。新一代群体是伴随网络成长起来的，更容易接受网上订票这种模式，这是不可忽视的重要消费群体。并且，可以配套相关的旅行酒店服务，纵向延伸产业链。在方便了消费者的同时赚得利润、赢得口碑，可谓一举多得。

虽然我国现在的廉价航空业和一些国家比起来还相差很大，但笔者认为随着中国不断地强大，经济体制更加完善，会有更多有利于广大消费群体的商业模式涌现，廉价航空只是其中之一罢了。

参考文献

[1] 张晓燕．三大因素推动廉价航空发展．中国城市金融，2011（10）.

[2] 丘勇．低成本航该向瑞安学习什么？．中国民用航空，2004（5）.

[3] 倪海云．2009年全球低成本航空公司发展概述．中国民用航空，2010（4）．

[4] 尚婧．超低票价让航空公司“情何以堪”——春秋航空为例．商业文化，2011（12）.

[5] 王露（编译）．瑞安航空——插上了翅膀的沃尔玛．中国电子商务，2010（8）.

[6] 胡晓．中国“廉价”航空发展限制因素思考．现代商业，2008（9）.

[7] 吴楠，贺尔铭．谈廉价航空公司在我国的发展．西北工业大学学报，2010（12）．

感受澳式教育，比较教学差异

——信息学院 DEAKIN 海外交流实践团总结报告（一）

王雪娟　马　澄　韩亚静　李媛媛　陈　斌　孙冰洁

摘　要：通过在迪肯大学的生活学习以及与当地老师、学生的交流，我们全方位感受了澳式教育，体味了国外先进教育理念。由于国内外的教学环境、方式以及理念存在一些差异，也考虑到文化差异和师资力量等因素，我们将两校的信息管理类专业进行了初步的整体对比，并提出建议，来不断改进与完善我们的专业与课程设置。

关键字：迪肯大学 教育差异 教学模式

为了支持学校开展国际化教学的工作，拓展我校学生的国际化视野，增强跨文化交流，促进我校实验教学的发展，同时让我校学生亲身感受海外大学的学习和生活，加强学生的国际竞争力，信息学院六人访学团于 2012 年 8 月 4 日至 8 月 25 日对澳大利亚 DEAKIN 大学开展了为期 21 天的交流活动。

三周的交流访问，我们不仅为澳大利亚带去了一丝新鲜的中国学风，而且，我们对 DEAKIN 大学所呈现的澳洲大学的教育和生活方式进行了初步的调查和研究。

一、全方位感受澳式教育，体味国外先进教育理念

这次迪肯大学交流项目的主要目的就是去体验国外高校的教学与生活。一个国家的发展轨迹往往可从其提倡的教学模式与教育理念中一窥究竟。去年底，国

务院发表了关于实施《国家中长期教育改革和发展规划纲要（2010—2020 年）》工作情况的报告，将中长期教育体制的改革提上重要议程。审议中的委员们指出，百年大计，教育为本，全面推进规划纲要的实施，是新时期促进教育事业科学发展，全面提高国民素质，加快社会主义现代化进程的重大战略举措，是涉及广大人民群众切身利益的大事，寄托着亿万家庭对美好生活的期盼。在这个大背景下，我们更应该多了解一些国外有关优化教育资源配置和教学思路的做法，对比国内院校的专业学习，当然，主要是同我们学院对比，看看我们的优势与不足，为学院教学方式或是专业设置的新发展提出一些新思路。

通过在迪肯大学上课，以及与当地老师、学生关于学习生活方面的交流，我们认为国外的高等教育同国内相比尽管仍存在一定的差异，但是在目标和学习内容的设置上已经越来越趋同。位于澳大利亚维多利亚州的迪肯大学 Deakin University 是一所建立于 1974 年的由政府资助的大学。该大学提供学士、硕士、博士课程，专业训练及工业员工培训，共有七万多名学生修读学位或非学位课程，其中包括二万名接受专业训练的学生。主要院系有：文学院、商学和法学学院、理工学院、保健和行为科学院、教育学院。而我们此次交流主要是和该校的商学和法学学院的合作，所以将会对该院进行重点汇报。下面将介绍我们感受下的迪肯大学以及商学和法学学院，它无时无刻不充满着自由、包容、专业、实践的味道。

（一）初识迪肯——规模很大，校园社区

迪肯大学（DEAKIN UNIVERSITY）是澳大利亚的顶尖大学之一，为国内外 70000 多名学生提供高质量的专业教育。迪肯大学是澳大利亚唯一一所两次荣获年度重点大学荣誉的学校。1995 年迪肯大学被《优秀大学指南》评为年度“科技教育奖”，1999 年被评为“杰出培训教育奖”。迪肯追求的不仅仅是提供给学生一个合格的澳大利亚学位，我们更重视给学生一段无论在教育方面还是个人经历方面都意义重大的生活。迪肯大学有包括 Burwood 在内的 5 座校园，经由本校六间校园的网络，可提供不同类别的学科和研究。每间校园都设有公共交通的服务和提供一流的教育和运动设备。我们此行主要是访问迪肯大学最大的 Burwood 校区。迪肯大学的远程教育和网上教育使学生在攻读一门课程时改变了以往的学习模式，学生也有选修额外课程的机会，大学的图书馆和 IT 资源足以支持这种灵活性。在迪肯大学，国际化不仅仅是停留在纸上，迪肯大学的学生来自全世界，有的还通过学生交流项目和远程教育项目在其他地区学习。在迪肯大学学习，学生能够成长为国际公民，具备丰富的文化视野。

（二）再识迪肯——雄厚的师资力量与教学资源

迪肯是澳大利亚职业教育领域的领头羊，长期以来一直与工商业界、政府及专业会社保持着密切的合作关系。作为由政府资助的公立大学，学校目前提供的所有学位受到世界上其他大学和职业协会的广泛认可。迪肯的学位目前为澳大利亚的其他大学及英国、加拿大、新西兰、美国、东南亚和欧洲的大学所承认。同时，许多澳大利亚的相关职业协会也承认迪肯颁授的学位。

所有以学业为目的学生可 24 小时使用计算机房、电子信箱及互联网服务及现代化数字设施，综合全面的图书馆信息服务可使学生查阅到澳大利亚主要研究数据及世界研究成果文集。在校期间，学生可享受到全方位服务、海外学生咨询、学习技巧帮助、经济及法律建议、职业咨询、保健服务、帮助解决住宿。

（三）迪肯印象——年轻朝气，富于创新

澳大利亚迪肯大学为自己的年轻而骄傲。成立于 1974 年，作为新一代的大学，他融合了大学对高质量教学和科研的传统关注，同时也挑战传统运作方法，追求开放和传授课程的新途径新方法。迪肯大学的课程设计非常贴近现实，实用而且跟得上形势需要。教师和行业专业机构联系紧密，很多课程都包括了实习成分，确保毕业就可以立刻上岗到位。迪肯大学的学生会利用各种学习方法来满足工作、家庭和生活方式的需要。函授和远程教学的模式给学生更多灵活性改变学习方式。学校图书馆也和电脑资源也可以完全支持这样的学习灵活度。迪肯追求的不仅仅是提供给学生一个合格的澳大利亚学位，更重视给学生一段无论在教育方面还是个人经历方面都意义重大的生活。

（四）Lecture + Workshop 完美结合（以商学院和法学学院的课程设置为主）

这里我们想说的是其教学模式的先进性与合理性，不同的课程通过对其内涵的理解，将教学模式分为：lecture 和 workshop。一种注重传授，一种注重培养。

Lecture 即国内所说的大课，这种课以教师讲课为主。大课主要讲授理论，以抽象的东西为主，教师会举一些例子来加强理解。一般大班课的时间在 1 小时 30 分左右，所有选择这门课的学生都参加。多数课程每周只有一次大课，但是参与人数很多，有的甚至会达到 200 人。

workshop 即讨论课，每个班人数大约在 15 到 30 人左右，讨论课上课内容一般是分组讨论某个与课程相关的话题，教师会提出问题让学生回答。小课的经常由学生挑大梁，上课时间也是 1 小时 30 分左右。教学风格比较自由，在课堂上学生可以打断老师，提出自己的意见，甚至与教师争论，教师也很欢迎这种行为。教师上课很认真，会参与到学生的讨论中来，并给出一些自己的独到见解。学生有什么不理解的可以一直问他直到能够理解为止。

每个教师都有固定的答疑时间与学生交流。学生也可以通过电子邮件或是网上留言与教师交流。

和国内一样，澳洲的学生也要完成很多作业，大部分作业都与课程成绩直接挂钩。在迪肯大学，一般课程平时作业的分数占比很高，所以学生在每个学期自始至终都不能放松，必须认真完成每一项作业才可以拿到高分，但是学生可以通过课外工作实习经历来弥补一些。

二、比较两国专业设置，重新认识信息管理与电子商务专业

信息管理类专业在我校和迪肯大学都日趋成熟，但国内外的教学环境、方式以及理念还是存在一些差异。考虑到文化差异和师资力量等因素，我们将两校的信息管理类专业进行了以下初步的整体对比，两所大学各有千秋。对比成果如下，当然我们应该学习他们先进的部分，不断改进与完善我们的专业与课程设置。

（一）迪肯大学更注重社会型人才的培养

随着科学通信技术的不断发展，信息管理类人才由于同时具备技术与管理素养，已经越来越成为新时代企业追逐的人才对象。有研究指出，未来中国对信息类人才的需求远高于其他专业的社会需求量。

信息管理和电子商务等信息管理类专业人才的培养目标主要是培养具有现代管理学科理论基础、计算机科学技术知识及应用能力，掌握系统思想和信息系统

分析与设计方法以及信息管理等方面的知识与能力，能在国家各级部门、工商企业、金融机构、科研单位等部门从事信息管理与信息系统分析、设计、实施、管理和评价等方面的高级专业人才。我院课程设置应该是在这样的大思路下设置而成的，可是反观迪肯大学，一开始就明确告知进入商学院与法学学院的学生，他们将更加专注于商业，即培养学生利用技术成果的能力，并没有把技术看的很重，往往他们的课程设置会尽量规避技术类课程，他们认为学生能够有效掌握商业这一个方面，在就业竞争中就会拥有优势。而我们目前的课程设置将现有的计算机、网络技术与商务、管理方面的课程杂糅在一起，没有分清主次，也没有明确方向，很容易让学生感觉到两个方面的学习都没有太大优势。可能这就改变了我们最初提出的关于复合型人才的培养，诚然我们需要又懂技术又懂管理的全才，但是如果能在某一方面更精更专，那么大家可能会更容易的融入职业竞争当中去。我们的学生有时目标不明确，不知道自己到底想要什么，而这个命题是迪肯大学第一节课就让学生们来思考的，每个人都对自己未来的人生或是职业做好规划，而且校方很鼓励学生们通过在外实习来充抵学分，这样学生们在进入社会后，会更容易适应。所以我们学院应该结合自己的优势和市场需求来制定相关专业的人才培养目标，在课程设计上应该有所取舍，而不应相互模仿。

（二）我院更注重打牢基础知识

我院在课程安排上，更注重教授学生基础知识。迪肯大学一般本科 3 年就可以毕业，双学位的话是 5 年，基础课程往往只涉及一个学期，而后就是学生们自主选课，必修课很少。而我们基本上前两年的教学都以基础知识为主，我们的学生基础知识很牢固，而且可以往很多方向发展，并且我们的课程设置有自己的一套体系，能够更合理的确定需要开设的课程以及各门课程之间的关系。同时，有关各门课程的内容整合也更全面，有效避免了知识重复、冲突和遗漏。尽管我们无法指出哪一种方式更优，更适合职业发展，但是我们却可以确定：基础知识在很多时候都是非常必要和十分有效的。

（三）对于教学方式的新思考与建议

由于信息管理和电子商务等信息类专业是最近几年才发展壮大起来的，很多老师是从计算机、网络、管理、营销或其他专业转型而来，对于教学的探索还属于初期，由于时间所限，我们没能更深入的体会澳式信息类专业的教学理念，但是，如果有条件的话，还是希望学校可以派教师到国外高校进修学习，深入学习国外最前沿的理论动态和先进的实践经验，然后通过融合，让广大学生更加受益。

其次，如果有条件的话，可以请企业界的电子商务和信息管理专家或是企业家兼任某门课程的教师，让这些处在电子商务和信息管理实践第一线的专家展示给学生们丰富的商务经验和最新的技术，我们就能掌握与专业相关最前沿的信息。既能保证大家所学的知识与时俱进，又能保证学生毕业后不会感到自己的知识与工作需要脱节。

最后，教师们应该摒弃传统的“填鸭”式教学方法，要将有关理论的讲解和学生实践结合起来。多鼓励学生参加实践、实习活动。就像迪肯大学一样，将 lecture 和 workshop 结合起来，在电子商务的教学过程中培养起学生的参与意识和学习动机。

参考文献

[1] 陈丽华，刘歆韵，等．对澳大利亚中国留学生的调查分析［J］．武汉科技学院学报，2007（4）：67.

[2] 陈慧．车宏生．跨文化适应影响因素研究述评［J］．心理科学进展，2006（6）：704－710.

中国能矿企业海外并购的问题

张骁锐

摘　要：随着中国综合国力的增强以及国内企业参与国际经济分工的深化，越来越多的中国企业走上了跨国并购的扩张之路（张为付，2009）。在近几年的跨国并购浪潮中，中国企业的表现非常活跃，并逐渐加快了扩张步伐（李自杰、李毅、曹保林，2009）。由于中国在世界经济体系中的重要影响以及中国作为一个发展中国家的特殊地位，中国企业海外并购呈现出既不同于发达国家企业也不同于其他发展中国家企业的一些特征和趋势，同时也产生了一些相关问题（李自杰，2010），而这其中的能矿企业，更因其重要地位，处于国民经济的基础产业，对国民经济发展起支撑作用（周铁军、刘传哲，2010），而显示出独特于中国其他企业海外并购的内在规律。但目前国内学者的研究往往很少涉足于这一领域。

本文意图通过对73起中国能矿企业海外并购案例的所有公开资料进行深入分析，以期挖掘中国企业海外扩张过程中面临的主要制约因素。在上述分析基础上，希望清晰论述我国能矿企业跨国并购所面临的问题。

关键词：中国能矿企业　海外并购　国际化

海外并购是一个国家经济发展到一定阶段的必然现象，也是经济全球化的体现。受国际金融危机及世界经济严重衰退的影响，发达国家的金融系统严重受损，国际能源资源价格大幅下跌，能源矿产企业处境艰难，欧美企业的资产持续缩水，其资产价值正好处于底部区域，并购成本低廉，这给了中国企业不少收购的机遇。随着经济全球化的深入和中国经济的发展，我国企业海外并购的势头不断增加，但是海外并购的步伐却并不顺利，这其中反映出诸多问题值得我们思考。

一、国家提供的援助支持不足

（一）我国的海外并购缺乏宏观体制的支持

宏观经济管理体制对我国企业海外并购行为还存在一定程度的制约。企业跨国并购的成败，除了企业自身在世界范围的竞争能力、发展战略和经营管理水平外，在很大程度上还有赖于国内经济体制改革的进一步深化和对外开放的进一步扩大，以及现行宏观体制的进一步完善。

中国对外投资总体规划和具体的产业政策、技术政策和国别政策不够明确，涉及跨国经营的财务、税收、信贷、外汇、统计等制度尚不完善，不能满足企业对相关基础性信息等公共服务的需求，在一定程度上影响了对外投资的管理和引导。

（二）我国的海外并购投资法律体系不健全，内容不完备。

我国海外并购方面的立法还处于起始阶段，我国企业海外并购几乎处于无法可依的局面，我国企业一方面受到国外政府政治和法律上的限制，另一方面没有完整的法律体系保障其权益，这使得我国企业的海外并购寸步难行。

（1）从总体上看，我国在跨国公司并购的政府法律支持方面采取税收优惠、行政奖励、政策扶持等方式，但是，这些方式在保护投资方面由于存在着立法级别不高，透明度差，诸多法律空白没有填补，法律体系混乱，对投资主体规定的过分单一化，管理体制不合理，项目审批忽视全球经营战略等诸多问题，不利于国家在法律和政策上支持我国跨国公司并购的发展。

（2）我国海外投资超过一定金额的对外直接投资项目，必须要经过国家有关部门的审查批准，涉及不同行业的还要进行会审，使得企业无法迅速捕捉跨国并购的良好机遇，增加了企业开展跨国并购的难度。

（三）我国的海外并购中介机构发展迟缓

现阶段，中国虽已形成了包括信托投资公司、证券公司、财务公司在内的投资银行格局，以及律师事务所和信用评级机构等非金融机构，但其规模普遍较小，而且我国中介机构的操作还处于不规范的状态中，并购融资方面服务较少，也由于国家法律方面的一些限制，中介机构在提供融资服务方面还有一定的限制，造成融资市场没有充分的发展，难以为跨国并购提供高质量的服务。

二、我国的海外并购国际环境恶劣

在过去数年，中国企业的海外并购计划多以失败告终，主要原因在于中国企业的国有背景成为在某些战略领域开展并购的阻碍。

（1）发达国家政治上的敌意是我国企业跨国并购的外部障碍。由于我国跨国并购以国有企业为主。但国有企业在国际市场上的大举并购非常容易使人联想到其背后的国家政治意图，因此，许多发达国家就会采取限制措施，导致跨国并购的失败。例如，2005年中海油并购美国第九大石油公司优尼科，美国政界以“国家安全”对中海油收购制造障碍，最终中海油与优尼科失之交臂。

（2）中国企业跨国并购的动因主要是在世界范围内寻找新市场和获取资源，特别是战略性资源。然而当并购对象涉及被目标国家视为战略性资源的企业资源时，目标国往往为了保护本国企业或所谓的战略地位，以各种借口对国外企业并购本国企业加以阻挠，甚至直接采取政府干预。

三、我国企业自身跨国并购能力不足

（一）企业能力薄弱，并购主体缺位

（1）我国企业竞争力有待加强，与发达国家企业相比仍存在巨大差距。瑞士“世界经济论坛”于2010年9月9日发布的《2010～2011年全球竞争力报告》显示，按主要反映公司绩效和商业环境的微观经济竞争力各项指标衡量，中国企业大多排在全球102个国家和地区第40位左右。

（2）我国企业规模普遍偏小，其中尤以改制企业、民营企业最为突出。有数据显示，2009年中国500家最大企业的资产规模和营业收入，只相当于世界500强企业的10%。

（二）支付和融资手段单一

（1）并购融资方式有限。我国的融资方式相对国外来说，主要的融资渠道都存在，主要来自自有资金、国内银行贷款、国际银团贷款，少数企业通过到国

际市场发行债券融资。但是具体到并购中的融资，由于国家政策法规的限制和我国金融市场的不完善，企业在并购时，实际可选用的融资方式十分有限。

（2）政府行政干预并购，造成融资的不公平现象。政府行为对并购的干预，尤其是对国有企业并购的干预现象比较严重。由于存在着政府的干预，不同的企业在计算并购融资需求量时面临的情况会有很大的差别，这就造成了一部分企业可以以较低的价格收购目标企业，融资压力较轻，另一些企业有可能还会有相对较重的融资压力，这对于融资市场的公平发展也起到了阻碍作用。

（3）现金收购仍然是中国企业海外并购最主要的支付手段，现金收购虽然具有防止股权稀释和控制权转移的特点，但是，一方面收购兼并涉及巨额支付，另一方面企业兼并后的资产和业务重组又需要巨额投入。

这样的话，会给并购方带来严重的现金负担，而且也无法使目标公司的原股东拥有新公司的股权，其结果是限制了并购本身巨额资金的拨付，容易抽空企业自有的流动现金，形成高负债率，也将导致并购后的整合面临资金匮乏的财务风险，以及人员、经营、管理等各个方面无法顺利整合。

（三）并购计划管理缺失

没有战略计划而盲目地进行海外并购，或以错误的战略指导海外并购，都会给企业海外并购的成败带来影响。

（1）中国企业海外并购“抄底”心态严重。中国企业往往过于关注交易价格，而对其未来价格走势较少预测，只是从事短期股市“抄底”，缺乏一个长期的发展战略；对潜在的风险没有充分认识和评估，对并购之后的整合难度也没有一个清醒的认识。

（2）并购前的情报收集准备工作不足。在实行并购前要展开在法律和监管领域的调查，需要对他国的经济、政治形势进行全面了解，凡涉及国家安全或较敏感的资产，都要预先沟通、审查；其次，前期阶段，要充分调查研究行业动态的战略情报；再者，需要了解对当地的人文背景，包括工会、养老金、反垄断、知识产权等在美国和欧洲的重要性。而以上这些方面中国企业并未投入足够的精力。

（3）缺乏对情报资料的收集的日标和动力。我国大多企业在政府部门干预下进行经营，缺乏竞争意识和参与国际竞争的热情和信心，企业是否开拓国际市场，是和国家政策保持一致，无法主动地规划出参与国际竞争的策略；同时，国内卖方市场为企业经营惰性提供了舒适的条件，而企业参与国际竞争必将遇到许多风险，如信用、汇兑、运输、价格、政治等风险，因而企业缺乏强烈的跨国经营欲望和动力。

（四）人才缺乏成为我国企业跨国并购的瓶颈

中国企业在国际化过程中，最缺少的是国际化的领导人才。高管团队缺少国际化的经营管理能力和组织管理能力，与外籍管理人员之间无法充分融合，这是造成跨国并购失败的一个重要因素。

麦肯锡公司关于中国企业的调查显示，中国企业缺乏有国际经验的高管，增加了海外收购的难度。调查指出，尽管涉及中国集团的跨境交易数量在加速增长，但75%的受访公司表示，缺少合格高管阻碍了其国际扩张计划。自2005年以来，中国公司已经达成了2 710亿美元的海外交易，高于印度公司的2 120亿美元。然而，只有50%的受访中国公司渴望成为跨国企业，而有79%的印度公司和63%的拉美公司有志成为跨国企业。

中国企业进行海外并购时，目标企业对中国企业文化认同度低，造成人才外流。大部分人会随着公司被兼并而跳槽，争取主动，这样就增加了我国企业实现跨国并购后，对被并购企业的管理难度。

（五）我国跨国企业整合能力不足

（1）文化整合模式选择单一。在并购企业文化整合的过程中，我国企业较多地采用“注入式”或称为同化模式，以本企业文化代替被并购企业文化，并购企业将自己的文化强制性地灌输给目标企业。可见，在文化整合中，“资本”的力量超过了对其他因素的考虑，也与我国的并购多为强弱并购有关，这种模式虽然效率高，见效快，但不考虑被并购企业的接受和认同程度，忽视了文化差异及可能带来的文化冲突。

（2）并购目标的冲突。在进行跨国并购的中国企业中，国有企业占了很大一部分。西方企业的目标是利润最大化，国有企业的目标又是不仅如此，还有许多非经济目标，比如社会目标和政治目标。于是这种并购双方的利益目标的不一致，导致两者在未来的合作中出现问题。

（3）整合成本过大。企业间进行并购，由于涉及目标企业资产及负债的全部或部分转移，需要对目标企业的资产、负债进行评估。资产评估部门在有限时间内，不可能对目标企业进行彻底清查，一般只能采取抽样核算方法，并且由于评估方法、评估参数和标准不同，都会导致评估结果存在一定的误差。同时，由于我国资产评估行业处于发展阶段，在评估的技术或手段上尚不成熟，对交易成本和整合成本的估计不充分。

参考文献

[1] 李自杰，李毅，曹保林．中国企业海外并购的特征、问题及对策研究．2009.

[2] 高诚．海外并购：困境与对策．国际经济合作，2009（6）.

[3] 冼国明，欧志斌．跨国并购的现状、趋势与政策建议．国际经济合作，2009.

[4] 姚淑梅．能矿资源企业跨国并购现状、问题及对策．国际经济合作，2008（2）.

[5] 张邦雄．企业海外并购现状及财务风险分析．财会通讯，2009（3）.

[6] 郑小芬．浅议中国民营企业跨国并购策略．经济师，2009（3）.

[7] 郝洁．日本的能源对外直接投资及对我国的启示．中国经贸导刊，2009（14）.

[8] 崔家玉．我国对外直接投资的区位选择研究．生产力研究，No. 4，2010.

[9] 何慧龄．我国能源安全形势能源企业对外投资动因探析．国际商务论坛，2010.

[10] 白远．石油矿产业对外投资风险：理论与成因．国际经济合作，2008（1）.

[11] 程炜．我国能源企业现状及发展战略研究．科技信息，2008（15）.

[12] 黎平海，李瑶，闻拓莉．我国企业海外并购的特点、动因及影响因素分析．经济问题探索，2009（2）.

[13] 徐柳，李珍，魏蓉蓉．我国企业跨国并购的现状和发展趋势．中国商界，2008（9）.

[14] 曹永峰．西方对外直接投资理论综述．当代经济管理，2010（3）．

[15] 陆浩文．中国的海外并购记录．韬略产经，2009.

[16] 刘迎秋，张亮，魏政．中国民营企业“走出去”竞争力50强研究．中国工业经济，2009（2）．

[17] 周铁军，刘传哲．中国能源企业对外直接投资区位选择的实证研究．外汇管理，2010（6）.

[18] 王谦才．中国企业海外并购行为研究综述．管理纵横，2010.

[19] 刘明，刘小华．中国企业海外并购现状分析．企业活力，2008（6）.

[20] 俞英兰．对中国企业跨国并购现状的几点思考．商场现代化，2009（5）.

[21] W. Chan Kim, Peter Hwang, Global Strategy and Multingtionals' Entry Mode Choice, Journal of International Business Studies, 1991.

[22] Bruce Kogu, Harbir Singh, The Effect of National Culture on the Choice of Entry Mode.

电子商务服务模式的现状分析与发展建议
——以电子商务物流为例

刘 超

摘　要：本文基于现代服务业电子商务服务模式创新的观点，分析了当前电子商务的主要服务模式，并且以电子商务中的现代物流为例，分析了国内电子商务物流的发展现状及存在问题，提出了对于未来电子商务物流服务模式创新的观点和发展建议。

关键词：电子商务　服务模式创新　物流

随着网络和计算机的快速发展和大力普及，电子商务的发展也进入到了一个前所未有的时期。人们的日常生活、工作及学习已经和电子商务产生了千丝万缕的联系，如：购物、订票、缴水电费等。在人们逐渐习惯商务电子化、信息化这种方式后，在不断体验着它带来的方便快捷后，对电子商务活动提供的服务也有了更高的要求。以电子商务为主要经营方式的企业数量不断增加，许多以传统线下模式经营的企业也在开拓自己在互联网上的新天地。这些企业在电子商务领域的发展为消费者提供了更多的选择机会，也促进了消费者对电子商务企业提出更高的期望和要求。对于电子商务企业而言，经营的产品本身固然重要，但是随着参与企业数量的增加，尤其对于普通消费品来说，产品必将趋于同质化。因而，服务就成为未来电子商务企业长期发展的必争之地。但是，服务同样面临着同质化的趋势。所以服务模式的创新就显得尤为重要。

一、当前电子商务的主要服务模式

电子商务服务模式是电子商务交易所提供服务的体现，包括导购平台、商品价格比较推荐类网站、购物辅助支付系统、生活中小额费用支付系统等。优质的电子商务服务形式可以协助企业日常经营、树立企业品牌形象，为企业创造价值。

彭欣、喻光继在“中小企业电子商务服务模式的研究”中按照服务类型划分，将电子商务服务模式分为两种类型，分别是电子商务交易服务模式和电子商务业务服务模式。

（一）电子商务交易服务模式

强家霄，解亚萍在“浅谈企业对消费者电子商务的分类发展与服务模式”中将电子商务服务模式分为：平台服务型电子商务的服务模式，典型电子商务的服务模式和整合型电子商务的服务模式。

1. 平台服务型电子商务的服务模式

该类服务模式主要提供网络平台运营，商家与该服务提供商达成协议后入驻该网络平台，利用该网络平台已有的购物辅助支付系统与消费者进行交易。平台服务型电子商务服务模式为消费者提供了更大的选择空间，而这些可以在一家网站上同时完成，为消费者提供了便捷的服务。在这一过程中，该平台服务提供商不需生产或采购产品，也不会直接参与交易过程。目前的代表企业有：淘宝商城、敦煌网、金银岛等。

以金银岛为例，金银岛是大宗产品电子商务交易平台。目前，公司业务覆盖石油、化工等10余个种类，拥有60多万家注册企业。在现货交易中，卖方在现货交易中心发布卖盘，金银岛根据收费标准收取交易佣金，买方通过银行进行充值付款。（参见图1）

2. 典型电子商务的服务模式

该类电子商务通过其自身的实力和经营影响力开展服务业务。服务提供商通常也是产品提供商，并且会直接参与交易过程。可以通过平台型支付系统、网上银行直接付款或者货到付款等多种支付方式与消费者进行交易。例如当当网、京

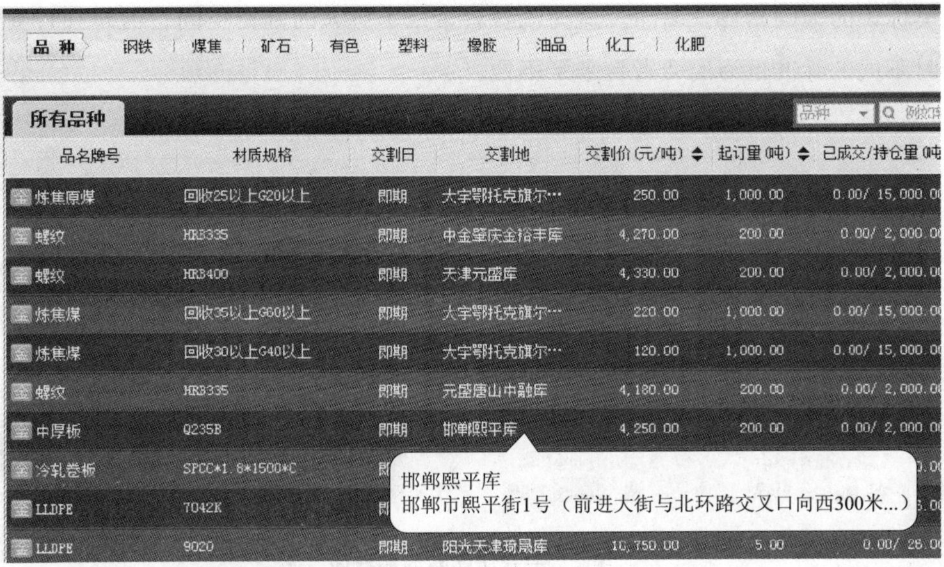

图1　金银岛现货交易

东商城、我买网提供的就是这类典型电子商务服务。这类服务模式的优势在于售后服务更为便捷，如果需要换货退货，可直接与企业进行联系，不需要和服务提供商与产品提供商分别沟通。

以京东商城为例，消费者根据自己的需要在该网站上搜索商品，与平台服务型不同，京东商城没有不同卖家之分，可以看作所有商品均出自京东商城。消费者只需要关注商品本身即可。

3. 整合型电子商务的服务模式

该类电子商务服务整合了平台服务型电子商务和典型电子商务服务的服务模式，结合了两者的优势。在一家网站上，消费者不仅可以选择企业自营商品，还可以选择合作商家的产品。选择空间更大，完全突破了商家之间的限制。该类服务模式可以采用多种支付方式。不足之处是有时候自营商品和合作商家的产品在运费等问题上的条款不一致，对消费者的两类商品一次购买造成了不便。目前的提供整合型电子商务服务的企业有：一号店等。

以一号店为例，一号店不仅出售自营商品，而且出售合作商家的产品。参见

图2，后两个商品价格后面标有“进入店铺”。此类商品为合作商家的产品，无此类标识的为网站自营商品。这为消费者带来了更大的选择空间，但是在计算运费时不同的标准也为消费者带来了不便。

图2　一号店购买商品界面

（二）电子商务业务服务模式

电子商务业务服务模式按照产品从生产到送达消费者手中所涉及的相关运作环节进行划分。该服务模式提供基于网络的研发设计、管理咨询、市场营销、现代物流、财务管理、人力资源和银行服务等。（参见图3）

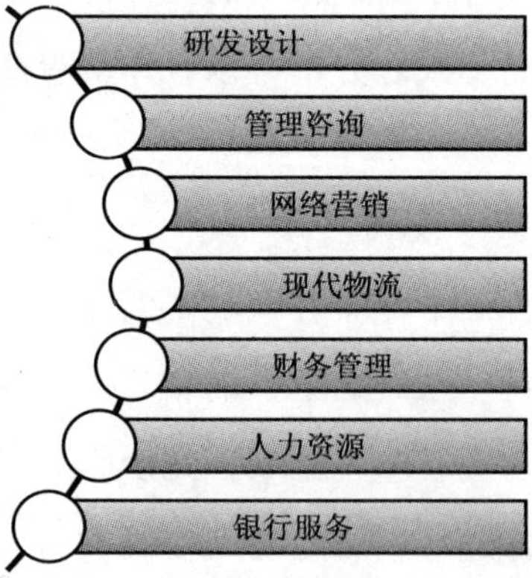

图3　电子商务业务服务模式

例如：市场营销主要为网络营销的模式，借助当下互联网的大力发展和普及，进行以网站间友情链接、在知名门户网站上打广告和微博营销等为主的营销手段，扩大产品影响力。

在银行服务方面，银行大力发展网上银行业务，并且实行汇款减免手续费等措施鼓励用户开通。网上银行覆盖了除现金业务外绝大多数的传统柜台业务，提供的产品功能有查询、转账、代理缴费、网上支付、个人理财等，可以为用户提供24小时不间断的全天候服务。对企业用户实现了集团企业客户在全国范围内的资金划拨和财务管理。与此同时，银行在网上银行安全方面也做了很多工作，包括提高客户端安全、证书使用安全、业务层面安全、服务器安全和运行管理与安全审计。

二、电子商务环境下的物流服务模式

电子商务在互联网的普及之下得到了很大的发展，但是交易并不是在线上完成后就结束了。相当一部分网上交易要依靠物流来真正实现，由此可见，在电子商务的服务模式当中，现代物流占据了十分重要的地位。同时，电子商务配送成为拉动物流服务增长的重要力量。两个行业相互支撑、协同发展。

（一）电子商务环境下我国物流企业及其服务的发展现状

目前国内外电子商务中的物流形式主要有三种：自营物流、第三方物流和物流代理。（参见图4）

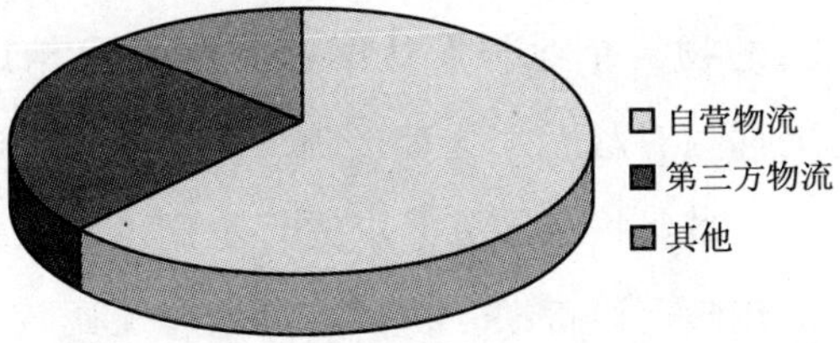

图4　主要物流形式所占比重

1. 自营物流

即电子商务企业自行组织物流配送中心为消费者进行服务。例如京东商城采用的物流配送模式即为自营物流（目前也开始部分采用第三方物流）。该类物流模式的优点是便于控制，容易兑现和消费者之间的配送约定条款。但是，物流业务和网站业务是两个不同的业务，这不符合管理学中企业专业化发展的趋势。带来运送成本高、服务专业化欠缺的问题。这对于企业和消费者来说都是不利的。

2. 第三方物流

是指生产企业把原来属于自己处理的物流活动，以合同方式委托给专业物流服务企业，这种物流模式降低了电子商务企业运送的成本。

借助国内电子商务的快速发展，物流企业也得到了大力发展的机会，如：申通、圆通、顺丰等。他们都以为电子商务企业提供第三方物流为主要业务。这些物流企业的发展在很大程度上改善了电子商务物流的服务质量。物流时间逐步缩短，送达地点的可选择性也在不断增强。相比之下，中国邮政的 EMS 业务因为受到工作日等因素的限制，服务质量难以提升，市场占有率不断下降。由此可见在现代服务业中，服务的优化与创新在提升市场占有率方面所起的作用。

3. 物流代理

是指承接物流业务，代替发货人完成整个物流业务的一种物流管理方式。也称为“第四方物流”。更多地关注整个供应链的活动，目前在国内较少。

（二）物流发展存在的不足之处

本土的物流企业虽然发展迅速，但是我国的电子商务物流刚刚起步，各方面尚不完善。由于缺乏成熟的电子商务物流体系和健全的相应法律法规，第三方物流在服务、管理、资金等方面还存在很多有待加强完善的问题。

在服务方面，国内的物流企业与发达国家物流企业相比，无论在基础设施上，还是在信息技术上都相对落后。这直接制约了提供服务的能力。

信息流通不畅导致很难对物流服务需求进行全面及时地了解，并对物流过程进行有效的控制。自动化搬运设备缺乏，智能化仓库还比较少，这些阻碍了仓储存货的快速有效流动。

曾经发生的电子商务购物网站促销活动导致快递公司仓库“爆仓”事件就是这些问题的集中反映。在“爆仓”事件当中，消费者的利益受到了损害，相应的电子商务网站的企业形象也受到了影响。有人将这一问题归结于快递员的缺乏，快递员的缺乏也许是一方面原因，但这也只是表面问题，物流企业的信息流通不畅和仓库管理等问题才是应该思考和解决的。

除此之外，物流的延伸范围也需要继续扩大。一些较偏远地区依然存在无法送达或者因为配送点较少而导致送达时间过长等现象。这些都是电子商务发展过程当中需要不断优化的服务问题。

三、电子商务物流服务发展建议

未来，第三方物流将是电子商务物流的主要模式，可从以下几方面完善其服务。

（1）物流企业与电子商务网站订立长期合作合同。目前之所以存在电子商务网站自营物流的模式，主要是因为电子商务网站对第三方物流服务不够满意，无法确保其能够在自己对消费者承诺的时间内将商品送达。因而不得不忽略物流成本问题，选择自营物流这种模式。

针对这种情况，物流企业可以与电子商务企业订立长期合同。电子商务网站可根据自身网站所需物流的具体情况对快递公司提出相应要求，如：按照区域划分商品送达时间，不同区域的不同取货地点，以及运费划分等。如果未能兑现合同条款，则按照双方之前的约定进行赔偿处理。这样不仅可以降低电子商务网站的物流成本，为消费者提供良好服务，还将有益于电子商务活动的长期发展。

（2）完善仓库建设。从之前的快递公司“爆仓”事件中可以看出物流企业在面对突发事件时整个仓储系统的脆弱。从相关报道中可以看到，快递公司的仓库中货物堆积如山、摆放混乱，甚至没有分门别类。很明显这样的仓储设施还停留在一个很初级的层面上，完全不能适应未来电子商务物流的发展。

因此应该完善仓库建设，应用信息技术，建立仓储信息系统来管理仓库。这一信息系统可以实现库存信息管理、入库管理、出库管理、库间调拨等功能，使现阶段下的传统型仓库逐步向在现代化信息技术管理下的智能型仓库过渡，实现物流科学管理的第一步。使仓储管理纳入到整个物流服务管理的统筹规划之下。

（3）配送过程信息化管理。目前这一工作已经在一定程度上得到了实现，在一些电子商务网站上，比如淘宝商城，消费者下单之后可以查看到商品物流的过程，从而得知自己购买的产品现阶段已经被送达哪里。但是该信息系统需要继续完善，使其能够和仓储信息系统结合，从而真正实现整个物流过程的科学管理。

（4）应用射频技术。射频技术具有免用电池、免接触、无法复制、安全性高等特点，真正实现“一物一码”，可以有效地进行物品追踪和数据交换。不仅可以节省大量人力，而且提高了工作的效率和准确度。若能将其应用到物流中装卸、运输、入库等各个环节，物流过程的每一步都将处在有效管理之下。

四、结语

电子商务在中国发展到今天，网上购物、网上缴费、网上完成银行业务已经成为人们日常生活中不可缺少的一部分。电子商务网站数量不断增加，传统行业中的企业也开始加入进来，开展自己的网上业务。如果说当初淘宝网借助其平台上商品的低廉价格吸引了人们的眼球，那么在今天在未来，打价格战已经不是长久之计。只有领先的服务才能真正吸引消费者，提升企业自身的竞争实力。电子商务服务模式的完善和创新是中国电子商务持续发展、走向成熟的必经之路，也是现代服务业研究和发展的重要课题。

参考文献

[1] 张其卓．电子金融．北京：高等教育出版社，2005.

[2] 劳帼龄．电子商务．北京：电子工业出版社，2008.

[3] 彭欣，喻光继．中小企业电子商务服务模式的研究．中国管理信息化，2008.

[4] 傅翠晓，黄丽华．我国 B2B 电子商务服务模式的分类探讨．中国科技论坛，2010.

[5] 房延生，姜圣洁，董险峰．电子商务环境下的物流管理创新．生产力研究，2011.

[6] 强家霄，解亚萍．浅谈企业对消费者电子商务的分类发展与服务模式．商场现代化，2011.

[7] http：//baike. baidu. com/view/132280. htm.

[8] http：//www. hao898. info/hyzixun/110. html.

C2C 电子商务之中国在线文档分享平台的对比分析

侯伟相

摘　要： 随着信息时代的到来，纸质读物已经远远不能满足读者的需求。随着电脑的普及以及信息技术的发展，人们对于数字化阅读的需求不断增加。本文对四个具有代表性的在线文档分享平台进行了多方面的分析，通过对四个平台的版权处理、供求、平台运行模式以及盈利模式、用户体验功能等方面的对比分析，最终认为豆丁网是这四个分享平台中做得最好的一个，百度文库次之。

关键词： 在线文档　分享平台　豆丁　百度文库　道客巴巴　爱问共享

一、在线文档分享平台简介

（一）产生背景

随着信息化时代的到来，仅仅靠出版社或是报社发行纸质读物的时代即将过去，人们数字化阅读的需求原来越大。另外随着电脑以及一些可以用来阅读电子文档的数码终端的普及，不论是在办公还是个人学习、生活中，我们离不开电脑。可以方便快捷地创建、管理电子文档是我们使用电脑等数码设备的一大主要原因。在学习和办公中，我们常使用的文档类型主要包括 Word、Excel、PowerPoint、PDF 等。这些文档需要进一步发挥更大的作用。

（二）存在的现实意义

随着日积月累，自己电脑里文档是越来越多，有的对自己来说可能已无多大用处，弃之可惜，但存之又占用空间。另一边，别人正在为寻找这篇文档而焦头烂额，这时“文档分享”就应运而生了，“文档分享”的平台在两个用户之间架起了一座互通的桥梁，顺利地解决了两者之者的矛盾，进一步提高了工作、学习的效率，带来了生活的便捷。可谓是“分享你我的文档，享受彼此的轻松”。

（三）在线文档分享平台的系统简略结构

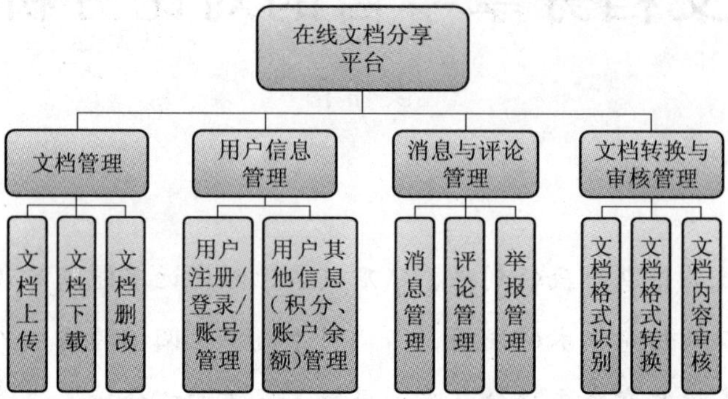

图1 在线文档分享平台系统简略结构图

二、分析对象的选择

按照规模，用户群体数量，现存文档数量，背后运营商大小，选取了两类在线文档分享平台的代表各两个。从文档上传者的报酬或是文档下载者支付的角度来看，主要包括积分制和现金制。而在积分制中，以百度旗下的百度文库和新浪旗下的爱问共享资料为代表；豆丁文档分享平台和道客巴巴则是现金制的典型代表。需要说明的是：

（1）豆丁文档分享平台（下面简称豆丁或豆丁网）实行豆元制。一豆元等于一人民币。随着豆丁的发展，为了鼓励用户下载豆丁的文档，创造更大的用户群体和流动性，豆丁推出了奖励豆元机制——这种豆元只可以用于网站内消费，购买文档，不能用于兑换人民币。因此，在豆丁网有两种豆元，一种是可兑换的豆元，一种是不可兑换的奖励豆元，后者是为了鼓励用户下载豆丁文档，扩大豆丁网用户群体和影响力而设立的。

（2）道客巴巴虽然实行积分制（文档标价为积分制），但积分的源头建立在用户充值的基础之上，一元人民币兑换100个道客巴巴的积分，比如：在道客巴巴下载一个标价为600积分的文档，则需要充值6元人民币才能下载。因此把道客巴巴归为现金制的代表。

下面将对以下四个在线文档分享平台进行对比分析。

三、虚拟产品特性分析

（一）电子商务中的虚拟产品与实物产品对比分析

表1　电子商务中的虚拟产品与实物产品对比分析

产品类别 / 对比项目	虚拟产品	实物产品
存在形式	电子形式（比特）	实物形式存在
可视化及用户体验	人多数不可视，只能通过描述感受虚拟产品的品质和质量。	可视，通过图片和尺寸可以感受其人小和特性，以及品质和质量
是否可退换货、退款	基本不可退换货和退款，但部分产品可以升级	绝大部分可退换货和退款
售后服务	售后服务基本无保障（少数软件产品除外）	绝大部分有保修及退换货服务
传递速度与渠道	通过网络传递，速度极快且高效	通过快递等物流方式传递
运输成本	无运输费用	有运输费用

（二）版权问题处理

1. 百度文库

对于百度文库来说，它是中国第一个陷入版权纠纷的文档分享平台。2011年，百度陷入版权纠纷，被迫删除侵犯作家版权的文档。2011年3月的IT领袖峰会上，李彦宏称“百度文库与作家共赢的模式”初现雏形。百度文库正式推出版权合作平台（wenku. baidu. com/hezuo），通过付费分成、广告分成两种模式为版权方提供收益。

2. 豆丁

对于版权问题，豆丁效仿百度，和一些出版发行机构合作，邀请他们入驻豆丁网，共享收益。对于一些已经存在的侵权文档，豆丁则是采取举报和控诉制。如果某版权方发现豆丁的文档侵犯了自己的版权，则可以在线举报投诉，也可以提交书面申请资料，证明自己是版权所有者，督促豆丁删除已经发布的侵权文档。

另一方面，豆丁也在积极推进用户实名认证和行业名人认证，以此规范用户的行为和追究相关人员的责任。

目前豆丁还推出了私有文档的上传形式。

3. 爱问共享资料

对于版权方面，相对前两者，爱问共享资料做的较差，没有看到其保护版权的行为，只看到网页上的一个举报标识，对于版权处理，在其免责声明中可以看到：

对于使用爱问而引致的任何意外、疏忽、合约毁坏、诽谤、版权或知识产权侵犯及其所造成的损失（包括因下载而感染电脑病毒），爱问概不负责，亦不承担任何法律责任。

任何单位或个人认为通过爱问的内容可能涉嫌侵犯其合法权益，应该及时向爱问或服务网站书面反馈，并提供身份证明、权属证明及详细侵权情况证明，在收到上述法律文件后，爱问资料分享平台将会尽快移除被控侵权内容。

对于版权问题，爱问共享资料几乎没有做足相关方面的工作，因此其网站也相对的缺乏活力和竞争力。

4. 道客巴巴

对于版权处理，道客巴巴和爱问共享资料几乎一样，没有做足相关版权保护方面的工作，道客巴巴为版权方提供了举报和控诉的渠道，对于道客巴巴已经存在的侵权文档，版权方可以把相关的证明寄送到道客巴巴公司，审核通过后，就可以删除侵权的文档。

综上，在版权处理方面，百度文库和豆丁做得较好，而道客巴巴和爱问共享资料做的相对不足。豆丁和百度文库都选择与版权方合作和共享收益的方法，不但促进了平台自身的发展，也为版权方增加了一个盈利的途径，更为普通用户提供了除了纸质读物之外的电子读物，可谓是一举三得。

四、供求分析比较

（一）供给分析

1. 文档来源分析

对于豆丁和百度文库来说，文档的来源分为两个部分，一部分是普通用户上传，这个是文档来源的主体；另外一个是合作机构。后者是为了解决版权问题和促进平台自身发展的一个必要的部分。

对于道客巴巴和爱问资料共享，其文档均源来自普通用户的上传，没有机构文档。

2. 支持文档类型，数量规模，安全度，以及比较分析

表 2　　在线文档分享平台的供给对比分析

比较项目 / 分享平台	支持文档类型	文档数量规模	文档安全	在线阅读
百度文库	MS Office 文档 WPS Office 文档 PDF TXT 图片等	3 400 万	易被截屏软件违规下载	全部可在线阅读
道客巴巴	MS Office 文档 PDF TXT	未知	易被截屏软件违规下载	全部可在线阅读
豆丁网	MS Office 文档 WPS Office 文档 PDF TXT 图片 XML EPUB 等	已超过 1 亿	易被截屏软件违规下载	全部可在线阅读
爱问资料共享	TXT，DOC，XLS，RAR，PPT，PDF，ZIP，JPG 等	未知	不易被截屏软件违规下载	极少数可在线阅读

说明：这里的文档安全是指文档被截屏软件违规下载的可能性。

从供给的角度，豆丁，百度文库，爱问共享资料支持的格式较多，而道客巴

巴支持的格式相对较少，豆丁文档数量规模较大，文档种类较全，而且全部支持在线阅读，相对其他平台有较大优势。四个平台都面临着被非法下载（大多是截屏软件下载后合成 PDF 文件）的问题，由于爱问共享资料绝大部分不支持在线阅读，因此其被截屏软件违规下载的可能性大大降低。

（二）需求分析

1. 目标群体分析

在线文档分享平台针对的目标群体主要是教育考试和职场办公人士，其他群体数量相对较少。对于前者，主要包括在校学生，以中学生和大学生（本硕博）为主体，另外还包括一些社会上自考和备考各种资格考试的群体（主要是为了教育资源的共享）。对于后者，主要包括一些白领和蓝领群体，他们需要的主要是商业办公所需的电子文档，如企业管理制度，项目策划，行业分析，生产建设技术等类型的文档。

2. 需求动机分析

从成本角度，普通电子文档成本较低，不到实际出版物价格的 20%；从可获得性看，有的资料未必是正规出版物，是别人分享的私人文档；从便宜性看，电子文档可以直接拿来修改和使用，不用自己输入和编写，节约了时间和人力成本，不过这易引发一系列问题，如学术欺骗、剽窃等问题。

五、网站运营与盈利模式分析

（一）用户积分（豆元）获得方式和流动渠道

1. 积分制

（1）百度文库

表 3　　百度文库主要的积分制度

操作	经验值	财富值	备注
新用户	+20 分	+10 分	完成帐户的激活
每天登录	+2 分		每日只在第一次登陆加分

续表

操作	经验值	财富值	备注
上传文档	+2 分/份		
免积分文档被下载	+1/被下载 1 次每份文档可以通过文档被下载获得经验值奖励的上限为 50 分	当单份文档下载量超过 500 时，500－600 次下载之间，每被下载 1 次，获得：系统奖励 2 份。	自己下载自己资源不扣分、不加分
标价非零的积分文档被下载		+1 分/次	自己下载自己资源不扣分、不加分
评价文档		+1 分/次	每天最多 5 分
创建文辑	+2 分（每天最多 10 分）	+2 分（每天最多 10 分）	二级及以上用户才能创建文辑
文辑被收藏	当文辑的收藏量大于 100 次时，一次性奖励 50 经验值	当文辑的收藏量大于 100 次时，每增加一次收藏系统奖励 1 份。奖励财富值上限为 500 分。	

（2）新浪爱问分享平台

表 4　　爱问共享资料积分制度

操作	收益
注册成为新用户	20 分
成功激活邮箱	20 分
每天登陆	5 分，每天 5 分封顶
资料被人下载	资料所有人将获得设定的所有积分 若资料是免费下载的，则别人每下载一次，奖励 1 分

2. 现金制

（1）道客巴巴

表5 道客巴巴积分制度

操作	收益
首次注册并通过认证	获得50积分
文档交易收益	用户上传文档后被其他用户下载所得的收益。文档的下载积分可以自定，但每笔交易道客巴巴收取20%的手续费。（相当于2:8分成）
文档浏览收益	用户上传文档，在一个单位日期周期内，被其他用户浏览一次，获得0.1积分（相当于0.001元），重复IP不计。

（2）豆丁网（非奖励豆元）

表6 豆丁网的豆元制度（非奖励豆元）

操作	收益
文档交易收益	用户上传文档后被其他用户下载所得的收益。文档的价格可以自定（普通用户最高定价为10元篇），但每笔豆丁的交易豆丁网收取50%的手续费。（相当于5:5分成）
文档浏览收益	用户上传文档，在一个单位日期周期内，被其他用户浏览一次，获得0.001元，重复IP不计。

（3）豆丁网（奖励豆元）

表7 豆丁奖励豆元制度

操作	获得奖励豆元（不可兑换）	备注
验证激活邮箱	奖励1豆元	
上传文档	奖励1豆元	上传文档并审核通过，每天最多2豆元
文档被下载	奖励1豆元/次	同一用户下载不累计，每天最多2豆元
创建豆单	奖励1豆元/个	创新豆单并审核通过，每天最多2豆元

续表

操作	获得奖励豆元（不可兑换）	备注
豆丁任务	新手 2 豆元；小学 5 豆元；小学进阶 10 豆元；中学 15 豆元；高中 20 豆元；大学 25 豆元；研究生 30 豆元；博士生 50 豆元	做我的任务中的成长任务，得到相应的奖励豆元
豆丁官方活动	奖励相应豆元	具体奖励数量查看活动说明

从积分（或是豆元）设置来看，豆丁和百度文库的设置最详细和具体。相对爱问共享资料和道客巴巴，豆丁和百度文库积分设置更具差异化和多样化，这大大地增加了用户上传下载的积极性，进而增加了分享平台的活力和访问量，为其广告盈利模式创造了广泛的“群众基础”。

（二）资金收入

1. 广告盈利模式分析

目前，除了道客巴巴没有推出广告盈利模式外，其他三个均已利用其广大的客户群体和每天的巨大点击量，在比较醒目的位置刊登广告，从中赚取广告刊登费。百度文库没有在其文档处刊登广告，而是在其搜索引擎的结果中安置广告。

目前，豆丁网开通了广告服务，在网站内多处植入广告，其广告位也一直在招商。广告的收入在豆丁网的收入中所占比重越来越大。

百度文库隶属于百度旗下，由于百度文库从属百度整体利益的安排，没有在文档中植入广告。不过由于百度文库的存在，百度文库使用群体增加的同时，百度的知名度以及百度搜索引擎的使用量都大大增加。百度文库扩大了百度搜索引擎的使用量，进而扩大了百度的整体利益。

爱问共享资料是隶属新浪旗下，在每一个文档下面，都会有一些广告，如：淘宝购物，医院，医疗设备等广告。同百度文库一样，爱问共享平台从属新浪的整体利益安排，爱问共享平台扩大了新浪植入广告的浏览群体和点击次数。

2. 用户充值

在豆丁网中，有一部分收入来自用户的充值，每一笔交易中，交易额的

50% 作为网站的佣金收入。而目前来看，道客巴巴没有广告收入，道客巴巴的全部收入源自于用户充值交易后的 20% 的网站佣金。百度文库也有少量付费文档，和豆丁、道客巴巴相比，数量极小。

（三）资金支出

四个文档分享平台资金支出均包括员工工资，网站服务器租金以及其他租金，日常办公支出等。此外，道客巴巴和豆丁网还包括对文档上传者的支付，道客巴巴则需支付每笔交易的 80% 给文档上传者，而豆丁则需要支付每笔交易的 50% 给文档上传者。

从四个平台的资金收支来看，百度文库和爱问共享资料都是一个子产品，为了整体利益而服务；相对来讲，豆丁和道客巴巴则相对的独立，是独立运营的文档分享平台，在资金的收支上更加注重每一战略安排和计划的收益和成本。

六、用户体验功能对比

（一）搜索浏览功能对比分析

以“考研英语真题”搜索为例，比较四个网站的不同：豆丁是这四个平台里搜索浏览功能做得最好的一个。豆丁支持文档格式，页码筛选以及相关搜索提示，支持高级搜索。不足的是下载文档要付费，这个让很多人望而却步。不过，正是因为这样，才激发了很多文档上传者上传自己的私人文档到豆丁，这不仅增加了豆丁优质文档的数量，也增加了豆丁的用户数量。

表 8　　四个分享平台的搜索浏览功能对比分析

平台 / 对比项目	百度文库	爱问共享资料	道客巴巴	豆丁
格式筛选	支持	支持	不支持	支持
文档页码筛选	不支持	不支持	不支持	支持
相关搜索揭示	不支持	不支持	不支持	支持
搜索结果是否附带广告	否	是	否	否
是否支持高级搜索	否	否	是	是

（二）分享、收藏、嵌入功能对比分析

由于此项功能的技术含量相对较低，四个文档分享平台的分享收藏功能平分秋色。均可以分享到人人网，QQ 空间，新浪微博，腾讯微博，开心网，豆瓣网等。

（三）移动应用平台和客户端（CS）

在这四个分享平台里，只有豆丁开发了自己的移动应用平台——开放阅读器（图 2）和豆丁书房（图 3）。开放阅读器包含两个版本：iPhone 版和 Android 版。豆丁书房包括三个版本：iPad 版，iPhone 版和 Android 版。

图 2　豆丁开放阅读器

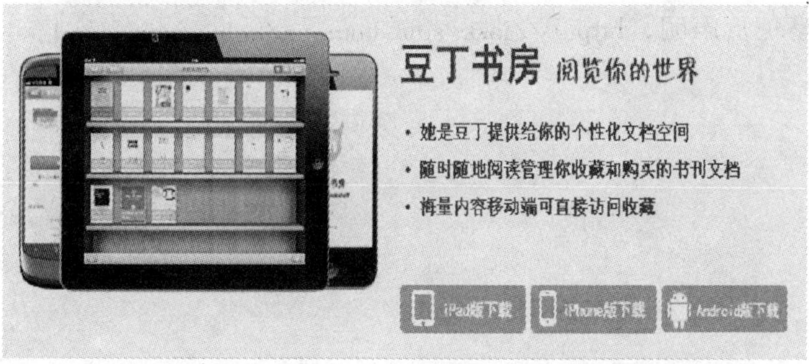

图 3　豆丁书房

这些移动应用平台大大地增加了豆丁网的使用人群数量，扩大了豆丁的影响力。另外，豆丁和道客巴巴均开发了自己的批量上传软件，但道客巴巴官方的批量上传软件需要达到一定用户级别才可以使用，因此使用的人数相对受到限制，使用人数较少。而豆丁的批量上传软件——豆丁桌面使用无限制，普通用户就可使用，用户数量大。

在这四个平台中，大都采用了 B/S 模式，只有豆丁开发了自己的 C/S（客户端）——豆丁桌面，但豆丁桌面大多情况下被看做是批量上传软件，类似道客巴巴的批量上传软件，豆丁网的大部分功能实现还是通过 B/S 方式。

从版权处理，供求分析，网站运行模式和盈利模式，用户体验等比较来看，豆丁是这四个网站中，做得最好的一个，也是最具有潜力的一个。我们看到的实际状况也是这样，尤其是在豆丁网账号和人人网账号绑定后，豆丁的使用量大大增加，其提供的服务也越来越差异化和多样化。在剩下的这三个平台中，百度文库也很具活力，相对豆丁，百度文库实行积分制，给许多不愿意支付的用户提供了“替代品”，许多的免费文档为百度文库增加了不少客户群体同时，也增加了百度文库活力。

参考文献

［1］百度百科，http：//baike. baidu. com/view/2645049. htm.

［2］网易科技，http：//tech. 163. com/11/0330/07/70CL9F4R000915BF. html.

［3］爱问共享免责声明，http：//iask. sina. com. cn/help/mzsm. html.

［4］爱问共享免责声明，http：//iask. sina. com. cn/help/mzsm. html.

大学生课外活动对学习成绩影响调查分析

单　乐　赵红旭　高　婧

摘　要：目的证明参与课外活动可以促进学习成绩，并对课外活动的评价标准给出建议。方法：对课程成绩和德育分做回归分析，针对相关问卷结果做统计分析。讨论：大多数课外活动对成绩有促进作用，学校对德育分评分标准应该细化。结论：课程成绩与德育分有线性关系，具体项目与学习成绩的影响关系显著。

关键词：大学生　成绩　德育分

一、引言

随着国家大力发展高等教育政策的实施，高等教育获得了突飞猛进的发展，各高校除了为学生们配备了优质的师资队伍，也提供了良好的课外活动环境，以便大学生能够施展自己的才华，在课外得到更全面的锻炼。同时在大学期间，对于学生的评价不是单独依赖学习成绩，也越来越多地加入了课外活动的因素。学校希望通过丰富多彩的课外活动促进学生的学习成绩，那么两者之间是否存在这样的正相关？本文正是针对这一问题的实证研究。

二、研究对象与方法

（一）对象

大学生在大学期间的前两年普遍参与各式各样的课外活动较多，而后两年对自己的学业、未来出路关注较多，相对而言课外活动参与较少。所以本文以对外经济贸易大学一、二两个年级在校本科生为调查研究对象。收集他们之中的课程成绩和德育分样本共2520份。课程成绩是一个学年各个课程得分按照学分比例的加权平均，德育分是课外活动参与情况的量化反映。共发放问卷215份，回收有效问卷189份，有效回收率为87.9%。其中女生有127人，占67.2%，男生62人占32.8%，比较符合对外经济贸易大学男女生整体比例。

（二）方法

1. 调查方法

为确保所得结果的可靠性，2520份数据样本来自于对外经济贸易大学的十一个不同学院，有代表性。问卷调查采用分层抽样和随机抽样的方法，纸质问卷与电子问卷相结合，广泛收集学生们的意见。

2. 统计分析

针对2520份课程成绩和德育分样本，利用SPSS17.0进行相关分析及回归分析，以初步了解学生课外活动的参与情况与课程成绩的关系。预测变量为课程成绩，因变量为德育分。针对问卷结果做一些简单的统计分析，对课外活动的类型进行分类，进一步探究各类课外活动对学习成绩的影响情况。

三、研究结果

（一）相关分析结果

相关分析是探究学生课程成绩与德育分两个变量之间的相互关系，结果如表1所示，德育分与课程成绩分的Pearson相关性为0.207，显著性水平为0.01。因此德育分与课程成绩分在显著性水平很高的情况下呈现轻度正相关。

表1　　相关系数表

		德育分	课程成绩
德育分	Pearson 相关性	1	.207**
	显著性（双侧）		.000
	N	2520	2520
课程成绩	Pearson 相关性	.207**	1
	显著性（双侧）	.000	
	N	2520	2520

（二）回归分析结果

回归分析是研究变量之间是否存在一定联系的统计学方法。以课程成绩为预测变量，以德育分为因变量，采用线性回归的方法，研究两者之间是否存在某种线性关系。回归方程检验的方差分析如表 2 所示，回归方程是显著的，F = 112.345，p = 0.000，即说明了德育分受课程成绩的显著影响。回归系数估计及其检验结果如表 3 所示，截距项和自变量的回归系数 t 检验都达到了显著水平，Sig 都等于 0.000，说明截距项与回归系数都具有统计学意义，自变量与因变量的线性关系显著，该分析的非标准化回归方程可以写为：Y = 13.995 + 0.036X，标准化回归方程为：Y = 0.207X。总体图形及趋势如图 1 所示。

表 2　　回归方程检验的方差分析表

模型		平方和	df	均方	F	Sig.
1	回归	73.440	1	73.440	112.345	.000[a]
	残差	1646.004	2518	.654		
	总计	1719.444	2519			

表 3　　回归系数估计及其检验表

模型		非标准化系数		标准系数	t	Sig.
		B	标准 误差	试用版		
1	（常量）	13.995	.202		69.246	.000
	课程成绩	.026	.002	.207	10.599	.000

（三）课外活动占用时间统计分析

参与课外活动所占时间的总体水平达每周 3.5 小时，有 39.2% 的同学选择 1 – 4 小时，17.5% 的同学选择 4 – 7 小时，10.6 的同学选择 7 小时以上。这说明课外活动已经成为大学生生活不可或缺的一部分，丰富多彩的活动为大学生提供了一个很好的展示、交流和提升的平台。

（四）各类课外活动对课程成绩具体影响情况

按照课外活动的细分，问卷结果如表 4 所示。

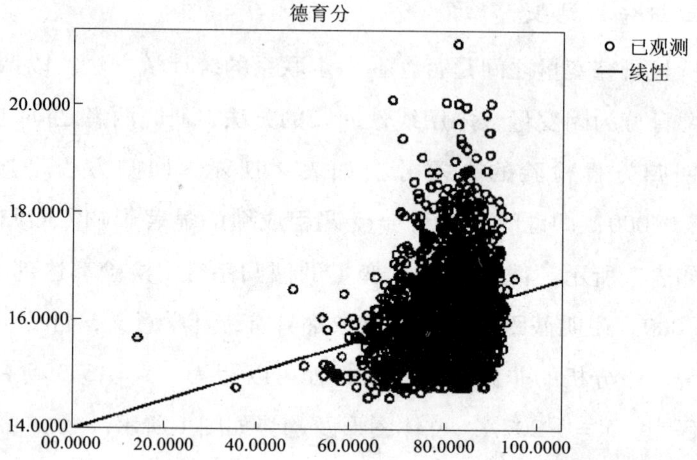

图1　曲线估计拟合图

表4　各类课外活动对课程成绩的影响情况

项目 \ 作用	学术科研竞赛培训	各类组织负责人	各类组织干事	担任班干部	勤工助学	志愿活动支部活动	听讲座	文娱活动
很大促进	21.6%	4.6%	1.9%	4.8%	5.3%	10.5%	8.5%	3.2%
一些促进	49.6%	31.7%	26.6%	30.1%	28.7%	29.7%	44.2%	21.6%
没有促进没有影响	15.2%	28.4%	31.2%	47.1%	46.9%	35.5%	35.2%	47.1%
很小影响	11.2%	22.5%	32.5%	9.6%	11.7%	20.4%	9.7%	22.9%
较大影响	2.4%	12.8%	7.8%	8.4%	7.4%	3.9%	2.4%	5.2%

1. 参加学术科研、竞赛培训活动与课程成绩

整体而言，绝大部分学生认为参加学术科研、竞赛培训有促进作用。有很大促进作用和有一些促进作用的比例在成绩各个阶段的同学中均超过了40%。由此看来，学生们较为认可学校在竞赛方面的培训，也很注重培养自己的科研或者竞赛能力，通过参加比赛或者科研挖掘新的知识领域，发现自己的兴趣，把课本上的知识运用到实践中，从而提升实战能力。

2. 做学生会或各类社团负责人与课程成绩

对于学生会和各社团的负责人来说，他们因为很有责任心，看重社团活动，热爱团队才会被提拔。也付出了较多时间和精力在组织和管理团队上。针对他们的调查结果显示，同学们的选择集中在“有一些促进作用”、“没有促进也没有影响”、“有很小的影响”，而且选促进比选影响的人多。基本可以说明做负责人不会影响学习成绩，把握得好可以对成绩起促进作用。

3. 做学生会或各类社团干事与课程成绩

大一同学刚刚踏进大学校门，急于适应大学生活，希望在社团当中锻炼各方面能力，可能报名参加了很多社团或学生会。作为干事的他们比较辛苦，所做工作比较琐碎，而且占用时间多。和上面两方面相比，这道题选择“有很小的影响”和“有较大的影响”的人数明显上升，而“有较大促进作用”的人数明显下降，可见大家认为作干事对学习有一定的影响。特别是对于成绩在前 10% 的同学来说，33. 3% 的同学都认为有很小的影响。

4. 参加志愿活动和党支部活动与课程成绩

参加志愿活动和党支部活动一直以来都深受大家青睐，原因在于同学们认为这些活动比较有意义，一方面可以帮助他人，一方面可以提升自我价值，这对大学生的人生观、价值观都有很重要的影响。对于成绩在前 10% 的同学，接近一半的同学都认为志愿活动和党支部活动有一些促进作用，总体来看认为有影响的同学只占 24. 3% 。所以，参加志愿活动和党支部活动对学习成绩的正面影响较大。

5. 听讲座与课程成绩

这道题目选择“有一些促进作用”和“没有促进也没有影响”的人数明显增多，特别是对于成绩位于前 10% 的同学和 70% －90% 的同学，认为“有一些促进作用”的比例高达 58. 33% 和 64. 71% ，其他同学认为有一些促进作用的比例也比较高，在 40% 作用，反映了大家对讲座还是比较认可的，认为可以从中学到一些知识。也存在一部分的同学认为没有促进也没有影响。一方面跟讲座的性质有关，有些讲座邀请了文化名人、企业名人，他们的话往往能给人一些启迪，给大学生带来一定积极的作用。而有些讲座商业性比较强，大家从这类讲座中学到的东西较少。另一方面讲座一般只进行几个小时，占用同学们的时间较少。

6. 参加文娱活动与课程成绩

近半数同学认为参加校级或院级举办的文娱活动对自己的学习没有促进也没有影响，具体分析在各成绩段的同学中也占有较大比例。最近几年大学生的身体素质持续下滑，一方面大学开设的体育课较少，基本上每周只有一节课，而且到大三、大四一般就没有了，另一方面大学生压力较大，生活经常没有规律。适当地参加文娱活动在不影响学习成绩的前提下对大学生的身体素质有提升作用，值得鼓励。

（五）对德育分的看法与成绩分析

整体上 83% 的学生认为德育分不能很好体现他们参加活动的付出。实际成绩在前 10% 的同学有 75% 认为他们的德育分基本不体现或一般不能体现活动的付出，同时理想成绩是 10% 的同学中 82.93% 认为他们的德育分基本不体现或一般不能体现活动的付出。

（六）功利心理与德育分看法分析

如表 5 所示数据显示，有德育分才参加的同学中有 64.71% 认为他们的活动不能很好体现参加活动的付出，35.29% 则认为很好体现。看兴趣参加的同学中有 87.09% 认为不能很好体现，而认为能体现的只有 12.9% 。说明许多让同学感兴趣的活动不能给予参加活动同学很好的德育分奖励，而提前声明有德育分加分的活动也有超过一半的人认为不能很好体现他们参加活动的付出。

表 5　　功利心理与对德育分的看法

看法 心理	A 基本体现，参加的活动基本都折算成德育分	B 一般可以体现，一些活动不加分或加的少	C 基本不能体现，许多活动不加分
A 有德育分才参加	12（35.29%）	17（50%）	5（14.71%）
B 看兴趣，加不加分无所谓	20（12.9%）	84（54.19%）	51（32.9%）

四、讨论

在课外活动对成绩的影响方面，对于学生会或各类社团负责人而言，首先他们还是在干事时就做得比较好，这样才会被大家推选成为负责人，另一方面他们对自己的组织很热爱，很想和一群志同道合的朋友做一些想做的、有意义的事情，所以他们觉得学生会或社团工作并不会给他们的学习造成太大影响，而大多数这样的同学能力比较强，也能很好的平衡学习和社团工作。

而对于干事而言是有一些影响的，这是因为干事大多是大学一年级的学生，他们刚开始一般还不能确定自己到底想要在大学生活中做些什么，因而加了一些不太适合自己的社团，甚至有些同学盲目加入了很多社团。而大学中的每一个活动主力就是干事，活动的好坏关键在于干事能否正确执行部长的命令，所以干事相对而言比较辛苦，社团活动会占用他们较多时间，对他们的学习时间会产生较大影响。另一方面，大学一年级的同学离开了父母、老师的监督，能不能在大学中很好的把握时间，平衡各方面事情，锻炼各方面能力，这对于一年级学生来说都是一个挑战。因而干事情绪波动可能会比较大，也会认为社团工作占据他们的学习时间。

对于一些特殊的群体如：班干部、勤工助学的同学而言，普遍觉得不会对自己的学习造成很大的影响。究其原因，他们虽然比较辛苦，负责上传下达，是老师和学生沟通的桥梁，但工作量不太大，不会占用很多时间。在校内的勤工助学岗位工作也不会花费太多时间，每周只有几次，而且工作内容比较轻松，没有工作时学生会在老师办公室自习，所以此项活动对大家的学习、生活基本上也没有影响。

总体而言，课外活动对成绩有无影响因人而异，大多数同学能够做到平衡学习与工作，能够随时调整自己，工作与参加课外活动两不耽误。而有的同学可能只能专心专注于学习，不能有其他事情来干扰。

在对德育分的看法方面，整体上大部分学生实际德育分不能很好体现他们参加活动的付出，很多同学认为德育分的加分标准不公平。结合实际成绩与理想成绩关系，可见大部分实际成绩不理想的同学认为德育分不能体现他们参加活动的付出，这部分活动占用时间却没有体现在他们的成绩中，这是影响他们没能达到理想成绩的一个因素。建议学校完善德育分的加分制度，将标准适当细化，将活动本身的价值、活动所占时间和所达到的效果考虑进去。并且扩大加分活动的覆盖范围，一些同学抱怨有很多活动不加分。相信这样一来，学生综合成绩达到理想成绩的比例会提高，对于德育加分的满意度也会增加。

五、结论

综上所述，通过对大学生课外活动对学习成绩影响的调查分析得出以下结论：

（1）课程成绩与德育分正相关，成绩越好的同学德育分也越高。

（2）参加学术科研、学科竞赛活动，参加志愿活动，参加支部活动，担任学生会和各类社团的负责人，听讲座对成绩有一定促进作用。

（3）担任班干部，勤工助学，参加文娱活动对成绩既没有促进也没有影响。

（4）担任学生会和各类社团的干事对成绩有一定影响。

参考文献

[1] 张文颖，张玉．大学生成绩影响因素的主成分分析．科技创新导报，2010.

[2] 刘冬元，唐志刚．大学生成绩的统计分析．数学医学期刊，2005.

[3] 邓勇，唐山．对大学生成绩计量的比较研究．科教文汇，2007.

[4] 张万勇，刘根福．大学生心理健康与体育锻炼关联因素的回归分析．现代预防医学，2012.

北京高校校园安全调查报告

田显荣　张　露

摘　要：我国的教育事业获得空前发展的同时，学校的校园安全问题也日益严峻，学校安全事故和校园伤害案件近年来呈上升趋势，校园安全问题已成为社会各界关注的热点问题。大学生作为一个在特定时间、特定空间、特定环境条件下活动的庞大特殊群体，其生活学习的安全问题已越来越引起全社会的广泛关注。高校校园安全问题是关系到青年学生的健康成长和社会稳定的大事，因此，加强对高校校园安全问题的研究是十分重要和紧迫的，为了防患于未然，高等学校有必要建立相应的安全管理预警机制。

学校安全事故原因应从校内和校外两面分析，各级学校应以人为本，建设校园安全文化，加强突发安全事故的预警，完善校园安全管理制度，及时处理校园安全事件等等有效的措施，为广大师生营造一个安全健康的良好校园环境。

本研究的调查目的是高校安全问题之所以比较严峻，正是和学校的管理机制以及学生的自我意识息息相关，为了找出高校管理上的薄弱之处以及学生的疏漏之处，我们从北京地区选择了几所高校进行调查以达到预期效果。

调查对象包括对外经贸大学、北京外国语大学、北京科技大学、北京化工大学、中国地质大学五所高校的近250名在校学生。

调查形式采用发放纸质问卷，发放250份，有效回收237份。

研究小组在分析调查结果的基础上，对校园安全问题提出了相关建议，希望对学校和学生对安全的认识不断提高起到积极的推动作用。

关键词：校园安全　校园责任　安全意识

一、调查结果汇总

（一）宿舍安全问题

宿舍安全问题包括宿舍管理和安全意识问题。

1. 宿舍管理

由图 1、图 2 可以看出有 8.94% 的宿舍丢过贵重物品，丢过东西的比例占到 14.47%，丢失物品的比例总共占到 23.40%，已经占到了较大比重。而遇到过外来人员上门推销促销情况的比重居然高达 94.04%，且只有 44.92% 的同学认为宿舍管理员尽职到位。明显可以看出宿舍管理方面存在许多问题，尤其是针对于宿舍门禁。但是在贵校宿舍是否有用电功率限制这一问题中，93.62% 的高校都有用电功率，说明高校对于宿舍设施安全方面管理基本到位。

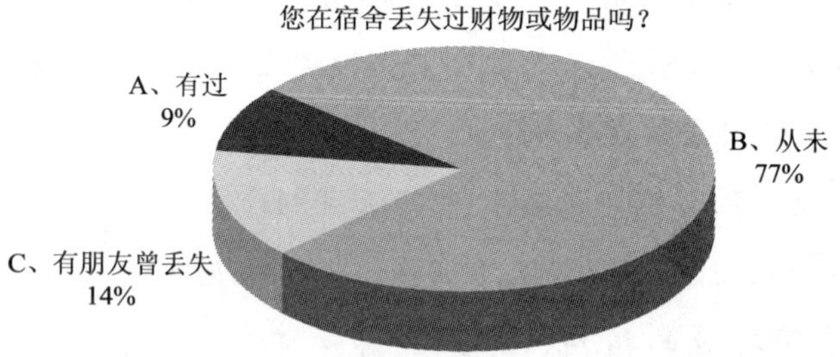

图 1　宿舍丢失

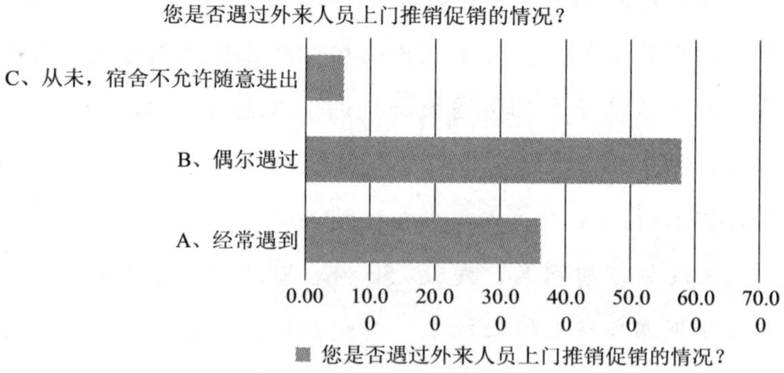

图 2　外来人员推销

2. 安全意识

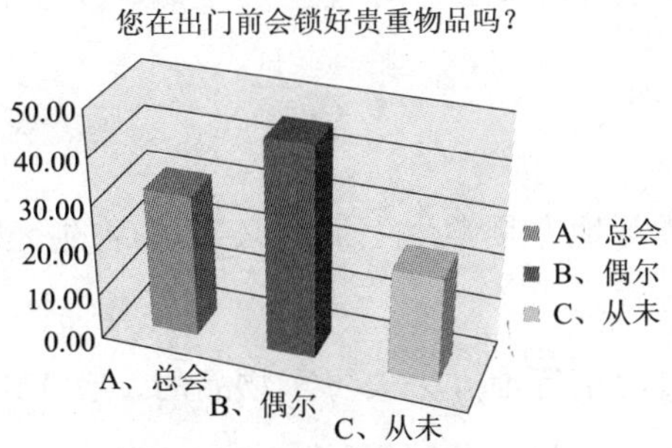

图3　加锁贵重物品

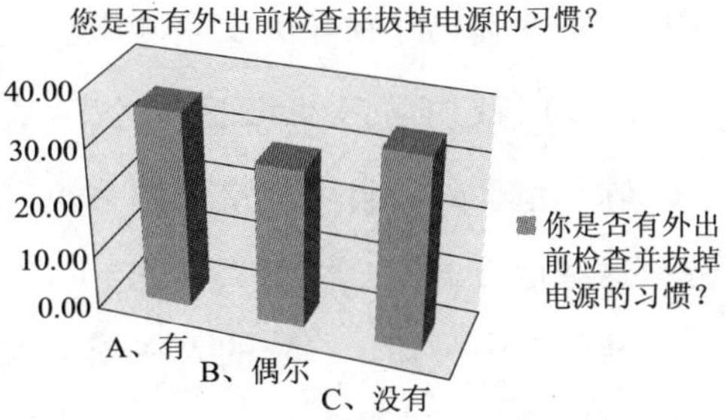

图4　电源安全

调查显示，仅有31.06%的同学离开宿舍时总会及时锁门，不难看出在宿舍丢失财物和贵重物品很大一部分原因是同学缺少安全意识和自我防护。另外，也仅有35.9%的同学总是在外出前拔掉电源，这也是导致校园事故的一大原因。在是否使用过电热杯等违禁电器这一选项中，90%的同学选择了没有，说明大多数学生还是遵守宿舍安全规定准则的。

（二）学校商业街及附近的安全问题

学校周围的商业街是学生生活、购物的重要场所，学生在学校的商业街的安全不容忽视。

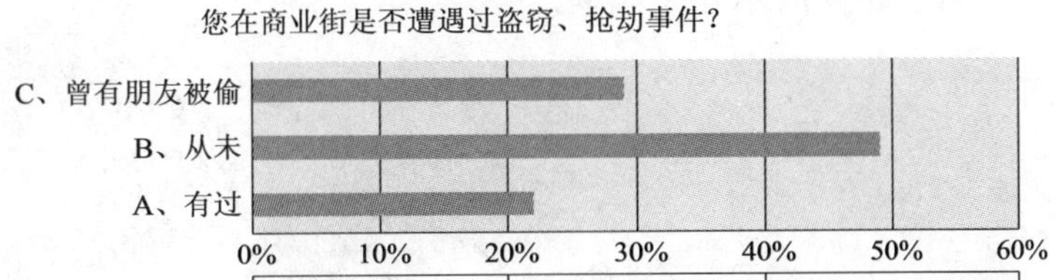

	A、有过	B、从未	C、曾有朋友被偷
您在商业街是否遭遇过盗窃、抢劫事件？	22%	49%	29%

图5　遭遇抢劫和盗窃

从上述数据中我们可以看到，22%的人曾经在商业街遭受偷窃的，29%的同学曾有朋友被偷，可见商业街安全问题十分严重，其安全保卫措施需要加强。

作为学校周围学生经常光顾的餐馆，其安全性关系到学生的的身体健康，然而从图中可知，有45%的人在餐厅吃饭后而感到不适，有些甚至生病，所以校园周围的饮食仍存在较大安全隐患。

（三）校内学习生活区安全问题

除了宿舍外，自习教室、图书馆、食堂等地方是学生生活的必不可少的一部分，这些地方的安全性怎么样呢？

从图6中可知，13%的人在图书馆、自习室等地方丢失贵重物品的，有37%的人听闻同学丢失物品，可见不安全事件的发生是十分频繁的。

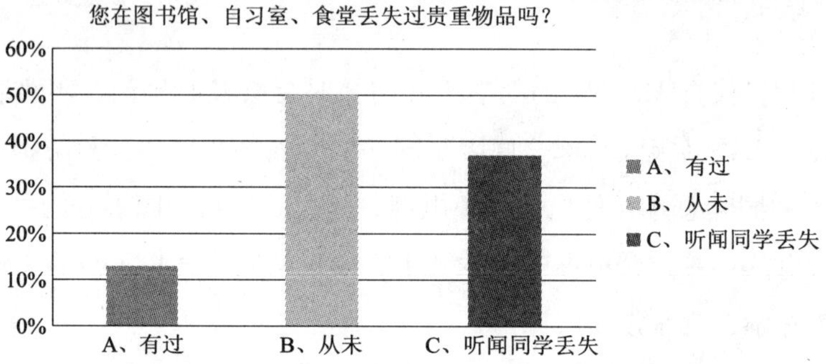

图6　公共场所丢失物品

基于图7，接受调查的北京高校几乎都允许外来人员的自由出入，且近一半的人认为高校外来人员流动频繁，无疑对外来人员过于松散的管理降低了校园的安全性，增加了高校内不安全因素。

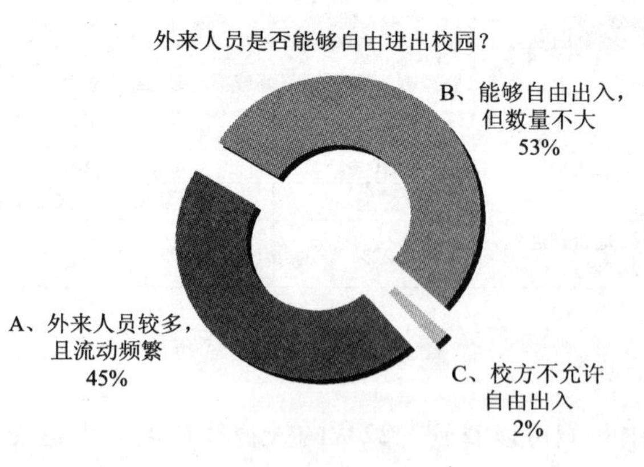

图7　外来人员自由进出校园

（四）学校管理

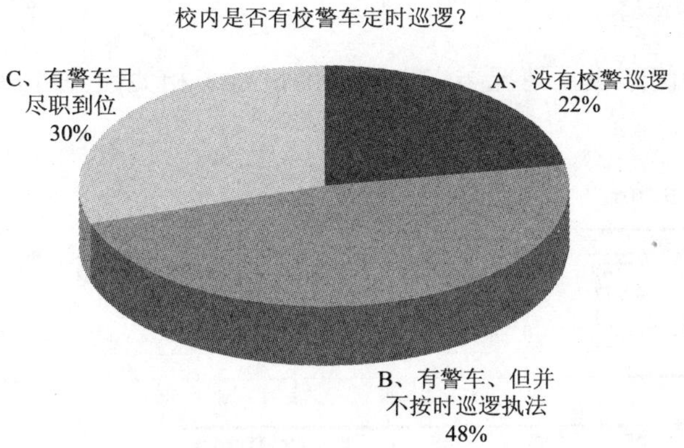

图8　宿舍丢失

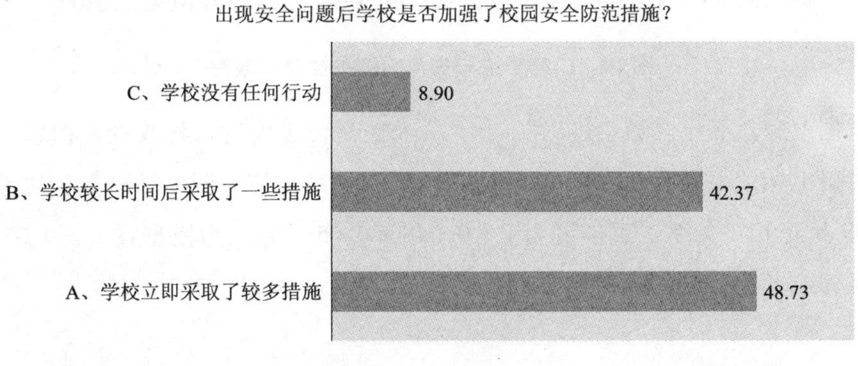

图9　外来人员推销

有上述数据可以看出，有22.22%的学校没有校警车巡逻，47.86%的学校有警车，但并不按时巡逻。另外，只有40%的同学认为学校的保安工作尽职到位，明显说明高校的治安管理有很大的疏漏。

而出现安全问题后，虽然91.90%的学校会采取一定措施，但42.37%的学校持续时间较长，且等待失态严重后才开始采取一些措施。说明高校的安全防护意识还很淡薄。

二、安全问题总结

（一）宿舍安全

研究对宿舍门禁设立情况与安全状况的进行了相关性分析，并得出结论。

SUMMARY OUTPUT								
回归统计								
Multiple	0.813739							
R Square	0.662171							
Adjusted	0.412171							
标准误差	50.17627							
观测值	5							
方差分析								
	df	SS	MS	F	gnificance F			
回归分析	1	19739.23	19739.23	7.840312	0.06785			
残差	4	10070.63	2517.659					
总计	5	29809.86						
	Coefficien	标准误差	t Stat	P-value	Lower 95%	Upper 95%	下限 95.0%	上限 95.0%
Intercept	0	#N/A	#N/A	#N/A	#N/A	#N/A	#N/A	#N/A
宿舍不允许	7.996548	2.855853	2.800056	0.048809	0.067429	15.92567	0.067429	15.92567

图 10　门禁系统与安全的相关性分析截图

根据“宿舍不允许随意进出”与“从未在宿舍丢失过财物或贵重物品”的分析结果得出相关系数为 0.81，仍可认为两者间关系密切。回归结果显示线性斜率为 7.99 呈正相关关系，置信度为 $P=0.048<0.05$，可认为模型在 $\alpha=0.05$ 的水平上显著或者置信度达到 95%。

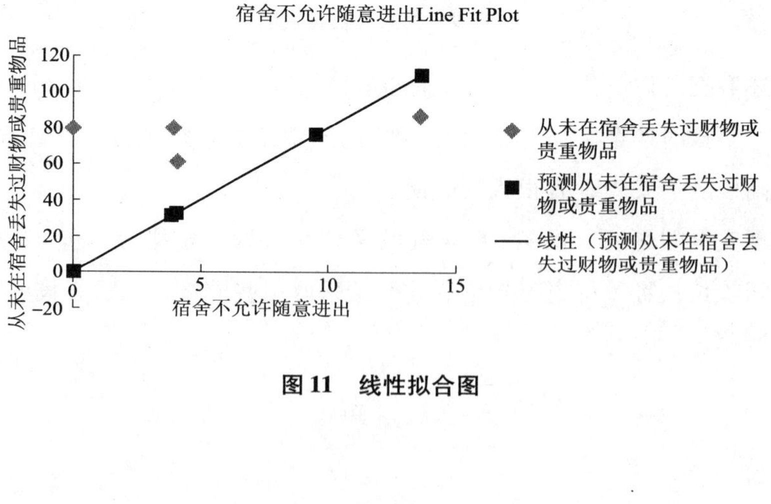

图 11　线性拟合图

相较于回归分析，此例存在误差及残差较明显，但仍在可解释范围内仍可反映两者基本的相关关系。因此可以认为，存在门禁系统或管理的宿舍安全情况更优，发生财物丢失、偷盗的概率更小。这说明如制定进出规则、加装刷卡门禁系统对于加强宿舍安全管理有显著作用。

宿舍管理中存在设立门禁问题，大多数高校寝室都允许外来人员自由出入，于是产生一些财物的遗失以及上门推销打扰同学休息，不排除一些不法分子上门诈骗等。而宿舍管理员并没有完全尽到自己的职责，这一点也需要学校加强惩罚力度。

而对于同学们自身来说，则大多数缺乏基本的安全意识，包括对于贵重物品的保护以及宿舍事故的防范等，间接导致自己的财物以及人身安全受损。

（二）商业街安全

一所安全的高校必然离不开安全的外部环境，好的外部环境为学生的生活娱乐、学习科研提供了条件。虽然整体而言，校园周边比较安全，但是商业街违法行为像偷窃、抢劫等仍然存在，导致的学生受到伤害，食品安全问题也时隐时现，因此加强对不安全因素的防范，采取更多保护措施，同时提高学生自身的防范意识十分必要。

（三）校内安全

在校园里，学习、生活的人身、财产安全一定程度上展现了学校的风貌，关注学校安全是对学生以及学校声誉的注重。在北京高校校园内很少会出现抢劫等恶性事件，但是像遭受偷窃等事件时有发生。北京多数高校十分开放、自由，这难以避免的带来各色外来人员的混入，为保障学校安全增加了困难。同时大学生已经具有一定的自我保护意识，知道有意识的保证自己的安全，但是面对社会形形色色欺骗、暴力等行为，仍显得经验不足，因此而遭受伤害。

如图 12 所示，通过 excel 回归分析得出“外来人员较多，且流动频繁”与“遭遇过恐吓、抢劫、猥亵、性骚扰等事件”的相关系数为 0.89 仍可认为两者间关系密切。回归分析结果显示线性斜率为 0.43 呈正相关关系，置信度为 $P = 0.017 < 0.05$、可认为模型在 $\alpha = 0.05$ 的水平上显著或者置信度达到 95%。

另有关于“外来人员较多，且流动频繁”与“在学校图书馆、自习室、食

SUMMARY OUTPUT								
回归统计								
Multiple	0.892013							
R Square	0.795687							
Adjusted	0.545687							
标准误差	11.50646							
观测值	5							
方差分析								
	df	SS	MS	F	gnificance F			
回归分析	1	2062.479	2062.479	15.5778	0.029004			
残差	4	529.5944	132.3986					
总计	5	2592.073						
	Coefficien	标准误差	t Stat	P-value	Lower 95%	Upper 95%	下限 95.0%	上限 95.0%
Intercept	0	#N/A	#N/A	#N/A	#N/A	#N/A	#N/A	#N/A
外来人员针	0.431185	0.109247	3.946872	0.016862	0.127866	0.734504	0.127866	0.734504

图 12　回归分析截图－1

SUMMARY OUTPUT								
回归统计								
Multiple	0.949284							
R Square	0.90114							
Adjusted	0.65114							
标准误差	4.841231							
观测值	5							
方差分析								
	df	SS	MS	F	gnificance F			
回归分析	1	854.5632	854.5632	36.46134	0.009108			
残差	4	93.75006	23.43751					
总计	5	948.3132						
	Coefficien	标准误差	t Stat	P-value	Lower 95%	Upper 95%	下限 95.0%	上限 95.0%
Intercept	0	#N/A	#N/A	#N/A	#N/A	#N/A	#N/A	#N/A
外来人员针	0.27755	0.045965	6.038322	0.003793	0.149931	0.405168	0.149931	0.405168

图 13　回归分析截图－2

堂丢失过贵重物品”的分析，具有更小的误差和更高的可信度。结果表明两者的相关系数为 0.95 即相关性高，斜率为正说明较多的外来人员数量及较高的人员流动将导致较高频率的偷盗案件发生，P－Value＝0.003 8＜0.01 即在 $\alpha=0.01$ 的水平上显著或者置信度达到 99%。

通过该例的线性拟合图亦可看出两者间清晰的正相关关系。由此可以说明，各大高校校园对于外来人员进出的管理放松使得外来人员较多且流动频繁的状况将会导致的不仅是学生财物的不安全，也会危及学生们的人身安全及身心健康。

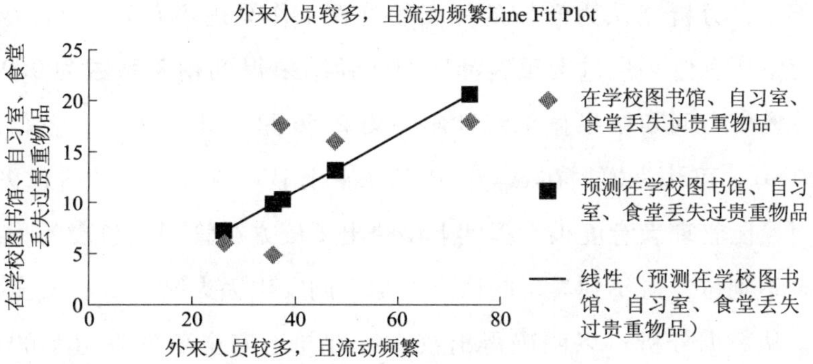

图 13　外来人口流动的线性拟合图

值得一提的是，此类恐吓、抢劫、猥亵、性骚扰等事件，在女生所占比例较大高校尤其容易发生并且影响极其恶劣。例如，其中某一所大学的统计数据表明认为外来人口较多且流动频繁的高达 74%，与之对应的女生受到恐吓、猥亵、抢劫、性骚扰等事件的高达 55.9%。校园门禁不够完善直接导致校园外来人口混乱，严重威胁校园安全。

（四）学校管理

从调查结果数据的分析来看，北京地区大部分高校的学校管理出现严重纰漏。首先，外来人口较多，大部分高校警车没有按时巡逻，还有一部分高校没有警车。另外，大多数保安没有恪尽职守，学校保卫机构工作没有到位，没有令在校学生满意。而对于学校出现的一些安全问题，大部分高校没有立即采取相应措施来保障学生的人身和财物安全。以下数据分析来证明校园管理与校园安全问题有着密不可分的关系。

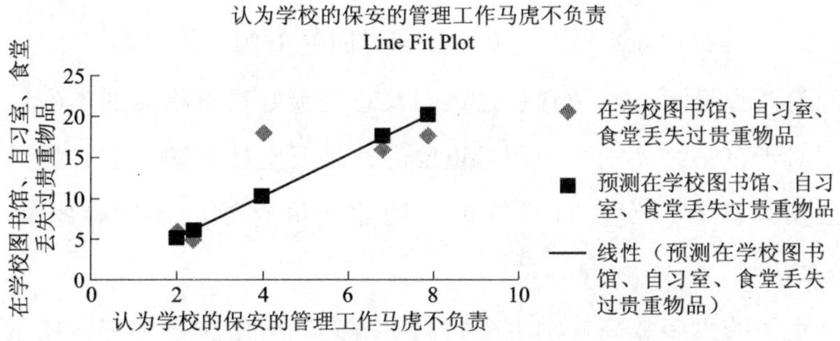

图 14　安全管理工作的线性拟合图

在此例中，分析“认为学校的保安的管理工作马虎不负责”与“在学校图书馆、自习室、食堂丢失过贵重物品”的问卷结果得到相关系数为0.96表示两者间相关性密切。回归结果显示线性斜率为2.56呈正相关关系，置信度为$P=0.0021<0.01$，可认为模型在$\alpha=0.01$的水平上显著或者置信度达到99%。

学生对校园管理满意度很大程度上反映出了校方在管理上负责的程度。学校管理工作越不到位，得不到学生的认可，学生们发生丢失财物等不安全事件的概率就越高。从数据分析可以明确得出校方管理与不安全事件发生率的正相关关系，并由此可见校园管理在校园安全中的重要地位。

我国目前还没有一部专门的校园安全法律，现有的法律没有明确学校应该做什么、当地政府应该做什么，以及怎么来保护学生的安全。在管理过程中，各部门之间缺乏有效的信息交流，对学校安全事故的管理还处于安全事故后的补救阶段，并没有重视安全事故前的预防，安全事故的干预机制并没有纳入学校日常管理系统。最后，学校的安全文化建设不够，大部分学校的宣传黑板报等很少涉及安全内容，仅仅在上级部门检查的时候突击性地填充了一些安全内容进去，一些领导只重视学校的升学率而忽视安全知识的普及，造成学生缺乏基本的安全知识和自护自救能力，以致灾害来临的时候学生惊慌失措。

三、提高安全管理的建议

（一）宿舍安全措施

1. 防盗

贵重物品被盗是寝室安全中最时常发生也最令人防不胜防的安全隐患。时常能见到各异的“寻物启示”，却很少能碰到寻回的事例。

根据问卷调查显示，能做到总是锁门及总是锁好贵重物品的学生仅占两成左右。因此，对于寝室物品安全问题最重要的，是要坚持预防为主，提高学生防范能力，加强安全教育，发挥自我管理作用才能最有效的遏制寝室偷盗行为的发生。

另外从走访的大多数高校学生中我们了解到，有不少学生都希望学校能为学生寝室安全提供更好的条件。其中调研进行到北京师范大学时所见的宿舍楼似地铁出入口的门禁系统，着实让许多被采访的外校同学赞不绝口。亦有许多学生提出希望宿舍楼能安装更好的门禁系统、或实施更严格的准入制度；在宿舍楼出入口、电梯口、楼梯口安装摄像头或要求摄像头长期开启；寝室安装更防盗的门窗等等。

关于调查问卷中反映出较严重的外来人员上门推销的问题，提高宿舍的安全条件也能有力的杜绝外来人员的进入，从而从根本上防治外来人员的偷窃行为。保证宿舍安全的同时也能为学生提供一个更加安静良好的学习、休息空间。由此可见，学校在这方面能做的努力还有很多。

2. 防火

从调查问卷中可以很容易并很开心地得知，大部分北京高校均对宿舍用电有所限制，不允许擅自使用大功率的电器。例如会为女生寝室安装专用的吹风机，会在宿舍楼内张贴禁止使用电暖水袋、电饭锅等有安全隐患的电器。

令人欣慰的是，在匿名填写的两百多份问卷中，几乎没有曾在寝室使用过违禁电器的同学。这说明学校在防治火灾方面的宣传，以及在宿舍电压限制的举措，都是很有效果的。

（二）校园安全管理措施

学校要加强保卫干部思想政治素质和业务能力的培养提高，鼓励他们刻苦学习，积极探索新形势下做好学校安全保卫工作的新思路、新方法，加强理论探讨、学术交流和教学工作研究，并为他们提高学历、评聘职称创造条件。要加强对校卫队员的思想政治素质、文化和业务培训，使其适应高等学校工作环境。

保安守卫校园出入门口，检查登记外来人员；守护重点要害部位的安全；按时开展校园治安巡逻防范，维护学校秩序；发现排除安全隐患等。

进一步建立和完善高等学校安全保卫工作制度。学校安全保卫工作应进一步制度化、规范化、科学化，建立以下安全管理制度：学校安全工作责任制度，安全巡查、检查制度，门卫管理制度，学生宿舍安全管理制度，消防安全管理制度，食品卫生安全管理和疾病防控制度；交通安全管理制度，大型群众性活动安全申报制度，重点部位安全管理制度，易燃易爆剧毒等危险物品管理制度，教学场地、设施、器材及体育运动安全管理制度，安全宣传教育培训制度，安全隐患整改制度，安全应急预案，安全档案管理制度，奖惩制度等。

重视校园安保队伍的建设，加强日常安全的管理，尤其是对一些重点部位的管理，如校各个大门、学校重点设施等。改善学校安保设施，如安装防护门，为学生适当提供自我器具等。

加强校园安全文化的建设，增强学生自我保护的意识和能力。采取多种形式进行安全教育，如校园安全文化宣传周、知识竞赛、进行自我保护实践、校园网络宣传等，旨在使学生能够在面对一些危险时有自保的能力。

学校提高对安全的问题的关注度，加强与学生的沟通，时刻发现出现的问题，以防范为主，将各种安全隐患杀死在萌芽阶段。

（三）学校周边安全措施

加强社会各界的合作。针对学校周围商业街管理，仅仅依靠学校和学生的力量是远远不够的，因此学校应积极与高校周边的居民、城管、社区街道、治安交通、卫生环保部门保持经常的联系和沟通，争取他们的支持与配合，加强对校园周边市场的管理和整治。拥有和谐的外部环境，才能为校园内同学的安全提供保障。

附录：关于北京各高校校园安全问题调查问卷

［引导语］希望通过以下问题了解贵校学生各方面的安全状况。为了保证调查结果真实可信，请据实填写，谢谢您的配合与支持。本次调查的所有数据及信息我们都会严格保密，保护您的隐私。

◇您的性别？　A、男　B、女

◇您所在的年级？　A、大一　B、大二　C、大三　D、大四　E、研究生

1. 您在宿舍丢失过财物或贵重物品吗？

A、有过　B、从未　C、有朋友丢过东西

2. 您在出门前会收起（或锁好）贵重物品吗？（如电脑、钱包等）

A、总会　B、偶尔　C、从未

3. 您暂时离开宿舍的时候会及时锁门吗？

A、总是锁门　　B、偶尔忘记　　C、经常不锁门

4. 您是否遇过外来人员上门推销促销的情况？

A、经常遇到　　B、偶尔遇过　　C、从未，宿舍不允许随意进出

5. 您认为宿舍管理员管理怎么样？

A、尽职到位　　B、时有疏忽　　C、工作马虎不负责

6. 贵校宿舍是否有用电功率限制？

A、没有　　B、有

7. 您是否有外出前检查并拔掉电源的习惯？（如充电灯、吹风等）

A、有　　B、偶尔　　C、没有

8. 您是否使用过电热杯（电热炉、蒸蛋器）等电器？

A、有　　B、偶尔　　C、没有

9. 您在商业街是否遭遇过偷窃、抢劫事件？

A、有过　　B、从未　　C、曾有朋友被偷

10. 您在购物时总会留心注意自己的包、手机或贵重物品吗？

A、总会留个心眼　　B、并不太在意

11. 您是否因在学校附近学生常去的餐厅吃饭而感到不适？

A. 有过　　B、从未　　C、曾有朋友因此生病

12. 您在学校图书馆、自习室、食堂丢失过贵重物品吗？（手机、书包、电脑、自行车等）

A. 有过　　B、从未　　C、听闻同学丢失

13. 独自自习时，您短暂离开座位时会带上贵重物品吗？（如手机、钱包等）

A. 总会携带　　B、偶尔带过　　C、觉得麻烦，不会携带

14. 学校附近的外来人员是否能自由出入校园？

A、外来人员较多，且流动频繁　　B、能自由出入，但数量不大

C、不允许自由出入

15. 在校期间您是否遭遇过恐吓、抢劫、猥亵、性骚扰等事件？

A、是　　B、否　　C. 认识的朋友发生过类似情况

17. 校内是否有校警车定时巡逻？是否及时执法？

A、没有校警巡逻　　B、有警车，但并不按时巡逻或执法

C、有校警车且尽职到位

18. 你认为学校的保安的管理工作怎么样？

A、尽职到位　　B、有时疏忽不到位

C、工作马虎不负责

20. 当出现安全问题后，学校是否加强了校园的安全防范措施，或者采取措施提高学生的安全意识？

A、学校立即采取了较多措施　　B、学校较长时间采取了一些措施

C、学校没有任何行动

16. 如果您在学校遇到特殊情况（如失窃、恐吓等），您会怎么做？<可多选>

A、及时向辅导员及学校领导反映　B、向保安或学校保卫处反映

C、通过网络或学校论坛告知大家，提醒他人注意

D、向身边同学朋友诉说一下　　E、自认倒霉，不予理睬

19. 您认为提高在校期间的安全条件，最需要怎样的帮助？<可多选>

A、学校加强安全建设和管理　　B、学校统一组织学习及宣传安全知识

C、自己提高安全意识　　D、需要大家分享和提醒的共同努力

21. 爆料一下您最近遭遇的安全问题吧！

____

22. 您身为学生，目前最需要校方提供的安全保护是？

____

以实践为导向的电子商务人才培养模式研究

——主要以对外经济贸易大学和北京邮电大学为例

李瑗瑗　李梦嘉　李梦雅　陈　斌　彭丹琳　朱文瑾　武　迪

摘　要：本课题通过收集资料、分析数据的方法，从需求的角度归纳总结当今企业对电子商务人才的现实要求；通过采访学校领导、分析学校培养结构体系等方法，以北京知名高校对外经济贸易大学和北京邮电大学的电子商务专业为例进行案例分析，研究其应对社会需求的人才培养模式；同时通过采访学生、发送调查问卷等形式了解学生对于学校实践化培养效果及方法的看法，总结电子商务人才培养模式的优点和不足；最后结合国外优秀成功的方法进行国内外对比分析，为促进电子商务专业教育观念改变、教育内容改革、教育模式创新提出合理化建议。

本次研究主要分为实证研究阶段、案例分析阶段以及国内外对比总结共三大阶段，根据不同阶段的研究成果，分别撰写阶段性报告：《从网络招聘以及学生调查问卷看电商人才需求》、《高校电子商务人才实践培养对比分析报告》和《国内外电子商务人才培养对比报告》。

关键词：电子商务人才　实践培养　需求分析　院校对比　国外对比

第一部分　从网络招聘以及学生调查问卷看电商人才需求

一、实证分析选择原因

人才招聘事关用人单位和求职者两方，因此，本小组为了深入探究电商人才的短缺问题，从企业用人需求和求职者意愿反馈两方面入手，分别进行了一系列的结构式调查。其中，为了进行本次电子商务人才需求调查，本科研小组选择了操作性更强的互联网调查方法，充分利用互联网资源，通过对三大人才招聘网站——智联招聘、前程无忧还有百伯网——中电子商务人才的需求情况统计分析，去除个性差异，寻找共性，得出对本专业人才的需求情况。在了解求职者意愿方面，本科研小组对外经贸电子商务专业的学生进行问卷调查，了解学校培养情况以及求职者意愿。

二、企业用人需求分析

（一）数据统计

本次数据截取时间为2012年4月9日，数据采用EXCEL进行统计分析，具体情况如下。

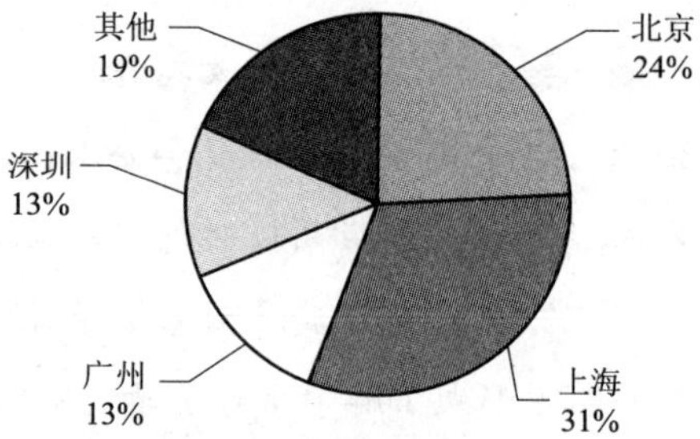

图1 电子商务人才需求地区分布情况

1. 地区分布情况

由于商务环境和电子商务成熟度的优良，目前电子商务人才需求最多的地方是北京、上海、广州和深圳。这也是电子商务人才的主要流向地。电子商务应届毕业生要想找到满意对口的工作，可以锁定这些地区的招聘信息。

2. 企业规模

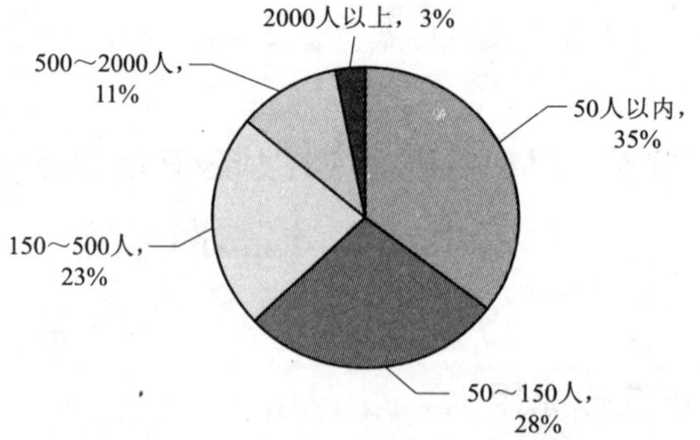

图2 电子商务人才需求企业规模情况

调查分析结果显示，对于电子商务人才需求最强烈的是中小企业，其中 150 人以内的就占 63%。

3. 企业类型

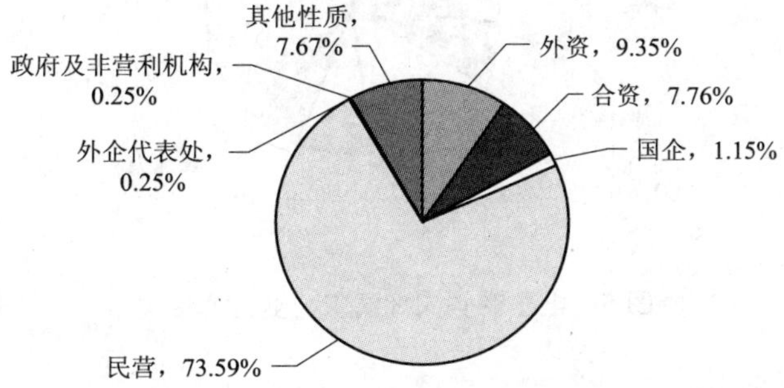

图 3　电子商务应届毕业需求企业类型

电商应届毕业生需求企业大多数是民营企业，可以看出现在民营企业电子商务化倾向越来越明显，政府单位等由于数量太少，百分比趋向于 0。

4. 学历要求

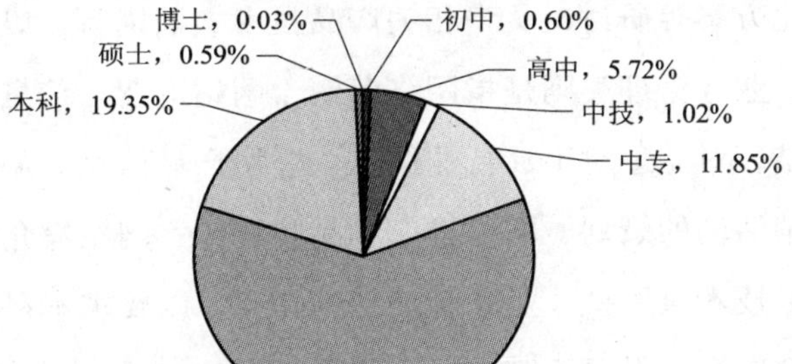

图 4　电子商务人才学历要求情况

目前企业对于电商人才学历要求主要集中在专科，尤其是大专。对比企业规模，进一步分析发现，对于中小企业，需求更多的电子商务人才是专科学历，而 500 人以上的企业则更多要求本科以上的学历。

5. 人才需求类型

技术类、文职类、运营类占了相当大的比例。三者占总体 68%。

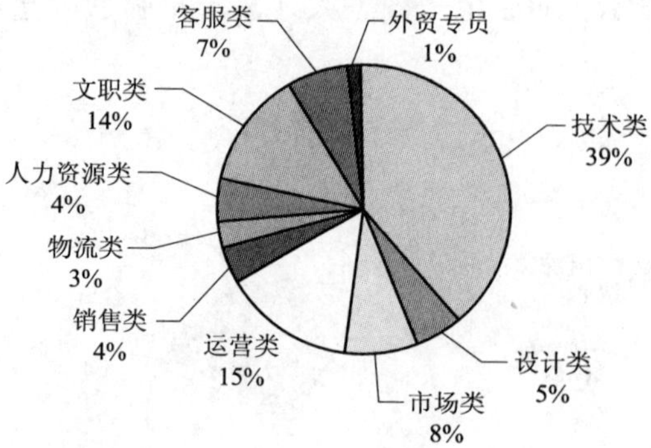

图 5　电子商务人才需求行业分类情况

（二）结果分析

通过以上资料收集分析，进一步了解电子商务人才需求基本现状，本科研小组发现，应届毕业生的电子商务人才需求主要集中在技术应用型和业务管理型。技术应用类主要是指工程师职位，比如软件工程师、维护开发工程师、项目分析师等职位，参与网页设计开发、产品功能完善、客户体验优化方案、桌面软件架构设计和性能优化方案等研讨，负责相关产品技术文档撰写，以及相关软件产品的开发维护工作。业务管理类则是指网络营销、网站运营、信息处理等，主要负责数据的收集总结，对竞争对手、行业信息、公司产品信息等调研，对应产品线的整理运营、促销活动的策划、网络推广和品牌宣传、网站媒介的采购洽谈等。

本科研小组以技术应用型、业务管理型为纬度，以要求本科学历、专科学历为经度，分析整理出企业需要不同人才的能力要求。

1. 本科生技术应用型和业务管理型

（1）共同点

① 职业素养：团队合作能力、理解沟通能力、学习能力。

② 语言能力：一般大企业都需要有一定外语基础。

③ 综合能力：了解电子商务运作过程。

（2）技术应用型要求

① 职业素养：较强的解决问题能力，良好的逻辑分析能力。

② 计算机技能：计算机基础知识扎实，有一定的计算机实践经验。

③ 专业基础知识扎实，在校期间成绩优异，热爱互联网行业，有项目实习经验者优先考虑。

(3) 业务管理型要求

① 职业素养：具有较强的数据分析能力、口头和文字表达能力和沟通协调能力；善于发现问题并推动解决问题，具备沟通、协调、组织能力。

② 网络营销能力：熟悉网站推广的各种方式，拥有成功的推广经验和互联网资源。

③ 计算机技能：熟练掌握搜索引擎优化、交换链接、邮件群发等相关技术，善于利用多种技术形式提升网站流量，如 Google 和百度自然排名优化、站内优化—网站架构优化、数据分析，html 标签，网站外链系统的搭建，了解 IIS、MySQL 和 SQLserver 数据库。

2. 专科技术应用型和业务管理型

(1) 共同点：需要掌握的理论知识要求不高，懂得基本知识即可。

(2) 技术应用型要求：具有能够设计、搭建、维护网站的基本知识，能熟练运用。

(3) 业务管理型要求：具有一定商务、网络信息技术知识，了解网络营销、交易的架构，能进行初步信息分析，能进行客户服务和管理。

3. 优先考虑者具备条件

从以上数据收集分析可以看出，技术应用型偏重毕业生的扎实的专业基础知识，和一定的实践经验，其有计算机实践经验优先，一般是指以下经验：

(1) 具有良好的 JAVA 基础知识，有 J2EE 平台开发经验

(2) 熟悉 SQL Server、Oracle 或 Mysql 等数据库的一种或多种，能够熟练编写存储过程

(3) 熟悉一种应用服务器的配置：Tomcat/Jboss/Weblogic/Websphere

(4) 具有开发和管理 IT 系统或电子商务平台的经验

(5) 熟悉了解其他编程语言或工具：. NET 、Delphi、PHP 等

(6) 具有 FLEX 开发经验

(7) 有数据分析和 CRM 系统开发经验

而业务管理型则需要有良好的分析能力，具备行业营销推广知识，需要有一定的计算机技能，但不要求像技术应用型那样专业。其中优先考虑的因素主要有：

（1）具有一定平面设计技能或掌握 CAD 制图技能者优先

（2）良好的渠道拓展、组织策划能力和营销推广能力

（3）网络推广、策划、电子商务实战经验者优先考虑

（4）有较强的目标客户分析能力和产品规划能力

（5）有丰富的网络经验，熟悉网络平台（bbs，blog，电子商务平台，搜索引擎等）或软件的相关操作及管理维护

（6）熟悉国外知名的视频网站和视频推广工作，有相关网站链接资源者优先

（7）了解相关的搜索引擎优化 SEO 的原理和策略者优先

三、学生调查分析

本科研小组选取了对外经济贸易大学电子商务专业的学生进行问卷调研，共收回有效问卷 69 份，其中大二学生占 21%，大三学生占 51%。本科研小组结合之前的分析结果，从学校培养方案的课程设置、学生能力的培养、学生就业意愿等多种角度，了解学生反馈情况，直观地分析了解学校培养模式中的优点以及不足。其中问卷选项的设计主要参考了企业需求以及《对外经贸大学 2010 级培养方案》中的课程设置。

（一）问卷部分统计结果

1. 对于我校人才培养目标的认识情况

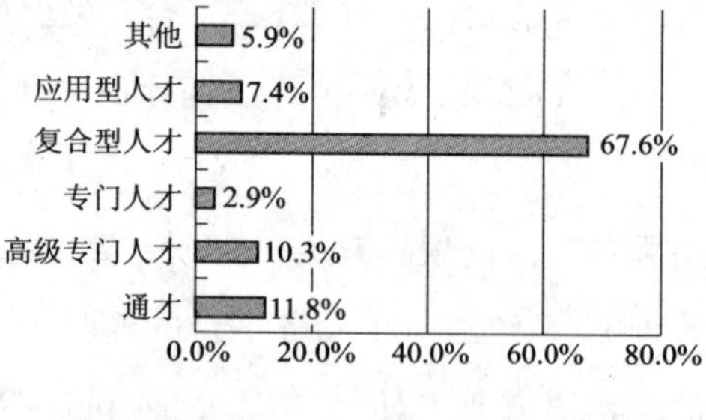

图 6　同学对于我校电子商务人才培养目标的认识

有近七成的同学认为我校的培养目标是复合型人才，这与我院培养人才的目

标是相符合的。这说明我校电子商务在培养方面，并没有模糊不清，而是具有自己特色。

2. 在学习中能力提升情况

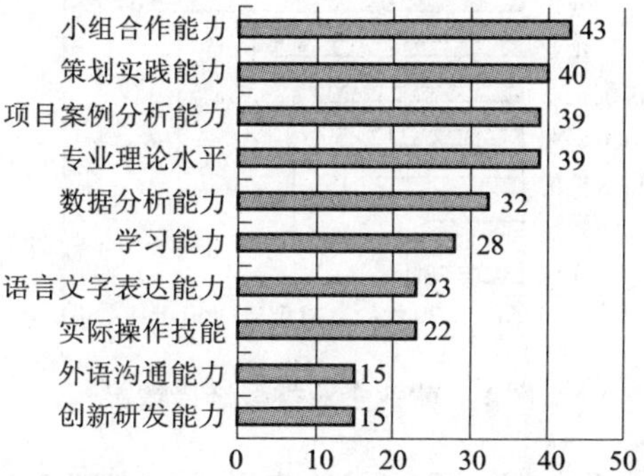

图 7　同学认为在学习中能力提升情况

有六成多的同学认为自己在小组合作、策划实践、专业理论、数据分析、项目案例分析方面有提升，说明我院对学生的训练针对性较强，效果较好，被提升的能力与学生的培养目标相吻合。但其中也反映出一些问题，比如学生的创新能力、实际操作能力并没有大范围的改善。

3. 目前本专业的劣势

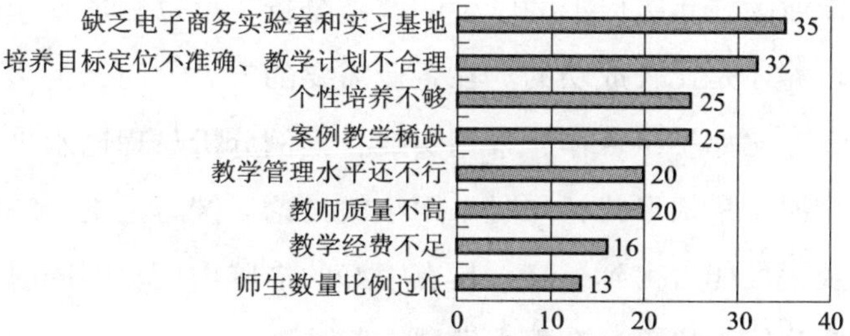

图 8　同学认为本专业劣势情况

对于优势，受访的同学一共选择了 147 人次，但是对于劣势，则选择了 186 人次，反映了学生对于本专业还是有相当一些负面看法，比如有过半同学认为缺乏实习的基地与实习机会，教学目标不明确、计划不合理，还有比如缺乏教学案例、缺乏个性培养等问题选择的人数也较多，学生的观点对于本专业的改进有很大借鉴作用。

4. 就业方向选择

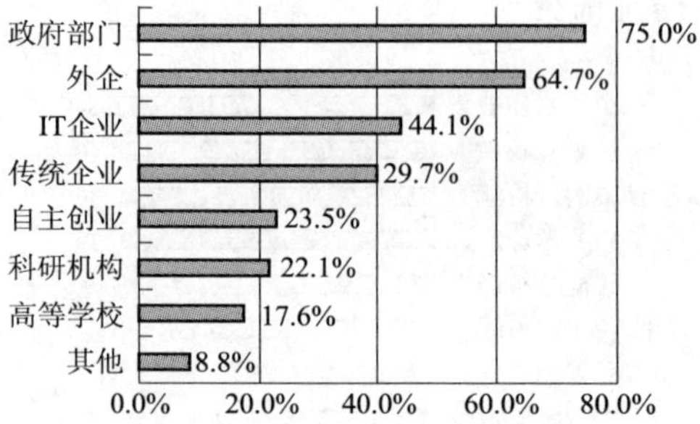

图 9 就业企业类型选择情况

在毕业后的选择方面，超八成的同学选择了政府部门，七成多的同学选择了外企，五成同学选择了 IT 企业，五成同学选择了传统企业，这表明同学们还是偏重工作稳定或者收入高的职位，但是却忽略了用人单位的需求，因为七成以上的电商人才需求来自中小企业，来自外企的需求很少，来自政府的更是少之又少了。值得鼓舞的是，有两成多的受访者表示愿意尝试自主创业，这是学生独立性与创新精神的体现。

（二）学生反馈小结

通过对本专业大二年级以上的学生的调查分析，可以知道本学院对于学生的电子商务能力培养还是比较成功的。在企业需要的能力方面，大多数都能在学校学习中得到提高，比如小组合作、策划实践、案例分析与理论水平，这说明本专业授课时能不拘泥于呆板形式，同时采用小组讨论、撰写论文、完成作业等方式使学生们的综合运用能力得到提高，具有很好的借鉴作用。但同时，学生反馈也反映出创新与实践能力培养还有很大发展空间。

在专业劣势方面，可以看出学生们普遍反映缺乏电子商务实验室和实习基地、教学计划不合理，而据本科研小组采访院长获得的资料显示，本学院在实验室和实习基地提供方面还是能满足基本需求的，这说明在实践方面出现了匹配脱节，同时同学也认为本学院提供的实习锻炼实践能力效果不明显，流于形式。

四、企业需求与学生反馈比较

通过对企业和学生情况对比分析，本小组发现一些存在的问题。首先，在实践方面的问题依旧显著，企业需要人才有与电商有关的一系列软件或工具的使用能力，如果不是专门学习该方面的学生，很难在短时间内掌握得很好，这就需要一是学校对于教学内容的改革，与时俱进，以企业需求为导向。二是需要学生尽可能利用自己的时间实习，在实习中发现自己与实际工作的差距在那里，在相关方面进行必要的再培训。其次，在就业观方面学生的要求与社会实际需求还是有比较大的差距，比如政府或者国企的需求十分少，而且大型企业的需求在总量看来也不及中小型企业。为提升就业率，提高就业质量和效率，就需要求职者转变其就业观，以找到自己适合的职业为目标，而不是一味地追求外企国企、政府部门等，毕竟电商人才的主要需求还是在中小型私企。

第二部分 高校电子商务人才实践培养对比分析报告

从第一阶段的市场调研与分析中可以发现，目前企业对电子商务专业学生的需求主要分为技术性、管理型、业务型三类。为了更好地了解高校的培养模式与市场需求的匹配模式，本小组选取了我校信息学院电子商务专业（以金融服务外包专业为例）、北京邮电大学（以下简称北邮）经济管理学院电子商务与法律专业和许昌职业技术学院电子商务专业作为案例进行分析。我校和北邮属于211高等院校，可作为经贸类和理工类院校的典型代表，许昌职业技术学院属专科院校，以培养实用型技术、业务人才为主。通过比较我们发现各院校在课程设置、实践活动和就业上存在显著差别，而这与学校特色存在很大相关性。

一、优秀本科理工类与经管类比较

（一）培养方案课程设置比较

北邮与我校电商专业对课程的分类大致相同，主要涉及经济类课程和信息类专业课，但在各类课程的比重上存在明显差异。

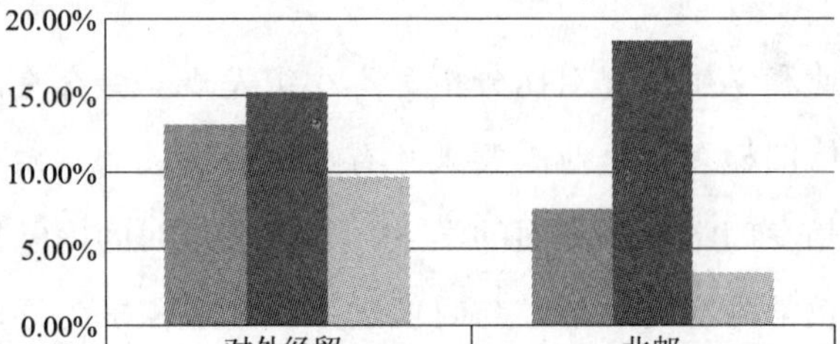

	对外经贸	北邮
经管法	13.10%	7.60%
计算机类	15.20%	18.60%
电子商务类	9.70%	3.40%

图 1　对外经贸与北邮课程分类比较情况

1. 基础课程

以经管法和计算机类课程为例，我校属于典型的经贸类学校，电商专业中要求的经管法和电子商务类课程的学分均高于北邮。北邮以信息科技为特色，学校整体偏向理工科，计算机类课程比例高于我校，并且是其经管法课程的两倍，电商类课程的五倍多。

2. 专业特色

北邮的电商专业全名为电子商务及法律专业，在课程设置中包含了经济法、知识产权基础、电子商务法等相关课程，而我校的电商专业没有一门与法律或电子商务法律相关的课程，导致我校该专业学生在法律方面存在着明显的知识空白。

本校电子商务专业分为金融服务外包和国际商务两大方向，并开设了不同的专业课，比如国际外包理论与实务，这是其他学校所没有的。如今服务外包正展现出一个越来越广阔的市场，在这个时间开设此方向的专业，可以说走在了电子商务的前端。

（二）实习基地的建立

1. 北京邮电大学

北京邮电大学于 2005 年成立了“企业经营与电子商务创新实践基地”，提倡和鼓励学生自主学习和研究性学习，培养学生的创新意识与实践能力。为此学院每年投入 15 万元经费用于活动开展，成立了“企业经营与电子商务创新”协会

（学生组织），并与企业开展广泛合作。在此基础上，基地组织并培训学生参加国内外电子商务知识、网页开发、电子商务“三创赛”等一系列富有实践意义的比赛，取得了不错的成果。

2. 对外经贸大学

实践方面，2006年中国电子商务中心与我校正式签约合作建设学生实习基地。凭借其丰富的电子政务、电子商务建设及教学经验优势，该中心为即将踏入社会的电商专业学生提供了丰富的实践机会。但实习基地主要面向大三大四学生，低年级学生很少有机会接触到电子商务的实践操作，这使电商实践教学存在较大空白。

理论研究方面，我校成立了跨经济金融、管理和信息学科的研究平台——现代服务业研究中心。中心成立以来已经完成十多项社会科学研究项目，取得了一大批优秀成果。目前有越来越多的同学正在接触该中心，参与研究。

（三）就业方向

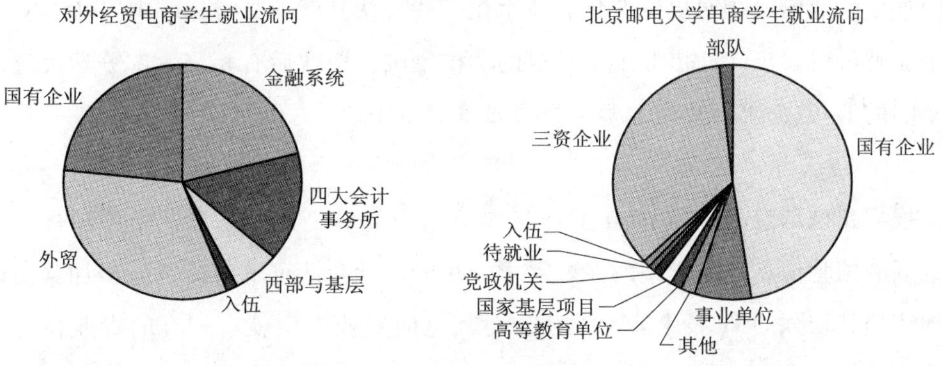

图2　对外经贸和北邮电商学生就业流向情况

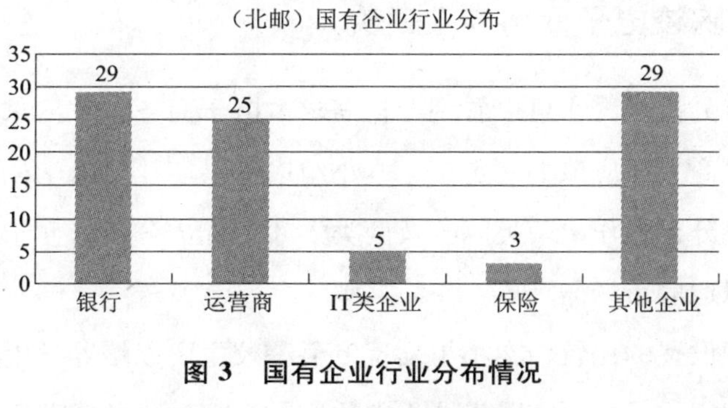

图3　国有企业行业分布情况

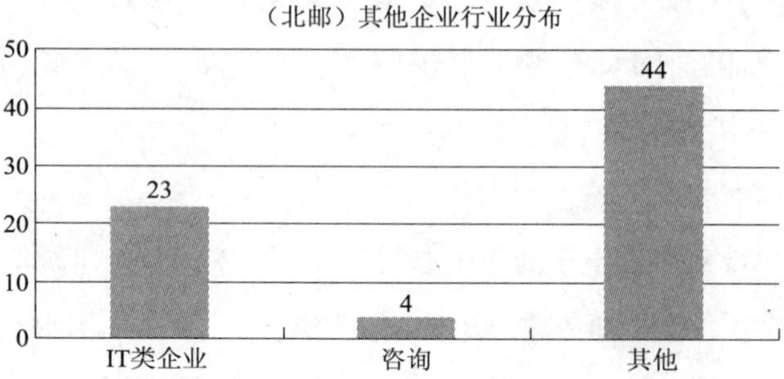

图 4　其他行业分布情况

1. 单位不同

我校电商专业学生有相当一部分进入了金融系统、会计事务所，或从事外贸行业。从就业整体和我小组对部分毕业学生了解的情况看，侧重于 IT 方面的就业流向并不多，更多的是将其经济学、管理学类知识和 IT 知识相结合。北邮的电商学生就业流向相对更专业化、技术化一些，从其就业分类标准中单列一项 IT 类企业就可以看出。凭借北邮偏理科的学校氛围，毕业后有相当一部分学生进入了专门的 IT 类企业，或在大型企业的 IT 部门担任工作。

2. 社会认可

根据我校信息学院 2010 年就业工作总结中的不足方面来看，学校和社会上大范围的招聘信息对本学院的专业需求量一般，社会认可度有待进一步加强。而北邮依赖其较强的 IT 技术能力，社会对其电商专业学生就有较高的专业技能期望值，使其需求量略高于我校。

二、专科院校电子商务专业研究

从企业需求分析来看，可以看到专科需求占电子商务人才需求的大部分，为充分了解本科电商人才应该如何定位，本小组以许昌职业技术学校的培养方案为基础，加以对比分析，作出两类院校及两类人才的优劣分析，便于学校找准培养人才的方向，以适应市场需求。

通过对课程设置的比较，本小组发现专科院校主要以培养学生的实践操作能力为目标，因此相比较之下实践类课程占比重大，而学科基础课程和经济类课程相比我校和北邮占了很小的比重，其课程设置可以直接反映出学生的就业走向多是些低端的操作性质强的岗位。

从实践活动和毕业要求来看，实践能力的培养和要求有量化的标准和流程，这有助于发挥其学校的特色，更好地帮助学生运用专业的基础理论，以提高分析和解决实际问题的能力。

从毕业流向方面来看，专科院校的学生就业方向非常广泛，主要集中在电商网站的搭建、维护和管理等，目前这类职位的需求量较大。专科院校培养的学生经过了实践为导向的专门化训练，可以实现直接上岗的目标，更受企业青睐。但是，此类毕业生也避免不了未来升值潜力小的问题，行业较低端，进入门槛低，使得他们在未来的职业发展中面临很大的竞争压力，同时在薪金方面可能也比专业的电子商务管理型人才低了一个标准。

第三部分　国内外电子商务人才培养对比报告

一、中外电子商务发展现状

以电子商务为代表的经济形态已成为信息时代的重要标志，电子商务正以前所未有的速度开创新的商务环境，然而要获得成功，还需要大量能够将现代信息技术融入商务管理、具有实际操作能力的复合型人才。基于中外电子商务人才的培养模式现状我们小组作出以下对比：

	国内大学	国外大学
学科设置	高校多有不同侧重，根据自身培养人才的目标和学校的传统优势教学资源等方面因素考虑，将专业设置在不同的学院，其中经济管理、信息等学院居多。	大多在研究生阶段设置电子商务课程。模式多种多样，课堂讨论、项目研究、带薪实习、课余实践等并行，通过对实际案例的研究将电子商务理论应用于实践。

续表

	国内大学	国外大学
实践学习	国内同学实践能力较国外较弱。一方面国内教育大多看中理论教学，设置众多理论课程，实践学分所占比重小。实践往往不能引起学生足够重视，实习中不能得到充足的锻炼。	对实践有特殊要求。如范德尔比特大学学生需要为商界领导提供咨询服务，学校组织电子商务研讨会，设立自己的电子商务研究中心，对一些热点问题进行研究，学生动手参与实践。
校企合作	国内学校虽然跟一些企业建立起了密切的合作关系，但大多是在学生实习阶段，为学生建立与企业之间的桥梁，使学生寻找实习更加便捷。并非将教学过程与企业相连接，企业和学校仍处于各自相对独立的状态。	很多企业将公司的资金投入与大学的科学研究相结合，企业将他们所需的技术在电子商务实验室中进行研究，成果直接在企业中应用，缩短了科学技术转化为生产力的速度。
培养目标	国内教育界达成的共识是：学生需要具备良好的电子商务素养，较好掌握计算机技术的基本技能和现代管理科学的基本原理，促进理论知识和实践能力的融会贯通，成为复合型电子商务人才。	坚持以市场导向为主，以基于因特网的技术、产品开发、营销、管理和战略制定为基础，通过开设电子商务课程，结合电子商务研究中心，强调动手操作能力等方式，培养学生利用网络制定新的竞争方式与企业战略的能力。
教育模式	我国电子商务专业建设以本科教育为主，由低层次向高层次延伸，由技能型向素质型拓展。	国外电子商务专业则主要集中在研究生阶段，以MBA教育为重点。在课程安排的方向上，总体偏向商务管理。

二、结合国内分析与中外分析的建议

目前，我国互联网发展迅速，网上交易逐渐普及化，高素质电子商务的人才按理正是国内市场所急需的，但电子商务专业的毕业生就业率却始终不尽如人意。如何结合我国的实际，借鉴国外经验，对教育模式进行适当的调整，为社会输送一批综合型的高级电子商务人才正是现在所急需的。

通过国内外对比分析，我们对国内电子商务专业提出以下几个方面的建议。

课程设置	中国课程设置问题：一、目标不够清晰，没有侧重点。二、课程设置与企业需求不能很好结合。 建议：一、学校设置有特色的专业课，提高毕业生差异化竞争水平，并以企业需求为导向，紧密结合大学生教学与就业。二、丰富教学形式，引入项目建设、课余实践等模式，提升学生实践力。
实践学习	紧凑课程安排，增加学生实践学时，通过实践不断完善学习过程，使学生可以及时跟进当代商务发展的进程。 搭建专门的电子商务平台，供该专业的学生模拟电子商务环境并相互交流经验和思想。
校企合作	学校增强与企业联系，积极参与电子商务工程建设，完善商业化思维。 学校在实践中总结经验，不断完善教学模式。
培养目标	理工科院校培养目标应定位于满足企业电子商务运作过程中技术层面的实施，如：信息基础设施构建、电子商务网站建设维护、电子商务应用软件开发等。 财经类院校的培养目标应定位于满足企业在电子商务实际运作过程中的管理操作，如：项目管理、战略管理等。 在制定目标的过程中切忌囊括过多方面，要有侧重点。
师资力量	国内教师需要注重自身知识结构的更新，加强对新问题、新情况的研究，以便跟上最新技术发展的步伐。 高校应积极鼓励和扶持教师开展进一步的理论研究，使其拥有的理论基础高于实践。即通过提高师资整体水平，提高学生的能力水准及与社会接轨程度，使毕业生更符合社会需求，提高就业率。

结语

以上是本小组成员针对本次立项课题所做的全部研究内容，诚然我们的工作还有很多的不足，学生调研各方面的条件有限，我们的研究不会终止，未来我们会付出更多的努力，争取在此课题上有新突破，探求更有效的教育模式。作为电子商务专业的学生，在对本专业未来发展及学生就业状况的了解过程中，我们也更加坚信电子商务的未来会更好，我们的未来会更好。

参考文献

[1] 赵强，胡冲．浅谈电子商务人才需求与培养．商场现代化，2008（7）．

[2] 李琪，彭丽芳．普通高等学校电子商务专业人才培养调研报告．北京：高等教育出版社，2007.

[3] 李枫林，刘滔，徐静．中外电子商务专业人才培养的比较研究．图书情报工作，2006（8）．

[4] 范瑾．从网络招聘探析电子商务人才需求．中国电子商务，2009（11）．

[5] 张明星，涂坤．电子商务专业课程体系优化浅析．大陆桥视野，2011（10）．

[6] 邹凯．国内外电子商务专业教育的现状分析．环球视线，12 期．

[7] 鲜军．国外电子商务人才培养对我国的启示．湖北经济学院学报，12 期．

[8] 百伯网．www. baijob. com/ –2012 –4 –09.

[9] 智联招聘．www. zhaopin. com/ –2012 –4 –9.

[10] 前程无忧．www. 51job. com/ –2012 –4 –9.

[11] 对外经济贸易大学信息学院网站．http：//sit. uibe. edu. cn/.

[12] 北京邮电大学网站．http：//sem. bupt. edu. cn/.

重庆安运科技有限公司调研报告

高　翔　李　梅　孙一凡　陈丽霞

摘　要： 国家十二五规划中，将大力发展战略新兴产业作为规划中的重点之一。信息学院拟通过调研一系列典型企业，来了解当今社会战略新兴企业的生存发展状况，并根据其行业特点，进行深入的分析和研讨，以此促进其保持良好快速的发展势头。在备选调研对象中，本小组选取了在西南地区具有战略意义的新兴企业——重庆安运科技有限公司作为调研对象。通过资料收集、实地调研访问、材料对比分析等一系列工作，分别从产品、科研、人才、金融、竞争环境五个方面对重庆安运公司进行了全面系统的分析。调研结果显示，安运科技具有多项优势，其研发产品符合市场需求，自身掌握核心技术，开发和销售人才需求大，内源资金充足，具有税收、项目来源等政策性优惠，是一个极具发展潜力的公司。

关键词： 战略新兴产业　重庆　安运科技

一、企业发展概述

（一）企业概况、性质、主要合作伙伴等

重庆安运科技有限公司成立于2003年9月，注册资金1 353万元，位于重庆市，是专门从事汽车行驶记录仪和驾校指纹IC卡计时培训系统等智能交通产品、电子信息产品的研发、生产、销售、服务为一体的高新技术企业和软件企业。公司已通过ISO9001：2008质量体系认证，2006年CCS系列汽车行驶记录仪首批通过产品强制性认证（CCC认证）。安运公司是行业内一线生产厂家、重庆市政府重点支持的企业，目前已获得省部级政府多项资金的支持。

安运科技严格按照现代企业的方式经营管理，建立了完善、健全的规章制度，拥有独立自主的知识产权，有获得3项国家发明专利在内的24项国家专利。安运始终坚持以“发展高科技、实现产业化”为己任，主要由总经办、行政部、财务部、技术中心、生产中心、营销中心等部门组成，各部门各司其职、团结协作，有力地促进了公司保持健康、高速地发展。

公司坚持“品质拉进市场，服务赢得客户”的原则，并结合本公司实际情况，提出了“以市场占有来提升公司的影响力”的响亮口号，产品已经成功地进入了湖北、湖南、海南、山东、天津、辽宁、广东、广西、江西、福建、四川、浙江、内蒙、河北等全国大部分地区，现已建立覆盖全国的售后服务网点100余处，如今已与扬州亚星、山东中通、郑州宇通、苏州金龙、厦门金龙、金华尼奥普兰、安徽江淮集团建立了长期合作关系。

（二）企业的交易基本状况，市场地位

重庆安运科技有限公司为中小型民营企业，股东主要由三人组成，是我国中西部最大的交通安全设备和产品生产销售企业。公司现年销售额3 600万，属同行业中盈利能力较高者。是国内领先的交通安全类高新技术企业之一，某些产品现已达到全国第一（如驾校综合培训系统）。

二、企业业务

重庆安运科技有限公司专业从事汽车行驶记录仪和驾校指纹IC卡计时培训系统等智能交通产品、电子信息产品的研发、销售和服务。安运公司的产品技术含量高且丰富多样，主要有汽车行驶记录仪和驾校指纹IC卡计时培训系统、驾校指纹计时系统、驾校计时仪及学时仪、公交系统GPS智能调度系统和ERP管理系统等，目前各类产品的市场占有率正在逐步扩大。

（一）现阶段主营业务

由于公司正处于成长阶段，主要进行产品的研发和销售，目前暂无金融、物流等其他辅助业务。产品制造主要外包给军工企业进行配套生产，生产原料与模型样本由安运公司提供，并对制造的产品进行严格的质量把控。与此同时，公司也生产加工部分成品和半成品，尤其以核心嵌入型软件为自主生产，并在生产中配合已售产品的维修服务。

（二）预期业务

公司的定位是“车辆综合应用和信息应用服务商”。由于近期迁入新厂，硬件设施正在陆续投入，待完善后将进行资源整合，统筹安排，所有产品都为自己生产，未来业务发展将延伸至咨询等其他服务，形成业务多样化的结构。

（三）企业上市计划

重庆安运科技有限公司目前还未上市，目前正在争取在未来 5 ~ 8 年上市。为此，公司从 2010 年就在进行相关调查，为成为上市公司寻找差距。公司目前的努力包括买地建厂，争取独立办公，并有可能加入自我生产。公司的最终目标是成立两个上市公司。

对公司而言，未来三年将是关键之年。

第一，公司预计明年（2012 年）的销售突破点是 6 000 万，3 年后销售额将达 1 亿元。企业产品技术含量的提高，将不断满足和激发市场需求的持续增长，最终扩大公司规模，提高企业的市场占有率和社会名誉度，形成品牌。

第二，实现公司剥离。出于行业特性和公司发展策略，安运目前没有做其他方面的投资，而是专注于市场拓展。从明年起，公司将剥离主营业务，分为驾校系统和公交系统两个方面成立两个单独的公司，二者并行，最晚到 2013 年两公司将成功实现独立运行。这两个公司也即未来上市公司的原型。而目前的安运公司将转变为安运投资有限责任公司，专注于市场投资。

第三，未来公司将加强与银行在金融和业务方面的合作，尤其是银行结算系统，为公司上市奠定基础。

结合公司的定位，公司未来的口号是“只做与人们出行相关、提高人们出行便利的产品”。为此，公司将继续加强各方面力量，为公司的成长、扩大和上市而努力。

三、企业人才

（一）企业人才情况

该企业的总人数为 70 余人，其中 90% 的员工学历为大专及以上（更为具体的数字为：大专学历 20%、本科学历 60%、硕士 4 人、博士 1 人），员工平均年龄为 30 岁以下。

（二）企业紧缺人才

由安运科技有限公司的性质所决定，人员结构的重点在销售和研发两大部门，因此公司最紧缺的是销售和专业研发两个方面的人才。一方面，研发决定了企业的自主知识产权，也就是在新产品研发方面的主动权；另一方面，销售人员又决定了企业生产的产品能否拥有固定的客户源。而这两类人才现在紧缺，主要有两个原因：随着重庆的新城建设和改革，国际国内各大电子软件企业纷纷进驻山城，产业结构调整，人才（尤其是高端技术人才）需求急剧增加，而重庆作为老工业基地，电子软件方面储备人才少，使安运科技招聘人才更为困难。同时，尽管销售类科班出身的大学生不在少数，但安运科技需要的不是通用人才，而是对行业有一定了解和技术水平的人才。

四、科研创新

（一）核心技术来源

安运科技的创新渠道多样化，其中主要来源于自主研发，由专业的教授、研究生和本科生组成的科研创新团队技术实力雄厚，每年都推出满足市场需求的新产品投入批量生产，以此保证公司的持续发展能力和较强的市场竞争能力。截止到调研当日（2011 年 7 月 18 日），该企业自主研发专利多达 24 项。此外还有与高校的合作项目，例如与成都电子科技大学合作，在与高校合作过程中实现双赢。

（二）科研经费来源

科研经费主要来源于产品的销售收入。以科研带动产品销售，以销售收入拉动科研，实现了良性循环，促进企业螺旋式的成长。作为新兴的以科学技术为核心的企业，安运公司的科研经费约占总收入的 10%。

（三）科研项目来源

安运公司的科研项目多数来源于自选项目，该公司通过市场需求调查，大量数据收集分析，开发出满足市场的创新产品。此类科研项目利于抢占市场，提高企业的核心竞争力。还有部分项目来源于地方政府指定合作，作为重庆乃至全国此行业的领跑者，安运公司得到了地方政府的大力支持。除此之外，还有企业委托的 ERP 定制项目，与其他企业的合作扩大了安运公司的影响力，有利于安运公司拓宽市场。

五、金融支持

（一）企业所处生长阶段

与同行业企业（车辆信息系统应用企业）相比，安运科技有限公司处于产业的高速成长阶段。在未来长远发展中，接下来的三年是企业关键发展的三年，三年的销售额将破亿。

（二）金融支持模式

在我们的访谈过程中，行政总监何松先生强调企业的资金链相当稳定，有大量存款，因此目前不需要和银行进行合作贷款或者接受风险投资的投资意向，想把更多的精力放到市场拓展，并且在将来条件允许的情况下成立安运自己的投资公司。因此，目前公司的运作独立进行，没有依靠其他投资源。因此，公司在 2008 年的金融危机中未受到大冲击。

（三）企业合作银行及主要合作内容

如果将来企业要选择合作银行的话，企业将首先考虑重庆市当地的银行。对于其他更加详细的信息，企业并未作进一步透露。

六、存在的问题及发展趋势

（一）企业的优势

（1）核心技术优势：安运公司的核心技术绝大部分来源于自主研究开发，并且都已经申请专利，确保了企业的核心竞争力。

（2）法律政策优势：安运公司作为战略性新兴企业，是未来经济社会发展的重要力量，正是国家重点扶持的企业，故安运公司具有税收、软件、项目来源等方面巨大的政策优惠，帮助企业健康快速的成长。

（3）金融优势：安运公司产品创新，满足市场需求，经济效益高，而且安运对自身进行严格定位，现阶段不接受任何风投，也不涉足其他行业，全部贸易来往采用现金结算，强有力保证了安运公司金融优势，几乎没有任何金融风险。

（4）公司机制优势：企业结构有明确的分工，确保工作的高效完成。同时也具有大公司不具备的灵活多变的优势，安运可以灵活的调整企业战略，以适应市场的变化。

（5）公司地域优势：安运科技被重庆市政府授予“首批知识产权应用试点单位”、“高新技术企业”，在税收、项目等多面提供支持，而且安运科技针对重庆市开发了很有地域特色的产品，这是其他企业不能相比的。

（二）企业的劣势

（1）专业人才缺失：相关专业人才就业更加倾向于大企业，导致虽具有发展潜力但规模较小的企业例如安运科技，无法满足对人才的需求，这关系到企业的核心竞争力，是企业立足发展的根本，也是企业长久发展的保证。

（2）市场渠道劣势：虽然战略性新兴产业正在崛起，抢占市场，但是就目前中国国情来看，交通信息化的程度在中小城市还不发达，最大限度地开拓市场对于如安运科技这样的中小型企业来说是极具挑战性的。

（三）面临的威胁

针对上述外部与内部的威胁，正处在高速成长期的重庆安运正在进行内部结构的优化调整，以适应市场的变动性。同时，加大与东部高校的合作，以解决日益紧迫的人才问题。

（四）发展的机会

安运科技作为重庆市企业，凭借本土优势，获得了地方政府政策上的优惠，这给安运科技奠定了十分坚实的发展基础。目前，安运科技已在云南省的一个公交智能化项目中中标，逐步打开市场。随着交通有关部门对交通智能化的重视，此类交通智能化产品的市场也会逐渐扩大，而作为领跑者的安运科技自然会快速发展，逐步成长壮大。

（五）企业未来的发展前景

通过以上对安运科技的企业业务、人力资源、科研创新、金融支持、政策优惠几方面的综合考察分析，我们可以初步判定，具有自主研发专利的安运科技发展前景十分看好。安运科技计划 5 ~8 年后上市，所以做好近几年的业务是十分必要的，现阶段安运科技的业务还是相对割裂和独立的，但是安运科技的发展目标是搭建车载多功能信息平台，在硬件投入完成后，将之前全部的科研成果进行整合，实现最终目标。

（1）横向发展

未来公司将重点和地方上的公交、驾校产业形成战略合作伙伴关系。国内驾校和公交行业是公司的主要业务领域，加强与地方公交、驾校产业的合作有利于公司产品在国内市场的推广和渗透。

（2）纵向延伸

随着公司的不断发展，公司将考虑拓展产业链，将生产环节纳入流程，并完善售后服务体系，实现全方位立体的平台搭建。

参考文献

［1］鲍晓东．智能交通系统的现状与发展［A］．北京：北京工业职业技术学院，2007.

［2］中国产业经济信息网［DB/OL］. http：//www. cinic. org. cn/.

［3］重庆安运科技有限公司网站［EB/OL］. http：//www. safeluck. com/.

关于中外合资企业在华发展状况的调查报告

——走访赫克力士天普化工有限公司

牟秋燕　刘荑欣　周南希　王燚文　李佩珊

摘　要：为了了解中外合资企业在华发展情况以及企业内部管理状况，我们小组全体同学于2010年8月5日~8月10日对赫克力士天普化工有限公司进行了实地的走访调查，通过派发调查问卷、访问公司高层管理人员、深入车间观摩等方法，主要针对企业员工工作满意度和福利、企业内部管理、金融危机下企业发展状况等进行了调查。在调查中我们对外资企业在华发展状况有了深入的了解，并结合自身所学知识，给企业提出了意见和建议。

关键词：中外合资企业　在华发展　金融危机　企业内部管理

引言

随着国内国际两个市场联系的不断紧密，中外合资企业已成为我国经济中一个重要的主体，在推动我国经济建设和国际化进程中起到了十分重要的作用。改革开放以来，中国吸收外资的数量不断攀升。中国自从1979年向外国投资者开放以来，在利用FDI方面取得了巨大的成功。2002年，FDI的合同金额达1 827.68亿美元，比上年增长19.62%；实际利用外资金额达到527.43亿美元，比去年增长12.51%，已成为世界上吸收外国直接投资最多的国家。泸州市处于“成渝经济圈”（“成渝经济区”，或称“成渝都市区”）和“泛珠三角区域”的经济区域之中，有丰富的资源及科技人才优势，作为西部化工城，与其他经济区域互补性强。

化学工业是泸州最具有前景的支柱产业，赫克力士天普化工有限公司是专业生产甲基、羟丙基甲基纤维素的生产厂家，由原来中国最大的纤维素生产厂家、中国纤维素兵器部直属企业的泸州北方化学工业有限公司与美国老牌纤维素生产厂家亚跨龙集团下的赫克力士公司合资注册的。公司注册资本 12 000 万元，注册人数 1 000 余人，是泸州市大型涉外化工企业。赫克力士天普化工有限公司主营行业为化学纤维，而我国是全球最主要的纺织品输出国，也是全球最主要的纤维消费国家，国内对纤维的消费需求量很大。甲基纤维素在建筑施工、建材、分散性涂料、壁纸糊料、聚合助剂、除漆剂、皮革、油墨、造纸等方面被广泛应用，分别用作增稠剂、粘接剂、保水剂、成膜剂、赋形剂等。在化工领域也有着十分重要的地位。

在全球金融危机下，中国宏观经济发展放缓，国内化工市场受到了一定冲击，特别是取消化工企业出口退税政策，让国内化工企业受到了很大的打击。

一、公司概况

2010 年 8 月 5 日，我们小组一行人来到了位于泸州市的赫克力士天普化工有限公司，开始了在这一企业为期五天的实践学习之旅。

公司方面接待我们的负责人首先给我们详细地介绍了公司组成、科技研究、内部管理等方面的基本情况以及公司近年来的发展状况，并就我们感兴趣的话题进行了简单的回答，使我们对该公司有了基本的了解。公司由美国赫克力士集团公司（Hercules Incorporated）和泸州北方化学工业有限公司以及江苏飞翔化工股份有限公司共同投资建立，其中美国赫克力士集团公司是世界纤维素醚的领导者，泸州北方化学工业有限公司以及江苏飞翔化工股份有限公司原下属的天普化学品有限公司也在中国甲基纤维素醚生产中有着举足轻重的地位。公司以追求创新为企业灵魂，集中了一批富有创造力和蓬勃朝气的年轻科技精英，倡导“知识面广、视野开阔、思维活跃、思路清晰”的素质要求，在研究开发方面的高投入成就了天普化学连续多年的高速发展。

二、员工满意度以及福利状况调查

5 日下午，我们在相关负责人的带领下参观了工厂。厂方接待人首先带我们参观了工厂的基本环境，并简要介绍了工厂的安全环保卫生政策和基本管理制度。在征求了公司负责人和厂方接待人的同意后，我们向公司员工发放了关于员工工作满意度和福利状况的调查问卷。此次问卷调查以匿名调查的方式展开，采用随机抽样调查的方式，共计发放 50 份调查问卷，并全数收回。

以下是有关问卷内容的一些分析。

（一）员工教育程度

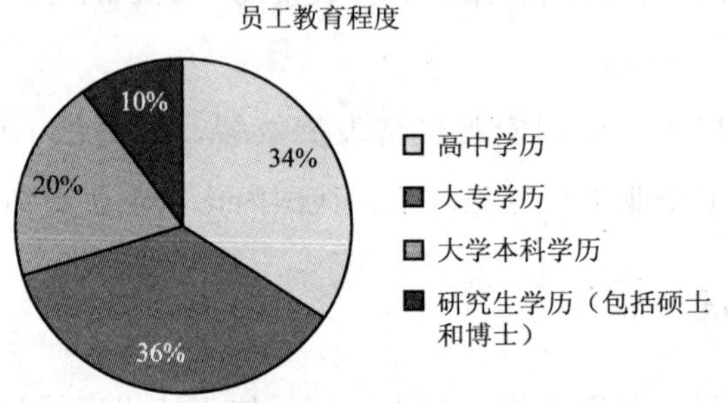

图 1　员工受教育程度

通过回收数据得出，该工厂员工大多是公司正式职工，高中及大专学历的员工占大约 70% 。大学本科学历和研究生学历的员工较少，仅占所有员工的 30% 。因此，公司员工的素质有待提高。

在薪酬方面，公司每月准时向员工发放工资，员工工资水平以每年 5% ~ 10% 的速度递增，公司内部的薪酬水平与市场趋势基本保持同步，并且会在次年一月向员工发放第十三个月的薪酬。每年 3 月，根据公司的人力资源政策，正式员工可以享受年度奖金。除了法定福利之外，公司也会给予员工一些附加福利，如商业保险、季度和年度的奖励政策、年度体检、节假日购物券等。这些福利政策既保障了员工利益，也拉近了公司与员工的距离，使员工能够更好地为公司工作。在员工培训与进修方面，公司强调以人为本，适时为员工提供合适的培训和发展的机会，采取新员工入职导向培训、个人发展规划、网络课程、内部培训、外部培训等多种方式提高员工的专业技能和专业素质。

（二）员工工作环境满意度

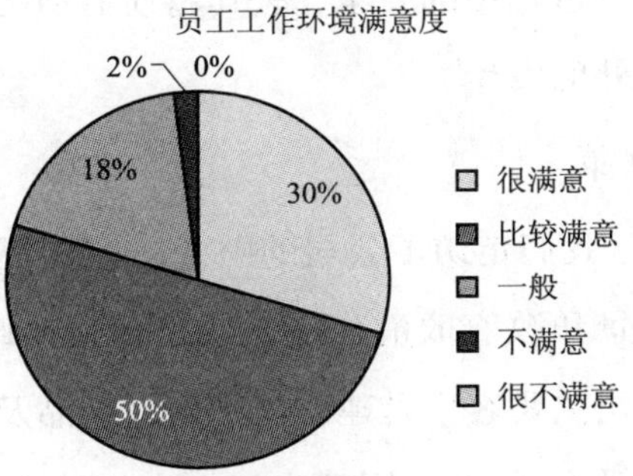

图 2　员工工作环境满意度

公司提供了良好的工作环境以及多种奖励、福利政策，有高达 30% 的员工对工作环境表示很满意。但是也有员工认为其工作环境存在一定不如意，他们针对公司发展状况和自身特殊情况，对公司福利政策提出了自己的意见和建议。由此看来，公司的工作环境总体良好，但仍存在一些问题。厂方领导表示将会听取员工的建议，增加与员工的交流，并会考虑针对个别员工的特殊状况给予特殊的政策支持。

三、公司政策

（一）公司安全环保政策

6 日，我们小组主要的走访对象是公司核心技术人员，旨在了解公司作为化工企业在节能减排方面所作的努力以及公司具体的安全环保措施。通过访谈我们了解到，公司致力于保护环境，为员工及邻近社区提供安全卫生的工作条件，并以安全方式经营销售产品。公司的节能环保技术全部采用由美方提供的先进技术，并且提出“安全第一，环保第二，其次才是生产”的口号；公司遵守政府在环保、卫生和经营销售方面的各项法律和法规，包括申请环境许可证或根据这种申请要求的定期报告，向政府审查批准部门提供真实和有效的信息，及时响应根据《职业安全和卫生法》（OSHA）进行所有检查，并采取适当的改正行动。在该技术人员的带领下，我们参观了化工物品的存放车间和工作人员的办公车间，发现公司极其重视生产过程的安全保障，除了一些基本的安全制度外，该公司还有一条独特的安全生产线：安全帽、安全服、安全鞋、保护眼镜等装备一应俱全；为了确保员工生产过程中的安全，公司将所有剪刀磨圆，防止员工工作中被剪刀戳伤此类常见意外的发生。

（二）公司财务政策

7 日的实践活动中，我们走访了公司的财务总监，了解到了公司的财务运营状况以及金融危机大背景和政府取消化工企业出口退税政策对化工企业的影响。在访谈中我们发现，公司主要客户是建材、医药、食品及化妆品企业，其中以建材为主；公司生产的产品有约 60% 用于出口，出口比重很大，是四川省名优特新产品推荐企业，同时也是泸州市大型涉外化工企业。2010 年上半年公司累计出口 1 556 万美元，主要出口商品为甲基纤维素，同比增长 18.6%，占泸州市出口总额的 38.9%，超额完成出口目标，为泸州市 2010 年上半年出口的较快增长作出了巨大的贡献。

同时我们也了解到企业在近年的运营过程中，由于宏观经济大背景的变动而出现了一些问题。主要表现在：

在金融危机背景下，市场需求的变动成为了影响进出口的主要因素，作为泸州市的重点进出口企业，赫克力士天普化工有限公司受到的冲击是显而易见的。由于国内、国际市场需求不足，同行业竞争日益激烈。订单减少，人民币币值稳中有升，出口换汇成本上升等因素，直接导致出口量下降，公司出现了亏损。

化工企业出口退税政策的取消，对于赫克力士天普化工有限公司来说无疑又是一个巨大的打击。根据内部资料显示，受原材料棉花价格上涨的影响，公司出现了亏损；而随着欧元汇率的大幅下跌，原材料价格的上升更加明显，公司运营上的问题也日渐凸显，取消出口退税后，每月增加的费用大约为 100 万元人民币，对企业来说是一笔较大的负担。

赫克力士天普化工有限公司作为泸州市的重点涉外企业，对汇率波动特别是人民币升值的承受能力较弱。具体表现在：对预期人民币升值后的利润空间有较大的担忧；担心人民币升值会减弱企业的竞争力，使企业可能获得订单的数量减少；对汇率风险认识不足，抵御风险的能力较低。

但该负责人同时告诉我们，虽然公司出现了亏损，公司所有员工仍然对公司未来发展保持乐观态度，多数人更是充满了信心。公司已经采取了相应的对策如进行技术改造、发展轻工业产品（主要是医药、食品部门）、研制新配方降低生产成本等方式来应对公司这一次受到的冲击。

（三）公司人力资源政策

8 日，我们拜访了公司人力资源部负责人。该负责人向我们介绍了公司基本招聘政策，强调公司在招聘过程中忽略种族、性别、肤色、宗教、年龄及残障等方面的差别，对于任何空缺职位均基于公正和公平的原则，择优录取候选人。对于部分重要职位，公司实行内部应聘，在同等条件下，将优先考虑内部应聘的候选人，这一点是对员工在公司发展、职业规划及能力拓展等方面提供的一项重要且实质性的支持。同时在交谈中我们了解到，公司采用先进的人力资源管理系统——SAP 人力资源管理系统，这是公司人力资源管理中的重要部分。在该系统下，公司达到了人力资源配置的较高效率。

9 日的实践中，我们拜访了公司负责人，旨在了解公司整体运营情况、管理架构及企业在改革发展创新中取得的优秀成果。在很多中外合资企业中，都存在由于中外文化差异导致的问题。在管理文化方面，由于决策思维与模式的不同，经营管理中存在一定的文化冲突。东方文化如行云流水，适应性强、灵活性强。但是，过于灵活的必然结果是不重视制度的建立和实施，对环境变化采取实用主义的态度；而西方文化则以制度为基础，企业管理讲究原则追求效率。通过访谈我们了解到，公司主要由以下几个部门组成：产品质量部、安全环保部、人力资源部、行政部门、财政部门及两个生产工厂。部门之间分工明确，在工作中联系紧密，沟通频繁有效，是企业顺利生产销售的基石。公司人员主要由三部分组成：国有企业原有的工人（多数是高中、大专学历）、研发人员（本科、研究生学历）、管理人员（本科、研究生学历）、新进人员（本科学历）。公司采用中西结合的管理方法，重视公司制度的建立和实施，同时保留了一定的灵活性，在特殊情况下采用因时制宜的解决方法。

四、建议与总结

在此次金融危机下，公司受到了较大的冲击，公司现在正在积极地进行技术改造与创新，希望能够在这个瞬息万变的时代中跟上时代的步伐，努力寻求变革，力争做化工企业变革的“先行者”。我们在听取了该负责人的介绍之后也根据公司的实际情况，向公司提出了意见和建议：

（1）把握市场变化，积极利用美国方面的先进技术增强自身实力，同时要增强自身创新与变革能力，抓住市场机遇进行技术改造，勇于面对挑战。

（2）实行差异化战略，根据市场需求的不同调整不同时期的战略及规模。面对来自市场的巨大竞争压力，要通过产品的独特性和先进性来争取更大的市场份额。

（3）作为泸州市重点涉外化工企业，应该增强应对市场风险、外汇变动风险的能力。可选用金融衍生工具规避风险，避免市场变动、汇率变动给企业带来的巨大的经济损失。

（4）降低消耗，开发附加产品。通过采取加强管理，降低消耗，减少生产成本等措施提高产品的市场竞争力。积极采取措施，开发下游附加值新产品，拓展销售网络，提高市场占有率，提升盈利空间。

（5）利用政府政策支持，大力拓展国内国际两个市场，提高市场占有率和企业生产能力。

在我们实践调查的最后一天，赫克力士天普化工有限公司的领导同我们举行了座谈，就泸州市经济发展状况特别是化工企业发展状况作了总结，并对行业未来发展作出了展望。我们也向公司领导提出了初步的调查结论和改进建议。在这以后，公司领导还向我们讲述了公司在省市同行业中的发展情况及市场对人才的需求状况，鼓励大家努力学习专业知识，增强自身技能，为将来的职业发展作好规划与准备。

本次实践活动的成功开展，深深地鼓舞了我们，我们决心努力学习专业知识，增强各方面实力，用我们的实际行动，履行新一代青年人的历史和社会使命，在工作和学习中勇于奋斗，甘于奉献，敢于创新，为国家经济建设尽自己应尽的义务。

参考文献

[1] 邱立成，于李娜．跨国公司进入中国市场模式及影响因素分析．南开经济研

究，2003（4）：23～27.

[2] 胡迁林，张贵兴．当前我国化学工业产业技术发展重点．现代化工，2004（1）：2～9.

[3] 安鸿章，吴江．中外合资企业文化差异：冲突与融合．经济与管理研究，2001（3）：47～49.

论游戏试玩新时尚——微玩吧

杨瑞泰[①] 李佑明[①] 孙一凡[①] 陈丽霞[①] 王佳俊[②]

摘 要：针对游戏产业传统推广方式的严重缺陷，本公司推出了——“微玩吧”网页嵌入式应用，将一个整合了各种类型游戏片段的第三方应用嵌入到社交网站和微博中，采用B/S（浏览器/服务器）模式提供游戏试玩。前期采用微亏战略，即通过直接投资游戏开发商以招纳其加盟，并与各大社交网站和微博通过利润分成的方式进行联合运营直接继承大量客户，辅以一定的SNS和微博营销手段使得“微玩吧”快速占领玩家市场，招纳更多游戏开发商形成一个良性循环。“微玩吧”板块设置中有游戏广场（猜你喜欢、热门游戏、最新游戏、推荐游戏）、游戏试玩界面和游戏收藏。另外，公司主要通过网络广告的投放与效果分析服务、数据挖掘与咨询服务、竞价排名服务、以点击量为基础的佣金制度等来获取收益。

关键词：第三方应用 社交网站与微博 联合运营

一、创意背景和项目的简述

现如今，中国游戏产业发展迅速。但游戏产业传统的推广方式却存在严重缺陷，针对这个问题，我公司提出了一种全新的嵌入式应用——微玩吧，将一个整合了各种类型游戏片段的应用嵌入到社交网站和微博中。

具体而言，微玩吧主打游戏试玩服务，在保证一定的画面效果的前提下，通过将客户端版游戏转换为Flash游戏片段，供游戏玩家试玩。与传统游戏试玩方

---

① 对外经济贸易大学信息学院。
② 对外经济贸易大学金融学院。

式相比，微玩吧最大的优势在于：

（1）游戏试玩玩家无须下载任何安装文件，即可直接在网页上体验与客户端效果近似的游戏片段，省去大量下载试玩客户端和安装的时间，使得玩家能够在短时间内体验各大游戏厂商开发的新游戏。

（2）游戏玩家能够在试玩网体验各种类型的较新的游戏片段。加之其游戏加载迅速，体验者众多，因此相比各个厂商独立宣传，微玩吧具有更高的宣传效率，并且能够吸引更大的玩家群体。

为了提高效益，微玩吧和以人人网为主的社交网站、微博等进行联合运营，以增强娱乐性和游戏宣传效果。另外，这一创新，也能够很好地增进游戏开发商和游戏玩家以及游戏玩家之间的互动。

发展后期，微玩吧还能提供游戏测评等服务，力图打造成融合游戏体验、测评为一体的应用。

二、目标市场的描述

微玩吧面向的目标市场由游戏玩家组成，而95%游戏玩家集中年龄层在40岁以下，这部分人群同时也是社交网站和微博的主要用户，而结合了游戏体验与互动的游戏宣传平台恰好符合游戏玩家的习惯，同时为游戏运营商的游戏营销提供了绝好的宣传平台。

三、竞争分析

（一）优势

微玩吧优势在于游戏推广方式新颖，国内尚属空白。同时微玩吧作为应用，易管理，更新迅速，且从建立时起有充裕的时间更新服务内容，采用嵌入于社交网站和微博等能够直接继承其大量用户，在过程中吸纳更多游戏开发商加盟。另外，国家政策对于游戏产业的支持，与本网站的主要思想相同——由于微玩吧提供的试玩游戏的片段较短，因此可以很好地施行国家政策中的健康游戏的方针。

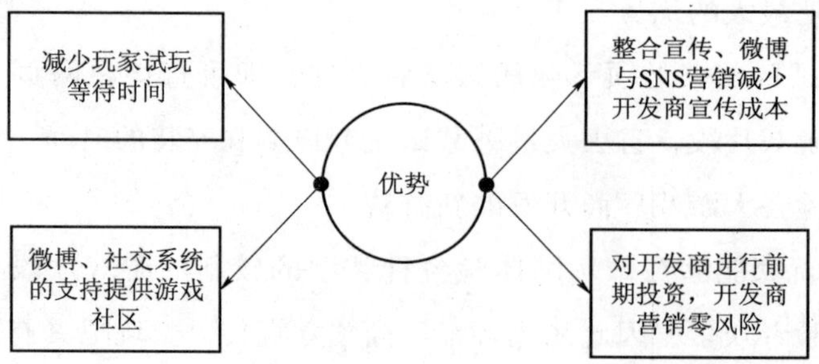

图1 微玩吧优势分析

（二）劣势

微玩吧劣势在于前期，同时易受到大企业的冲击，竞争能力较弱，从而可能需要在公司建立初期或者一定期限后寻找与大型公司合作的机会。

（三）解决方案

面对竞争，微玩吧采用的途径并非敬而远之，而是采取拉拢战术，微玩吧通过在各大微博和社交网站这些合作伙伴上建立网站应用，利用其庞大的客户群优势增加微玩吧的知名度与访问量，玩家从这些网站应用中进入微玩吧产生的利润将与合作网站分成，借鉴网页游戏联合运营的利润分配，微玩吧获得 60% 的收益，而合作网站将得到 40% 的收益。结合了社交网站的用户群优势与微玩吧的强大游戏储备优势，同时也增加了微玩吧的市场影响力。如此，巧妙地将潜在竞争对手转化为合作伙伴。

因此可以看出，微玩吧需要认真借鉴人人网在国内发展壮大的经验，不断创新。只有不断创新才能为微玩吧在互联网世界中取得优势打下坚实的基础。

四、商业模式

微玩吧结合游戏产业和自身业务特点，采用了策略性营销模式。

（一）营销服务模式

1. 传统游戏运营商的在社区网站或者微博的宣传方式

（1）游戏运营商自行营销：在各大社区网站和微博建立公共主页，利用微博和 SNS 营销方式吸引粉丝关注，从而达到宣传效果。

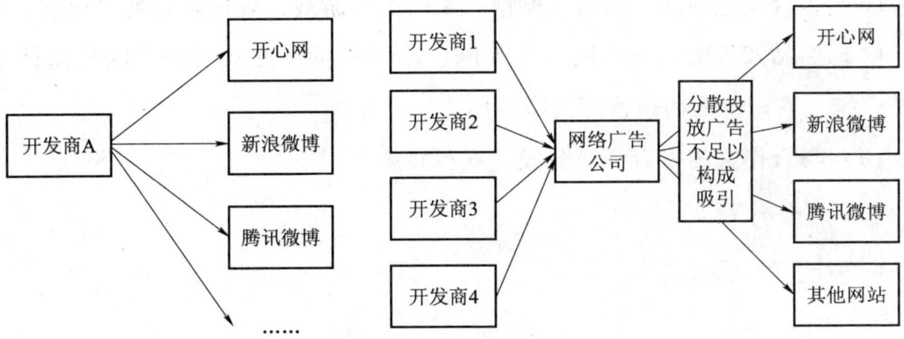

图2 传统的宣传方式

（2）有中介广告商参与的广告营销：游戏运营商委托中介网络广告公司在各大网站上投放平面广告，例如网易首页顶部通栏6轮播价格为21万/轮/天，即每天4小时的总广播时间价格为21万，网易首页访问量每天在700万左右，人均0.117元。

2. 微玩吧的营销服务方式

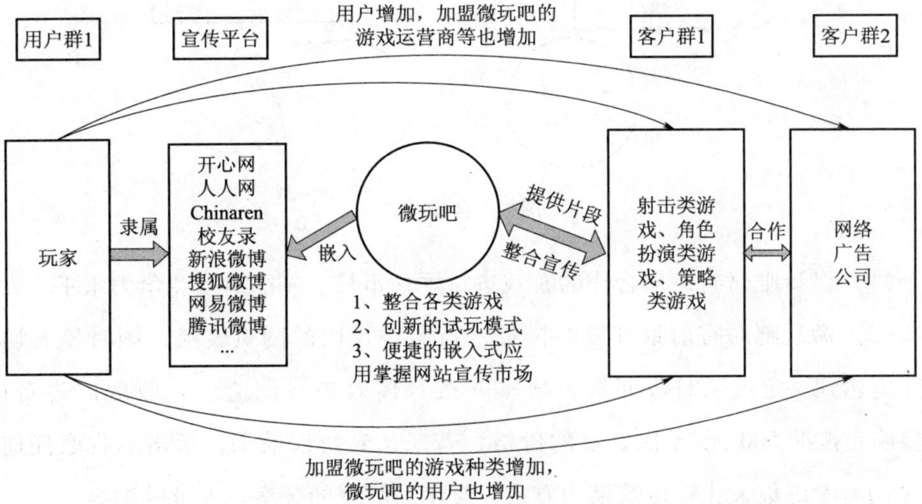

图3 营销服务方式

（1）创新的游戏试玩形式：B/S（浏览器/服务器）形式，提供游戏试玩片段网页版，无须下载客户端。

（2）前期提供完全的资金支持，游戏运营商零营销风险。

（3）整合角色扮演、射击、剧情、策略类等游戏，规模效应吸引玩家。

（4）一站式服务，开心网、人人网、新浪微博、搜狐微博、网易微博等宣传平台统一管理，节约运营商营销费用。

（5）与合作宣传平台利润分成，互利共赢。

（二）合作模式

1. 微玩吧与游戏商

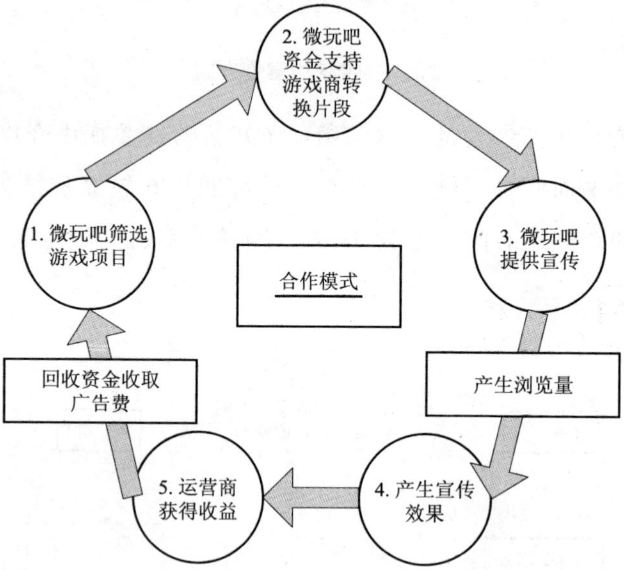

图 4　合作模式

（1）微玩吧对有意向合作的游戏进行评估审核，判断游戏竞争力水平。

（2）微玩吧对有前景开发商投资进行游戏片段的网页转换，同时签署协议在宣传达到一定效果时收回投资成本并按宣传效果（浏览量）收取广告费用，初步确定按照500元/千次试玩的价格，若未达到协议效果，承诺不收取任何费用（仍需考虑最大化宣传效果的方式，应用新鲜事的频率、人员维护等）

2. 微玩吧与宣传平台

微玩吧作为中介广告商收取游戏宣传费用，各大社区网站和微博作为平台以及客户提供者应分得利润，由于微玩网吧运营模式与网页游戏联合运营模式类似，可参考其利润分配方式，在初期，以6:4的比例分配利润，微玩吧作为应用

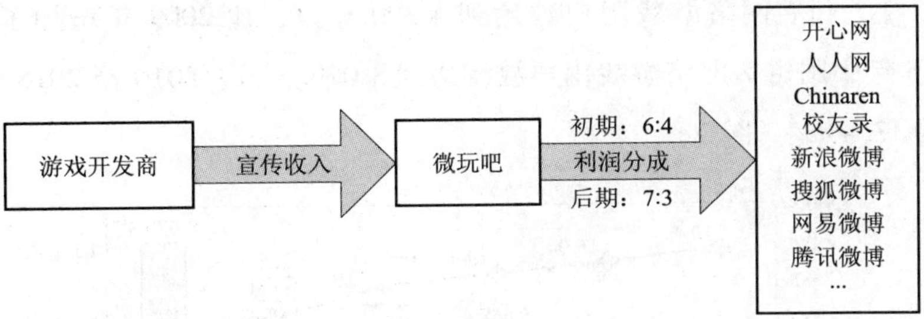

图 5　宣传平台

版权所有方获得 60% 收益，40% 的收益由宣传平台获得。

在微玩吧成熟后，玩家数量进一步提高，将在一定程度上稳定社区网站和微博的老用户，并吸引新游戏玩家的加入，微玩吧将有更大的资本与这些宣传平台进行协商，有望将利润分配比例提高至 7: 3。

五、相关行业分析

（一）网络游戏行业

2010 年中国网络游戏市场实际销售收入达到 323. 7 亿元，比 2009 年增长了 26. 3%，中国网络游戏市场依然保持了稳定的增长。

2010 年，中国网络游戏用户数达到 7 598 万，比 2009 年增加了 15. 3%。预计 2015 年中国网络游戏用户数将达到 1. 24 亿，2010 到 2015 年的复合增长率为 10. 21%。（图 6）

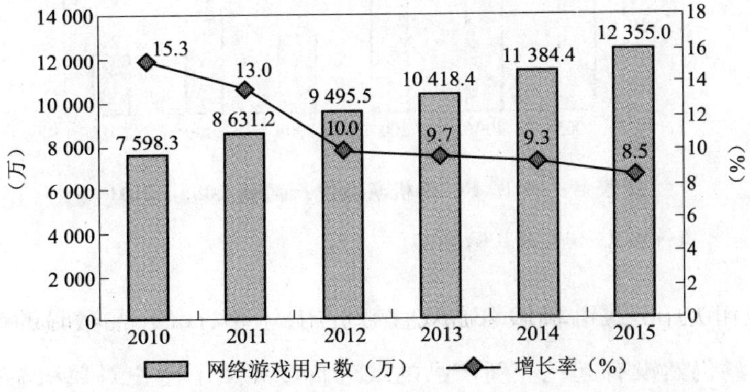

图 6　中国网络用户数及增长率 2010 ~ 2015

2010 年，付费网络游戏用户数达到 4 300. 6 万，比 2009 年增加了 15. 8% 。预计 2015 年中国付费网络游戏用户数将达到 8 070. 3 万，2010 至 2015 年的复合增长率为 13. 4% 。（图 7）

图表 7　中国付费网络游戏用户数及增长率 2010 ~ 2015

资料来源：GPC 和 IDC，2011

（二）单机游戏行业

2010 年，中国 PC 单机游戏市场继续萎缩，实际销售收入为 1 520 万元人民币，比 2009 年下降了 38. 4% 。2010 年，出版发行新单机游戏 21 款，比 2009 年减少了 34. 3% 。（图表 8）

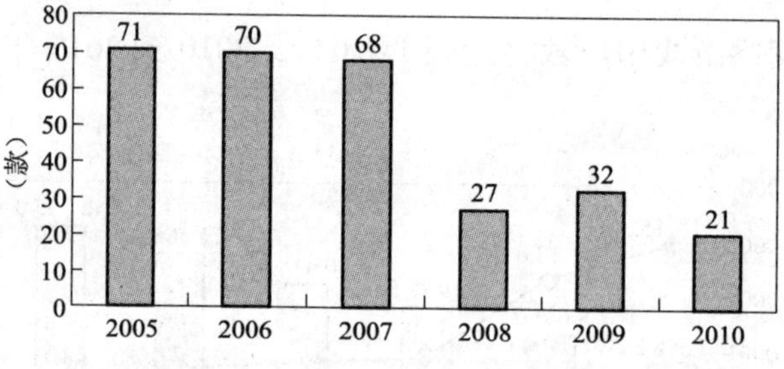

图表 8　中国 PC 单机游戏发行数量 2005 ~ 2010

资料来源：GPC 和 IDC，2011

从 2007 年的 68 款到 2010 年的 21 款新产品上市，新产品数量的萎缩说明 PC 单机游戏市场仍然没有起色。新产品的缺乏直接导致了用户对单机游戏产品缺乏必要的关注，进而影响了整个销售渠道对单机游戏的关注。渠道靠单机游戏是根本无法养活自身。正版的单机游戏距离消费者渐行渐远，消费者选择了向产品更丰富、体验更及时的盗版市场获取乐趣，这让单机游戏的发展一步一步走向低谷。

（三）网页游戏行业

2010 年，中国网页游戏市场的实际销售收入为 41.9 亿元，比 2009 年增长了 248.8%。预计 2015 年中国网页游戏市场的实际销售收入将达到 126 亿元，2010 到 2015 年的复合增长率为 24.6%。（图表 9）

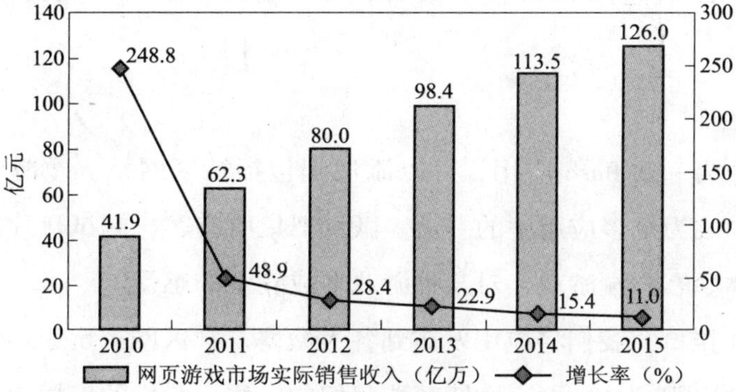

图表 9　中国网页游戏市场实际销售收入 2010～2015

资料来源：GPC 和 IDC，2011

（四）微博及网络社区发展状况

以新浪和腾讯为第一阵营的微博市场正迅速发展，在最初不到一年的时间里，微博用户占到互联网用户的 14%，其中新浪微博用户占到 87%，腾讯为 8%。微博用户的规模依旧在不断扩大。

社交网站包括网络社区的使用率在 2010 年度达到了 51.4%，且呈上升趋势，表明超过一半的网民都在使用社交网站，通过社交网站来满足虚拟世界的人际沟通，同时使用人数正在逐步上升中。我国网民对社交网站的依赖程度相对较高。

（五）游戏试玩网的状况

当前游戏试玩网站多以用户下载，网站提供试玩序列号为主。部分网站可以点评游戏。例如试玩网（http：//www. shiwan. com/pc）的首页会罗列出众多游戏，用户可以查找游戏并且对此加以点评。游戏玩家通过爱心积分来换取热门游戏激活码用于游戏试玩。再比如太平洋游戏网（http：//pc. pcgames. com. cn/），提供游戏评论和内侧信息帮助玩家了解游戏，有时会提供游戏下载链接，让玩家下载试玩。

六、技术分析

微玩网推出的微玩吧应用是一个游戏开发商与玩家的中介平台。该应用以集中全面的游戏试玩片段为主要特色，加强游戏玩家的体验。

应用设计技术包括 flash 网页设计，API 接口技术。管理技术包括数据库维护。

（一）微玩吧

微玩吧作为一款 flash 应用，可以添加到包括社区网站、微博在内的主流社交网站之中，成为众多应用中的一员。微玩吧集所有客户端试玩片段于一体，方便游戏玩家体验客户端游戏，对某种游戏形成直观的感受。

通过 API 接口，我们将应用发布到各大微博、社区网。玩家通过社区网、微博点击我们的应用，社区网、微博获取我们的应用，我们的应用向游戏开发商获取游戏片段供玩家体验。

（二）游戏开发商

随着科技的进步和互联网的发展，游戏运行平台也在不断地向多元化方向发展。单机游戏到网络游戏再到网页游戏，游戏方式的变革不断给游戏开发商们挑战，并且提供新的研究方向。到目前为止，没有任何一家开发商固守一种游戏运行平台不放，公司内部逐渐向多平台方向发展，尤其是单机游戏企业，比如大宇，产品包括单机版《仙剑奇侠传》、网络版《仙剑奇侠传 Online》以及网页版《新仙剑奇侠传 OL》。

支撑这些游戏开发的游戏开发平台也在逐渐的变革中。编程语言，尤其是微软的编程语言支持的框架的逐步升级，Flashplayer 对硬件加速的支持，Unity3D 的应运而生，Direct3D 的不断升级，均为游戏开发商提供了游戏开发利器，使得游戏开发成本大幅下降，客户端程序与网页程序的效果越来越接近。

"I♥CULTURE"高校文化商品网上商城项目策划书

张　露　谢滨璜　孙博宇　赵向阳

一、项目概况

（一）公司介绍

公司成立之初，我们主要致力于打造一个学生自己设计、自己创作的高校文化商品品牌。将集设计、销售于一身，通过生产外包的方式，以创新为前提、以人才为中心，与高校强强联手，探索多元化的盈利模式，重视客户服务体验，努力实现把"I♥CULTURE"网站做精、做强、做大，成为行业领导者的战略构想。

在公司注册后，将会着力于建设和完善公司网站，招募专业的设计团队和销售团队作为我们公司发展初期的设计主力和销售主力，同时在对外经济贸易大学开始招募专属的学生团队，主要分为设计团队和销售团队两部分。

公司发展到中期，在资金充足、管理制度完善的前提下，本校的市场已经饱和。本校的学生团队已成熟，能够负责本校大部分的商品设计和销售，专业团队则转向后方支持。我公司开始向全北京的高校发展。首先将选择距离本校较近的北京联合大学和北京化工大学等学校为首批发展目标。在第一年由专业设计团队设计目标高校的文化商品，吸引学生的注意力。第二年，将开始在这些高校招募学生团队，同时将网站内容丰富，实现更多元化的功能。

除了扩大"I♥CULTURE"的高校覆盖范围，我们会同步在各大高校举行设计大赛，提高影响力和知名度。在达到宣传目的的同时，选取其中的优秀作品购买版权，生产销售。通过比赛的影响不但可以吸引到更优秀的作品，还能保证作品的销量，同时比赛中的优秀设计者在自愿原则下还可以加入设计团队，增加学生团队的人脉关系和含金量。

考虑到学生团队的特殊性，我们将后期目标定在全国的发达城市，如上海、广州等。在这些城市“I♥CULTURE”仍将保持我们的学生团队和大赛模式，但是由于需求的扩大，考虑到货物的数量过于庞大，预计将在每个城市建立仓库。当生产商完成货物交付之后，我们会将其存储在仓库中，每当有订单时才会通过物流公司将货物运至校园代理或者顾客手中。

（二）网站介绍

1. 销售服务

凡是对“I♥CULTURE”商品感兴趣的人都可以通过网站订购自己心仪的商品。在选择商品送达方式时，高校学生可以选择在本校的校园代理处领取，可以帮助同学节省邮费；而对于已经毕业的社会人士，则可以选择普通的物流配送方式，但是需要自己负担运输费用。

2. 设计服务

除此之外，对于那些有设计才华，想要设计自己学校或者其他学校的文化商品的人来说，“I♥CULTURE”网站也提供了人性化的服务：设计者可以将自己的作品通过网站上传，普通用户可以浏览自己感兴趣的设计，为自己喜欢的设计投票。对于排名靠前的作品，在考虑其商业潜力的前提下，将会选择其中的优秀作品购买版权并生产销售。

同时公司也与各高校配合，提供如校庆、纪念日或重大活动的纪念品定制及生产服务。不仅能成为公司的收入来源，也能稳固与高校间的合作关系。

（三）学生团队

1. 设计团队

在线下，我们的学生团队也扮演着举足轻重的角色。对于招募的设计团队我们主要看重学生的设计才能和创意头脑。团队成员的时间比较自由，管理也会相对轻松，没有人数限制。他们主要负责按时按量向公司提交自己设计的作品，对于令人满意的作品，我们会向设计者购买作品的版权并投入生产。在平时，我们也会定期举行一些活动、讲座或者课堂，提高大家的设计水平和积极性。

2. 销售团队

与设计团队相辅相成的则是销售团队，每个学校的人数会限制在5人以下，对于这个团队的成员，挑选有激情、领导力、会交际的人员加入，定期支付一定的薪酬和提成。而他们则需要负责自己所在学校的宣传和销售环节。公司的策略是通过本校学生的广大人际关系来扩大我们的影响力和公信力，吸引更多学生来关注和购买。

二、网站介绍

“I♥culture”网站分为高校文化商品销售系统（高校文化商品信息、最热文化商品、校园专区）、线上设计系统（设计作品上传、投票、优秀作品展示）、“I♥culture”大赛系统（比赛介绍、比赛新闻、获奖作品展示）、信息发布系统（广告模块、调查模块）、会员管理系统、论坛系统。而网站的后台和技术方面，我公司会外包给专业的技术公司帮助管理。

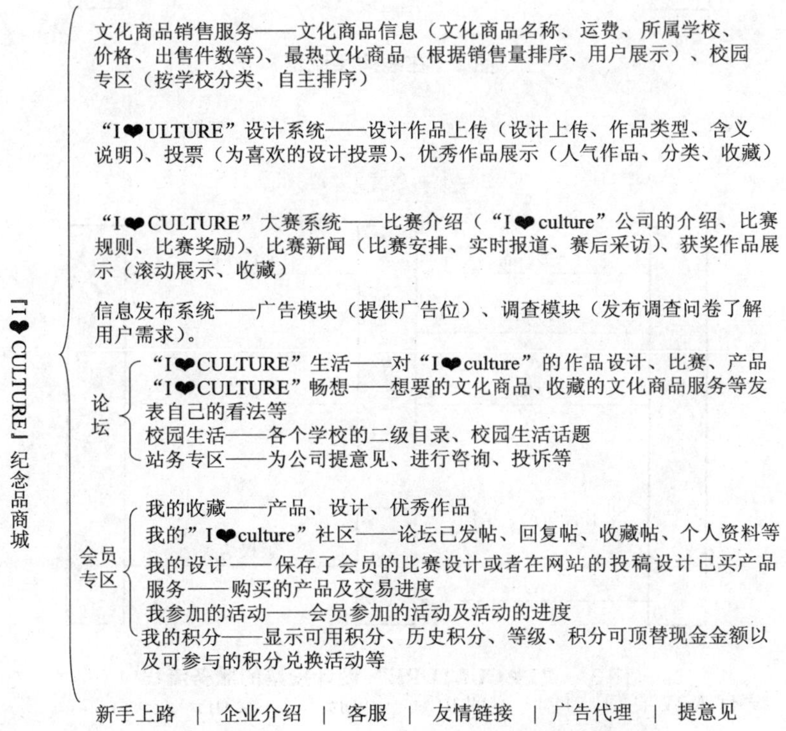

图1 “I♥CULTURE”高校文化商品网上商城网站结构

三、业务流程及支付方案

（一）业务流程

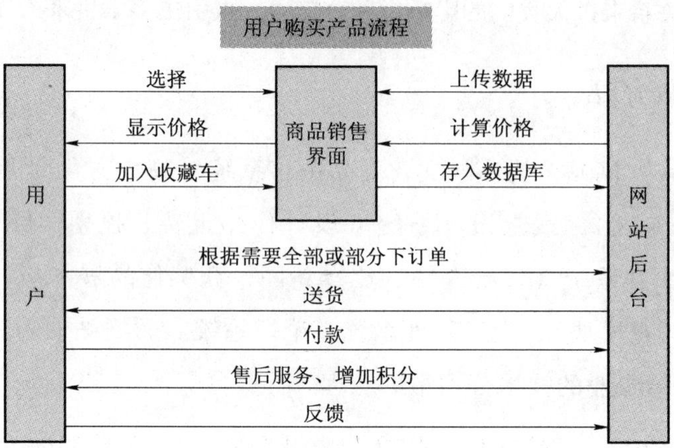

图2　在线购买流程

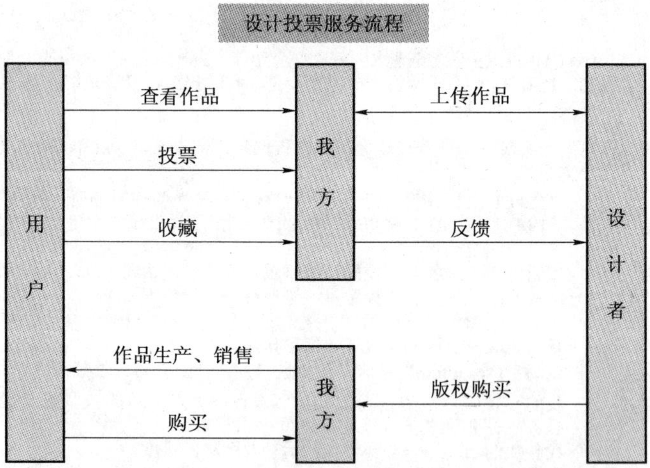

图3　"I♥CULTURE"设计投票的服务流程

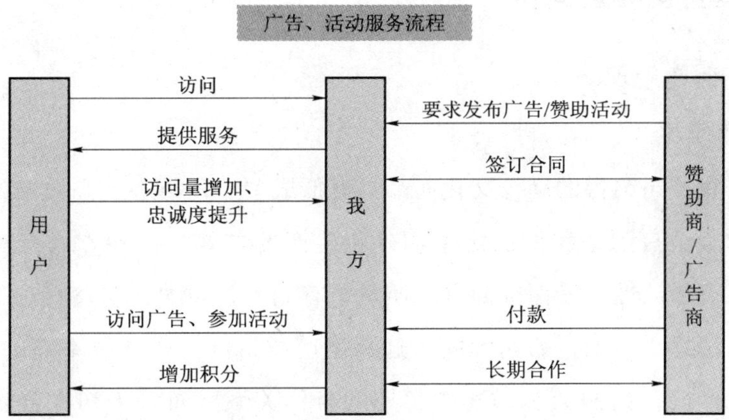

图4 "I♥CULTURE"广告、活动服务流程

（二）支付方案

"I♥CULTURE" 高校文化商品网上商城提供的服务大部分是网上业务，也正因如此，较之于传统交易我们有更多的优势，如价格低廉、服务便捷等；但是若支付流程不能做到安全便利，则不能给用户提供优质的服务，从而影响网站的业务推广和盈利的实现。因此，公司提供多元的支付方式。支付主要涉及商家和用户两方，其中商家可以分为大额支付和小额支付。

为了保障用户的财产安全，我网站主要采用目前安全系数较高的网上支付系统，如银行卡、信用卡快捷支付、分期付款等安全性较高的支付方式，亦可通过第三方支付平台（如支付宝）进行交易。除此之外，用户还可以选择货到付款的方式。

为商家发布广告、提供商品供应所获得的收入都可以算是小额收入，为达高效率、低成本，我们既接受商家的银行直接划款，也接受第三方平台付款。

与商家合作举办比赛、活动获得的赞助费，以及与其他校园文化商店合作抽取提成属于大额支付，这类交易与传统交易并无太大差异，因此可以通过银行直接划款、支票等传统支付渠道进行支付。

四、生产及物流管理

（一）生产管理

1. 生产概述

首先，我公司销售的高校文化商品具有低成本、种类多、高效益的特征，考虑到公司的资金有限，我们决定采用外包生产的方式。这种方式有利于节约成本，生产具有灵活性，能保证商品的质量，有利于公司的长期发展。

在厂商选择方向上，公司倾向于选择生产质量高、生产效率高的可靠厂商。对于这类生产商，我们会考虑建立长期的合作关系。而对于初次合作失败的厂商，则会根据信息反馈结果，及时地更换厂家，保证商品质量稳定性。当厂商生产完成订单后，由厂家将货物运至公司仓库存储。

2. 库存管理

公司采用再订购点系统：即规定一个特定点，该店一般低于0库存点，即当库存为零时，我们并不会马上下达生产订单，而会等到销售订单积累到一定程度之后，才会向厂商下达一份预订数量的生产订单。如图所示：

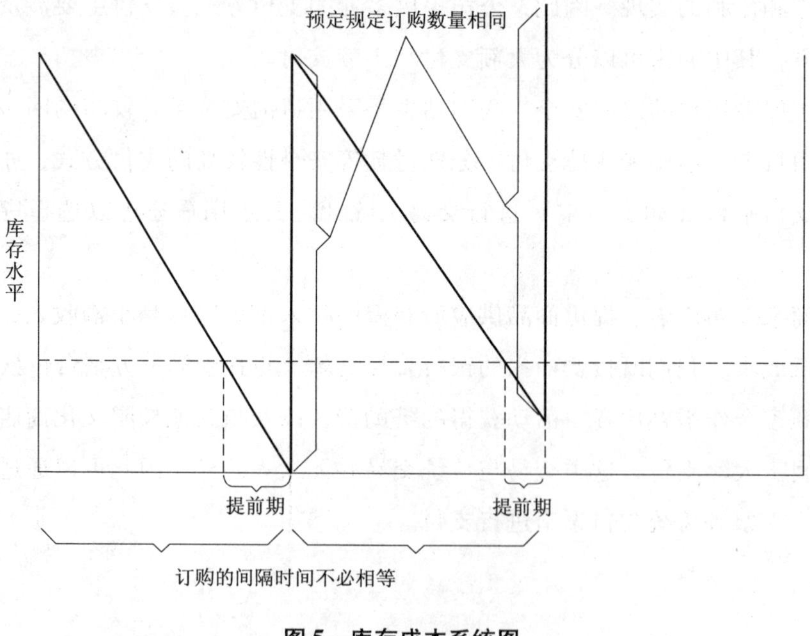

图5 库存成本系统图

（二）物流管理

1. 物流概述

我公司通过对自身运营模式的分析，认为借助专业的物流公司能更好地节约资金成本并且能够保证送货效率，因此决定将所有的送货外包给第三方物流公司。将在每个城市寻找固定的物流公司开展长期合作，同时为减轻送货压力和缩短送货时间，我们将在每个城市建立一个仓库作为该城市的调货中心，提高物流效率。

2. 送货流程图

在收到订单后，系统将对订单进行初步的审核，通过审核后联系物流公司发货。对于在校学生的销售，第三方物流并不直接将货物送到客户手中，而是将货物统一交到指定的校园代理处，这一方面提高了送货的效率，减少了送货时间。另一方面方便本校代理对客户的售后服务及跟踪宣传。如图所示：

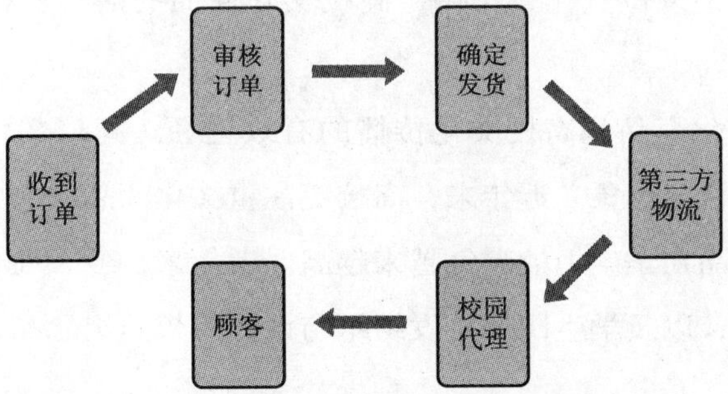

图 6 "I♥CULTURE" 送货流程图

五、市场分析

（一）市场前景

高校文化商品一直是纪念品市场的一个薄弱环节，目前大部分仍停留在校园内部销售的阶段，有些高校甚至还没有文化商品的销售。通过网上的调查问卷（见附件一），可以发现大部分的在校学生和校友都会购买或收藏本校的纪念品，获得途径多为校内纪念品店或他人赠送。同时，调查问卷显示人们对纪念品的类型偏好为校徽徽章、扑克牌、明信片、书签或者是工艺品，可以看出人们更注重创意性和收藏价值。

在价格方面，12.4%的人接受30元以下的纪念品，31.01%的人愿意购买30到50元的纪念品，43.41%的人觉得50到100元的价格是可以接受的。由此可以看出高校文化商品目前具有广大的客户群和市场发展的空间。

（二）市场特征

高校文化商品的主要购买者是在校学生以及毕业后仍然心系母校的校友们，其了解母校文化商品的渠道是校内纪念品商店，参加学校活动的纪念品以及同学介绍。购买渠道主要是直接到校内纪念品商店购买或者由别人赠送。该市场的特征主要体现在：

（1）购买者多为在校学生和校友这一特定客户群。

（2）购买数量多。经营者和消费者大多把商品定位于一次性消费品，庆典和活动所带来的人气和短期效果显著。

（3）购买者地理位置比较集中。高校文化商品的购买者往往集中在各大高校所在城市或地区。

（4）高校文化商品是高校文化传播的有效途径。高校文化产品体现着高校的文化底蕴、特色与形象。近年来，高校更注重文化商品的文化内涵和品质。

高校文化商品在学生中的人气越来越高。近年来，各大高校通过校内组织文化商品设计比赛，以及学生团体自发组织与设计的校园纪念品，越来越受到学生们的喜爱。

（三）SWOT分析

表1　　SWOT分析概况

Strengths Weaknesses Threats Opportunities	优势——S ☞可以利用高效的互联网络进行网络宣传营销。 ☞学生团队在大学生中有巨大影响。	弱势——W ☞与合作商之间的合作未成定数。 ☞资金实力并非很强大。 ☞品牌效应并不明显。

续表

机会——O ☞国内高校文化商品市场有很大的内需。 ☞很多竞争对手还停留在观察阶段。 ☞项目迎合消费者的个性化需求。	SO 战略 ▶ 利用自身优势把握机会，抓住市场的主动权，塑造企业在学生中的独特形象。 ▶ 培养独特的企业文化，通过我们的学生团队为消费者提供个性服务。	WO 战略 ● 抓住消费者需求，积极与供应商协商，加强宣传力度。 ● 为客户提供一个设计平台，帮助设计符合高校学生喜好的商品。
威胁——T ☞大部分消费者还是比较倾向于传统的实体店。 ☞新事物的出现必然会有很多竞争对手进行效仿。	ST 战略 ■ 加强宣传力度，优化宣传渠道，唤醒消费需求，提高销售能力。 ■ 增强品牌战略，扩大品牌影响力。	WT 战略 ◆ 制衡合作商战略，与合作商做好沟通。 ◆ 注重创新，积极应对环境突变的影响。

六、财务分析

（一）投资预算

"I♥CULTURE" 网站初期一次性投入固定资产约 65 万元，用于购买起步阶段使用的网络硬件设备、域名申请、支付办公场地及货物存储的费用。前期的广告宣传投入也较大（约 35 万），包括线下校园及其周边的实物宣传品设计和制作费用，和在各大门户网站、社交网站（主要集中于人人网这一在校学生社交平台和开心网这一毕业生白领社交平台）做线上推广，同时希望与这类型针对我公司目标客户群的网站建立良好关系，做长期宣传和营销、拓展新用户并与原有用户保持联系。

另一大额投资用于与国内各大高校及其文化商品店联合，并希望能够购得高校名称的使用权，能够进行学校专属文化商品的销售（估计需 70 万）。前期公司将给予各高校不等的费用用作专利费，且在线文化商品售卖也是对高校形象的宣传。同时购买各高校特色、热卖的文化商品作为“爱文化”校园的基础商品（约20万）。

“I♥CULTURE”初期将物流配送外包给区域性的物流公司，进行网购商品的配送。进入公司发展中后期，“爱文化”累积一定的物力财力，将把北京一地的高校业务拓展至北京、上海等一线城市并筹备长期全国范围内的高校联盟，与此同时我们计划在高校集中地建立自己的仓储基地，后期建立自己的物流平台，这在后期将是一大笔成本投入。

其他费用则分散在网站搭建维护，及线上支付、投票、论坛等技术支持；企业内部管理费用；支付员工工资（包括招募各高校学生设计团队及学生代理等销售人员）；流动资金补给；设备折旧和维护这五个方面。

（二）赢利模式

1. 产品销售收入

“爱文化”网站对于广大网民均是免费开放的。对于普通注册用户并不收取注册费用，公司将联系各大高校内现有的文化商品店，进行合作的网上销售，并从销售所得中与实体商店分成赚取一定利润。同时也积极联系学校内设计类社团提供创意和设计，为招募校园设计团队“I♥CULTURE”将之付诸实现，进行相关设计的实物生产、销售。通过这一过程推广了我们的网站，也扩充了“爱文化”校园的商品种类，并进一步进行文化商品制作生产的市场调查，验证策划的可行性。

待到网站发展到中期阶段，用户群体迅速增长，网站交易的营业额也将不断攀升，各大高校的校庆期间更是我们加强推广和促进销售的最佳时期。会员积分返优惠券制度将有助于刺激用户群的消费，并且最终优惠券的使用也是有利于网站盈利的。与此同时，定期举行的“I♥CULTURE”大赛也将初具规模，较好的名声能够吸引赞助者冠名，也是获取利润的方式之一。

在网站成熟阶段，我们所组建的各高校专属学生设计团队（或有社会招募培养的设计人才）将不定期推出新款文化商品面向普通会员。也将为合作高校服务，为其需求定制面向校友的珍藏礼物和周年校庆的专属文化商品。通过与高校长期良好的合作买断学校文化商品的生产、销售权，并能够为学校提供所需的服务。

2. 广告收入

在公司发展中期，随着"I♥CULTURE"高校文化商品网上商城交易额的增长和知名度的提升，同时可以在公司起步期采取低价格、多优惠的策略，并利用现今网络营销的热络之势赢得大批广告商的青睐；也可以采取向大型企业谋求赞助的形式，互惠互利。我们在起步期与广告商建立互利关系，树立良好口碑，并可在后期吸引更多投资者关注。

公司可以利用"I♥CULTURE"校园的各大高校的二级页面，向不同高校周边的商家做网站推广，赚取起步阶段的广告收入。此时向赞助厂商和广告商收取广告费用将有所提升，占到网站收入比重的一半左右。（为了绿色的界面环境，应对广告数量及质量有所要求）

附件一：　网上问卷调查结果

1、 您的性别是 [单选题]

选项	小计	比例
A、男	86	66.67%
B、女	43	33.33%
本题有效填写人次	129	

表格 饼状图 柱状图 折线图 条形图 隐藏零数据

2、 您目前的身份是 [单选题]

选项	小计	比例
A、小学在读生	1	0.78%
B、初中在读生	1	0.78%
C、高中在读生	2	1.55%
D、本科在读生	110	85.27%
E、硕、博研究生	7	5.43%
F、已工作	7	5.43%
G、已退休	1	0.78%
本题有效填写人次	129	

表格 饼状图 柱状图 折线图 条形图 隐藏零数据

3、您目前的居住地是 [单选题]

选项	小计	比例
A、华北地区	25	19.38%
B、华东地区	72	55.81%
C、华中地区	14	10.85%
D、华南地区	1	0.78%
E、东北地区	7	5.43%
F、西南地区	2	1.55%
G、西北地区	8	6.2%
H、青藏地区	0	0%
本题有效填写人次	129	

表格 饼状图 柱状图 折线图 条形图 隐藏零数据

4、您是否有收藏爱好？ [单选题]

选项	小计	比例
A、是，并且收藏品种广泛	8	6.2%
B、是，但仅限于1至两种	55	42.64%
C、之前有过收藏，后来放弃	55	42.64%
D、从来没有	11	8.53%
本题有效填写人次	129	

表格 饼状图 柱状图 折线图 条形图 隐藏零数据

5、您之前是否参加过参观高校的夏令营和旅游？ [单选题]

选项	小计	比例
A、是	92	71.32%
B、否	37	28.68%
本题有效填写人次	129	

表格 饼状图 柱状图 折线图 条形图 隐藏零数据

6、您愿意在旅游纪念品上一次性花费多少？ [单选题]

选项	小计	比例
A、30元以下	16	12.4%
B、30~50元	40	31.01%
C、50~100元	56	43.41%
D、100~200元	13	10.08%
E、200元以上	4	3.1%
本题有效填写人次	129	

表格 饼状图 柱状图 折线图 条形图 隐藏零数据

7、高校在全国的排名因素是否会影响您购买该高校纪念品的影响因素？ [单选题]

选项	小计	比例
A、会，影响很大	56	43.41%
B、会，但影响不大	69	53.49%
C、没有影响	4	3.1%
本题有效填写人次	129	

表格 饼状图 柱状图 折线图 条形图 隐藏零数据

8、您喜欢的高校纪念品形式有哪些？ [多选题]

选项	小计	比例
A、校徽徽章	120	93.02%
B、纪念杯	40	31.01%
C、扑克牌	111	86.05%
D、明信片	97	75.19%
E、笔记本	34	26.36%
F、纪录片光盘	68	52.71%
G、钢笔	100	77.52%
H、书签	104	80.62%
I、印章	76	58.91%
J、其他 [详细]	1	0.78%
本题有效填写人次	129	

查看多选题百分比计算方法

表格 饼状图 柱状图 折线图 条形图 隐藏零数据

9、您是否会购买本校的高校纪念品 [单选题]

选项	小计	比例
A、是	115	89.15%
B、否	14	10.85%
本题有效填写人次	129	

表格 饼状图 柱状图 折线图 条形图 隐藏零数据

10、您购买高校纪念品动机为 [单选题]

选项	小计	比例
A、个人收藏	38	29.46%
B、作为校际交流礼品	29	22.48%
C、作为校内活动礼品	55	42.64%
D、生活使用	7	5.43%
本题有效填写人次	129	

表格 饼状图 柱状图 折线图 条形图 隐藏零数据

“家愿”礼物平台

李亚玮　刘　超　周　运　谢思思

摘　要：“家愿”是以家庭为单位的礼物平台，通过网站功能上的设计，解决了日常生活中馈赠礼物时礼物重复、不被受赠者需要、不如受赠者心愿的问题，而且避免了浪费的现象。与此同时，借助当前社交网站在世界各地普及，受到各个年龄层次人士的欢迎，并且迅速发展的现状，“家愿”礼物平台也将在社交网络的基础上进行建设，开发出以家庭为单位的社交网站，及时进行家庭与家庭之间的信息交流与分享，利用互联网增强亲朋好友之间的情感沟通。

关键词：礼物平台　家庭心愿　社交网络

一、产品与服务

（一）产品简介

1. 避免传统送礼的重复、浪费，使礼物如人所愿

日常生活中，大家互送礼物以增进感情。但是，大家只能凭借对一个人的了解去送礼物，有可能出现礼物重复的现象，有时候送的礼物虽然价值不菲，但是并不是受赠者需要的，造成了浪费。我们的礼物平台则解决了这一问题，每当家庭有重大事件时，如：结婚生子、老人生日、孩子升学等，注册用户可以在自己的家庭主页上发布礼物心愿，给大家晒出自己想要的礼物。想要送礼物给他们的亲朋好友看到这一消息后，可根据他们的心愿选择自己想赠送的礼物，一个礼物心愿一旦被一位亲朋点击选择后，其他人则无法选择该礼物，而只能考虑赠送其他礼物。如此一来，大大增加了礼物的可用度和实用性；避免了重复和浪费，最大程度上满足了大家的需求，做到物有所用。

2. 以家庭为单位、结合新型社交网站的礼物平台

我们的礼物平台正是考虑到现在迅速发展的社交网站而设计出来的。社交网站上有大量个人真实信息，在这个基础上，我们拓展到个人的家庭，开发出以家庭为单位的社交网站，使家庭与家庭之间的信息交流与分享更加方便与快捷，这样大家能及时了解彼此，利用互联网加强亲朋好友之间的情感沟通。更重要的是通过我们的网站，用户可以发现潜在的人脉资源或社会资源，扩大家庭的社交圈，充分发挥家庭关系网的作用。

3. 与慈善机构合作，闲置物品作用最大化

为慈善机构建立相应的公共主页，慈善机构可以在上面发布自己需要的物品，其他注册用户可以点击选择。这样方便了用户捐赠，为普通人做善事提供了一个平台，有助于增强大众的社会责任感。同时，也使日常闲置物资得到了有效利用，避免了浪费。

4. 礼物推荐版块的灵活应用

注册用户发布礼物心愿，其他注册好友选择想要赠送给他的礼物。但是可能存在的问题是，当好友所需的物品被选完了应怎么办。因此我们推出了针对不同日子，如生日、乔迁、结婚纪念日等推出礼物分类功能，帮助用户有针对性地选择礼物，也能给好友带来惊喜。

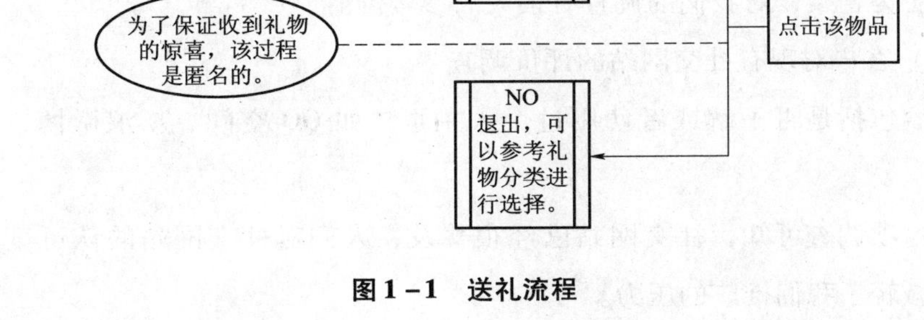

图1-1 送礼流程

5. 保护用户隐私

需要指出的是，有不少用户担心隐私泄露而不愿公布心愿礼物。其实，“家愿”并不是要求用户公布所有的心愿物品。“家愿”的实质是以家庭为单位的SNS，创新点在于发布一些物品增进联络。因此，心愿单中的物品特点在于：（1）不过分披露用户隐私，根据用户的意愿而定；（2）用户对于物品的选择并不确定，大多需要亲友的建议（通过留言板等）；（3）心愿单作为与亲友沟通的重要媒介，其意义不单单是礼物本身，而是通过心愿礼品的发布，公布自己家庭的重要事件、日期等，以达到交流的目的。

（二）特点

（1）避免礼物重复、浪费——实现馈赠礼物的实用性、互动性。

（2）以家庭为单位、结合新型社交网站的礼物平台。

（3）相关礼物链接——方便快捷。

（4）个人主页服务——多样化、个性化。

（5）合作慈善机构——增强社会责任感。

二、市场分析

（一）网上礼物平台产品市场容量的分析

1. 调查问卷分析

本次问卷一共发出400份，回收有效问卷370份

（1）基本信息

调查对象年龄集中在30～40岁之间，这代人对电子商务的了解开始增加，网购也更为普及，对我们的调查有很大的参考价值。

（2）客户对现有社交网站的评价调查

包容包括是否了解或者使用过个人主页，如QQ空间、新浪微博、人人主页等。

从这项调查可知，社交网站已经很普及，人们对社交网站的认可度是很高的。这减轻了我们推广的压力。

（3）对本网站新开发的服务认可度调查

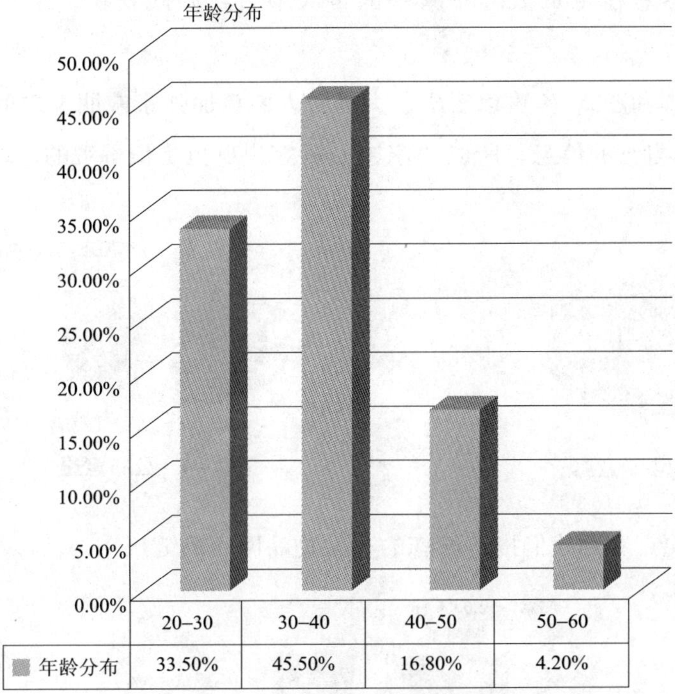

图 2－1　调查对象年龄分布

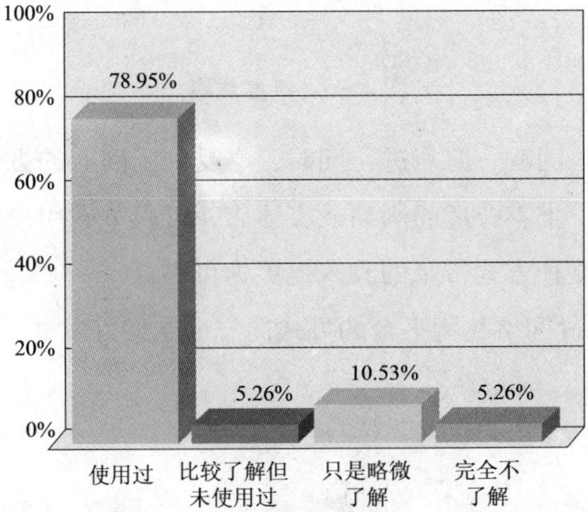

图 2－2　人们对社交网站的认可

• 在网络信息安全的情况下，您是否愿意申请一个家庭主页，分享自己家庭的动态。

• 是否愿意在主页上公布家中的重大节日，如搬新家，生小孩，结婚纪念日。

由图2-3和图2-4可以看出，大部分人愿意加强亲戚朋友之间的交流，乐意与大家分享自己的信息。所以“家愿”的客户群也是很可观的。

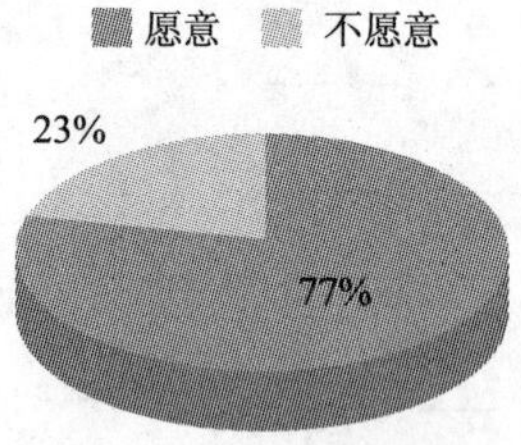

图2-3　申请意愿

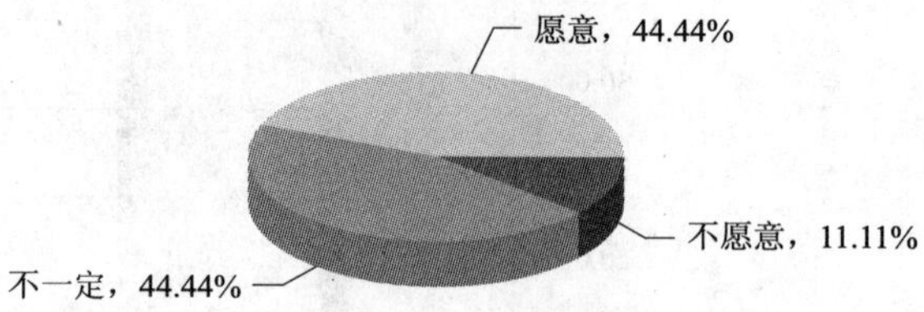

图2-4　公布意愿

• 是否愿意看到我们推荐给您的相关物品网店的链接

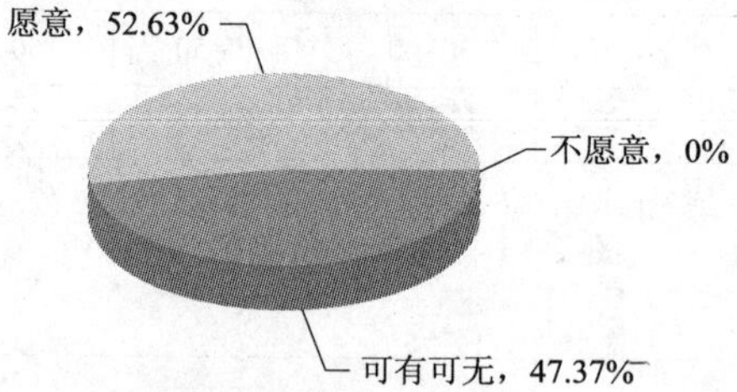

图2-5　推荐意愿

大部分的人相信网购，愿意进行网购，享受到了网购的方便快捷。我们通过提供链接方式给用户推荐合适的网站或实体店，可以节省用户的时间，受到用户的肯定，并且通过这种方式带来的收入也更为可靠。

• 是否愿意通过网络礼物平台的方式向您的亲朋好友送礼

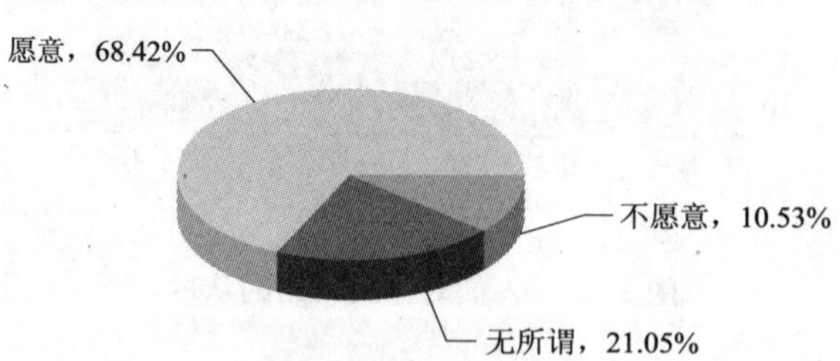

图2-6　送礼意愿

“家愿”的主要创新点，针对好友的需求送礼受到大部分人的肯定，因此可以得出结论，“家愿”能够通过这个营销点在社交网络中占领一席之地。

- 如前所述（网络礼物平台简介）的功能能否满足您的需求

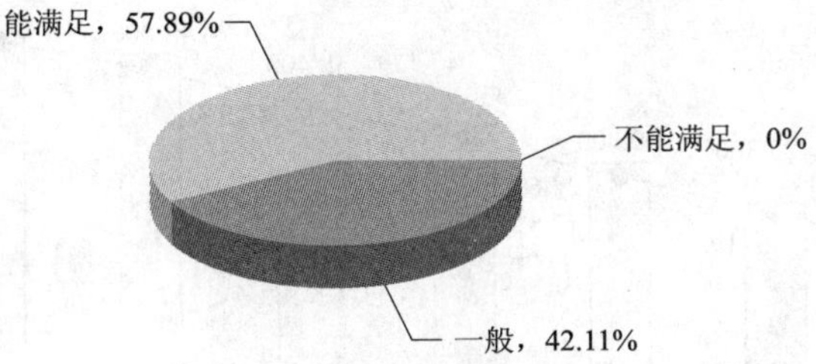

图 2-7　网络礼物的满足程度

“家愿”处于初期阶段，有些功能不是很完善，在这样的情况下被认为能够满足57.89%的需求，说明“家愿”功能设计大体是合理的。在运营阶段，我们会根据运营情况进行调整，以满足更大客户群的需求。

- 您认为上述的网络礼物平台是否有前景

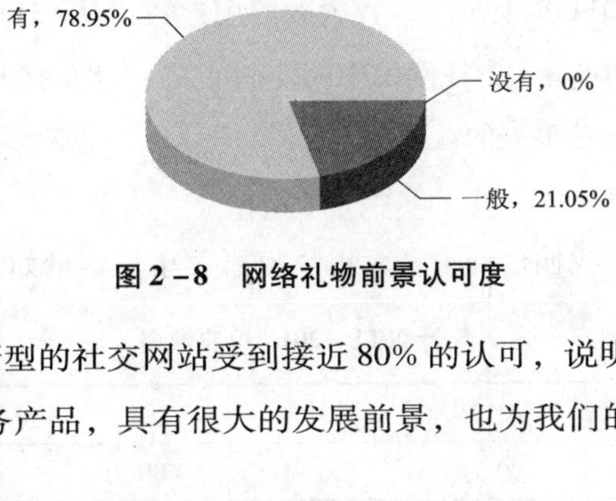

图 2-8　网络礼物前景认可度

“家愿”这个新型的社交网站受到接近80%的认可，说明“家愿”是具有创意、创新的电子商务产品，具有很大的发展前景，也为我们的融资提供了信心与支持。

2.　网上礼物平台产品市场容量分析

（1）网购市场状况

数据表明，2009年我国网上购物持续高速发展，有1.3亿消费者共计在网上购买了2 670亿元的商品，比2008年实现了90.7%的增长。2010年我国网上购物的市场规模达到4 980亿元，网购人数约为1.85亿。由此可见，我国的网购发展速度是飞快的，而且，因为集中在几个大型城市，所以在中小型城市还是有上升空间的，市场容量是巨大的。

（2）社交网站市场状况

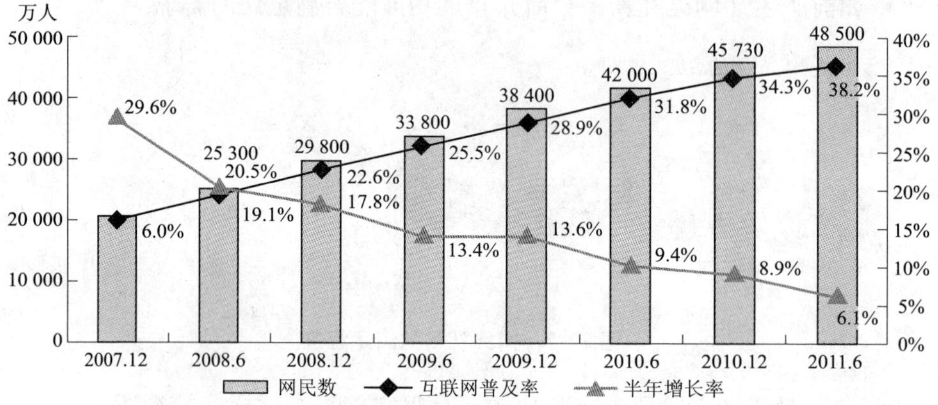

图 2－9　网民增长统计图

从图中看出，网民数量在持续增长，互联网普及率也在快速上升。

有关数据表明，2010 年 4 月人人网已拥有超过 8 000 万注册用户，近 2 000 万登陆活跃用户。2011 年上半年，我国微博用户数量从 6311 万快速增长到 1.95 亿，半年增幅高达 208.9%，在网民中的使用率从 13.8% 提升到 40.2%。由此看出社交网站受到越来越多人的欢迎。

（3）“家愿”市场容量

根据以上分析，我们估计未来六年“家愿”市场容量如表 2－1：

表 2－1　预计 2011～2016 用户数量

年份	2011	2012	2013	2014	2015	2016
家庭数量	12 万	100 万	300 万	400 万	500 万	600 万

社交网站的迅速发展以及电子商务的普及，都表明“家愿”网站的可行性，我们拥有巨大的市场潜力。

（二）网上礼物平台产品市场定位分析

1. 网上礼物平台产品的市场需求

（1）中国“礼尚往来”的文化传统。

（2）中国人内敛低调的风格。中国人通常不会主动说出自己的需求，所以在互送礼物的时候，经常会出现礼物并非需求的情况。“家愿”礼物平台恰好能提供这样的功能，人们在网上晒出自己的心愿，而并非直接开口问，这样更符合中国人的风格。

（3）生活空间的扩大。随着现代经济的发展，人口流动空前加大，导致人们的生活空间不断扩大，彼此之间的联系越来越困难，纪念日更加容易被遗忘，“家愿”礼物平台将无线空间中的人们集中到有限的网站范围中来，加强了亲戚朋友间的联系，为构建社会主义和谐社会而做出贡献。

（4）生活节奏的加快。随着就业压力的增大，人们的休息时间越来越少，人们在繁忙的生活中没有时间和精力去多多关心自己的亲朋好友。而“家愿”礼物平台也为家庭之间提供了一个交流的平台。

（5）社交网站及电子商务网站市场的统计数据。

社交网站：截止2010年4月人人网已拥有超过8 000万注册用户；目前开心网注册用户或许已经突破一亿，根据来自官方的数据，截止到2010年8月，其注册用户已经超过8 600万；2011年，新浪微博注册用户已经过亿。

电子商务网站：淘宝商城销售额2010年增幅超过400%，京东商城日前对外宣布2010年全年销售额达到102亿元，相比2009年近40亿元的销售额增长超过200%。

2. 市场定位

（1）消费者定位

我们将31~40岁的群体定为我们的最主要的客户群。这部分群体的人不仅对网络操作相对熟悉，而且社交面也较广，所以是我们的目标人群。

（2）产品定位

基于新型社交网站——以家庭为单位的社交网站；与电子商务联系——提供相关物品的链接；热心公益，共创和谐社会——将闲置物品送到有需要的地方去。

（3）企业定位

我们将企业定位丁礼物平台，以社交网站为载体，我们的优势在于：纪念日提醒部分、晒心愿和闲置物品版块，更加能满足用户送礼收礼需求。与电子商务网站相比，我们增加了实名制家庭注册、亲情树，有利于人与人之间的联系，在繁忙的现代生活中，让人们将疲惫的心回归到温暖的亲情及友情之中。

三、竞争分析

目前，网络上已经出现较多的礼物平台，其中大部分类似于普通的网上购物，共同点均在于将物品按照特定场合、节日及接受者的性别、年龄等特点进行具体、细化的分类，或是按照物品的关注程度进行分类，提供关于礼仪文化、礼品赠送的相关信息，并承担购买、支付和配送等一系列流程的服务。

虽然礼品种类较为齐全，有一定的针对性，但搜索礼物仍需花费大量的时间和精力，并且也不能较准确地符合对方的心意，甚至可能由于重复送礼造成不必要的浪费，存在着较为严重的信息不对称。

因为这些礼物平台没有创新点，与淘宝等购物网站没有太大区别，也没有解决礼物的赠送过程中可能不符合主人心意和重复的问题，因此它们的影响力还相当微小。

四、营销策略概述

礼物平台在网上购物不断发展的同时受到越来越多的关注，其方便快捷的特点得到了现代人的认可。“家愿”结合了普通网上礼物平台以及社交网站的特点，使家庭礼物心愿被了解、可实现，克服了传统送礼中重复、浪费、不如主人愿的缺陷，并且通过这一互动的过程增进家庭间的联系与沟通。

根据这些特点，针对我们的目标客户群，我们将采用“4Ps 组合”营销策略，即产品策略、价格策略、渠道策略和促销策略。在扩大网站知名度，增加注册用户数量，树立网站良好形象的基础上，以增强网站实用性和用户满意度为原则，采用主营业务免费和用户分级管理的价格策略，以网络营销为主进行产品促销。

五、网站设计

（一）网站的主题

旨在为个人和家庭提供一个交流平台，方便亲朋好友之间的送礼，避免送礼重复和无用的尴尬，弘扬中华民族礼尚往来的传统美德；同时通过"家庭树"给家庭提供扩大关系网的可能。

本网站的性质是无偿技术服务的家庭 SNS 网站。通过网站的设计实现第二章提到的产品与服务。

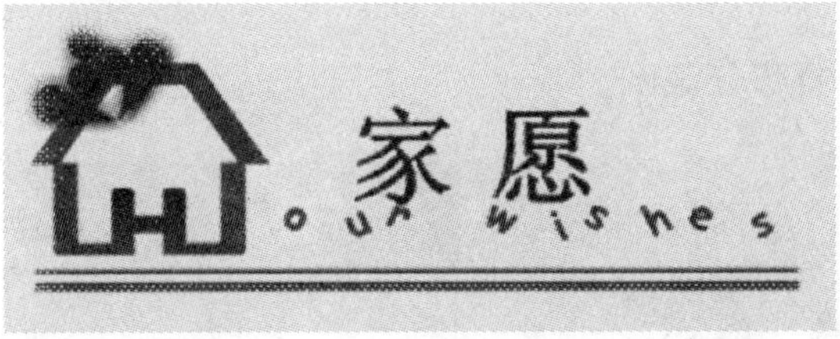

图 5-1　家愿网站 LOGO

（二）网站 LOGO 设计

LOGO 中的房屋代表现实中"家"的概念，房顶上的花朵代表家庭成员共同的希冀和心愿。

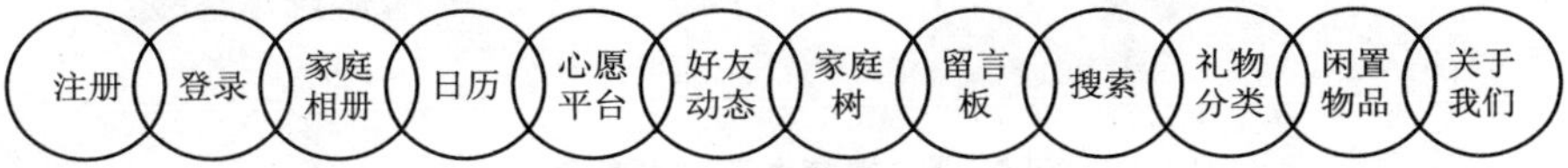

图 5-2　网页栏目设计

（三）栏目设计

图中的链接结构可以用于满足下述所说网站功能，让用户使用网页能够感到方便简洁。

（四）网站功能设计

1. 前台功能简介

前台主要包含以下功能：相册、心愿平台、闲置物品、留言板、家庭树、礼物分类、关于我们、用户登录、注册、广告位、友情链接。

2. 后台功能简介

后台管理系统主要包括以下功能包括：

（1）网站管理。公开信息管理、广告管理、友情链接、访问统计、权限管理。

（2）会员管理。审批注册用户、查看已注册用户、整理用户资料、资料的保密。

（3）渠道管理。与实体商店联系、广告渠道、SNS圈子口碑、与志愿组织或慈善机构合作。

图5－3是网站的部分截图。

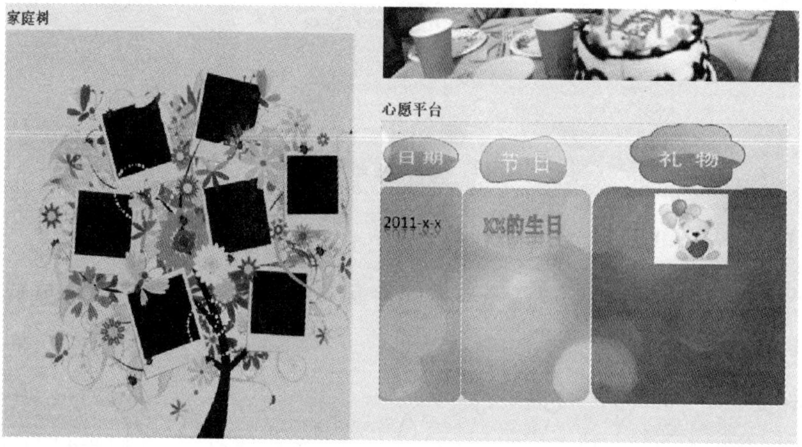

图5－3 家庭主页部分截图

六、结语

（一）存在问题

依据问卷调查结果，一些用户对礼物平台的安全性产生了质疑，担心自己的私人信息泄露而造成不必要的损失。

实物礼品与家庭间的信息交流决定了“家愿”需要很高的安全防护措施，以防信息泄露。

（二）发展潜力

用户庞大。经市场调查分析，多数20～30岁的年轻人对于“家愿”的运营模式表示可以尝试，年长的人则由于担心泄露等因素而持观望态度。由此，“家愿”在年轻一代中具有广泛的市场潜力，当80后、90后成家立业之时，“家愿”能产生更大的影响。

市场亲和力强。当下，各大省市电视台有诸多以家庭活动为定位的节目，例如“全家总动员”、“交换空间”等。随着“家愿”的发展，与类似的节目进行赞助合作，为参赛选手提供更便利的交流平台，不仅能有效扩大用户量及提高知名度，还能开发新的板块与功能。

发展空间大。现阶段“家愿”并未包括网上支付、配送的服务，随着安全技术的进一步发展，“家愿”可扩大电子商务平台的经营范围，例如增添上述功能的网店，渐渐成为集创新性与成熟的经营方式、理念为一体的企业，争取在3年内做到创业板中小型企业上市。

“家愿”所体现的重视亲情、友情，博爱助人的理念有着正确、积极的社会导向和示范作用，符合人类对“真善美”的理解与追求，因而具有持久的生命力和号召力。

参考文献

[1] 王亮．SNS社交网络发展现状及趋势．现代电信科技，2009.

[2] http：//money. 163. com/10/0727/10/6CJESV3600253G87. html.

[3] http：//wenku. baidu. com/view/0562cf254b35eefdc8d333b6. html.

“倒倒网” 二手商城策划书[①]

徐　晶　吴佳木　吴　倩　李其然

一、项目概况

（一）项目介绍

1. 项目目的

为大学生提供一个交易二手物品的平台，更好地帮助大学生处理闲置物品，提高闲置资源的利用率。

2. 项目内容

面对大学生闲置物品日益增加，并且得不到有效处理造成资源严重浪费的情况，我公司以大学生二手交换、捐赠以及交易为基础业务，开发出一个信息平台。这一平台旨在为大学生消费提供便利，给以更多且更加完善的消费选择。

3. 创新点

（1）作为第三方，提供二手商品辅助鉴定服务，公平、公正地发布二手商品信息，保证商品信息最大的真实性

我网站将会提供二手商品鉴定和辅助定价服务。网站发展初期此项服务主要由我们招聘的对于这种商品价格比较熟悉的代理站点的工作人员进行。而后我们会逐渐的在与一手商家合作的过程中，制定一整套完整的商品鉴定和辅助定价规则，并请他们为我们的站点工作人员进行培训，间接参与鉴定和定价工作。

（2）开设特有的慈善模块，发布慈善捐赠信息

我网站会设置慈善模块，发布慈善信息，方便大学生们奉献自己的爱心，将

① 本文有删节，如果您对此项目感兴趣，请联系：xj303117@126. com。

闲置物品尤其是那些更新换代较快，而二手商品需求较少的商品捐赠给有需要的人。我网站将会为其提供物流和信息反馈服务。此项服务有助于增加我网站的知名度和荣誉，对于网站和公司的长期发展目标影响深远。

（3）二级物流体系

我们将会在各所高校建立我们的代理站点。顾客直接将物品送到我们的代理站点并且从我们的代理站点取得商品。在同城的不同学校之间，我们会招聘大学生兼职来做商品配送。对于长途的物流运送，我们会与物流公司合作，由他们实现商品在不同代理站点之间的配送，一个代理站点的商品会以批量发送的方式寄出。这种二级物流模式最大程度地节约了物流成本，从而保证公司盈利目标的实现。

（4）开辟独特的一二手商品联动模块，提供更加完善的消费选择，拓宽盈利渠道，增强网站生存能力

对于某些类别的二手商品，主要为电子产品和名牌服饰品，我们将会与一手厂家或是商家合作，推出独特的一二手商品联动模块。主题实施为：我们将会在网站上同时发布二手商品和一手商品信息，此外还会添加淘宝、当当网同类商品的网页链接，使顾客可以从中比较筛选，最后作出满意的购买决定。而对于那些未能联系到一手商家或是难以确定一手商家的二手商品，我们将会直接在发布的信息中加入淘宝、当当上同类商品的链接，为顾客提供更多的选择。这种独特的一二手商品联动模式为我网站顾客提供了更多的选择余地，最大程度上挽留了我们的顾客群体，拓展了我们的服务项目，也为网站创收提供了一条新的途径。

4. 项目意义

目前社会各界都在大力提倡环保节约，开设跳蚤市场就是在响应这种号召。其次，在社会资源分布不均的情况下，通过收集大学生闲置的文具、衣物等物品捐赠给需要帮助的群体，可以为社会的发展献上绵薄之力。学生们居住非常集中，通过见面交易的方式可以解决传统电子商务物流配送中"最后一英里"的问题，使得物流的配送准确、及时，并且大大降低成本，同时也可以推动校园电子商务的发展。另外，在学校开设代理点，可以为有困难的同学提供勤工助学的机会。

（二）目标市场

我公司主要的服务对象为在校大学生，其中主要顾客群体为有意愿进行二手物品交易的同学。目前在校大学生数量约 3 000 万，其中绝大部分学生对二手市场感兴趣。倒倒网将会是一个专门针对在校大学生，并为他们提供一个便捷的二手物品交易、交换、捐赠的综合网络信息平台，同时兼顾一手市场，具有广泛的顾客基础和市场潜力。

（三）竞争分析

通过综合分析，我们发现面临的主要威胁是国内现有竞争者和潜在竞争者的威胁，面临的主要问题是信息的准确性问题。由于市场准入性较低，我们只能通过差异化战略和聚焦战略来推动发展，差异化的经营和服务能让我们具有长期竞争力，我公司旨在为全国大学生搭建一个经济高效处理闲置物品的平台，提供便捷的服务，我公司会积极与各大网站合作，提高知名度，扩大影响力，同时与慈善机构保持联系，将部分物品捐赠给需要帮助的人们。

二、市场分析

（一）电子商务模式市场定位

网站商务模式为 O2O 模式，通过将线下商务的机会与互联网结合在一起，让互联网成为线下交易的前台。在网上寻找消费者和销售者，将他们带到现实的交易中，实现支付模式和为平台创造客流量的一种结合，从而实现线下的交易、交换和捐赠。同时采用 P2P 网络社交模式，加强交易、交换双方以及捐赠和受赠双方的信息交流和沟通，从而增强网站和公司的信誉，有利于公司长远的价值定位与经营方向的定位。

（二）目标市场的设定

我公司主要的服务对象为在校大学生，其中主要的顾客为有意愿进行二手物品交易的同学。目前在校大学生数量约 3 000 万，这部分人群是上网的主力军，有大量的闲暇时间。通过调查，85% 的大学生对二手物品市场存在兴趣，30% 的大学生由于找不到合适方便的途径和平台而选择丢弃闲置的二手物品，造成了资源的严重浪费。因此，倒倒网把目标市场定位为在校大学生，是一个专为大学生服务的网站。

（三）客户消费心理分析

大学生作为青年人群体的一部分，其消费行为和消费心理带有明显的年龄特征和时代特征。大学生的消费已呈现明显的多元化趋势，丰富多样的消费方式充斥着大学生生活的方方面面。比如，当代大学生在网络通信、交际、恋爱等方面的支出越来越多，手机、旅游、电脑、运动、影音器材成为大学生的消费热点。青年消费者的消费心理特征具有以下几点：（1）追求时尚和新颖；（2）表现自我和体现个性；（3）容易冲动，注重情感。

当前中国社会经济发展面临困境，在金融危机影响下中国的外贸业发展遭遇挫折。国内市场的开拓成为政府保经济增长的重要途径。大学生追求时尚和体现个性的消费特点使其成为国内消费的前沿群体。大学生的消费量庞大，消费商品追求时尚，导致商品闲置、资源浪费、资金紧张等诸多问题，一个广阔的二手商品交易平台可以有效缓解大学生的这种消费状况所带来的诸多问题。

（四）市场客户群分析

我团队在问卷星网站发布调查问卷及获得的调查数据结果（见表1）

表1　　客户群分析

客户群体	%	人数（万）	简单描述	整体特点和分析	成长趋势
积极客户群	51%	1 530	对二手物品交易兴趣浓厚并且获得了良好体验的客户	这部分客户大多热衷于网上消费，消费欲望较为强烈，有丰富的网上消费经验和二手物品交易体验，他们对二手交易的看法和观点对于我们有借鉴作用，也将是公司正式建立之后需要与商业竞争对手争夺的客户市场。	这部分客户群的比重将会随着电子商务的开发而不断扩大。

续表

客户群体	%	人数（万）	简单描述	整体特点和分析	成长趋势
目标客户群	34%	1 020	对二手市场兴趣浓厚但是体验并不良好的客户	这部分客户往往消费相对理性，对于二手市场存在需求，但是由于没有找到放心合适的二手市场平台而极大地阻碍了他们参与到二手物品市场中。在公司发展前期，这部分客户是我们需要极力争取的客户群，他们对二手商品平台的看法和建议将是我们考虑的重点。	随着网上交易平台和二手交易平台的不断完善，这部分客户将最终转变为我们的积极客户群。
潜在客户群	15%	450	对二手市场缺乏兴趣的客户	这部分客户由于对于网上交易和二手商品网上平台的了解缺乏和对于安全问题的担心而未有进行二手物品交易的实际想法，但是我们可以通过建立良好的信誉和口碑以及提供良好的客户体验来吸引这部分客户的加入，所以这部分大学生是我们的潜在客户，是我们需要给予一定关注的对象。	随着网络电子商务的发展，在线交流交易的扩大，这部分客户群的比重将会不断下降。

三、网站模块

（一）交易

交易板块是我公司网站的主要板块，卖家直接到各高校的代理处出售闲置物品，代理会负责对商品进行拍照、鉴定、估价及信息的录入。在鉴定方面，我公司会对所有代理进行统一培训，对商品的现有价值、新旧程度作出客观评价，与卖家一起协商商品价格。买家在网站上浏览信息，选择合适的产品后通过支付宝等支付方式汇款，最终我方抽取成交价格的2%作为盈利。在收到货款后，如果是同城交易，我们会通过代理进行商品的配送。如果不是同城交易，我们会联系物流公司。如果卖家通过其他方式处理了需要卖的物品，需要及时通知代理，代理会在第一时间更新网站上的信息，避免由于错误信息导致时间成本的浪费。

（二）交换

在这一板块，用户将闲置并愿意送给他人的物品送至代理处，代理对其拍照，上传有关信息，其他人通过浏览网站物品信息，只需支付邮费就能获得商品。如果该商品3个月后仍无人问津，我公司会将其捐赠给有关单位，及时反馈给原拥有者。

（三）捐赠

这是一个公益板块，如果有同学希望把一些物品捐赠给需要的人，可以联系校园代理，我公司会对物品进行收集并分类整理，和公益组织合作，捐赠给相关单位，同时，我们也会跟踪后续活动，向捐赠者作出信息反馈。

四、盈利模式

（一）盈利模式综述

我公司是一个将互联网和线下交易联系起来的二手市场的平台和服务提供商。所以我公司将采用网络平台较为适用的首页广告、植入式广告、调查服务、增值服务等盈利渠道，以及提供物流和一二手市场联动的盈利方式。

（二）盈利渠道

（1）首页广告是一种以IP流量计费为基础的广告形式。

（2）植入式广告是现在网络广告的发展趋势，也是网站的创收点之一。由于我们暂时缺乏这方面的数据和资料，所以将此项列为我们的潜在盈利渠道，在以后将会继续开发此项目。

（3）市场调查，我们会为公司和企业提供网络调查和产品调研服务，如调查大学生的消费喜好、消费习惯等。但是我们的调查服务会以不泄露大学生个人隐私信息为首要前提，我们会通过鉴定问卷内容来提供保证。参考相应网站信息和报告，我们的定价标准为每份问卷每个问题0.1元。

（4）增值服务。顾客通过自己注册的账号，获得个人空间。我们将会提供空间应用服务，比如一些小游戏项目。我们会以每游戏币 1 元的价格出售游戏币，以此作为我们的增值服务。

（5）物流盈利。我公司将会提供物流服务。我们会建立自己的二级物流体系，在每个大学中设立代理站点，同城交易，我们会雇佣大学生作为送货人员，支付工资并对交易方收取相应费用。长途交易，我们会与物流公司合作，由他们实现商品在不同代理站点之间的配送，一个代理站点的商品会以批量发送的方式寄出。

（6）一二手市场联动模式。在这种业务中，我们会针对不同产品收取 1% ~ 5% 的交易额的利润。这种盈利渠道将会是我公司网站独特的利润点，且具有成本相对较低的优势。

五、公司管理

我们根据公司发展的客观规律，将公司管理分为了发展前期和发展后期两个阶段。在公司的发展过程中，我们将根据发展的具体情况逐步招聘员工，完善体制，达到最终的公司结构，针对具体情况，不断调整适应化策略。

团队必须为合作小组创造一个共同的工作环境，使全体人员都能够接触到工作所需要的材料。

团队建立自己的数据库系统，将全国高校代理站点与总公司有机的结合，建立自己的交流信息平台，通过系统中电子邮件等进行沟通交流。

实施问题分级处理的方法并不断完善制定危机处理方案，以便迅速解决出现的问题与风险。

六、撤出机制

从风险投资的运作机理可以看出，风险投资的退出机制对风险投资的最终成败有着举足轻重的作用，而影响中国风险投资业发展的关键性问题之一就是退出机制不健全。

目前我国的资本市场、产权交易市场、风险投资体系、法律制度都不完善，而机制的完善不可能一蹴而就。可以先选择在现阶段切实可行的退出方式以争取发展的时间，同时不断创造条件扫清障碍，最终建立完善的风险投资退出机制。

目前，本公司的发展分为两个阶段，第一阶段：为交易者提供一个交易平台，让双方自由联系，自由交易。通过出租广告位获取收益，同时努力与其他知名网站合作，进行广告宣传，扩大知名度，在获得一定资本后进入第二阶段：先由各高校的代理鉴定商品，并以合理的价格买下，再以微利卖出，同时由买家负担邮费，通过微利以及邮费获取利润。若是长时间没有人购买，则分类处理，一些文具、衣物可以捐赠给需要的人们，一些数码产品可以卖给电子回收机构。

前期，我们以两周作为一个周期，每两周统计并分析公司经营状况，通过研究资产负债表、收益表、现金流量表等手段得到准确的公司情况，并且预测今后的发展状况，若是在一年后一直是亏本的情况，则选择撤出资金。

如果一年后发展良好，则开始第二阶段的实施，在第二阶段的前期我们需要投入大量的资金，同时，以每一周作为一个周期，分析财务状况，随时监控可能出现的各种财务危机。如果发展状况不理想，就以捐赠和低价出售的方式，尽最大的努力回收资金。

城市不同功能区表层土壤重金属污染分析

杨瑞泰[①]　任　磊[②]　李孟颖[②]

摘　要： 本文针对某城市的土壤地质环境数据，利用插值法模拟出了8种主要重金属在不同功能区的空间分布。通过建立内梅罗综合污染指数分析了不同区域的污染程度，并根据重金属污染物的传播特征建立了因子分析模型，由此确定了污染源的位置。在综合考虑土壤特征、扩散途径等影响重金属浓度因素的基础上对模型进行了进一步的拓展，从而可以更精确地确定污染源的位置，追溯和预测城市地质环境的演变历程。

关键词： 城市表层土壤重金属空间分布　源解析　内梅罗综合污染指数　因子分析模型　地质环境演变模式

一、引言

随着城市经济的快速发展和城市人口的不断增加，人类活动对城市环境质量的影响日显突出。在人类活动影响下城市地质环境的演变模式，日益成为人们关注的焦点。

由于城市中不同的区域环境受到人类活动影响的程度不用，按照功能划分，城区一般可分为生活区、工业区、山区、主干道路区及公园绿地区等，分别记为1类区、2类区、……、5类区。为调查某城区的土壤重金属污染情况，一方面，

---

① 对外经济贸易大学信息学院。

② 对外经济贸易大学国际经济与贸易学院。

将某城区划分为间距1公里左右的网格子区域，并按照每平方公里1个采样点对表层土（0～10cm深度）进行取样、编号、记录采样点位置，并获取采样点的位置、海拔高度、所属功能区等信息。使用专门仪器测试分析获取样本所含的8种主要重金属元素（As、Cd、Cr、Cu、Hg、Ni、Pb、Zn）浓度数据。另一方面，按照2公里的间距在那些远离人群及工业活动的自然区取样，将其作为该城区表层土壤中元素的背景值。

二、模型假设

（1）传播特征相似的重金属元素有相同的污染源。

（2）在采样与统计期间，城市功能区划分没有改变，且没有剧烈的地质变化和人类活动对重金属含量产生影响。

（3）忽略土壤中重金属原始值对表层土的影响，即表层土中的高浓度重金属全部来自于污染扩散与土壤污染。

（4）不同重金属污染物的相关性仅由其浓度决定，即忽略其他一切影响其相关性的因素。

三、符号说明

$P_{综}$：内梅罗综合污染指数	x_i（$i=1, 2, 3, \cdots, 8$）：各重金属元素
P_{imax}：所有元素污染指数最大值	P_{iave}：所有元素污染指数平均值
F_1：自然因子	F_2：工业因子
F_3：燃煤因子	

四、模型建立及分析

（一）重金属元素的空间分布及污染程度

1. 重金属元素的空间分布

在使用Matlab对采样点数据进行插值模拟后，得出如下图像。两幅图像描述了整个城市的地貌状况，为后续分析重金属传播特点提供了重要的地理依据。

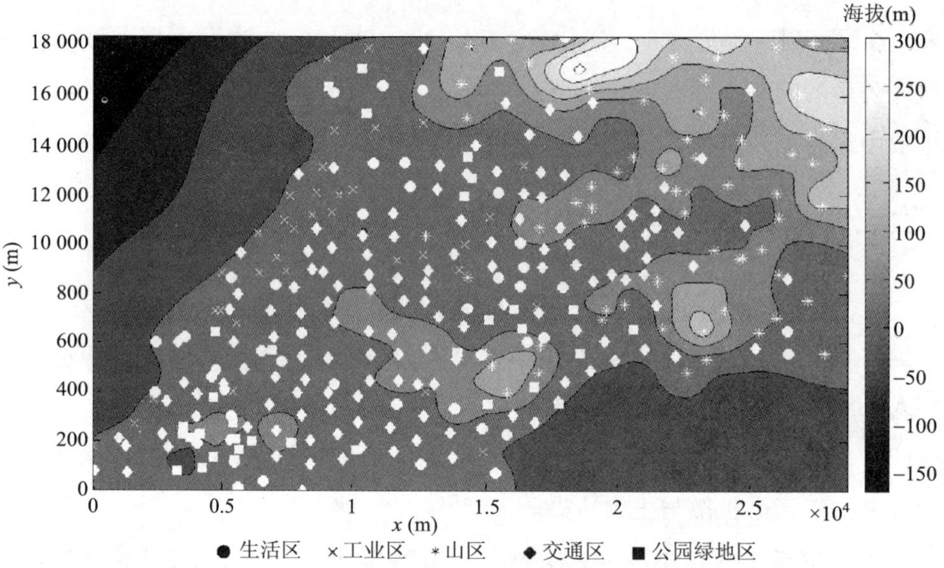

图表 1　城区模拟地势图

2. 不同功能区重金属的污染程度

（1）评价方法

利用内梅罗综合指数法[2]评价该城市土壤重金属污染状况，则可以了解这 8 种重金属在其表层土壤的综合污染状况。

其计算公式为：

$$P_{综} = \sqrt{\frac{P_{imax}^2 + P_{iave}^2}{2}}$$

式中，$P_{综}$ 为内梅罗综合污染指数，P_{imax} 为所有元素污染指数最大值，P_{iave} 为所有元素污染指数平均值。内梅罗综合污染指数反映了各种污染物对土壤的作用，同时突出了高浓度污染物对土壤环境质量的影响。按内梅罗综合污染指数划定污染等级，其中土壤污染评价标准见表 1。

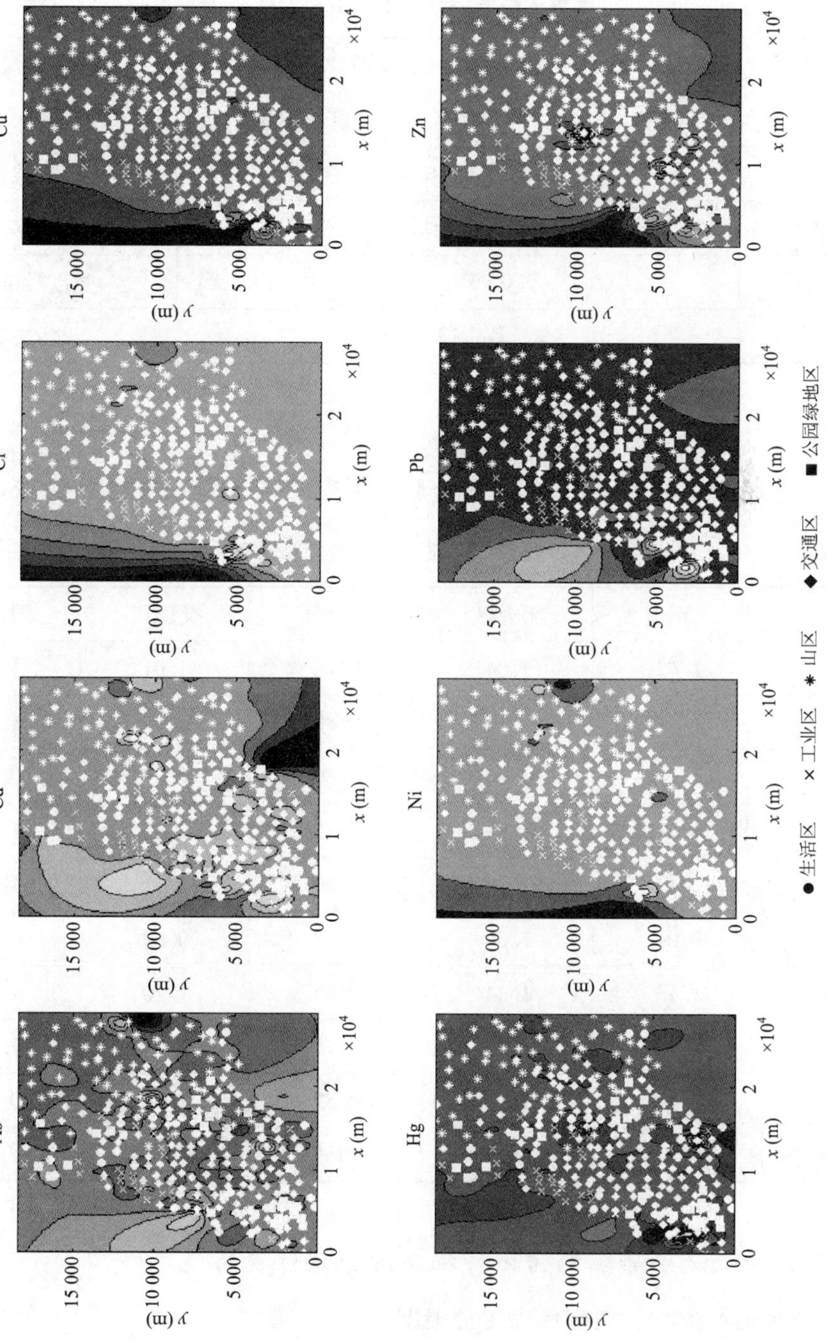

图表2　各功能区在污染物浓度图分布情况

表1　土壤内梅罗综合污染指数评价标准

等级	内梅罗综合污染指数	污染等级
I	$P_{综} \leq 0.7$	清洁
II	$0.7 < P_{综} \leq 1.0$	警戒线
III	$1.0 < P_{综} \leq 2.0$	轻度污染
IV	$2.0 < P_{综} \leq 3.0$	重度污染
V	$P_{综} > 3.0$	重污染

（2）土壤重金属污染评价

基于上述评价标准，各功能区重金属污染程度等级的评价结果见表2。

表2　各功能区重金属污染程度质量等级

	生活区	工业区	山区	交通区	公园绿化区
As	1.02	1.04	0.75	1.01	1.02
Cd	1.91	2.13	0.80	2.09	1.82
Cr	1.20	1.04	0.80	1.09	0.89
Cu	1.22	1.83	0.85	1.32	1.08
Hg	1.17	2.29	0.80	2.12	1.26
Ni	0.92	1.00	0.78	0.89	0.77
Pb	1.13	1.24	0.85	1.10	1.09
Zn	2.12	2.26	0.76	2.14	1.56
$P_{综}$	1.77	1.97	0.57	1.06	0.85
污染水平	轻度污染	轻度污染	清洁	轻度污染	警戒线

（二）重金属污染物的传播特征及污染源位置的确定

1. 重金属污染物的空间传播特征概况

在地势图上利用Matlab对8种重金属浓度在地势图上进行梯度分析后，得到了8种重金属扩散速度随着海拔变化而变化的梯度图。其中箭头方向为污染物传播方向，箭头长短表示扩散速度的快慢。

在此以 Cr 为例探讨重金属的传播随海拔变化的特点。其他重金属的传播特点与之相似。

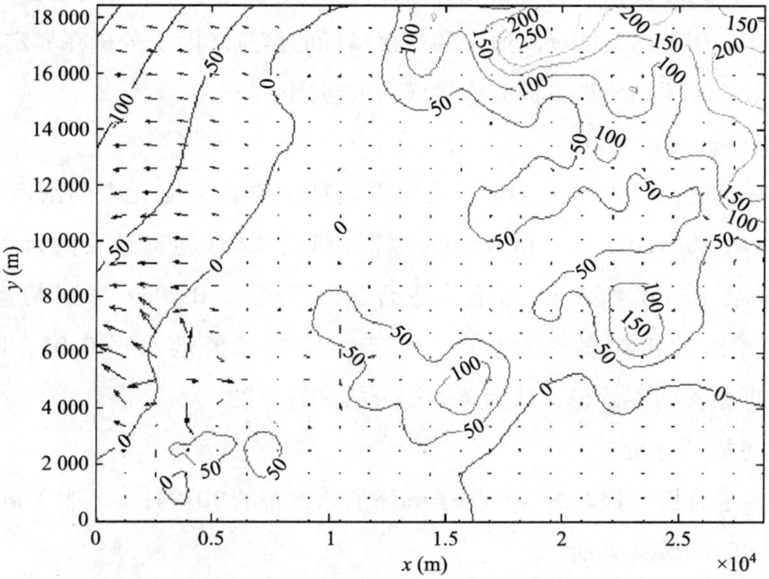

图表 3　Cr 元素浓度空间梯度及空间扩散图

通过分析重金属的扩散特征与海拔高度之间的关系，可以得到以下的传播特点：

（1）高浓度向低浓度扩散：该图左下角，坐标约（3 500，5 700）处，有一个辐射点。该点为 Cr 元素浓度最高点。Cr 元素以该点为中心向周边浓度低的地方辐射，表现出高浓度向低浓度传播的特点。

（2）海拔越高，扩散速度越慢：随着等高线数值的增加，区域内箭头的长度越短。由于箭头长短表示扩散速度，因此得出重金属的扩散速度随海拔的升高而降低的结论。

（3）污染源处扩散速度最快，依距离增加速度递减。观察所有辐射点的扩散规律，辐射点处向外辐射的箭头最长，随着距离的增加箭头越来越短。这表示污染源处重金属扩散速度最快，随传播距离的增加扩散速度越来越慢。

2. 城市土壤表层重金属的源解析——因子分析

多变量研究中，由于变量的个数很多，并且彼此往往存在一定的相关性，因此使观察的数据反映的信息在一定程度上重叠。因子分析则是通过一种降维的方法进行简化得到综合指标（综合指标是原来多个变量的线性相关组合）。综合指标之间既互不相关，又能反映原来的观察指标的信息。因子分析在界定土壤或沉积物中元素的来源和分类方面有许多成功的应用。[5]

（1）分析检验

因子分析前，对该城区 319 个采样点八种主要重金属元素的浓度数值进行 KMO（Kaiser-Meyer-Olkin）和 Bartlett 球形检验。KMO 检验结果值为 0. 778，根据统计学家 Kaiser 给出的标准，适合因子分析。Bartlett 球形检验结果为 905. 711，给出的相伴概率为 0. 00，小于指定的显著性水平 0. 05，因此拒绝 Bartlett 球形检验的零假设，认为该因子分析是有效的。

（2）主成分分析

通过因子分析，提取的 3 个因子解释了总方差的 70. 941% 。表 3 指出了 8 种主要金属元素的所属类别。

表 3　　重金属提取的因子负荷

重金属	旋转变换前因子			旋转变换后因子		
	1	2	3	1	2	3
As	0. 426	-0. 2	0. 681	0. 115	0. 794	-0. 202
Cd	0. 711	0. 281	0. 282	0. 194	0. 642	0. 463
Cr	0. 735	-0. 444	-0. 303	0. 894	0. 142	0. 102
Cu	0. 756	0. 125	-0. 365	0. 597	0. 125	0. 591
Hg	0. 408	0. 673	-0. 297	0. 005	0. 008	0. 842
Ni	0. 723	-0. 515	-0. 19	0. 879	0. 227	-0. 002
Pb	0. 764	0. 314	0. 237	0. 23	0. 636	0. 531
Zn	0. 699	-0. 037	0. 123	0. 444	0. 491	0. 258
累积负荷	44. 5	58. 877	70. 941	27. 849	50. 053	70. 941

因子 1 包括 Cr、Ni。这一组元素的含量一般与对应元素背景值相当，并且从

土壤重金属间的相关分析结果也可知，Cr、Ni之间的相关性显著，这从某种程度上表明该组元素主要来自土壤母质，故将因子1作为“自然因子”。

As、Cd和Zn在因子2中占有较大的因子载荷。从重金属元素在该城区的空间分布看，As、Cd和Zn主要沿工业区分布。As主要来源于采矿、冶金、化学制药等，Cd主要来源于电镀、采矿、冶炼、燃料、电池和化学工业等排放的废水，Zn被广泛用作抗氧剂（例如Zn的磺酸盐和羧酸盐络合物）和清洁剂。因子2可以被称为“工业因子”。

因子3主要由Hg、Pb组成。研究表明北京表层土壤Hg主要来自燃煤，另外铅的主要来源也有燃煤。因此，这组元素可以粗略地认为主要来自燃煤过程的贡献，因子3看作“燃煤因子”。

Cu可以看作混合来源的元素，这些元素在因子1和因子2中都有较高的载荷，表明土壤中这些元素来自内源（土壤自身组成）和外源（如工业污染源）的水平相当。

组内元素的相关性也能够指示同一组元素来源和迁移途径的相似性。表4显示了同组元素之间具有显著相关性，这从另外一个角度佐证了上述的分类。

表4　　重金属元素表内相关性矩阵

	As	Cd	Cr	Cu	Hg	Ni	Pb	Zn
As	1	0. 255	0. 189	0. 16	0. 064	0. 317	0. 29	0. 247
Cd	0. 255	1	0. 352	0. 397	0. 265	0. 329	0. 66	0. 431
Cr	0. 189	0. 352	1	0. 532	0. 103	0. 716	0. 383	0. 424
Cu	0. 16	0. 397	0. 532	1	0. 417	0. 495	0. 52	0. 387
Hg	0. 064	0. 265	0. 103	0. 417	1	0. 103	0. 298	0. 196
Ni	0. 317	0. 329	0. 716	0. 495	0. 103	1	0. 307	0. 436
Pb	0. 29	0. 66	0. 383	0. 52	0. 298	0. 307	1	0. 494
Zn	0. 247	0. 431	0. 424	0. 387	0. 196	0. 436	0. 494	1

上述8种重金属元素的全部信息可由3个主成分反映70. 941%。第一主成分的贡献率为27. 849%，第二主成分的贡献率为22. 204%，第三主成分的贡献率

为 20. 888%。

（3）计算因子变量得分

因子变量确定以后，对于每一个样本数据，我们希望得到它们在不同因子上的具体数据值，即因子得分。根据回归算法计算出因子得分函数的系数如下表所示：

表 5 因子得分矩阵

重金属	因子		
	1	2	3
As	−0. 119	0. 645	−0. 336
Cd	−0. 136	0. 364	0. 186
Cr	0. 505	−0. 16	−0. 099
Cu	0. 243	−0. 19	0. 324
Hg	−0. 137	−0. 168	0. 635
Ni	0. 488	−0. 067	−0. 192
Pb	−0. 122	0. 334	0. 233
Zn	0. 098	0. 214	0. 021

由该表可以得到下面的因子得分函数：

$$F_1 = -0.119x_1 - 0.136x_2 + 0.505x_3 + 0.243x_4 - 0.137x_5 + 0.448x_6 - 0.122x_7 + 0.098x_8$$

$$F_2 = 0.645x_1 + 0.364x_2 - 0.160x_3 - 0.190x_4 - 0.168x_5 - 0.067x_6 + 0.334x_7 + 0.214x_8$$

$$F_3 = -0.336x_1 + 0.186x_2 - 0.099x_3 + 0.324x_4 + 0.635x_5 - 0.192x_6 + 0.233x_7 + 0.021x_8$$

从该函数中可以看出，各因子得分的大小实际上刻画了不同变量对各因子的影响程度。所以，我们可以将每种重金属元素在所属因子中的因子得分记为其在所属因子中的权重，根据其在不同功能区的单项污染指数，计算出每个功能区 3 个因子的因子污染指数。

表 6　　自然因子组成元素单项污染指数

	Cr（x_3）	Ni（x_4）	Cu（x_6）
生活区	1.20	0.92	1.22
工业区	1.04	1.00	1.83
山区	0.80	0.78	0.85
交通区	1.09	0.89	1.32
公园绿化区	0.89	0.77	1.08

将 x_3、x_4、x_6 的数值带入 F_1 得到各功能区的自然因子污染指数：

生活区 =1.42；工业区 =0.96；山区 =1.27；交通区 =1.06；公园绿化区 =1.12

表 7　　工业因子组成元素单项污染指数

	As（x_1）	Cd（x_2）	Zn（x_8）	Cu（x_4）
生活区	1.02	1.91	1.22	2.12
工业区	1.04	2.13	1.83	2.26
山区	0.75	0.80	0.85	0.76
交通区	1.01	2.09	1.32	2.14
公园绿地区	1.02	1.82	1.08	1.56

将 x_1、x_2、x_8、x_4 的数值带入 F_2 得到各功能区的工业因子污染指数：

生活区 =1.21；工业区 =1.41；山区 =0.81；交通区 =1.28；公园绿化区 =1.26

表 8　　燃煤因子组成元素单项污染指数

	Hg（x_5）	Pb（x_7）
生活区	1.168 838	1.126 118
工业区	2.285 296	1.241 743
山区	0.803 06	0.850 137
交通区	2.122 352	1.099 199
公园绿地区	1.256 995	1.085 549

将 x_1、x_2、x_8、x_4 的数值带入 F_3 得到各功能区的工业因子污染指数：

生活区 = 1.17；工业区 = 2.29；山区 = 0.80；交通区 = 2.12；公园绿化区 = 1.26

（4）污染源位置的确定

为了确定污染源的位置，我们根据每个因子在不同功能区的污染指数分别计算出其在各区的污染贡献率，以此比较确定三个因子主要来源于哪些区域。

表 9　各因子在不同功能区的污染贡献率

	生活区	工业区	山区	交通区	公园绿化区
F_1（自然因子）	0.202 69	0.235 989	0.136 087	0.215 035	0.210 199
F_2（工业因子）	0.164 471	0.284 95	0.115 917	0.262 573	0.172 089
F_3（燃煤因子）	0.218 811	0.235 7	0.158 977	0.210 971	0.175 542

根据上表可知，工业区是自然因子、工业因子和燃煤因子最大的污染源：8 种主要重金属都是常见的工矿企业产生的污染物，这与土壤内梅罗综合污染指数评价结果相一致。

自然因子的污染源还来自于交通区和公园绿地区：这两个区域的污染程度相对较轻。

工业因子的污染源除工业区外还分布在交通区：轮胎与地面的磨损可以产生含 Zn 较高的颗粒物；润滑油在高温条件下与空气中的氧气发生氧化反应生成的物质能够腐蚀与其接触的含 Zn 和 Cd 等合金的金属部件，导致其向环境中释放金属元素。

燃煤因子的污染源还分布在生活区和交通区：这主要是由生活供暖和汽车尾气排放等人类活动造成的。

（三）优缺点评价

该模型在寻找污染源位置的时候，利用因子分析的方法，将 8 个指标转变为 3 个线性不相关的总和指标，一方面简化了数据处理，另一方面用较少的有代表性的因子来说明 319 个样本点中所包含的主要信息，揭示出不同元素浓度间的相互关系。同时，将得到的 3 个因子经过方差极大正交旋转后，通过观察土壤单点样本在三个主因子上的得分，可以更为直观地看到不同重金属元素的空间分布特征。污染源的位置与该地区的重金属元素的空间分布图也与不同功能区拟合得较好。

但是由于该模型没有很好地将海拔因素融入到初始模型中，使得模型不够简洁。同时由于只有静态数据，无法将时间维度的影响融入到模型中去评价污染源的重金属累积效应，导致模型得出的结果可能会与实际情况有所不符。

参考文献

[1] 国家环境保护局，国家技术监督局．中华人民共和国国家标准 GB15168 - 1995 土壤环境质量标准．[2011 - 09 - 09]．http：//www. es. org. cn/siteadmin/File/StdView. php？ bzlistID = 318.

[2] 刘刚，金研铭等．长春市朝阳区绿地土壤重金属污染分析．湖北农业科学，50（12）：2421 -2424.

[3] European Environmental Agency，" Dispersion of hazardous substances - Environment in EU at the turn of the century，"[2011 - 09 - 10]. http://www. eea. europa. eu/publications/92 -9157 -202 -0/page303. html.

[4] 肖锦华．中国城市土壤重金属污染研究进展及治理对策．环境科学与管理，2009（4）：25 -28.

[5] 乔胜英，李望成等．漳州市城市土壤重金属含量特征及控制因素．地球化学，2005（6）：635 -642.

[6] 许嘉琳，杨居荣．中国陆地生态系中的重金属．北京：中国环境科学出版社，1995.

[7] Zhang C. B，Wu L. H.，Luo Y. M.，et a1. Identifying sources of soil inorganic pollutants ona regional scale using a multivariate statistical approach：Role of pollutant migration and soil physicochemical properties，Environmental Pollution，151（3）：470 -476，2008.

城市土壤重金属污染的传播与演变模型

何宇洁[①]　马　澄[②]　喻　勉[③]

摘　要：为了评价城市环境质量，我们首先将8种重金属元素与其背景值浓度的偏差大小作为分组标准，然后分别统计各元素在不同功能区的浓度分布情况。之后对污染程度进行量化，确定了污染严重的功能区，进而分析出重金属污染的主要原因。关于污染源位置的确定，不同功能区的数据用SPSS的K－均值聚类法找到位置中心，对不同区域的综合污染指数建立多元偏微分动态传播模型。关于演变模式的描述，以耗散结构理论为基础，建立了灰关联分析模型，通过分析熵变与系统有序性的关系，对土壤系统的发展方向进行判别。

关键词：重金属污染　系统聚类法　熵权法　耗散结构理论

一、问题重述（略）

二、问题分析

对于问题一，对重金属元素的浓度进行分组，并将其与该元素背景值浓度的偏差大小作为分组标准。对于某一重金属元素，统计其在不同功能区的不同浓度的分布情况，然后进行横向和纵向比较，绘制环形图和条形图，表示出不同区域的污染情况。

---

① 对外经贸大学金融学院。
② 对外经贸大学信息学院。
③ 对外经贸大学保险学院。

对于问题二，由于不同功能区的污染途径不同，因此试图通过确定污染程度大的功能区来找出污染的主要原因。首先对污染程度进行量化，得到综合污染指数的模型；然后计算不同功能区的样本的综合污染指数，并对其进行描述性统计分析，通过比较平均值、中位数、最值的大小来确定污染严重的功能区。

对于问题三，绘制了不同功能区的样本点的平面位置分布图，把这些点分成了3组，以组与组之间的关系来研究金属传播特性，并结合问题一的结论和相关理论进行分析。

对于问题四，考虑到城市中重金属污染存在于开放系统中，不断向外传播、处于不平衡状态等特点，满足结构耗散理论的条件，于是利用耗散结构中熵变与系统有序性的关系对系统的发展方向进行判别。

三、基本假设

假设1. 考虑重金属污染在不同功能区之间的传播时，山区的污染程度可忽略。

假设2. 考虑重金属污染在不同功能区之间的传播时，重金属污染可在低海拔与高海拔样本点之间相互传播，且传播速率相等。

假设3. 一个功能区的污染程度可由位于该功能区中心的样本点的综合污染系数来表示，且大小等于该功能区所有样本点的综合污染系数的平均值。

四、符号说明

B_j:第 j 种重金属元素的背景值浓度($j = 1,2,\cdots,n$)

C_{ij}:第 i 个样本中第 j 种重金属元素的浓度($i = 1,2,\cdots,m;j = 1,2,\cdots,n$)

I_{geo}:地质累积指数

a_{ij}:第 i 个样本中第 j 种重金属元素的地质累积指数($i = 1,2,\cdots,m;j = 1,2,\cdots,n$)

w_j:第 j 种重金属元素的污染指数熵权($j = 1,2,\cdots,n$)

r_i:第 i 个样本的综合污染指数($i = 1,2,\cdots,m$)

$x(t)$:t 年工业区的综合污染指数

$y(t)$:t 年交通区和生活区的综合污染指数

$z(t)$:t 年公园绿地区的综合污染指数

s:工业区的综合污染指数增加速率

d_1:A 区和 B 区中心的空间距离

d_2:B 区和 C 区中心的空间距离

k_1:综合污染指数从 A 区流向 B 区的速率(0.4/年)

k_2:综合污染指数从 B 区流向 A、C 区的速率(0.4/年)

k_3:综合污染指数从 C 区流向 B 区的速率(0.4/年)

μ_1:综合污染指数从 A 区流出系统的速率(0.1/年)

μ_2:综合污染指数从 B 区流出系统的速率(0.4/年)

μ_3:综合污染指数从 C 区流出系统的速率(0.1/年)

x_i^*:第 i 个样本的综合污染指数($1 \leqslant i \leqslant m$)

y_i^*:第 i 个样本背景值的综合污染指数($1 \leqslant i \leqslant m$)

五、模型建立与求解

（一）问题1

首先对重金属元素的浓度进行分组。观察题目给出的 8 种元素的背景值发现，背景值的正常范围是由 $\mu \pm 2\sigma$ 确定的。因此，考虑将重金属元素的浓度与对应背景值的偏差大小作为分组依据。以 2σ 为分段长度，把 8 种主要重金属元素的浓度分为 5 个等级，分别表示元素浓度为低、中、较高、高和很高。将空间按功能划分为五个部分。

下面以 As 元素为例，分析该元素在各功能区的分布情况。结果如下：

表 1　　As 元素的浓度分布统计表

功能区 \ 分组 / 数量（个）	低	中	较高	高	很高
生活区	14	16	9	3	2
工业区	14	7	6	6	3
山区	55	5	4	1	1
交通区	69	47	17	2	3
公园绿地区	9	17	6	2	1

将表1进行横向比较，绘制环形图，得到同一功能区的不同浓度情况（按照顺时针方向，第一扇区代表“低”，接下来依次为“中”、“较高”、“高”、“很高”）：

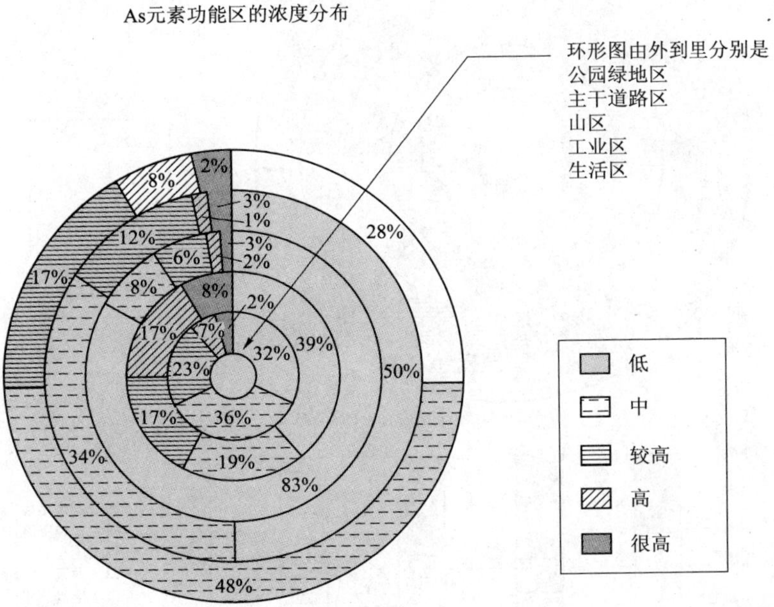

图1 As元素功能区的浓度分布图

将表1进行纵向比较，绘制条形图，得到同一浓度在不同功能区的分布情况：

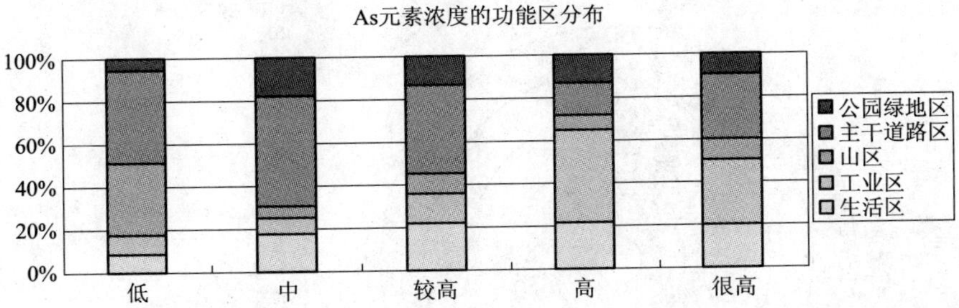

图2 As元素浓度的功能区分布图

同理，可得到其他七种元素的空间分布图如下：

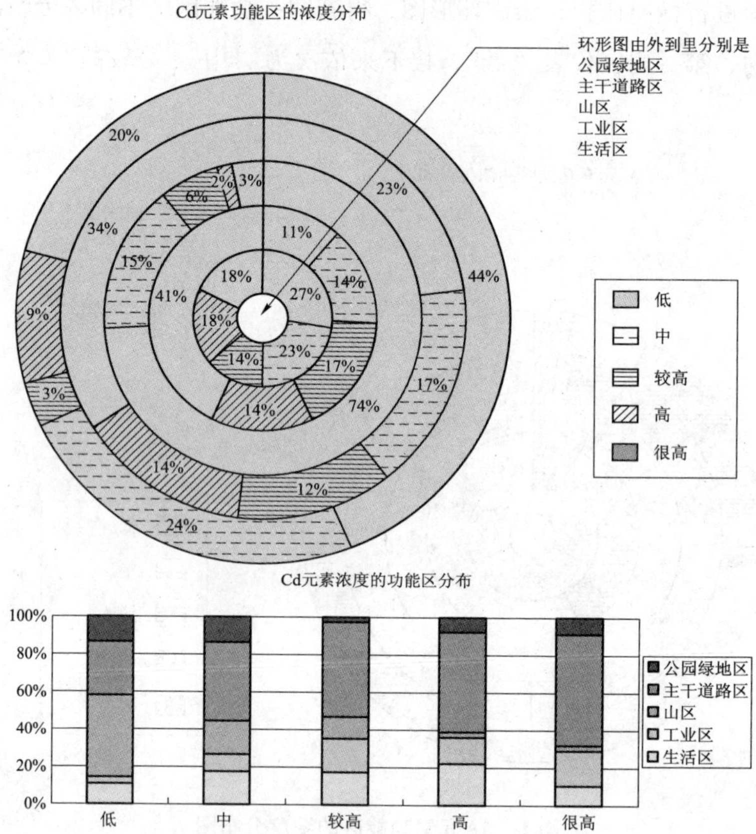
Cd元素功能区的浓度分布
环形图由外到里分别是
公园绿地区
主干道路区
山区
工业区
生活区
低
中
较高
高
很高
Cd元素浓度的功能区分布
100%
80%
60%
40%
20%
0%
低
中
较高
高
很高
公园绿地区
主干道路区
山区
工业区
生活区

图3 Cd元素空间分布

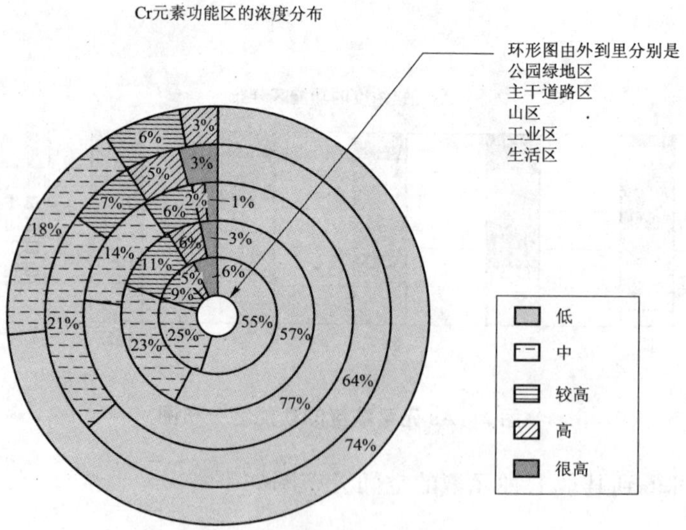
Cr元素功能区的浓度分布
环形图由外到里分别是
公园绿地区
主干道路区
山区
工业区
生活区
低
中
较高
高
很高

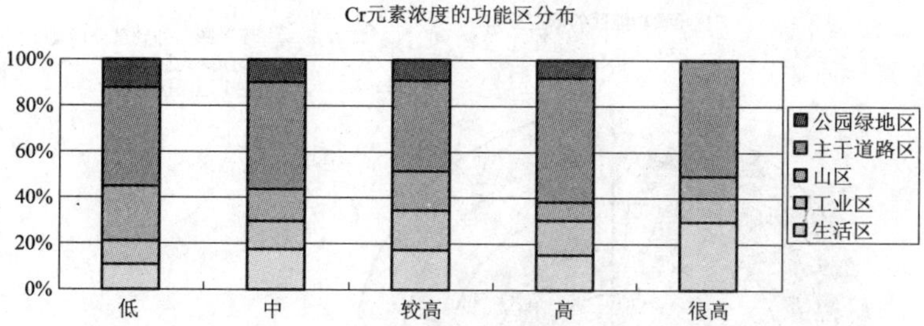

图4　Cr 元素空间分布

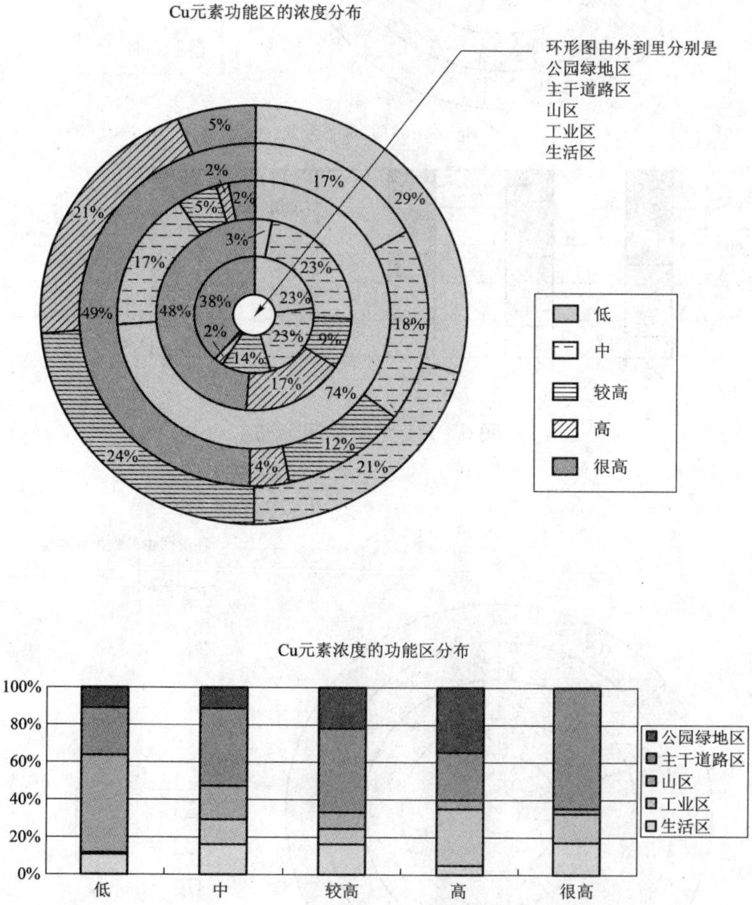

图5　Cu 元素空间分布

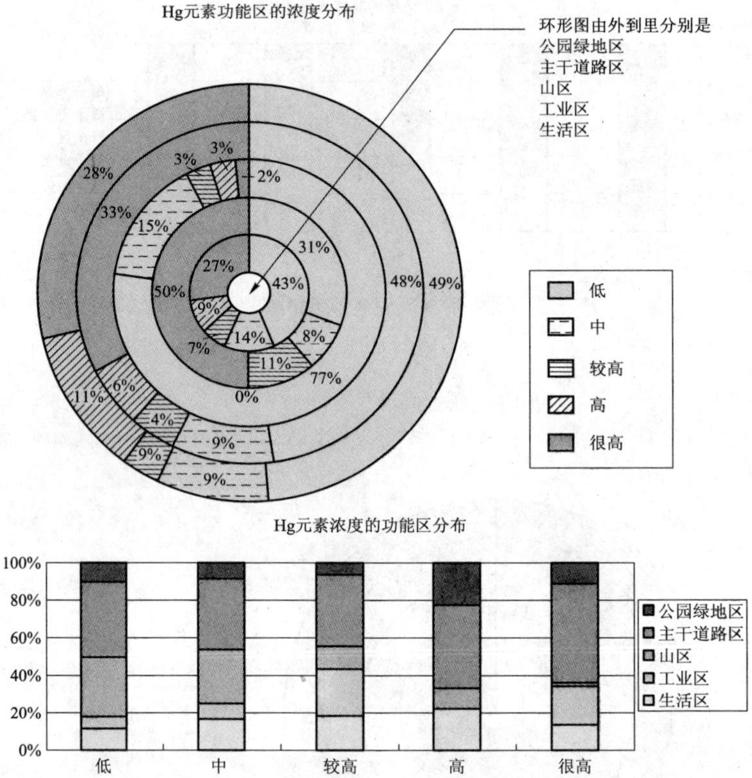
Hg元素功能区的浓度分布
环形图由外到里分别是
公园绿地区
主干道路区
山区
工业区
生活区
28%
3%
3%
2%
33%
15%
31%
27%
43%
48%
49%
50%
9%
7%
14%
8%
11%
77%
0%
11%
6%
4%
9%
9%
9%
低
中
较高
高
很高
Hg元素浓度的功能区分布
100%
80%
60%
40%
20%
0%
公园绿地区
主干道路区
山区
工业区
生活区
低
中
较高
高
很高

图 6　Hg 元素空间分布

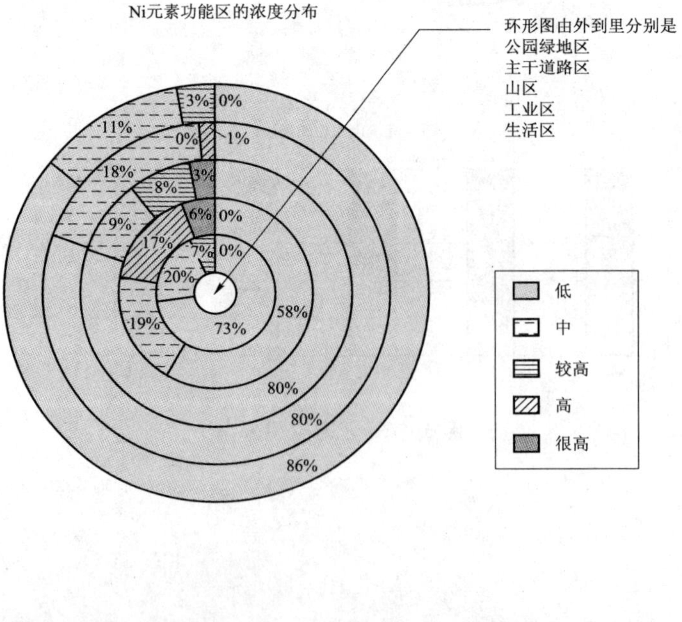
Ni元素功能区的浓度分布
环形图由外到里分别是
公园绿地区
主干道路区
山区
工业区
生活区
3%
0%
11%
0%
1%
18%
3%
8%
9%
6%
0%
17%
7%
0%
20%
58%
19%
73%
80%
80%
86%
低
中
较高
高
很高

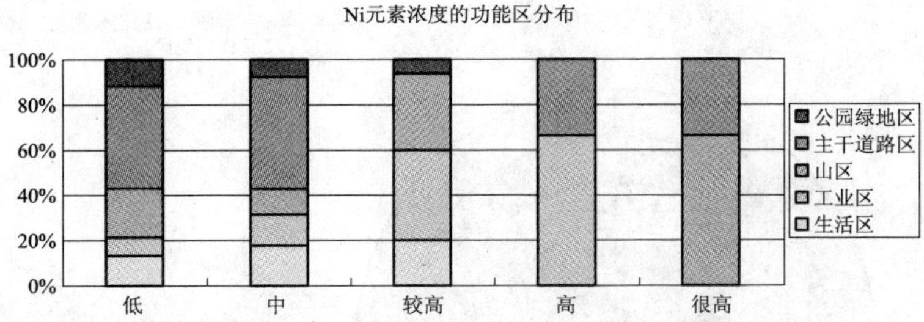

图 7　Ni 元素空间分布

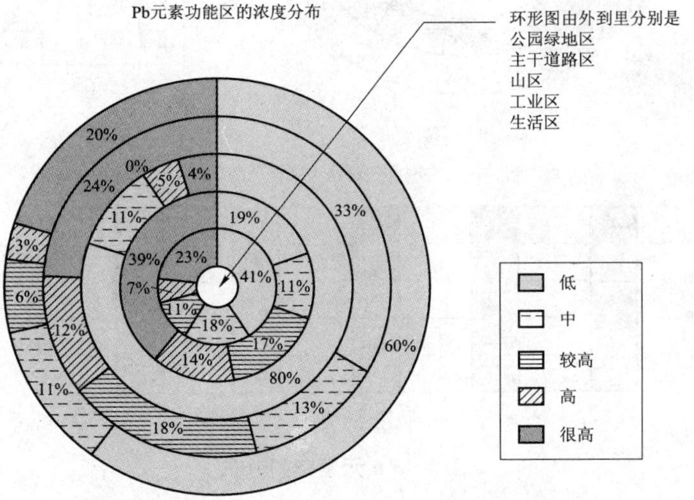

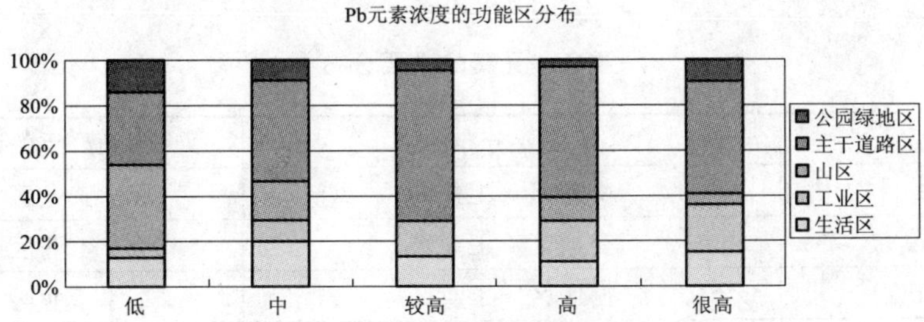

图 8　Pb 元素空间分布

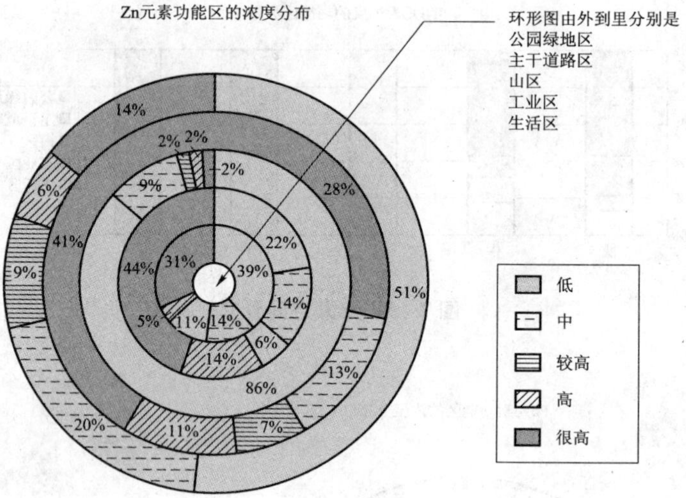

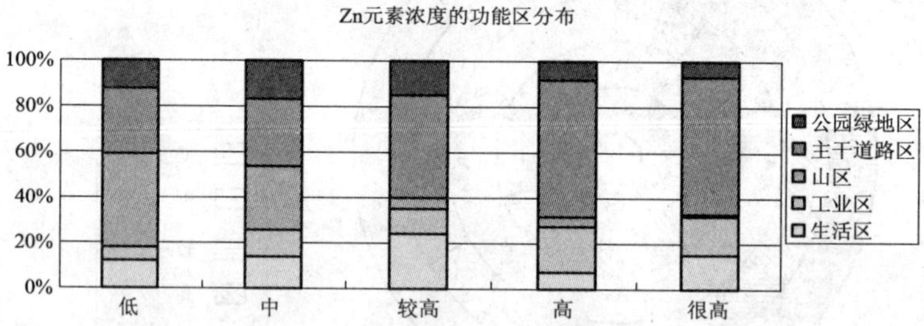

图9 Zn 元素空间分布

综合以上数据和图表，可以得出重金属元素的主要分布如下表：

表2 重金属元素的主要分布

元素	主要分布	污染严重的区域
As	交通区　工业区	工业区
Cd	交通区　工业区	工业区
Cr	交通区　工业区	工业区
Cu	交通区　工业区　生活区	工业区　交通区
Hg	交通区　工业区	工业区
Ni	山区	工业区
Pb	交通区	工业区
Zn	交通区	工业区　交通区

（二） 问题 2（模型 1）

首先对 8 种重金属元素的浓度进行相关分析，发现两两间的相关系数很大。为避免拟合过程中由于多重共线性带来的误差，运用系统聚类法挑选典型指标。用 SPSS 得到结果如下：

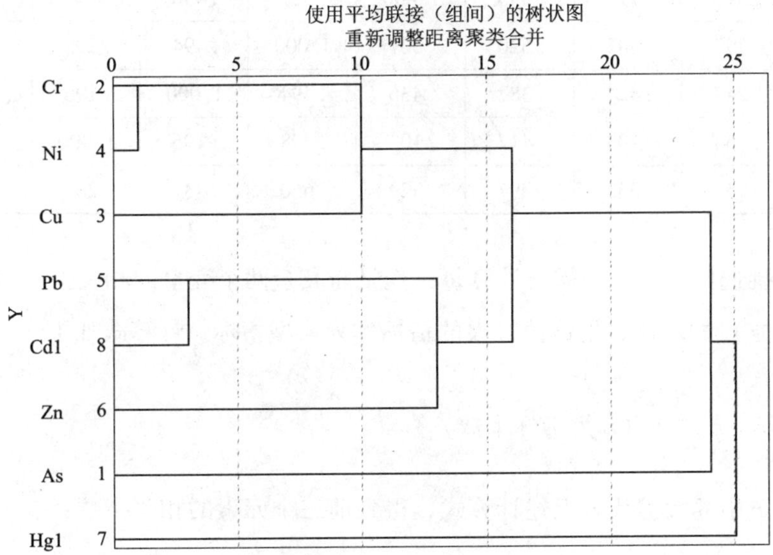

图 10 系统聚类树状图

根据图 10，可将这八种元素聚类为四类，前三个元素聚合为一类，接下来的三个指标又聚合为一类，这两大类与元素 As 聚合，最后它们和 Hg 聚为一类，只需在前两大类中分别挑选一个典型指标，然后这两个指标与 As 和 Hg 构成四个典型指标。

表 3 近似矩阵

案例	近似矩阵 矩阵文件输入 As	Cr	Cu	Ni	P	Zn	Hg1	Cd1
As	1.000	.189	.160	.317	.290	.247	.064	.255
Cr	.189	1.000	.532	.716	.383	.424	.103	.352
Cu	.160	.532	1.000	.495	.520	.387	.417	.397

续表

近似矩阵								
案例	矩阵文件输入							
	As	Cr	Cu	Ni	P	Zn	Hg1	Cd1
Ni	.317	.716	.495	1.000	.307	.436	.103	.329
Pb	.290	.383	.520	.307	1.000	.494	.298	.660
Zn	.247	.424	.387	.436	.494	1.000	.196	.431
Hg1	.064	.103	.417	.103	.298	.196	1.000	.265
Cd1	.255	.352	.397	.329	.660	.431	.265	1.000

为了挑选典型指标，需要计算每一变量与其余两个变量的相关指数（即相关系数的平方）的均值，把该值最大的指标作为典型指标。计算式如下：

$$\overline{R^2} = \frac{\sum r^2}{n-1}(n \text{ 为指标个数})$$

将表3中的数据代入上述计算式，得到前三个元素的相关指数：

$$\overline{R_1} = \frac{0.532^2 + 0.716^2}{3-1} = 0.3978$$

$$\overline{R_2} = \frac{0.395^2 + 0.716^2}{3-1} = 0.3788$$

$$\overline{R_3} = \frac{0.532^2 + 0.495^2}{3-1} = 0.2640$$

最大为0.397 8，因此在前三个元素中取第一个，即Cr元素作为典型指标，然后比较第二大类的三个元素，得到Pb元素为典型指标。于是Cr、Pb、As和Hg四个典型指标最大程度地代表了原八个指标的共同作用。

选取四个典型指标后，先分别算出污染程度，再通过熵值法得出样本的综合污染程度。

为衡量重金属元素的污染指数，我们引入地质累积指数这个概念。地质累积指数不仅考虑了自然地质过程造成的背景值的影响，也充分注意了人为活动对重金属污染的影响。表达公式如下：

$$I_{geo} = \log(\frac{C_{ij}}{1.5B_j})$$

将样品中这四种元素的浓度值与背景值带入公式，可得到每个样本中这四种元素的地质污染指数。由于选取的四个指标相关系数很小，为避免相加后正负作用相互抵消而影响综合污染指数的准确性，将地质累积指数的负值全部用 0 表示。

在得到四种元素的地质累积指数后，运用熵权法确定各元素地质累积指数的权重系数。

在信息论中，“熵权”理论是一种客观赋权方法，在土壤重金属污染评价中，通过对“熵”（即各项监测指标值的差异程度）的计算确定权重。步骤如下：

（1）首先，构建 m 个对象 n 个评价指标的判断矩阵：

$$R = (a_{ij})_{mn}(i = 1,2,,\cdots,m;j = 1,2,,\cdots,n)$$

a_{ij} 表示第 i 个样本中第 j 种评价对象的地质累积指数。

（2）由于地质累积指数与综合污染指数同向变化，所以进行判断矩阵归一化处理，形成新的判断矩阵 B：

$$b_{ij} = \frac{a_{ij} - a_{\min}}{a_{\max} - a_{\min}}(i = 1,2,,\cdots,m;j = 1,2,,\cdots,n)$$

式中，$a_{\max}, a_{\min}$ 分别为同指标下不同样本中污染指数最大和最小者。

（3）记第 j 项指标下，第 i 个评价对象的特征比重为

$$p_{ij} = \frac{v_{ij}}{\sum_{i=1}^{m} v_{ij}}(i = 1,2,\cdots,m;j = 1,2,\cdots,n)$$

（4）计算第 j 项指标的熵值。

（5）计算第 j 项指标的差异性系数。各被评价对象第 j 项指标值差异越大，表明该指标反映的信息量越大。

（6）确定各指标的熵权

由 m＝319，n＝4，将各个样本中这四个元素的地质污染指数带入根据上面

的步骤，得到这四种元素的熵权：

元素	Cr	Pb	As	Hg
w_j	0.218	0.312	0.161	0.309

于是，得到了样本重金属污染综合指数的公式

$$r_i = 0.218x_1 + 0.312x_2 + 0.161x_3 + 0.309x_4 (i = 1,2,,\cdots,m)$$

为分析重金属污染的主要原因，将所有数据按功能区进行分组，再计算各组综合污染指数的最大值、最小值、中位数、方差和平均值，结果如下表：

表4　　各功能区综合污染指数的描述境计量比较

功能区	生活区	工业区	山区	交通区	公园绿地区
最大	2.180	4.128	0.649	3.416	1.988
最小	0	0	0	0	0
中位数	0.259	0.684	0.032	0.199	0.130
方差	0.304	0.766	0.023	0.395	0.244
平均数	0.452	0.848	0.097	0.495	0.388

可以看出，综合污染指数从小到大的顺序为：山区 < 公园绿地区 < 生活区 < 交通区 < 工业区。因此，重金属污染主要是由工业区和交通区引起的。

（三）问题3（模型2）

1. 重金属污染物的传播特征

把319个数据在XY散点图中描绘出来，如图11所示。观察发现，各个功能区的点比较集中，同时从图中也可以看出，生活区和交通区相连，把工业区和公园绿地区隔离开来。

考虑到重金属主要以土壤为媒介传播，结合问题一中的结论，污染程度越小的区域，距离工业区越远。查阅相关资料后，分析得出传播的两大特征：一是重金属在工业区中生产，以大气沉降、污水排放、固体废物丢弃的方式进入生活区和交通区，然后通过植物降解和随雨水流走的方式进入公园绿地区。二是传播方

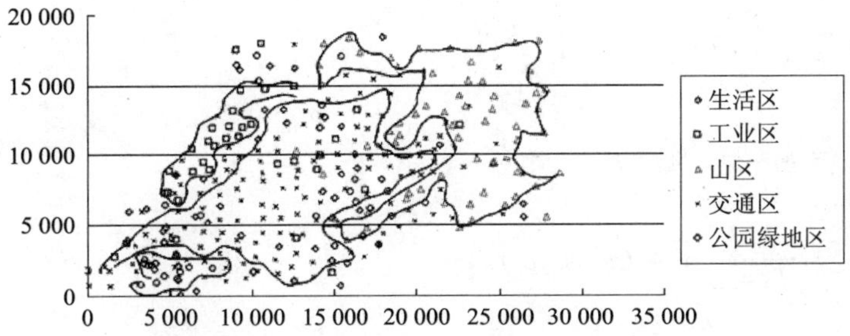

图 11　不同功能区的样本点的平面位置分布图

向为双向传播，即重金属元素可由公园绿地区传播到生活区和主干道路区，然后再传播到工业区。

2. 污染源的地理位置

由图 11 可以看出，每个功能区的点大概都集中在一个区域。为了研究方便，将功能区分为 3 组，把距离近的生活区和交通区归为一组，由假设 1，不考虑综合污染指数很小的山区。由假设 3，把各组样本点的地理位置（同时考虑 x、y 和海拔）用 SPSS 软件进行 K－均值聚类，把这些零散的点的数据分为两类，得到两个聚类中心。取两个聚类中心的中点作为该功能区的中心，由此得到 3 个坐标点如下：

工业区（8 628. 64，9 340. 10，15. 52）

生活区和主干道路区（12 715. 41，7 415. 37，29. 93）

公园绿地区（10 157. 28，5 962. 14，33. 00）。

根据问题分析，简化污染模型如下：

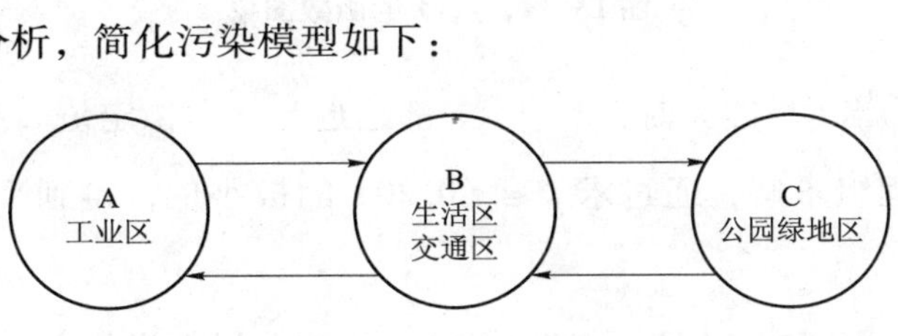

图 12　污染模式示意图

在 AB、CB 的传播过程中，从 A 和 C 流去的综合污染指数全部由 B 吸收，由 B 流向 A 和 C 的综合污染指数与 B 到它们中心之间的距离成反比。

下面建立多元偏微分方程模型：

$$\frac{dx}{dt} = s - (k_1 + \mu_1)x + \frac{k_2 d_2}{d_1 + d_2}y$$

$$\frac{dy}{dt} = k_1 x - (k_2 + \mu_2)y + k_3 z$$

$$\frac{dz}{dt} = \frac{k_2 d_1}{d_1 + d_2}y - (k_3 + \mu_3)z$$

其中 x（t）为 t 年工业区综合污染指数，y（t）为 t 年生活区和主干道路区综合污染指数，z（t）为公园绿地区综合污染指数。由假设 2，忽略海拔低对污染传播速率的阻碍作用。假定 x、y、z 的初始值为该区的综合污染指数的平均值，分别为 0.847 9，0.473 4，0.387 7。

运用 matlab 画出 x、y、z 的函数图象如下：

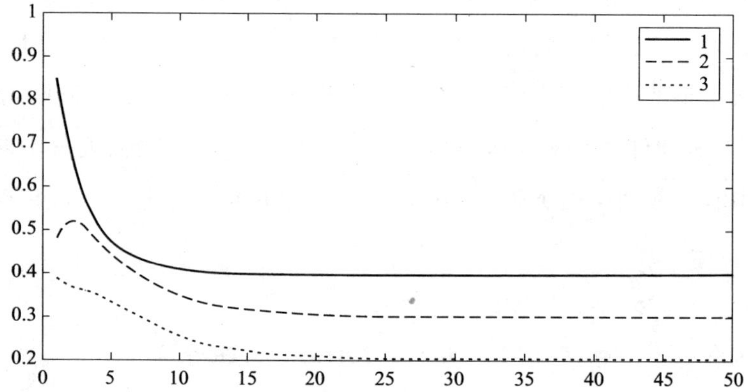

图 13　x，y，z 的函数图象

由图可知，当 t 足够大时，x、y、z 都趋近与一个稳定值。利用 mathematica 对上述微分方程组求解，通过求 $t \in (0.20)$ 的极小值，得到平衡点处的 $x_0 =$ 0.405 287 。

把此值作为判断工业区污染源的标准，将综合污染指数大于 0.405 287 的样本点视为污染源，得到 24 个样本点，然后用 K－均值聚类，找出这些样本点的两个中心为（5 163.86，7 262.14，13.86）和（12 093.41，11 418.05，17.18）。

（四）问题4（模型3）

1. 模型的优缺点

模型二的优点在于简单明了地反映了重金属元素的传播过程，抓住了重金属污染传播途径的特点和传染速率，并且考虑了重金属污染的双向传播性质，最后得出的结果也符合现实情况。但其缺点也较明显，它将重金属元素的传播过程看作一个平衡状态，过于理想化使得所建的模型难免缺少精确性。

2. 城市地质环境的演变模式建模

为了更好地研究城市地质环境的演变模式，建立新的模型3，引入耗散结构理论。还需要收集该城市至少连续10个月时间内各功能区这八种重金属元素的浓度和背景值的资料，在这里运用随机抽样方法模拟出1—10月份这八种重金属元素的浓度值来展示模型。

在前面论文中已经提到熵的概念，熵与有序度之间存在一定的关系，即系统的信息熵大，其有序程度低；反之，系统的有序程度高，则其熵小。这样，就能利用熵与有序度的关系，用物理量熵来描述系统演化方向。

首先计算重金属污染指数的灰关联系数，设 $x^* = (x_1^*, x_2^*, \cdots, x_m^*)$ 为某样本的综合污染指数，$x_i^* (1 \leqslant i \leqslant m)$ 为第i个样本的综合污染指数，$y^* = (y_1^*, y_2^*, \cdots, y_m^*)$ 为某样本背景值的综合污染指数，$y_i^* (1 \leqslant i \leqslant m)$ 为第i个样本背景值的综合污染指数。依据灰色理论，首先按式（1）对系列 x_i^* 和 y_i^* 进行无量纲化处理，然后按式（2）计算两个系列中各对应值绝对差的最大和最小值：

$$x_i = \frac{x_i^*}{\frac{1}{m}\sum_{i=1}^{m} x_i^*} \quad y_i = \frac{y_i^*}{\frac{1}{m}\sum_{i=1}^{m} y_i^*} (1 \leqslant i \leqslant m) \tag{1}$$

$$\Delta(\min) = \min\{|x_i - y_i|\}, \Delta(\max) = \max\{|x_i - y_i|\} (1 \leqslant i \leqslant m) \tag{2}$$

由灰关联分析（GRA）方法，y_i^* 和 x_i^* 时段的灰色关联系数为：

$$\xi_i = \frac{\Delta(\min) + \rho\Delta(\max)}{|x_i - y_i| + \rho\Delta(\max)} (1 \leqslant i \leqslant m) \tag{3}$$

式中 $\rho(0 < \rho < 1)$ 为分辨系数，通过设置其值，可以控制 $\rho\Delta(\max)$ 对数据转化的影响，ρ 取较小值，可以提高关联系数间差异的显著性，在这里取值0.5。

表 5　　1－10 年各功能区重金属元素实际含量与背景值对比

1－10 年各功能区重金属元素实际含量与背景值对比（单位：μg/g）							
年份	项目	功能区	生活区	工业区	由区	交通区	公园绿地区
1	实际值	0.78	1.34	0.08	0.81	0.73	0.748
	背景值	0.18	0.18	0.18	0.18	0.18	0.18
2	实际值	2.18	4.13	0.16	2.1	0	1.714
	背景值	0.18	0.18	0.18	0.18	0.18	0.18
3	实际值	0.89	1.39	0	0.04	0.62	0.558
	背景值	0.18	0.18	0.18	0.18	0.18	0.18
4	实际值	1.17	0	0	0.02	0.05	0.248
	背景值	0.18	0.18	0.18	0.18	0.18	0.18
5	实际值	1.29	1.43	0	1.1	0.26	0.816
	背景值	0.18	0.18	0.18	0.18	0.18	0.18
6	实际值	0.82	1.09	0	1.09	0	0.6
	背景值	0.18	0.18	0.18	0.18	0.18	0.18
7	实际值	0.47	0.19	0	0	0.06	0.144
	背景值	0.18	0.18	0.18	0.18	0.18	0.18
8	实际值	1.45	0.68	0.06	0.17	0.01	0.474
	背景值	0.18	0.18	0.18	0.18	0.18	0.18
9	实际值	0	1.09	0	0.1	0.03	0.244
	背景值	0.18	0.18	0.18	0.18	0.18	0.18
10	实际值	0	0.45	0	0.07	0.03	0.11
	背景值	0.18	0.18	0.18	0.18	0.18	0.18

以第一年的数据为例：实际值系列 $y_i^* = (0.78, 1.34, 0.08, 0.81, 0.73)$，背景值系列 $x_i^* = (0.18, 0.18, 0.18, 0.18, 0.18)$ 对上述值进行无量纲化，得到

$$y_i = (1.043, 1.791, 0.107, 1.083, 0.976) x_i = (1, 1, 1, 1, 1)$$

根据公式（2）可以得到

$$\Delta(\min) = \min\{|x_i - y_i|\} = 0.024, \Delta(\max) = \max\{|x_i - y_i|\} = 0.893$$

计算灰关联系数和灰关联熵，其中 p=0．5。计算结果见表 2，图 1 为熵变化曲线。下式为第 1 年的灰关联熵计算表达式：

$$\sum_{k=1}^{5}\xi(x(i),y(i)) = 0.962 + 0.38 + 0.351 + 0.889 + 1 = 3.582$$

$$S = 5.447\ 880\ 939\ 3$$

将所有数据代入，最终得到 y_i 和 x_i 在 10 年间的灰色关联系数表和灰关联熵如下：

表 6　灰关联系数表

年份	灰关联系数					灰关联熵
	生活区	工业区	山区	交通区	公园绿地区	
1	0.961 748 6	0.380 129 6	0.351 297	0.889 898 9	1	5.747 880 94
2	0.952 210 3	0.439 845 5	0.577 118	1	0.545 516 77	5.773 525 43
3	0.615 931 7	0.359 933 5	0.437 816	0.456 269 8	1	4.711 698 76
4	0.476 500 4	0.929 478 1	0.929 478	0.956 458 6	1	6.783 926 95
5	0.784 580 5	0.677 103 7	0.565 359	1	0.717 842 32	5.959 471 49
6	1	0.658 227 8	0.577 778	0.658 227 8	0.577 777 78	5.506 176 23
7	0.427 402 9	1	0.680 782	0.680 781 8	0.846 153 85	5.719 837 02
8	0.474 043 7	1	0.769 401	0.876 262 6	0.728 991 6	6.088 747 34
9	0.850 075	0.446 808 5	0.850 075	1	0.890 109 89	6.373 539 41
10	0.75	0.411 764 7	0.75	1	0.84	5.904 022 12

熵变化曲线如下图所示：

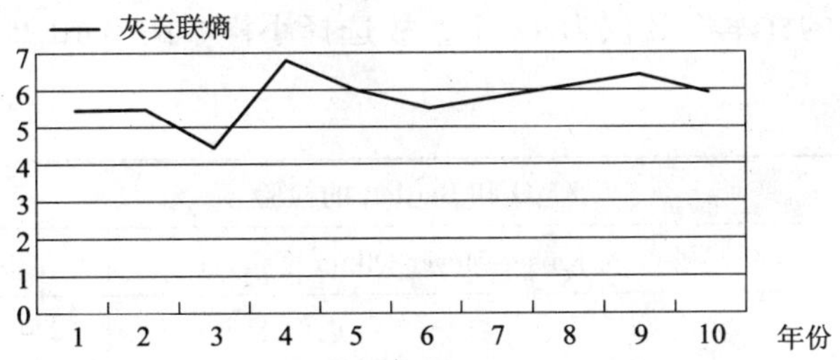

图 14　熵变化曲线

从图中可以看出，第 2 年到第 3 年，第 4 年到第 6 年和第 9 年到第 10 年，熵处于下降趋势，表明该系统在这段时间一直向着良性方向演化；与此相反，第3年到第4年，第6年到第9年，熵处于上升趋势，表明该系统在这段时间一直向着恶性方向演化。

综合以上的分析，可得出结论：

（1）土壤资源系统结构是一个耗散结构，与外界环境存在能量、信息的交换，其演变方向可向良性演化，也可向恶性演化。

（2）土壤资源系统演化过程中，熵值减小，系统有序性增强，处于良性循环状态之中，表明系统功能最佳，资源利用、生态环境和社会经济可以协调发展。

（3）人类活动产生的重金属对土壤的污染直接影响其演变。

六、模型的评价与改进

问题2中，为了消除8种元素的多重共线性，采用系统聚类法，选取相关系数较小的4种元素，然后用熵权法对其进行客观赋权。然而，由于减少了指标的个数，结果的准确度会受到一定的影响。这里，对模型进行改进，采用主成分分析法，既可以保留原始的8个指标，又能避免多重共线性带来的误差。

与前面的模型类似，首先计算每个样本所对应的地质积累指数。然后按功能区对样本进行划分，分别对每个功能区的样本进行主成分分析，提取适当个数的主成分因子，得到每个样本的因子得分，从而计算出综合得分。最后对不同功能区样本的综合得分进行描述性统计分析，从而找到污染程度严重的功能区。下面以生活区为例，来说明主成分分析的基本过程。

由于生活区的样本个数仅为42个，故选择小样本的Bartlett打分方法，得到如下结果：

KMO 和 Bartlett 的检验		
取样足够度的 Kaiser-Meyer-Olkim 度量		. 806
Bartlett 的球形度检验	近似卡方	244. 773
	df	. 28
	Sig.	. 000

KMO统计量用于检验变量间的偏相关程度，这里KMO度量值等于0.806，大于0.6，说明数据适合做因子分析。同时，Bartlett的球形度检验的p值小于0.05，也通过了显著性检验。

解释的总方差									
成份	初始特征值			提取平方和载入			旋转平方和载入		
	合计	方差的%	累职%	合计	方差的%	累职%	合计	方差的%	累职%
1	4.831	60.383	60.383	4.831	60.383	60.383	3.394	42.420	42.420
2	1.291	16.135	76.518	1.291	16.135	76.518	1.745	21.810	64.230
3	.683	8.533	85.051	.683	8.533	85.051	1.666	20.822	85.051
提取方法：主成分分析。									

上表为因子的累计贡献率和因子个数的选择情况。从表中可以清楚地看到，前三个因子的累计贡献率已经达到85.051%，超过80%，满足因子个数对累计贡献率的要求，因此，选择三个因子来进行打分。从下面的碎石图也可以看出，当成分数由3个增加到4个时，特征值的下降明显变缓。

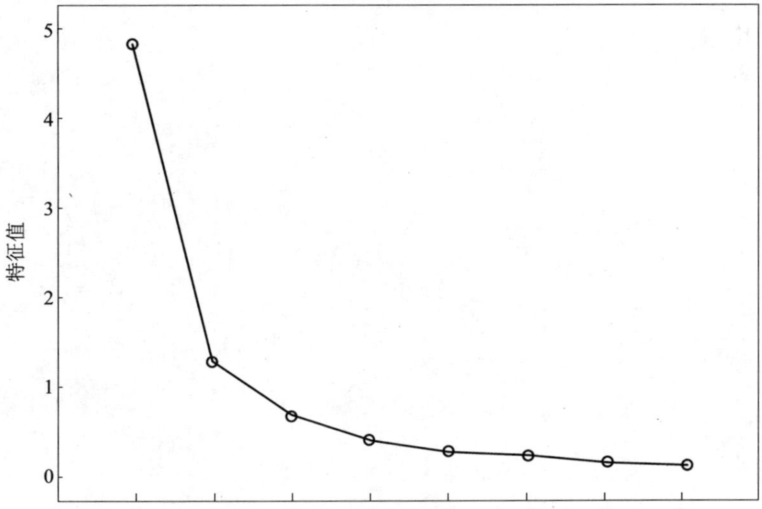

图15　碎石图

将因子得分保存为变量，得到生活区的三个因子的标准化得分 Y_1 、Y_2 、Y_3 ，然后代入下面的公式，计算出生活区所有样本的综合得分：

$$Y_{综} = \frac{\lambda_1 Y_1 + \lambda_2 Y_2 + \cdots + \lambda_n Y_n}{\lambda_1 + \lambda_2 + \cdots + \lambda_n}(n\text{ 为因子个数})$$

类似地，得到其他四个功能区的综合得分。发现，工业区综合得分的平均值最大，其次是生活区和交通区。这与问题二的结论是吻合的。

参考文献

[1] 秦普丰．工业城市不同功能区土壤和蔬菜中重金属污染及其健康风险评价．生态环境学报，2010（7）．

[2] 姜启源．数学建模案例选集．北京：高等教育出版社，2008.

[3] 畅建霞．基于耗散结构理论和灰色关联熵的水资源系统演化方向判别模型研究．水利学报，2002（11）.

交巡警服务平台设置与调度的研究

卢艺文[①]　张家臻[①]　赵　楠[②]

摘　要：本文针对给定的交巡警服务平台设置与调度的问题，先后利用Floyd算法、目标规划模型、指派问题模型，对交巡警平台的设置及调度的方案及合理性进行了研究。

第一问要求对于A区给定的服务平台进行管辖范围分配。先利用Floyd算法求出A区各节点间距离的最小值。若尽量满足在规定时间内到达事发地这一条件，会出现多个最优解，依照交巡警服务平台设置的原则，还应该使得各平台工作量尽量均衡，利用目标规划的模型，在尽量满足规定时间内到达事发地的条件下，求出此时的最优配置。第二问实际上是一个不平衡的指派问题，要求让20个平台向13个节点分配警力的时间最小，利用0～1整形变量可以求得此时的最小值为8.015 457分钟。第三问是对第一问的再优化，要求再增设平台来解决现有平台工作量不均衡和出警时间过长的问题，通过设立一个综合性的变量同时考虑案发率和距离，并以此作为是否添加新平台的原则，求得此时增加4个平台达到最优。

关键词：Floyd算法　目标规划法　指派问题

一、问题重述

由于警务资源有限，根据城市实际情况与需求合理地设置交巡警服务平台、分配各平台的管辖范围、调度警务资源至关重要。

建立数学模型分析研究下面的问题：

---

① 对外经济贸易大学金融学院。
② 对外经济贸易大学信息学院。

（1）在某市中心 A 区交通网络状况与现有 20 个交巡警服务平台设置情况下，要求突发事件发生时，巡警在 3 分钟内（警车时速为 60km/h）到达。分配合理的平台管辖范围。

（2）重大突发事件发生时，需要在一个平台最多封锁一个路口情况下，快速全封锁 A 区 13 条交通要道。给出 20 个交巡警服务平台合理调度方案。

（3）在 A 区增加 2 至 5 个平台，解决现有工作量不均衡及有些地点出警时间过长问题。确定平台数量及位置。

二、模型假设

（1）一个平台内有无限台警车，即不考虑在某地点发生案件时，警车仍在其他地点执行任务或刚结束任务准备返回的情况。

（2）接到报警后，警车立刻从所属平台出警。

（3）每个交巡警服务平台的职能和警力配备基本相同，即应该使每个平台的工作量尽量均衡。

（4）该市的街道均为双行道，且出警时，警车的时速保持 60km/h，即 1km/min。

三、符号说明

e_{ij}：第 i（$i=1\sim20$）个交巡警服务平台距离第 j（$j=1\sim92$）个地点的距离；

x_{ij}：第 i 个交巡警服务平台是否管辖第 j 个地点，$x_{ij}=1$ 表示管辖，$x_{ij}=0$ 表示不管辖；

c_j：对第 j 个路口节点进行目标规划时的负偏差变量；

d_j：对第 j 个路口节点进行目标规划时的正偏差变量；

h_j：第 j 个地点的犯罪率；

a_j：A 区第 i（$i=1\sim20$）个交巡警服务平台的费用；

f_{ij}：第 i 个交巡警服务平台管辖第 j 个地点的费用；

l_j：罪犯从 235 号节点进入 C 区并从 C 区 j 出口逃出该区所需时间（$j=177$，183，190，202，203，248，264，317）；

m_j：罪犯从237号节点进入C区并从C区j出口逃出该区所需时间（$j=177$，183，190，202，203，248，264，317）；

n_j：罪犯从239号节点进入C区并从C区j出口逃出该区所需时间（$j=177$，183，190，202，203，248，264，317）；

o_j：罪犯从560号节点进入F区并从F区j出口逃出该区所需时间（$j=483$，486，541，572，578）。

四、模型建立和求解

（一）问题1-1的模型建立与求解

用Matlab求解得到A区各点到其余点的最短距离矩阵如下：

$$\begin{pmatrix} 0 & 1.899 & \cdots & \cdots & \cdots & 4.991 & 6.994 \\ 1.899 & 0 & \cdots & \cdots & \cdots & 6.812 & 8.073 \\ \vdots & \vdots & \ddots & & & \vdots & \vdots \\ \vdots & \vdots & & \ddots & & \vdots & \vdots \\ \vdots & \vdots & & & \ddots & \vdots & \vdots \\ 4.991 & 6.812 & \cdots & \cdots & \cdots & 0 & 2.002 \\ 6.994 & 8.073 & \cdots & \cdots & \cdots & 2.002 & 0 \end{pmatrix}_{92\times 92}$$

1. 目标函数

距事发地在3km内的警局可以按照要求到达目的地；在只考虑距离的因素下，只需将每个路口节点（以下简称节点）分配给距离该节点最近的平台。

“每个节点都被指派给距离最近的平台”的表述等价于“全部平台与各自对应管辖节点的路程总和最短”，所以原问题等价于求总和最小的指派问题，表达式如下：

$$Minz = \sum_{j=1}^{92}\sum_{i=1}^{20} x_{ij}e_{ij} \qquad \text{公式（1）}$$

2. 约束条件

考虑分配的约束，全部92个节点都要指派给一个平台与之对应（多对一），则有：

$$\sum_{i=1}^{20} x_{ij} = 1(j = 1 \sim 92) \qquad \text{公式（2）}$$

当j依次从1、2、3…取到92时，每一个$x_{1j} + x_{2j} + \cdots x_{20j} = 1$，由此来约束节点与平台的多对一的关系。

本问可以用Lingo求解，联立（1）、（2），得到如下表的结果：

表1

平台	管辖节点
A1	1，67，68，69，71，78，73，74，75，76
A2	2，39，40，43，44，70，72
A3	3，54，55，65，66
A4	4，57，60，62，63，64
A5	5，49，50，51，52，53，56，58，59
A6	6
A7	7，30，32，47，48，61
A8	8，33，46
A9	9，31，34，35，45
A10	10
A11	11，26，27
A12	12，25
A13	13，21，22，23，24
A14	14
A15	15，28，29
A16	16，36，37，38
A17	17，41，42
A18	18，80，81，82，83
A19	19，77，79
A20	20，84，85，86，87，88，89，90，91，92

从表1可以看出，每个平台都至少有一个管辖节点（其本身所在位置），在此基础上计算每个平台管辖节点的数量之和，可看出各个平台的管辖量明显分配

不均，如下图所示：

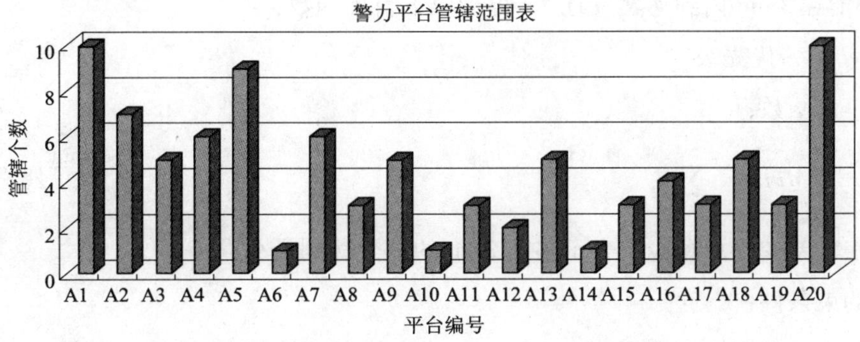

图 1

3. 模型的优化方案

上述结果仅仅考虑满足时间的紧迫性，若要最终确定平台调度方案，需要将案发率和距离结合考虑。因为，案发率高的节点需要出警的次数也多，因此用在这些节点的出警费用就多，就可以近似用“案发率乘以距离”来表示出警费用[3]，这里设 a_i 为每个平台的总出警费用，h_j 案发率为权重，由以上假定 a_i 等于 $\sum_{i=1}^{20}\sum_{j=1}^{92} h_j x_{ij} e_{ij}$。

此外，为了尽可能满足三分钟（3km 以内）到达案发地和均衡工作量的限制，可建立如下的目标规划的模型：

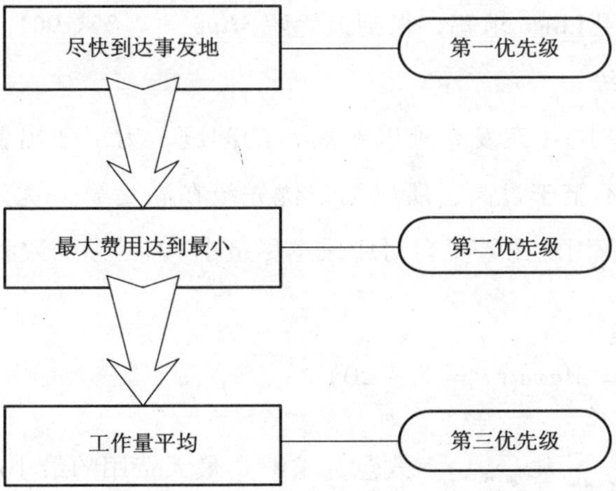

图 2 目标规划的模型

增设正负偏差变量 d_j 和 c_j，表示多于或少于3km的值，第一优先级设为“尽可能在3min内到达案发地”，得到以下目标函数：

- 第一优先级

目标函数：

$$Minz = \sum_{i=1}^{20} d_i \qquad 公式（3）$$

正偏差变量总和最小表示多出3km的部分达到最小。

约束条件：

首先是目标规划的约束，即“每个平台距离管辖节点的位置尽可能小于3km”，用 $x_{ij}e_{ij}$ 表示出警距离，就有以下约束：

$$\sum_{i=1}^{20} x_{ij}e_{ij} + c_j - d_j = 3(j = 1 \sim 92) \qquad 公式（4）$$

即对每一个j值，上式求和总是等于3。

再者是指派问题的约束，要求每一个节点都要分配给唯一一个平台进行管辖，得到：

$$\sum_{i=1}^{20} x_{ij} = 1(j = 1 \sim 92) \qquad 公式（5）$$

即对每一个j值，上式求和总是等于1。

通过以上分析得到第一优先级就是在约束（4），（5）条件下使目标函数（3）达到最优，用Lingo求解，得到最优解 $Minz = 7.331\ 901$。

- 第二优先级：

接下来考虑费用（案发率乘以距离）的问题，为了使出警费用最高的平台总成本（费用）不至于过高，所以第二优先级在满足第一优先级的前提下，设为“使最高出警费用的出警平台对应成本尽量小”，目标函数和约束条件如下：

目标函数：

$$MinZ_1 = Maxa_i(i = 1 \sim 20) \qquad 公式（6）$$

其中 $a_i = \sum_{i=1}^{20}\sum_{j=1}^{92} h_j x_{ij} e_{ij}$，上式意为求解“最大费用的最小值”。

约束条件：

此时的约束条件与第一优先级的基本相同，只需在原有约束的条件下加入第一次结果

$$Minz = 7.331\,901$$

联立（4），（5），（6）式的目标函数和约束条件，用 Lingo 解得

$$MinMaxa_i = 14.158\,13$$

- 第三优先级

接下来考虑工作量平均分配的问题。由于样本方差可以大致反映样本数据的偏离程度，较小的方差意味着样本离散程度小；因此，最后一个优先级是通过求出每个平台总费用构成的样本的方差，并使其最小化，使得工作量得到较为平均的分配，目标函数和约束条件如下：

目标函数：

$$Minz = \left[\sum_{i=1}^{20} \left(a_i - \frac{1}{20} \sum_{i=1}^{20} a_i \right)^2 \right] \quad \text{公式（7）}$$

上式使得平台费用的方差达到最小。

约束条件：

在第二优先级约束条件的基础上增加第二次计算结果 $MinMaxa_i = 14.158\,13$ 即可；

联立（4），（5），（7）式并加入前两次计算结果作为约束，用 Lingo 求得方差为 11 566.79；经计算得最后总的出警费用而且当前每个平台管辖范围图如下：

表 2

平台	管辖节点
1	1，67，68，69，71，73，74，75，76，78
2	2，39，40，43，44，70，72
3	3，54，55，65，66
4	4，57，60，62，63，64
5	5，49，50，51，52，53，56，58，59
6	6
7	7，30，32，47，48，61
8	8，33，46

9	9，31，34，35，45
10	10
11	11，26，27
12	12，25
13	13，21，22，23，24
14	14
15	15，28，29
16	16，36，37，38
17	17，41，42
18	18，80，81，82，83
19	19，77，79
20	20，84，85，86，87，88，89，90，91，92

此时确定的调度方案已经较为充分地考虑了出警距离（时间），节点案发率和均衡每个平台工作量这三个因素，不仅在最大程度上限定每个平台管辖范围（小于3km），保证在管辖范围内出现突发事件能够迅速地到达案发地；而且使每个平台的工作量尽可能地平均，不至于出现警力不足和工作量过大的问题。较之模型优化前仅考虑时间因素的指派问题，得到了优化和提升。

（二）问题1－2模型的建立和求解

1. 目标函数

本问在遵循1－1指派问题思想的基础上，修改目标条件使得“最后一辆警车到达出入口所用时间”达到最小，从而能够在尽量短的时间内完成对A区的全面封锁。

目标函数：

$$Min\ z = Max\ x_{ij}\,e_{ij}(i = 1 \sim 20 \text{ 且 } j = 12,14,16,21,22,23,24,28,29,30,38,48,62) \qquad \text{公式 (8)}$$

2. 约束条件

本问等同于工人与工作数不相等的指派问题［4］，首先要保证每个出入口都有警力封锁，因此有：

$$\sum_{i=1}^{20} x_{ij} = 1 \quad (j = 12,14,16,21,22,23,24,28,29,$$

30,38,48,62）　　公式（9）

即当j依次取12，14，16……62时，对于每个j令 $x_{1j}+x_{2j}+\cdots x_{20j}=1$ ，以确保每个出口都有警力封锁；

同时，根据实际的出警情况，要求每个平台至多出警到一个出入口，则有：

$$x_{i12}+x_{i14}+x_{i16}+x_{i21}+x_{i22}+x_{i23}+x_{i24}$$
$$+x_{i28}+x_{i29}+x_{i30}+x_{i38}+x_{i48}+x_{i62}<=1 \quad 公式（10）$$

即当 i 依次取1～20时，对于每个 i 令 $x_{i12}+x_{i14}+\cdots x_{i62}<=1$ ，满足一个警力至多封锁一个出入口的限制。

本问用Lingo求解，将总路程换算成时间min（结果数值相等，单位不同），得到全面封锁所用最短时间（即最长的出警时间）为8.014 57min，结果由下表显示：

表3

	12	14	16	21	22	23	24	28	29	30	38	48	62
A1	0	0	0	0	0	0	0	0	0	0	0	0	0
A2	0	0	0	0	0	0	0	0	0	0	1	0	0
A3	0	0	0	0	0	0	0	0	0	0	0	0	0
A4	0	0	0	0	0	0	0	0	0	0	0	0	0
A5	0	0	0	0	0	0	0	0	0	1	0	0	0
A6	0	0	1	0	0	0	0	0	0	0	0	0	0
A7	0	0	0	0	0	0	0	0	1	0	0	0	0
A8	0	0	0	0	0	0	0	0	0	0	0	1	0
A9	0	0	0	0	0	0	0	0	0	0	0	0	0
A10	1	0	0	0	0	0	0	0	0	0	0	0	0
A11	0	0	0	0	1	0	0	0	0	0	0	0	0
A12	0	0	0	0	0	1	0	0	0	0	0	0	0
A13	0	0	0	0	0	0	1	0	0	0	0	0	0
A14	0	0	0	0	0	0	0	0	0	0	0	0	0
A15	0	0	0	0	0	0	0	1	0	0	0	0	0
A16	0	1	0	0	0	0	0	0	0	0	0	0	0
A17	0	0	0	0	0	0	0	0	0	0	0	0	0
A18	0	0	0	0	0	0	0	0	0	0	0	0	0
A19	0	0	0	0	0	0	0	0	0	0	0	0	0
A20	0	0	0	0	0	0	0	0	0	0	0	0	1

由结果可见，虽然封锁 A 区所用最短时间仅为 8.014 57min，但是有些位于城区出入口的平台（如 A12）自身并不需要派警车到其他出入口即可完成其封锁任务，因此应在基于以上封锁最短时间 8.015 457min 的前提下，适当地调整各平台出警路径，以减少每辆警车不需要走的路程，即尽量使某些位于出入口附近的警车不至于“舍近求远”被派到相邻或更远的出入口。

通过计算求出该种指派方案下每辆警车到达各个出入口用时之和为 65.465 1min，平均出警时间为 5.035 78min/辆，不符合尽量 3 分钟之内到达事发地的要求，应对出警路径进行优化。

3. 优化目标函数

这里采用目标规划限定最短封锁时间（采用以上结果），并用指派问题求出每辆警车到达各个出入口所用时间之和并使其最短，从而减少每个平台的出警时间，

$$Min\ z = \sum_{i=1}^{20}(x_{i12}e_{i12} + x_{i14}e_{i14} + x_{i16}e_{i16} + x_{i21}e_{i21} + x_{i22}e_{i22} + x_{i23}e_{i23} + x_{i24}e_{i24} + x_{i28}e_{i28} + x_{i29}e_{i29} + x_{i30}e_{i30} + x_{i38}e_{i38} + x_{i48}e_{i48} + x_{i62}e_{i62}) \quad \text{公式（11）}$$

为在上问最短时间基础上进行优化，加入以下约束：

$$MinMaxx_{ij}e_{ij} = 8.014\,57 \quad (i = 1 \sim 20 \text{ 且 } j = 12,14,16,21,22,23,24,28,29,30,38,48,62) \quad \text{公式（12）}$$

其余约束与上问（9）、（10）相同

用 Lingo 求解，如下表所示：

表 4

	12	14	16	21	22	23	24	28	29	30	38	48	62
A1	0	0	0	0	0	0	0	0	0	0	0	0	0
A2	0	0	0	0	0	0	0	0	0	0	1	0	0
A3	0	0	0	0	0	0	0	0	0	0	0	0	0
A4	0	0	0	0	0	0	0	0	0	0	0	0	1
A5	0	0	0	0	0	0	0	0	0	0	0	1	0
A6	0	0	1	0	0	0	0	0	0	0	0	0	0
A7	0	0	0	0	0	0	0	0	1	0	0	0	0

续表

	12	14	16	21	22	23	24	28	29	30	38	48	62
A8	0	0	0	0	0	0	0	0	0	1	0	0	0
A9	0	0	1	0	0	0	0	0	0	0	0	0	0
A10	0	0	0	0	1	0	0	0	0	0	0	0	0
A11	0	0	0	0	0	0	1	0	0	0	0	0	0
A12	1	0	0	0	0	0	0	0	0	0	0	0	0
A13	0	0	0	0	0	1	0	0	0	0	0	0	0
A14	0	0	0	1	0	0	0	0	0	0	0	0	0
A15	0	0	0	0	0	0	0	1	0	0	0	0	0
A16	0	1	0	0	0	0	0	0	0	0	0	0	0
A17	0	0	0	0	0	0	0	0	0	0	0	0	0
A18	0	0	0	0	0	0	0	0	0	0	0	0	0
A19	0	0	0	0	0	0	0	0	0	0	0	0	0
A20	0	0	0	0	0	0	0	0	0	0	0	0	0

由结果显示，全面封锁所用时间（最慢出警时间）即 A7 到 29 号节点的时间仍旧为 8.015 457min，而对优化后的模型采用类似第一问计算方法计算，得到 20 个服务平台出警时间总和为 46.188 5min，此值小于优化前计算出的总和 65.465 1min，且平均出警时间为 3.554 0min/辆，基本符合出警时间 3min 的要求，说明该调度方案已经得到优化。

（三）问题 1－3 模型的建立与求解

1. 确定增设平台的原则和近似位置

由 1－1 结果可知，A 区巡警平台的个数存在不足，应该在剩余节点中选取恰当节点设立平台，一方面使得每个平台与管辖节点的距离都小于 3km，换一种表述就是使 A 区每个节点都被以平台为圆心 3km 为半径的圆所覆盖；另一方面使得出警总费用有所降低，但考虑到实际经费和警力情况，设立平台数不宜过多。综上，增设平台的原则是“增加尽量少的平台来完成对 A 区所有节点的覆盖”。

根据求得的最短路径矩阵可知，只有 6 个节点距离最近平台的路程大于 3km，分别为 61，28，29，38，39，92 号节点；遵循以上原则，应首先考虑在这 6 个节点附近设立巡警平台。

分别以上面 6 点为圆心，以 3km 为半径做圆，图形如下图所示：

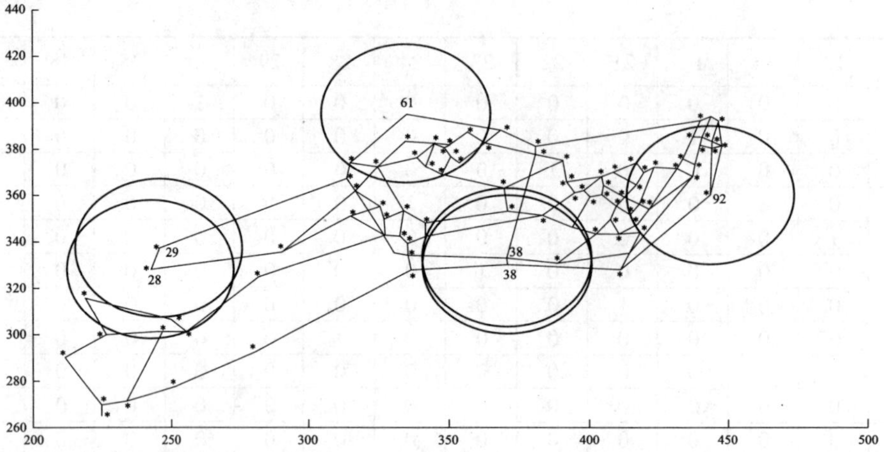

图 3

为了简化运算，依次在每个集合中的每一个节点增设平台，计算增设后的总费用并与增设前的费用进行比对，取每个集合中“总费用减少最多的一个节点”设立平台。

2. 通过数据分析和计算确定设立平台数量和具体位置

下面对以上各点及附近区域进行具体分析，首先，通过观察最短矩阵可见，61 号节点与所有平台的距离均大于 3km，因此应在该点设立一个平台。

其次，28、29 号节点与其他平台距离也大于 3km，两点距离小于 3km，只需在这两点中增设一个平台就完成节点的覆盖。由 1 – 1 结果知，28、29 号节点均归属 15 号平台管辖，而这两点距离 15 号平台的最短距离为 4. 751 842km，与次近的平台 7 的距离也有 8. 570 218km，因此在这两点增设平台只会影响 15，28，29 这三个点的出警总费用。所以，只需用增设平台前三点的总费用减去增设节点后的三点总费用，选取差值较大的点增设平台，使减少的费用最多（边际福利最大）即可。

在设立之前，15 号平台管辖的费用为 4. 751 842 × 1. 3 + 5. 700 585 × 1. 4 = 14. 157 744，如果新平台设立于 28，并管辖 28、29 号，15 号平台费用变为零。新设平台的费用为 0. 948 683 ×1. 4 = 1. 328 156 。假设新平台设立在 29，并管辖 28、29 号，15 号平台费用变为零。新设平台的费用为 0. 948 683 ×1. 3 = 1. 233 288 。因此，当新平台设立在 29 号时，减少的费用最多。则第二个平台设在 29 号。

在38、39 号节点之间考虑，其中只有40 号节点与这两点的距离小于3km，所以考虑在38、39、40 中选一个节点建立平台使得总费用最小。不同于上面28、29 号节点的情况是，由于40 号节点距最近平台的距离小于3km，在这三点中建立平台可能会影响到其他平台的费用而影响总费用，因此，在计算增设平台前后最大减少费用（最大边际福利）时应考虑总费用的变化。其中计算总费用的约束条件与1 - 1 目标规划的模型相同，只需将求得的 x_{ij} 代入下式求和：

为了表述的方便，增设变量 i'，表示新增加的平台的编号，$e_{i'j}$ 表示新设平台与节点的距离，若没有设置新平台则记 $e_{i'j} = 0$，$x_{i'j}$ 依旧为0、1 变量。

$$\sum_{i=1}^{20}\sum_{j=1}^{92} e_{ij}x_{ij} + \sum_{j=1}^{92} e_{i'j}x_{i'j}(i'\text{ 的取值依新设平台的具体位置而定}) \qquad \text{公式（13）}$$

这里用Lingo 求解，首先计算不增设平台前的总费用为113.209 5，再计算分别在38、39、40 增设平台后的总费用为104.078 1，104.307 4，105.669 1，因此在总费用最低的38 号节点设立第三个平台。

最后在92 号节点附近考虑，由距离矩阵得，92 号节点距离87 ~91 距离都小于3km，因此考虑在这6 点中选择一个节点建立平台完成覆盖使得总费用最小，与上面计算总费用的方法类似，用Lingo 计算得出分别在6 个节点设立平台的总费用为108.425 7，106.948 4，107.109 6，107.724 3 ，107.515 4，110.328 5。因此在88 号设立平台的总费用最小。

综上所述，只需要分别在61 号、29 号、38 号、88 号增设4 个平台就能满足“增加尽量少的平台来完成对A 区所有节点的覆盖”的要求，从而在最大程度上实现了工作量均衡和出警迅速的“双赢”。

参考文献

[1] 李念祖. 物流运筹学基础. 北京：中国物资出版社，2002.

[2]《运筹学》教材编写组. 运筹学. 北京：清华大学出版社，2010.

[3] 宁艳梅. 应急系统选址的模型与算法研究. 西安：西安电子科技大学经管学院，2007.

[4] 韩中庚. 数学建模方法及其应用. 北京：高等教育出版社，2009.

城市区域联盟的匹配机制研究

任 磊[①] 杨瑞泰[①] 李孟颖[②]

摘 要：本文通过对城市间互助联盟问题的分析，在利用地缘关系测定模型得到了给定城市集合A、B之间互利驱动效应的基础上，建立了城市单点匹配模型，解决了较发达地区和较落后地区的一对一的配对联盟问题，最终实现了通过城市互助机制总经济带动效应达到最大的目标。

首先，我们通过查阅中国统计局发布的中国城市统计年鉴（2010），将表格中空缺的经济数据补充完整，并收集了公路铁路货运量、信息化比例和公共文化发展程度等3个方面的经济指标，同时通过百度地图收集了地区间公路距离作为A、B两城市的空间距离。

之后我们利用包括一二三产业结构比重在内的7个经过标准量化的经济指标和两个城市的空间距离获得了每两个城市之间的欧氏距离。根据欧氏距离与两城市间互助效应的正向关系说明了两城市间综合指标差距越大，则经济带动效应越强的规律。

城市单点匹配模型是在测定了两城市欧式距离的基础上，用matlab编写有条件的筛选算法（又名城市单点匹配算法）进行城市间最优匹配，得到了A、B两个集合最佳的一对一匹配关系，并针对每个城市对的具体情况提出合作重点和发展前景，并在此基础上提出了A、B集合的确定标准，认为A、B集合有更换的必要。

最后，我们分析了所建模型的优缺点，并结合中国的具体国情对城市区域联盟的可行性和注意的问题提出了我们的看法。

关键词：城市区域联盟 城市匹配机制 城市单点匹配模型 欧氏距离 均值法无量纲化处理

---

① 对外经济贸易大学信息学院。

② 对外经济贸易大学国际经济与贸易学院。

一、问题重述

区域经济发展不平衡是经济发展中的普遍现象。改革开放30年以来，中国经济的发展，尤其是东部沿海地区的发展，取得了惊人的成就。但是，目前中国经济却面临着严重的发展不协调、区域间经济发展差距日趋扩大的问题。因此加强中西部城市与东部沿海开放城市的联动发展具有十分重要的意义。

根据中国统计信息网公布的2009年度全国各个城市的统计信息，我们在全国范围内选取了几个具有代表性的城市和地区。通过考察这些城市的经济数据和产业结构，以GDP的高低为标准将这些城市分为较发达地区集合A和欠发达地区集合B，并希望通过较发达地区和欠发达地区的人才流动、教育与技术支援、经济合作交流以及国家的一些税收政策等带动和促进欠发达地区的经济发展与城市化进程，同时也希望通过这种方式可以克服重复建设和产业结构雷同化的问题，降低交易成本，达到双赢的效果。这种带动作用与两个地区的经济规模、产业结构、地缘关系、生态地理环境、资源与市场互补性、交通便利程度等诸多因素有关。所以以什么为标准选择合适的城市进行互补联盟以及如何确定城市之间的合作模式和方向成为了解决该问题的难点。

A、B两城市集合：

A = {北京，上海，天津，广州，深圳，厦门，济南，青岛，沈阳，大连，长沙，武汉，成都，南京，无锡，常州，杭州，宁波，呼和浩特，鄂尔多斯}

B = {邢台，大同，贵阳，六盘水，海东，海北，定西，拉萨，曲靖，开封，九江，上饶，齐齐哈尔，百色，蚌埠，桂林，来宾，黄石，琼海，中卫}

二、模型假设

（1）忽略城市之间相互作用的时滞，即认为城市的互补效应是同时发生的。

（2）由于A、B集合选取的城市分别为生产总值较高和较低的城市，因此假设A城市总能带动B城市进行发展，只是带动效应强弱不同。

（3）两个城市在产业结构上差异越大，交通越便利，距离越短，城市文化水平差距越大，两个城市结成联盟进行互补的可能性越大。

（4）互补城市之间体制上、政策上不存在障碍，也没有城市文化不相容的状况，忽略一切可能阻碍城市联盟的摩擦因素。

三、符号说明

D_{A_i,B_j}：两个地区的欧氏距离

D'_{A_i,B_j}：两个地区调整后的欧氏距离

$X_{A_i,k}$：A 集合中第 i 个地区的第 k 个指标

$X_{B_j,k}$：B 集合中第 j 个地区的第 k 个指标

L_{A_i,B_j}：两个地区的空间距离

sd：基本距离

四、模型建立及分析

（一）解决思路

由于任何 2 个地区之间在各方面存在不同程度的差异，其经济增长模式和经济发展速度有较大的差别。根据地缘经济关系理论以及假设二，本文设计了 A、B 两组地区地缘经济关系的测度与分析的步骤：首先选取了 7 个（第一产业贡献率、第二产业贡献率、第三产业贡献率、铁路货运总量比率、信息化程度、文化程度）分别代表经济、交通和文化的指标，用均值法对指标数据进行无量纲化处理，保证在保留变量间差异的同时去掉量纲的影响。选取 A、B 城市对的量化信息和空间距离，运用多元统计中的距离分析法计算两地欧氏距离，即可得到城市对的真实距离，来衡量两城市综合经济效应相似度，通过距离值的大小判别互补关系的强弱。距离越大，地区间差异越大，综合经济效应差异越大，互补性越强。

（二）模型建立

根据 2009 年度各个地区的统计公报，我们得到各个地区的 7 个指标数据，考虑到各指标具有不同的量纲，其中 $i=1，2，……，20$；$j=1，2，……，20$；为第 i 城市第 j 指标的数据值，为第 i 城市第 j 指标的均值化无量纲化处理值。之后建立 A、B 欧氏距离来考察 A、B 两地综合经济效应的相似程度。由于城市间的空间距离对于两城市的合作有着重要的影响，因此在传统欧氏距离的基础下除

以空间距离，将真实距离分配到单位空间距离上，以消除空间距离的影响。

传统欧氏距离公式：$D_{A_i,B_j} = \sqrt{\sum_{k=1}^{7}(X_{A_i,k} - X_{B_j,k})^2}$ （1）

调整后的欧氏距离：$D'_{A_i,B_j} = \dfrac{D_{A_i,B_j}}{L_{A_i,B_j}}$ （2）

两城市间的空间距离以公路距离计：

表格1 **城市间公路距离**

（千千米）	北京	上海	天津	广州	深圳	厦门	济南	青岛	沈阳	大连
邢台	0.387	1.297	0.532	1.795	2.051	1.837	0.28	0.683	1.084	1.24
大同	0.363 6	1.627 3	0.493 1	2.225	2.515 1	2.309 6	0.776 7	1.01	1.027	1.181 2
贵阳	2.296 1	1.893 3	2.346	1.297 1	1.432 5	1.677 4	1.986 1	2.367 3	3.011 1	3.163 8
六盘水	2.593 9	2.326 3	2.643 8	1.546	1.681 4	1.980 2	2.250 9	2.564 2	3.308 3	3.461 6
海东	1.784 3	2.203 6	1.675 5	2.752	2.780 6	2.699 8	1.657 6	2.055 8	2.447 7	2.477 8
海北	1.915 7	2.335	1.806 9	2.709 7	2.912	2.968	1.789 1	2.187 3	2.579 1	2.609 3
定西	1.719 6	1.928 9	1.610 8	2.376 9	2.482 8	2.365	1.457	1.750 8	2.383	2.537 3
拉萨	3.732 4	4.176	3.623 6	4.343 4	4.473 6	4.564 1	3.605 7	3.960 1	4.395 8	4.55
曲靖	2.701 1	2.379 6	2.750 9	1.653 1	1.783 3	2.033 5	2.358 1	2.721 8	3.415 4	3.568 7
开封	0.714 2	0.882 6	0.682 9	1.566	1.635 7	1.534 7	0.376 7	0.687 8	1.333 8	1.486 4
九江	1.338 4	0.752	1.248 7	0.983 1	0.945 3	0.844 3	0.938 7	1.031	1.942 8	2.082 9
上饶	1.586	0.518 3	1.498 8	1.041 8	1.002 8	0.757 4	1.192 7	1.177 5	2.141 4	2.281 5
齐齐哈尔	1.555 7	2.606 8	1.560 2	3.805 5	3.779 5	3.551 6	1.881 1	2.077 2	0.860 2	1.243 9
百色	2.665 1	2.139 2	2.614 6	0.840 4	0.970 7	1.537 6	2.308 4	2.598 4	3.307	3.418 2
蚌埠	0.905 2	0.491 2	0.815 5	1.419 6	1.393 5	1.246 1	0.499 5	0.648 2	1.509 6	1.649 7
桂林	2.045	1.519 5	2.055 2	0.575 4	0.710 9	1.272 6	1.749 2	2.017 7	2.687 3	2.858 8
来宾	2.265 3	1.739 8	2.275 5	0.65	0.785 4	1.360 9	1.909	2.238	2.907 6	3.079 1
黄石	1.295 8	0.817 1	1.207 6	1.12	1.094	0.99	0.901 4	1.096	1.864 1	2.060 9
琼海	2.955 5	2.254	2.254	0.739 5	0.791	1.366 5	2.599 7	2.755 1	3.652	3.792 2
中卫	1.387 1	2.015 3	1.278 2	2.435 9	2.560 5	2.479 8	1.260 4	1.616 6	2.050 4	2.080 6

续表

（千千米）	长沙	武汉	成都	南京	无锡	常州	杭州	宁波	呼和浩特	鄂尔多斯
邢台	1.121	0.785	1.47	0.923	1.08	1.036	1.218	1.293	0.852	0.857
大同	1.569 4	1.214 5	1.598 8	1.368 7	1.529 5	1.483 4	1.637 1	1.770 8	0.245 6	0.521 5
贵阳	0.876 2	1.253 7	0.722 4	1.753 4	1.954 9	1.875 3	1.688 5	1.829 9	2.512 8	2.094 6
六盘水	1.177 4	0.737 2	0.737 2	2.054 5	2.245 8	2.178	1.989 7	2.131 3	2.451 2	2.171 2
海东	2.019 1	1.568 3	1.214 7	1.900 5	2.074 2	2.028 2	2.143 1	2.300 3	1.307 6	1.030 4
海北	2.131 4	1.699 7	1.348 3	2.031 9	2.205 7	2.159 6	2.288 2	2.431 8	1.439	1.161 9
定西	1.798 6	1.348 1	0.986 4	1.688 2	1.929 2	1.753 4	1.916 2	2.063 7	1.214 3	0.959 1
拉萨	3.586 2	3.508 8	2.363 4	3.862 3	4.045 7	3.985 8	4.152 8	4.261 2	3.255 7	2.978 5
曲靖	1.230 7	1.625 8	0.925 5	2.107 9	2.299 1	2.231 3	2.143 8	2.184 5	2.561 5	2.303 6
开封	0.910 4	0.555 5	1.247 7	0.633 1	0.783 9	0.738 6	0.939 4	1.026	1.011 5	0.998 6
九江	0.539	0.275	1.364 9	0.467 5	0.658 7	0.590 9	0.498 2	0.644 9	1.697 3	1.684 3
上饶	0.589 5	0.642 5	1.731 7	0.649 5	0.55	0.594 8	0.378 9	0.427 6	2.132 8	2.119 9
齐齐哈尔	3.083 6	2.684 7	3.082	2.446 8	2.476 4	2.488 1	2.674	2.731	1.494 5	1.767 5
百色	1.177 3	1.745 8	1.357 2	2.049 3	2.271 3	2.172 7	1.958 9	2.045 6	2.962 1	3.007 7
蚌埠	0.924 4	0.641 1	1.704 9	0.211 7	0.361 8	0.315 8	0.469 5	0.625 5	1.445 6	1.432 7
桂林	0.512 1	0.838 4	1.429 1	1.429 6	1.598 5	1.527 2	1.339 2	0.425 9	2.342 4	2.388
来宾	0.777 8	1.071 3	1.342 5	1.649 8	1.818 7	1.773 3	1.773 3	1.646 1	2.562 7	2.608 2
黄石	0.407 3	0.158 4	1.233 1	0.532 5	0.723 8	0.656	0.733 1	0.889 4	1.580 7	1.567 8
琼海	1.482 6	1.792 8	1.905 1	2.161 8	2.258 3	2.285 3	2.059 8	2.146 5	3.296 9	3.342 4
中卫	1.780 3	1.348 3	1.314 8	1.717 9	1.869 3	1.821 9	1.936 8	2.094 1	0.881	0.633 2

经过 matlab 求解，得到 A、B 城市间欧氏距离交叉表如下：

表格 2　　城市间欧氏距离交叉表

	北京	上海	天津	广州	深圳	厦门	济南	青岛	沈阳	大连
邢台	10.6	5.4	14.5	4.9	4.8	6.0	42.8	18.1	12.1	11.1
大同	54.1	12.8	43.2	9.9	9.0	10.1	30.9	24.2	24.3	21.6
贵阳	13.3	16.2	13.1	23.7	21.5	18.5	15.8	13.3	10.5	10.0
六盘水	12.8	14.4	12.7	21.8	20.2	17.3	15.3	13.5	10.5	10.1
海东	21.1	17.6	23.7	14.8	15.0	15.9	26.4	21.7	18.6	18.7
海北	28.3	23.3	30.1	20.1	18.8	18.5	30.7	25.1	21.3	21.1
定西	32.6	29.1	34.9	23.7	22.7	23.9	39.0	32.5	23.9	22.5
拉萨	15.6	14.0	16.1	13.5	13.1	12.8	16.3	14.8	13.3	12.9
曲靖	21.9	24.9	21.6	35.9	33.3	29.3	25.3	21.9	17.5	16.7
开封	84.2	68.3	88.3	38.5	36.9	39.4	160.7	88.0	45.4	40.8
九江	45.6	81.5	49.1	62.4	64.9	72.8	65.5	59.7	31.7	29.6
上饶	39.1	119.8	41.5	59.7	62.1	82.3	52.4	53.1	29.2	27.5
齐齐哈尔	40.7	24.3	40.6	16.7	16.8	17.9	33.9	30.7	74.2	51.4
百色	24.3	30.3	24.8	77.3	67.0	42.3	28.2	25.1	19.7	19.1
蚌埠	72.8	134.6	81.1	46.6	47.5	53.2	132.9	102.4	44.0	40.3
桂林	32.7	44.1	32.6	116.7	94.5	52.8	38.5	33.4	25.1	23.6
来宾	29.9	39.0	29.9	104.6	86.7	50.1	35.8	30.5	23.5	22.2
黄石	53.2	84.5	57.2	61.7	63.2	69.9	76.9	63.2	37.2	33.7
琼海	23.6	31.0	31.0	94.5	88.4	51.2	27.0	25.4	19.2	18.5
中卫	50.9	35.0	55.3	29.0	27.7	28.6	56.5	44.1	34.8	34.4

续表

	长沙	武汉	成都	南京	无锡	常州	杭州	宁波	呼和浩特	鄂尔多斯
邢台	12.7	19.0	10.6	17.3	15.3	16.4	14.4	13.9	21.7	22.1
大同	16.6	21.8	16.9	20.1	18.3	19.2	17.7	16.6	121.5	58.2
贵阳	36.2	25.4	44.3	18.3	16.5	17.3	19.3	17.8	13.1	15.7
六盘水	29.7	47.7	48.0	17.3	15.9	16.5	18.1	17.0	14.8	16.8
海东	23.3	30.6	40.2	26.1	24.3	25.2	24.2	22.8	40.8	52.5
海北	25.9	32.5	41.1	27.3	25.2	25.8	24.4	22.9	38.9	48.2
定西	31.8	42.5	58.2	34.1	29.9	33.0	30.2	28.1	47.9	60.8
拉萨	16.4	16.7	24.9	15.2	14.5	14.8	14.2	13.8	18.1	19.8
曲靖	48.5	36.7	64.6	28.4	26.0	26.8	28.0	27.4	23.4	26.1
开封	66.6	109.3	48.7	96.0	77.6	82.4	64.8	59.4	60.3	61.1
九江	114.3	224.2	45.2	132.1	93.8	104.6	124.2	95.9	36.5	36.8
上饶	106.3	97.7	36.3	96.8	114.5	105.9	166.6	147.7	29.7	29.9
齐齐哈尔	20.8	23.9	20.8	26.2	26.0	25.9	24.1	23.6	43.2	36.6
百色	55.5	37.5	48.3	32.0	28.9	30.2	33.6	32.1	22.2	21.9
蚌埠	71.9	103.8	39.1	314.7	184.2	211.2	142.2	106.7	46.2	46.7
桂林	131.6	80.4	47.2	47.2	42.2	44.2	50.5	158.7	28.9	28.3
来宾	87.9	63.9	51.0	41.6	37.7	38.7	38.8	41.8	26.9	26.4
黄石	170.4	438.3	56.3	130.5	96.1	106.0	95.0	78.3	44.1	44.5
琼海	47.3	39.2	36.9	32.5	31.1	30.8	34.2	32.8	21.4	21.1
中卫	40.2	53.2	54.6	41.9	38.6	39.6	37.4	34.6	82.4	114.8

（三）算法建立

对于问题三，我们采取筛选的方法。为了使 A、B 城市一对一配对后总效应最大，我们建立如下算法：

步骤一：从 A 城市集合中选取一个城市，获得该城市与 B 的欧氏距离集合 A [j]；

步骤二：在 A [j] 中选取最大值，并记录入最佳对应表 f [i，j] 相应位置，A [i] 中非最大值位置的值设为 0，如上反复，直至遍历 A 集合中所有城市，获得 A、B 完整最佳对应表 f [i，j]；

步骤三：通过 f [i，j] 判断此时的 A、B 城市对是否为一一映射。若是一一映射则输出配对结果，否则返回步骤二。

该算法找到了最佳的 A、B 一一映射关系。为了简便起见，我们称此算法为城市单点匹配算法。

（四）算法分析

城市单点匹配算法基于城市间欧氏距离交叉表无 0 项且均大于 0 的特点，将步骤二中查找过的交叉点最大值保留、其余设为 0，以保证已搜索过城市在下一次循环搜索最大值的时候要不然继续为最大，否则不被搜索。

该算法的特点是永远寻找最大值，这样当配对集合达到一一映射的时候，总效应值最大。

（五）配对结果

北京→海北，上海→六盘水，天津→定西，广州→来宾，深圳→琼海，厦门→百色，济南→开封，青岛→邢台，沈阳→齐齐哈尔，大连→拉萨，长沙→九江，武汉→黄石，成都→曲靖，南京→蚌埠，无锡→贵阳，常州→海东，杭州→上饶，宁波→桂林，呼和浩特→大同，鄂尔多斯→中卫。

五、模型评价及思考

（一）模型评价

1. 优点

（1）该模型综合考虑了与经济带动效应相关的 7 个因素，而非单纯考虑产业结构互补这一个方面，使得配对结果更加具有实际操作性，良好的适应性和普及性。

（2）在整个模型中，两城市间的带动效应由之间的欧氏距离决定。在测定经济数据时，欧氏距离表现为两经济数据间差异的大小。由于假设 3 设定两个城市在产业结构上差异越大，交通越便利，距离越短，城市文化水平差距越大，即两城市间差距越大，两个城市结成联盟进行带动互补的可能性越大，因此利用欧氏距离来判定两城市间的带动效应是恰当的。

2. 缺点

未能充分考虑决定城市联盟的所有的相关因素，如政策、文化相容度等不易量化的因素，且未对产业结构进行进一步细分。

（二）对城市联盟问题的思考

不同的城市有着其得天独厚的优势和无法避免的弱点。城市联盟的出现打破了行政区域的限制，不但可以起到有效配置资源和降低交易成本的作用，同时在政治、经济、文化上具有协同效应。

但是一个牢固的城市联盟还需要在双方建立足够的信任和可行计划的基础上实施。除了经济上的互补，城市联盟还应加强自身的管理能力，对联盟内部成员的活动进行充分的协调。

中国经济发展的不协调主要体现在东西部的巨大差异上，而且中国的资源分布也很不平衡，这为城市联盟创造了巨大的前景。目前国内一方面有友好城市的政策，另一方面中国已经形成了京津唐、武汉城市圈等多个比较成功的城市联盟，但是城市联盟在各个方面合作的广度和深度都需要去进一步的开发。政府要对城市联盟的合理性进行充分讨论，保证必需的基础设施到位的前提下尽可能地利用城市间的合作达到共赢的目标。

参考文献

[1] 王刚．合芜蚌空间经济联系与地缘经济关系匹配分析．江淮论坛，2010（4）：33－36.

[2] 靳景玉，刘朝明．城市联盟的动力与价值创造机制研究．上海财经大学学报，2004（6）.

[3] 国家统计局城市社会经济调查司．中国城市统计年鉴（2010）．北京：中国

统计出版社，2010.

[4] 叶宗裕．关于多指标综合评价中指标正向化和无量纲化方法的选择．浙江统计，2003（4）：24－25.

[5]（美）科曼（Cormen，T. H.）等著，潘金贵等译．算法导论（2版）．北京：机械工业出版社，2006.

[6]（美）吉奥丹诺（Giordano，F. R）等著，叶其孝等译．数学建模（4版）．北京：机械工业出版社，2009.

Conspirators: No Way to Hide[①]

Wang Tianzhu, Chen Lixia, Fan Xinyi

1. Introduction

Thanks to the development of technology, network analysis through message/email traffic helps investigate the criminal network. We, investigators of Intergalactic Crime Modelers (ICM), try to determine the identity of suspects based on their communicators' identification and the communications' features. This process mainly involves knowledge of the weighted network analysis, neural network analysis and the Otsu's method.

The weighted network models, such as YJBT model and BBV model, focus on problems which use the Strength of Vertex to define the relationship among nodes in the network.

The neural network model uses the Equation $y_i = f\left(\sum_{j=1}^{n} w_{ij} x_i - \theta_i\right)$ to describe the way human neural system works. Variable x_i and w_{ij} respectively stand for input values and their weights. When $\sum_{j=1}^{n} w_{ij} x_i$ outweighs the threshold θ, the neural system will be activated, otherwise it won't.

Otsu's Method is an image segmentation method brought out by Nobuyuki Otsu[②]. It selects a threshold which can maximize the between-class variance.

Based on Neural Network Model, we use Suspicious Level as the input value and Secure Level as its weight to figure out one's suspicious possibility, namely the Strength of Vertex. After that, we use the Otsu's Method to determine our threshold, further find

① 本文为美国大学生数学竞赛全国一等奖论文。

② Otsu: 1979.

out the leaders whose Disparity in Weight are the highest.

2. Description of the Problem

Our task is to find the potential conspirators in an 83-people office complex with the analysis of the given message traffic information. Seven conspirators and eight non-conspirators have already been revealed with other helpful information includes 400 messages (some involving more than one topic) and 15 topics (three have been deemed to be suspicious). Due to security and privacy concerns, the exact content of messages is unavailable. Through modeling effort, we will offer a priority list for investigation, determine a discriminate line and nominate several potential leaders.

3. Assumptions

- All the people in the office complex bear no significant characteristics difference, thus the characters of messages are not affected by senders' or receivers' characteristics.
- We define three kinds of people: 1) black people (known as conspirators); 2) white people (known as non-conspirators); 3) gray people (suspects whose roles in the conspiracy are unknown).
- All the people suppose that their messages might be supervised.
- Given that if one sends a message, he/she will usually get a feedback, we don't distinguish the sender and receiver of messages except for some special situations.
- If two people have a same name, we define their node numbers with characters indicated by their given identities and communications. Though we find topic 18 (never found in 15 known topics) in line 215 in the file of Messages. xls, we ignore it since this topic affects little in modeling.

4. Method Description

4.1 Neural Network Analysis

We establish a grading system to measure the possibility a person might be a conspirator, hereafter referred to as the Black Index（BI）. In order to determine a person's BI, we conduct four moves.

Firstly, we determine the three metrics of messages:

1）Communicators' Black Level（a）: the higher the Black Level is, the more likely the person is a conspirator.

2）Topics' Suspicious Level（b）: people are more likely to be conspirators if messages they are involved in include high level suspicious topics.

3）Messages' Secure Level（c）. For a message, the more topics it contains, the higher Secure Level it gets.

Next, we draw a flow chart to display the Black Index brought by a message using the three metrics of a message（See Figure 1）.

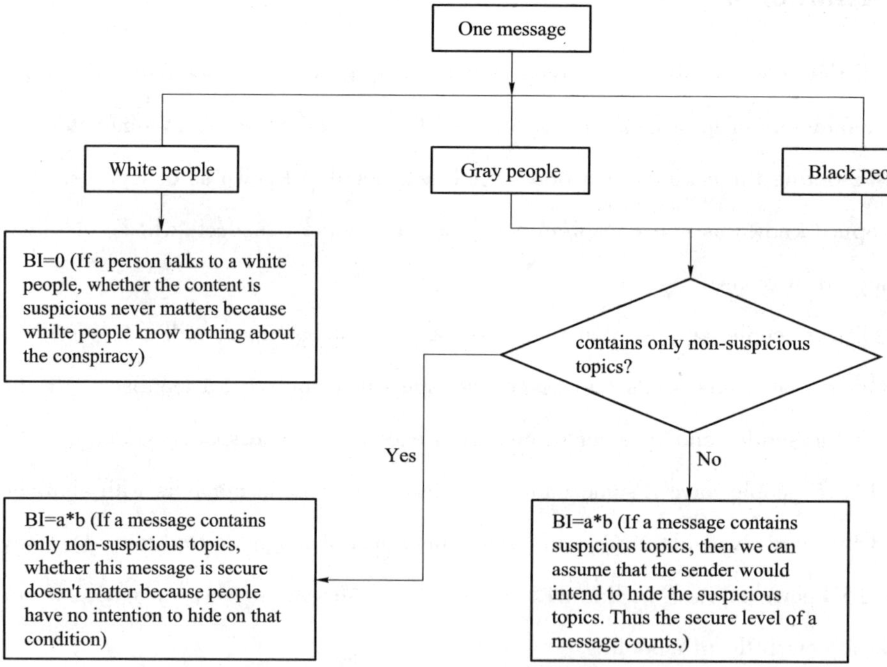

Figure 1　Flow Chart of How a Message Influence the Black Index

（Note: Since suspicious topics and message security interact, we use multiplication to explain their mode of interaction.）

Thus we can get BI as below:

$$BI_{ij}\begin{cases}0, & a=0\\ a*b, & a\neq 0, b=1\\ a*b*c, & a\neq 0, b\neq 1\end{cases} \qquad (1)$$

Thirdly, we figure out every person's Black Index by adding up the points brought by all the messages in which he/she is involved. The higher the index is, the more attention of investigation he/she deserves. If this person communicates with n persons, then his/her final Black Index is:

$$BI_i = \sum_{j=1}^{n} BI_{ij} \qquad (2)$$

In addition, we will revise the Black Index of some known white people if they are involved in any suspicious topics. We find that if a suspicious topic involves the known white people, these people may receive messages containing this topic from black ones. But these messages add no extra Black Index to white people. In this case, topic 13 talks about when and for how long Paige, Ellin, and Chris would be off-line. Thus, Paige, Ellin and Chris, who are all identified white people, may receive messages containing topic 13 for black people might want to collect information from them. Therefore, the revised Black Index will be the initial one minus the index brought by messages containing topic 13.

In the end, we get a Black Index list indicting the suspicious priority of the n communicators.

4.2 Otsu's Model

After we have got the priority list, we need to draw a discriminate line to separate conspirators from non-conspirators.

To begin with, we sort out the lowest BI (BI_x) of the known conspirators and the highest BI (BI_y) of the known non-conspirators. People score higher than BI_x are black people because they are more possible than BI_x in terms of suspicion. Likewise, people are non-conspirators if they have lower marks than BI_y.

Secondly, we determine the discriminate line through Otsu's method. We assume k persons of the rest ones belong to Group E (people who have a lower score than the discriminate line) and (m - k) persons belong to Group F (people scores higher than the discriminate line). People in group E or F are closely gathered respectively, but the two groups in between distinct greatly. Here we define the discrimination degree (δ) as the differentiation between the two groups. The k which maximize the discrimination degree (δ) is the one we need.

$$\delta^2 = \frac{k}{m}\left(\overline{BI_\theta} - \overline{BI_{\theta f}}\right)^2 + \frac{m-k}{m}\left(\overline{BI_f} - \overline{BI_{\theta f}}\right)^2 \tag{3}$$

In this equation, m stands for the number of the rest people. $\overline{BI_\theta}$, $\overline{BI_f}$, $\overline{BI_\theta f}$ refer to the average BI of Group E, Group F and the remaining people as a whole.

Next, we gain the variable k. It means k persons of the rest are white and persons are black.

In the end, we have identified all the people in the list.

4.3 Iteration

Finally we have the initial priority list and discriminate line at hand. However, since we objectively determine the Black Level of gray people (a_2) as 0.5, it might not be the real level. As a consequence, we calculate a new a_2 based on the initial priority list and discriminate line:

$$a_2 = \frac{black\ people\ mumber}{total\ mumber\ of\ people\ in\ the\ office\ complex} \tag{4}$$

In the next phase, we re-calculate BI_i with the new a_2 and draw the discriminate line again. This process is recycled until the difference of adjacent a_2 is lower than 1% ($\frac{a_{2i} - a_{2(i-1)}}{a_{2(i-1)}} \leq 1\%$).

Through the iteration process, the priority list and discriminate line become closer to the real ones.

4.4 Heterogeneity Model

We use the heterogeneity model to spot the potential leaders in the criminal network. Firstly, based on the results of priority list and discriminate line, we extract black people (conspirators) to form a criminal network.

Secondly, calculate the Disparity in Weight (DW) of every conspirator. Disparity in Weight is simple quantities which can characterize the fine structure of the related messages of black people i (Derrida, Flyvbjerg, Phys: 1987). At the same time, if this person concentrates on suspicious topics, this behavior brings a bonus on DW. Hence, a higher DW equals to a higher possibility of being a leader.

$$DW_i = \frac{\sum_{j=1}^{n} BI_{ij}^{\ 2}}{(\sum_{j=1}^{n} BI_{ij})^2} \tag{5}$$

In Equation (5), n refers to the number of people this black people i contacted. BI_{ij} stands for black index brought by the messages between black people i and black people j.

Thirdly, we rank the extracted black people in terms of DW and find the leaders.

5. Modeling and Solution

5.1 Determine the Black Level of 83 people

All the people are grouped into three categories: white, gray and black. Here we determine these categories' Black Level as 0, 0.5 and 1 respectively. Level 1 stands for a certain black identity, Level 0.5 for an uncertain identity, and Level 0 for a certain white identity.

Table 1 **Black Level of communicators**

Category	Metric	Black Level
black people	a_1	1
gray people	a_2	0.5
white people	a_3	0

(Note: The point of the level stands for the weight of the metric in the model.)

5. 2 Determine the Suspicious Level of Topics

If a topic has these keywords, it has a higher suspicious possibility than those do not. The process of determining the Suspicious Level also involves Analytic Hierarchy Process which helps determine the weight of every topic hierarchy. Based on the key word-Spanish mentioned in topic 7, we higher the suspicious level of topic 2 and topic 11.

Table 2 **Keywords of Known Suspicious Topics**

Topic Number	keyword
7	meeting, Spanish
11	system
13	network, off-line, off-the-net

Table 3 **Suspicious Level of Topics**

Topic Number	Metric	Suspicious Level
1, 3, 4, 5, 6, 8, 9, 10, 14, 15	b_1	1
2, 12	b_2	6
7, 11	b_3	12
13	b_4	18

(Note: The point of the level stands for the weight of the metric in the model.)

5. 3 Determine Message Secure Level

We assume that conspirators would intend to protect their suspicious topics when texting messages in case of surveillance. Apart from using argots and pronouns to avoid mentioning of suspicious words, conspirators would also add non-suspicious topics in the message to confuse investigators. Since we cannot analyze the argots or pronouns, we only consider the topic number in a message. If a message has a larger number of topics, it would enjoy a higher Secure Level.

Table 4 **Message Secure Level**

The number of topics contained in one message	Metric	Secure Level
1	c_1	2
2	c_2	4
3	c_3	6

(Note: The point of the level stands for the weight of the metric in the model.)

5.4 Model Results

Use the model established above and input the given information and determined variable value, we offer a priority list (See Table 5), and discriminate 11 people as conspirators, and nominate Neal and Dolores as leaders. Moreover, Dolores, also a member of company senior managers, not only involved in the conspiracy, but played an essential role in it. The specific results are displayed below:

Table 5 **Priority List**

Node	Name	BI
67	Yao	465
21	Alex	461
54	Ulf	293
7	Elsie	235
81	Seeni	144
43	Paul	140
49	Harvey	121
18	Jean	118
10	Dolores	87
3	Sherri	60
17	Neal	56
28	Dwight	41
34	Jerome	41
36	Priscilla	40
37	Elsie	38

续表

Node	Name	BI
38	Beth	34
30	Stephanie	31
33	Kim	31
50	William	31
48	Darlene	30
31	Neal	24
60	Lars	24
4	Gretchen	19
22	Eric	19
13	Marion	17
44	Patricia	17
16	Jerome	15
47	Christina	15
6	Patrick	14
20	Crystal	14
15	Julia	13
40	Douglas	13
66	Melia	12
19	Kristine	11
27	Marcia	11
29	Wayne	11
41	Donald	11
45	Lois	11
65	Jia	11
5	Karen	10
9	Malcolm	10
32	Gretchen	10
35	Shelley	10
46	Louis	10
11	Francis	9
14	Beth	8
24	Franklin	8

续表

Node	Name	BI
42	Katherine	8
69	Han	8
2	Paige	7.34
0	Chris	6
1	Kristina	6
72	Andra	6
82	Reni	6
8	Hazel	4
12	Sandy	4
25	Claire	4
56	Cha	4
57	Sheng	4
78	Este	4
26	Marian	3
39	Erica	3
51	Dayi	3
62	Mai	3
68	Ellin	3
70	Hark	3
71	Cory	3
79	Phille	3
80	Fanti	3
73	Carina	2
61	Le	1
23	Wesley	0
52	Vind	0
53	Chara	0
55	Olina	0
58	Lao	0
59	Darol	0
63	Quan	0
64	Tran	0

续表

Node	Name	BI
74	Gard	0
75	Bariol	0
76	Cole	0
77	Gerry	0

(Note: The higher the BI is, the more likely this person is a conspirator. Names in bold fonts are conspirators. Names with red color are conspirators identified by extreme BI, blue color refer to conspirators identified by discrimination degree.)

Then we find 11 people left to further identification between BI_x and BI_y. We use the discrimination degree (δ) to discriminate the 11 people into two categories, and find that three people belong to Group F (conspirators). Therefore, we determine 11 people as conspirators in the office complex.

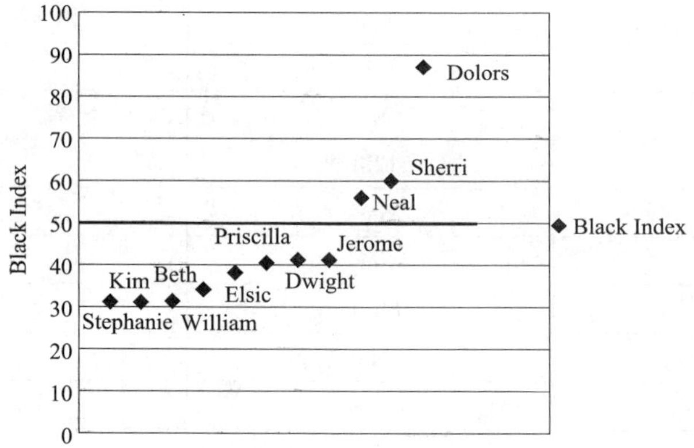

Figure 2 Black Index of Group E and F

We calculate the Disparity in Weight of each conspirator. The results are listed in Table 6:

Table 6 Disparity in Weight of Conspirators

Node	Name	Disparity in Weight
17	Neal	0.577 6

续表

Node	Name	Disparity in Weight
10	Dolores	0. 488 264
81	Seeni	0. 333 333
3	Sherri	0. 317 149
49	Harvey	0. 276 701
54	Ulf	0. 205 517
43	Paul	0. 200 713
18	Jean	0. 192 533
21	Alex	0. 137 5
7	Elsie	0. 132 343
67	Yao	0. 095 377

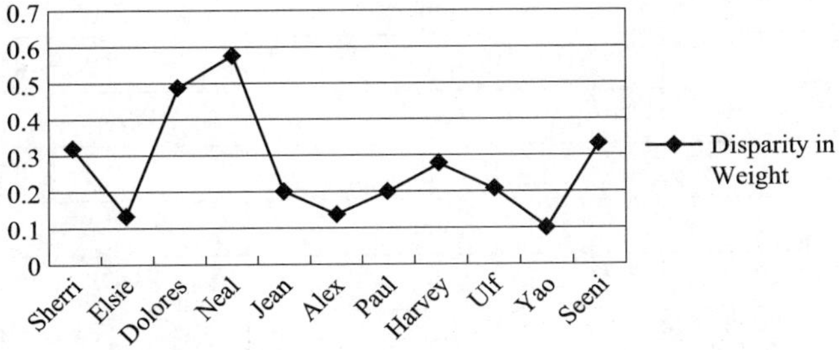

Figure 3 Disparity in Weight of Conspirators

6. Sensitivity Analysis-to New Information Obtained and Metric Changes

6. 1 Sensitivity to Information Changes

With new information came to light that Topic 1 is also connected to the conspiracy and that Chris is one of the conspirators, we conduct the model again to find the priority list and potential leaders. On the new condition, 12 people are considered to be conspirators. And the leaders of the conspiracy group are Elsie and Seeni.

Table 7 **Priority List (with new information came to light)**

Node	Name	BI
21	Alex	558
67	Yao	466
54	Ulf	296
7	Elsie	259
81	Seeni	144
43	Paul	143
49	Harvey	122
18	Jean	119
10	Dolores	90
0	Chris	72
3	Sherri	68
17	Neal	62
34	Jerome	44
28	Dwight	43
36	Priscilla	41
37	Elsie	39
48	Darlene	38
20	Crystal	36
38	Beth	34
45	Lois	34
50	William	34
2	Paige	32.68
30	Stephanie	32
33	Kim	32
31	Neal	31
69	Han	30
22	Eric	29
32	Gretchen	27
68	Ellin	27
60	Lars	24
44	Patricia	23
15	Julia	22

续表

Node	Name	BI
16	Jerome	22
4	Gretchen	21
14	Beth	21
40	Douglas	19
13	Marion	18
47	Christina	18
25	Claire	17
6	Patrick	14
9	Malcolm	14
27	Marcia	14
41	Donald	14
29	Wayne	13
11	Francis	12
19	Kristine	12
66	Melia	12
8	Hazel	11
65	Jia	11
5	Karen	10
12	Sandy	10
35	Shelley	10
46	Louis	10
82	Reni	10
1	Kristina	9
24	Franklin	9
26	Marian	9
42	Katherine	8
56	Cha	8
62	Mai	6
71	Cory	6
72	Andra	6
57	Sheng	5
78	Este	4

续表

Node	Name	BI
39	Erica	3
51	Dayi	3
55	Olina	3
63	Quan	3
64	Tran	3
70	Hark	3
79	Phille	3
80	Fanti	3
73	Carina	2
61	Le	1
23	Wesley	0
52	Vind	0
53	Chara	0
58	Lao	0
59	Darol	0
74	Gard	0
75	Bariol	0
76	Cole	0
77	Gerry	0

（Note：The higher the BI is，the more likely this person is a conspirator. Names in bold fonts are conspirators. Names with red color are conspirators identified by extreme BI，blue color refer to conspirators identified by discrimination degree.）

In this case，six people are left for further clarification. Similarly，we calculate the k which maximize the discrimination degree and find that four people are white. Hence the total number of conspirators rises to 12.

We find that Elsie and Seeni have extreme high DWs. Therefore，we nominate Elsie and Seeni as leaders of the conspiracy group. Moreover，Dolores，a member of company senior managers，is involved in the conspiracy，but his role in the group is not

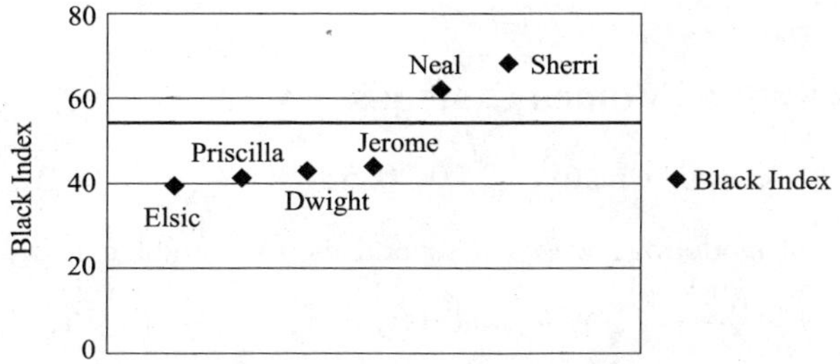

Figure 4 Black Index of Group E and F (with new information came to light)

as important as the old case.

Table 8 Disparity in Weight of Conspirators (with new information came to light)

Node	Name	Disparity in Weight
17	Seeni	0.577 6
10	Elsie	0.488 264
0	Alex	0.333 333
81	Neal	0.333 333
3	Yao	0.317 149
49	Dolores	0.276 701
54	Chris	0.205 517
43	Jean	0.200 713
18	Paul	0.192 533
7	Ulf	0.132 343
21	Harvey	0.109 641
67	Sherri	0.095 377

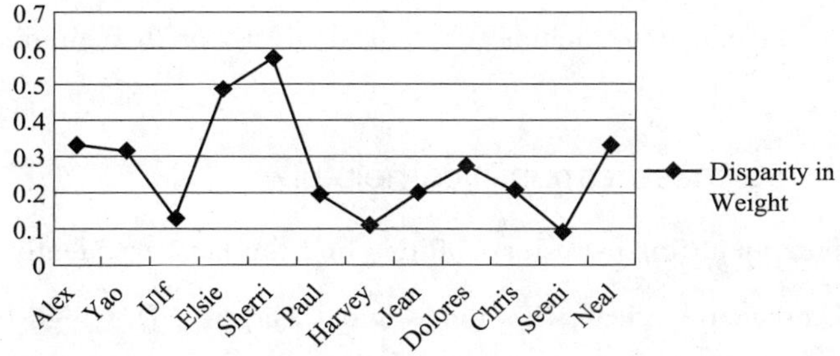

Figure 5 Disparity in Weight of Conspirators (with new information came to light)

6.2 Sensitivity to Metrics Changes

We use the metric-weight matrix of (0, 0.5, 1) - (1, 6, 12, 18) - (2, 4, 6). In the process of modeling, we used several metric-weight matrix, such as (0, 0.5, 1) - (1, 5, 10, 15) - (2, 4, 6) and (0, 0.5, 1) - (1, 6, 12, 18) - (1, 3, 9). Though the relative weights of metrics have changed, the conspirator number is still 11, and the priority order remains unchanged. However, when we make a remarkable change of the metric-weight matrix to (0, 0.5, 1) - (1, 2, 3, 4) - (1, 2, 3), the conspirator number reduced to 9, and the priority also changed. As a result, when the weight matrix changes within a small range, the result remains stable.

Based on the above analysis, our model has certain sensitivity which allows a certain margin of errors in the determination of the metric-weight matrix.

7. Model Modification-Helpful Semantic Network Analysis and Text Analysis

7.1 What are semantic network analysis and text analysis?

Semantic network analysis examines the relationships among a system's components based on the shared meanings of symbols. It requires a content analysis of textual data to determine the most frequently used symbols. (Doerfel, Barnett: 1999)

Text analysis is a collection of methodological techniques designed to explore, investigate, and examine attitudes, thoughts, patterns, and opinions found in text. Approaches to text analytics include content analysis or text mining (Anderson: 2008).

7.2 Why are these capabilities helpful?

These computational linguistics capabilities find the most frequently used words and their context. They mainly deal with the original corpus. The high-frequency words (keywords) increase the accuracy of message topics distinction. One category of keywords determines one topic. We can separate the topics more accurately through these quantitative analyses because they avoid the personal bias. Meanwhile, the context of the keywords decides the context of messages. Hence we make two steps when determining the topic Suspicious Level. Firstly, choose the keywords as backup topics. Secondly, label the SL of every category through the context.

7.3 Case Study

We use the Investigation EZ case as an example to show how text analysis works. After the calculation of computer software, we find the most frequently used words are (numbers in the brackets refer to the frequency): budget (7), late (5), it (4), lunch (4), time (4), Anna (4), Fred (3), George (3), stressed (3), that (3), this (3). After sorting out the context of each keyword, we find the 11 keywords representing six topics. See Table 15:

Table 9 **Topics and Their Suspicious Level**

Keyword	Topic	Suspicious level
it, that, this (Since conspirators intend to use argots and pronouns to evade mentioning the real evil, we can assume that the overuse of pronouns indicates suspicious topics.)	something unknown, supposed as suspicious	5
budget	budget	4
late, Anne	Bob ´s lateness and Anne's watch	3
Fred	meeting	2
George, stressed	George's stress	1
lunch, time	lunch	0

(Note: Both the frequency and context determine the Suspicious Level. The higher the number of Suspicious Level, the more suspicious the topics are.)

Therefore we have a more accurate topic Suspicious Level distinction and can make the model results more convincing and accurate.

8. Model Application

8. 1 Application in Larger Scale Cases

Our model and algorithm are still feasible and practical when applied to other cases with very large databases of message traffic. For one thing, we develop the model and algorithm on the foundation of predecessors' contributes. The solid theoretical basis proves the reasonability and feasibility.

For another, the case analysis becomes convenient and fast with our model and algorithm. With computer algorithm and software, we don't have to do the manual work except for the determination of metrics. Moreover, computational linguistics capabilities make the process of determination require only several minutes.

Moreover, investigators can determine the relative weight between the three metrics based on the real condition of the company. In our case, without the access to company members, we determine the relative weight with the help of Analytic Hierarchy Process.

8. 2 Application in Other Areas

Apart from investigation, our model and algorithm can apply to many areas like biology and product promotion.

Biology: our model can be used in biology to find out the infected or diseased cells in a biological network. If we have the nodes' image or chemical data indicating infection probabilities and identified infected nodes, we can analogize the identified infected nodes to the identified conspirators and the image or chemical data for the nodes to the message traffic. Similarly, we group the nodes into three categories and determine the weight for them. The only difference between biology model and investigation model is the metrics, and they should be determined according to the given node image or chemical data and the infection process. Once we have determined the metrics, we can apply the former model in this biology case.

Product promotion: in a social network, analogize people who are interested to a particular product to black ones, uninterested people to white ones, and the communication process to message traffic, we will find out people who are interested in this product. Hence a company can better determine the target consumer and formulate a business plan.

9. Model Evaluation-Advantages and Disadvantages

9.1 Advantage

- With reasonable assumptions, we can simplify our model, and handle the special situations appropriately.
- The model is universal when we extend the range of network or change the area of the network. For example, when we use the model to solve practical problems, the relative weight between the Secure Level and the Suspicious Level can be decided by the project manager. It is convenient and advisable.
- The Black Index in the model has a high differentiation degree, and this perfectly distinguishes the guilty from the innocent.
- We can classify the structure of the investigated organization based on the result. For example, if the leaders' DW graph indicates that all the leaders score high, the structure of the organization is the linear type.

9.2 Disadvantage

- Since we don't have the original messages due to security and privacy concerns, we cannot use more accurate methods, such as semantic analysis, textual analysis etc., to determine the Suspicious Level of topics.

10. Conclusion

We offer a priority list to investigation of 83 people in the office complex, identify 11 people as conspirators, and nominate Neal and Dolores as leaders by Neural Network Analysis, Otsu's Method and Heterogeneity Model.

If new information is released as described in Requirement 2, the priority list changes a little, the conspirator number raises to 12, and the leaders become Elsie and

Seeni in requirement 2. But the results remain unchanged when changing the metric weight within a small range.

Meanwhile, with the case study of Investigation EZ using Text Analysis, we prove that computational linguistics capabilities, namely, Semantic Network Analysis and Text Analysis, are helpful in determining the suspicious message topics with keywords and message context.

We can apply our model in other cases with very large databases of message traffic, and areas like biology and product promotion. Besides, our model also wins in simplicity, high differentiation degree and an extra achievement of the conspiracy network structure. However, our topic suspicious level needs further improvement in accuracy resulted from a lack of access to the original messages.

Reference

[1] Marc Barthelemy, Bernard Gondran, Eric Guichard. "Spatial Structure of the Internet Tra? c" . *Physica.* A 319: 633 –642, 2003

[2] Ted G. Lewis. *Network Science.* A John Wiley & Sons, INC.. 57 –60, 2009

[3] Jinqing Fang, Xiaofan Wang, Zhigang Zheng, Xiang Li, Zengru Di, Qiao Bi. "A New Inter-disciplinary Science-Network Science" . *Progress In Physics.* Vol. 27 No. 24: 361 –448, 2007

[4] B. Derrida, H. Flyvbjerg, J. Phys. *A*20, 5273 –5288, 1987

[5] Marya L. Doerfel, George A. Barnett. " A Semantic Network Analysis of the International Communication Association" . *Human Communication Research.* Vol. 25 No. 4: 589 –603, 1999

[6] SHAPIRO G, MARKOFF J. "A Matter of Definition" [M] //ROBERTS C W (Ed) . *Text Analysis for the Social Sciences.* Mahwah, NJ: Lawrence Erlbaum, 1997

[7] Tom H. C. Anderson. "From Unstructured Text to Valuable Insight: Leveraging Text Analytics to Meet Competitive Intelligence Needs" . *Competitive Intelligence*

Magazine. Vol. 11 No. 1: 11 – 15, 2008

[8] "The Basic Types of Organization Structure". http: //www.med66.com/html/2008/6/ch4222301103680021530.html. 2012.1.13

[9] Nobuyuki Otsu. "A threshold selection method from gray-level histograms". *IEEE Trans. Sys., Man., Cyber.* 9 (1): 62 - 66, 1979

[10] Bharat Bhagnani. "White Collar Crime Worldwide". *Forbes India Magazine* Nov. 2011: *Forbseindia.com.* Web. 2012. 1. 12

Modeling For Crime Busting[①]

Ruirui Shaojun Wudi

1. Introduction

Nowadays, with the development of the society and technology, the social network of people has become much more complex than ever. The communication among people may contain rich information which cannot be easily seized by bystanders. As a result, in a crime network, judging conspirators by their conversations is quite hard. Our task here is to establish mathematical models to find conspirators in a company. The models should be able to locate the conspirators and their leaders in the network and offer a priority list to show people's crime possibility or importance. What's more, the models should be useful in many fields, not only in a simple case.

1.1 The Restatement of the Problem

Here is a real conspiracy case for modelers to deal with. From the small scenario which the supervisor has studied before, we know that after analyzing the sorted conversation between members of the suspicious people, conspirators can be partially targeted with some error. This small case can be treated as a kind of reference to solve the larger one which has 83 notes, 400 links and 15 conversation topics.

At first, it is known that Jean, Alex, Elsie, Paul, Ulf, Yao, and Harvey are conspirators and Darlene, Tran, Jia, Ellin, Gard, Chris, Paige, and Este are not conspirators. The three known suspicious message topics are 7, 11, and 13. We need to

① 本文为美国大学生数学竞赛全国二等奖论文。

build models to prioritize the 83 nodes by their possibility of being a conspirator and their effects in the crime network. Moreover, we should also judge if the managers take part in the conspiracy.

Then, the background information changes: Topic 1 is also connected to the conspiracy and that Chris is one of the conspirators. We need to use our models to make the priority list again and analyze the changes of the list.

Thirdly, we are asked to use semantic network analysis and text analysis to develop our models. The two kinds of analyses can help us divide the original messages or the topics by their relevance to the conspiracy more efficiently.

At last, our models should be useful widely. We should try to adjust models to the network database of other types in order to identify, prioritize, and categorize similar nodes.

1.2 Model Goals

We build a multiple-factor model to analyze the factors which affect the possibility of being a conspirator. According to this model, we give each person a score to represent his likelihood of being part of the conspiracy and list them by the score. Then we can use the list to find out who is most likely to be a conspirator. Then we use a weighted network model to find the importance of each person in the crime network. By this model, we can list the people by the importance of their role in the crime network. With this list, we can find the people who are important to the conspiracy or useful to find conspiracy members.

2. Methodology

2.1 Multiple-factor Model

To build this model, we will analyze the different factors which can affect people's likelihood of being part of the conspiracy. We find the weight of different factors and synthesize factors' influence together and use a score system to represent the influence degree. By this score, we can get the priority list and judge possibility of being a conspirator.

2.1.1 Assumptions

1) The links (messages) of unsuspicious topics have no influence on the node (person) 's possibility of being a conspirator.

2) The links (messages) of suspicious topics have equal influence on the node (person) 's possibility of being a conspirator.

3) The direction of the link have no influence on the node (person) 's possibility of being a conspirator. We think that communication is a kind of interaction, both sides of the communication is equal. Whether they are suspicious or not depends on what they talk about, not who begins the talk.

4) People always talk more with someone who is closely related to him.

5) Non-conspirators do not talk much about suspicious topics.

6) Suspicious topics have been sorted objectively and can characterize conspirator's behavior.

2.1.2 Symbol Description

Table 1 Symbol table of multiple-factor model

Variable	Description
B_1	the amount of links about suspicious topics
B_2	popularity of one node
B_3	the shortest distance to the known conspirators
B_4	the shortest distance to the known non-conspirators
w_i ($i=1, 2, 3, 4$)	weight for the possibility score of B_i
S	total possibility score of one node
S (B_i)	possibility score of B_i

2.1.3 Hierarchy Building and Factor Analysis

Someone's possibility of being a conspirator is related to 4 factors. We tried to use hierarchy model to get the weight of 4 factors ($w_1 \sim w_4$).

1) Factor Analysis

The amount of links about suspicious topics (B_1): if someone is a conspirator, he may talk more about suspicious topics because he needs to communicate with other conspirators. So he has more chance to be the start node or the end node of suspicious links. In other words, someone who has more related suspicious links (on either side) is more likely to be conspirator.

Popularity (B_2): in our model, popularity means someone's amount of his related links. If someone has many related links, it means that he is involved in many conversations. As a result, they have more chance to build a relationship with the conspiracy.

The shortest distance to the known conspirators (B_3): B_3 means that in the given network, if a person wants to connect to a known conspirator, how many people will be involved (not include himself) in this process. For example, if someone himself is a known conspirator, $B_3 = 0$; if he have a directly link with known conspirator, $B_3 = 1$. Person who has a small B_3 means he has close relationship with conspirators.

The shortest distance to the known non-conspirators (B_4): B_4 means that in the given network, if a person wants to connect to a known non-conspirator, how many people will be involved (not include himself) in this process. For example, if someone himself is a known non-conspirator, $B_4 = 0$; if he have a directly link with known non-conspirator, $B_4 = 1$. Person who has a small B_4 means he has close relationship with non-conspirators.

Hierarchy building:

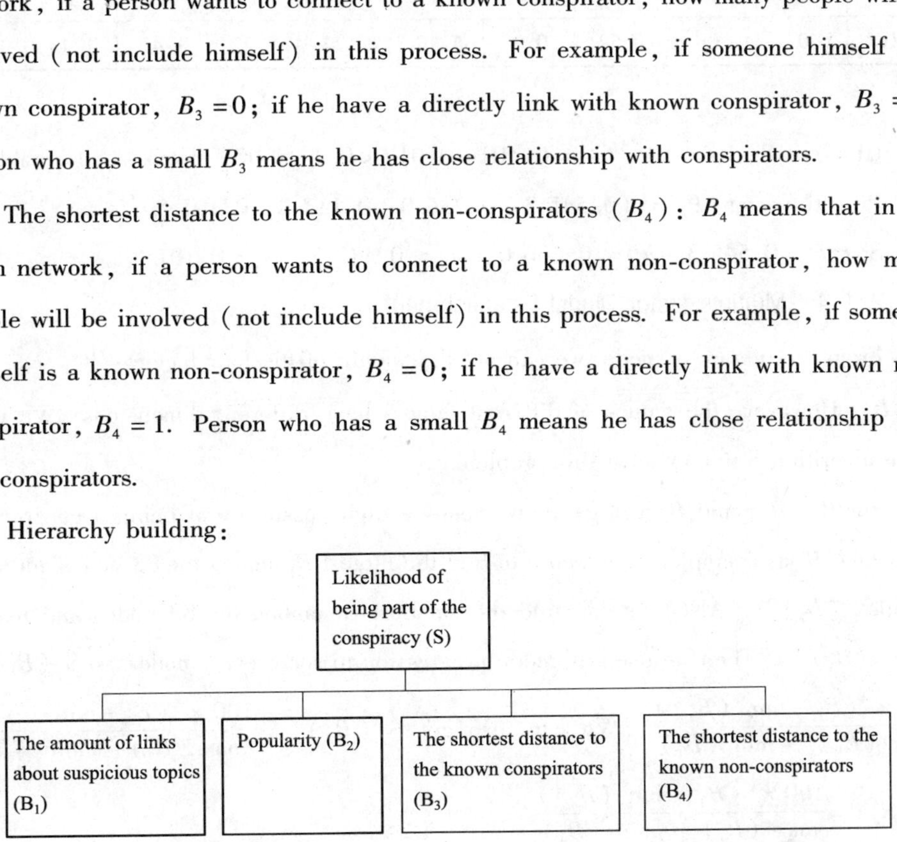

2) Structuring Comparison Matrix

Applying the method of 1-to-9 calibration proposed by Prof. Thomas L. Saaty, we compare the importance of A, P, M, N and get the comparison matrix:

	B_1	B_2	B_3	B_4
B_1	1	3	4	5
B_2	1/3	1	2	3
B_3	1/4	1/3	1	1
B_4	1/5	1/3	1	1

Random Consistency Index (RI)

n	1	2	3	4	5	6	7	8	9	10
RI	0	0	0.58	0.9	1.12	1.24	1.32	1.41	1.45	1.49

$CI = 0.018$, $RI = 0.9$, $CR = CI/RI = 0.017 < 0.1$, so the matrix is acceptable.

Priority vector: $Pv = (0.5453, 0.2360, 0.1172, 0.1015)^T$

So: $w_1 = 0.5453$, $w_2 = 0.2360$, $w_3 = 0.1172$, $w_4 = 0.1015$

2.1.4 Multiple-factor Model Establishment

From the hierarchy model we can get the weight of the four factors: B_1, B_2, B_3, and B_4. However, the values of different factors have different dimensions. We use a score algorithm S ( ) to solve this problem.

For B_1, B_2, and B_4 a large value means a high possibility of being a conspirator. Let's take B_1 as example. We choose to find the largest B_1 among the 83 nodes and mark it "max (B_1)". Also, we can find the smallest B_1 among the 83 nodes and mark it "min (B_1)". Then we use arithmetic progression to score every node. So $S(B_1) = \frac{100 \times (B_1 - \min(B_1))}{\max(B_1) - \min(B_1)}$. We can also get $S(B_2) = \frac{100 \times (B_2 - \min(B_2))}{\max(B_2) - \min(B_2)}$, $S(B_4) = \frac{100 \times (B_4 - \min(B_4))}{\max(B_4) - \min(B_4)}$.

For B_3, a large value means a low possibility of being a conspirator. So we can get

$$S(B_3) = 100 - \frac{100 \times (B_3 - \min(B_3))}{\max(B_3) - \min(B_3)}.$$

Finally, we can induce the multiple-factor model to score the possibility of being a conspirator for each node:

$$S = \sum_{i=1}^{4} B_i w_i S(B_i)$$

2.2 Weighted Network Model

By multiple-factor model, we analyze 4 factors that can influence people's possibility of being conspirators and get an equation to judge node's suspicious degree. However, in our opinion, neither suspicious score proved by multiple-factor model nor the likelihood priority list is perfect to help us to make a deeply understanding of the conspiracy. For instance, by analyzing the likelihood priority list we find that node X's score is quite high and we can finally prove that he is a conspirator. But at the same time, we may find that X is just an edge figure. He is easy to expose, but not valuable. The core members or the people closely related to them are meaningful in detection. Now we tried to use a kind of weighted network model to find the valuable people in the crime network. In this model, we change the given message network into a weighted crime map. Edges between nodes are given a crime weight decided by their nodes of both sides. We think that the weighted network cohesion degree is a good tool to judge the node's importance in the network.

2.2.1 Assumptions

1) Edges between nodes don't have direction. The weight of the edge reflects the crime relation degree between the two nodes.

2) The weight of the edges only depends on the node's likelihood of being a conspirator.

3) The two nodes of an edge have equal effect on it. It means that the crime weight of an edge inherits from the two nodes equally.

4) The weight of thc edges only depends on the nodes on its two sides. Nodes

cannot affect edges without direct connection.

5) The 400 given messages can objectively characterize conspirator's behavior, which means that the node's likelihood of being a conspirator is objective and stable.

2.2.2 Symbol Description

Table 2 Symbol table of weighted network model

Variable	Description
I (v_i)	the importance level of node
L_{WAPL}	the weighted average path length
L_{ij}	weighted path length between node i and node j
α (A)	network cohesion degree of map A

2.2.3 Weighted Network Model Establishment

In this model, we have assumed that the weight of an edge only depends on their nodes' likelihood of being a conspirator and inherits from the two nodes equally. So we can get the weighted network model:

$$A = (N, L)$$

$$W_A = \begin{bmatrix} w_{A11} & w_{A12} & \cdots & w_{A1n} \\ w_{A21} & w_{A22} & \cdots & w_{A2n} \\ \vdots & \vdots & \ddots & \vdots \\ w_{An1} & w_{An2} & \cdots & w_{Ann} \end{bmatrix}$$

$$W_{Aij} = \begin{cases} 0, & i = j \\ x_{ij}, & i \neq j \text{ and } \{n_i, n_j\} \text{ is and edge in } A \\ \infty, & i \neq j \text{ and } \{n_i, n_j\} \text{ isnt and edge in } A \end{cases}$$

Here, A is a map, N is a set of nodes in A: N = $\{n_1, n_2, \cdots, n_n\}$, L is a set of weighted edges in A: L = $\{l_1, l_2, \cdots, l_n\}$, $x_{ij} = \frac{s_i + s_j}{2}$ (S is the conspiracy possibility score of the nodes).

Then we use a network cohesion algorithm to identify the nodes' level of importance in the weighted crime network.

① Get the weighted average path length (WAPL).

WAPL is a good way to judge the efficiency of network and it is closely related to cohesion degree of the network. Firstly, we work out the WAPL of A:

$$L_{WAPL} = \frac{1}{n(n-1)} \sum_{i \neq j \in v} L_{ij}$$

In this equation, n is the amount of nodes, V is a set of nodes, node i and node j belongs to V, L_{ij} is the weighted path length between node i and node j. L_{ij} is equal to weighted shortest distance between node i and node j.

② Node contraction.

Then we select a node v_i, and combine v_i with all the nodes related to v_i to form a new node. The new node inherits all the crime relation from the original ones. If v_i plays an important role in the network, after the contraction, the network will condense much closer. The network cohesion degree ($\alpha(A)$) is related to L_{WAPL}:

$$\alpha(A) = \frac{1}{nL_{WAPL}(A)}$$

③ Judge the importance level of the node

The importance level of node:

$$I(v_i) = 1 - \frac{\alpha(A)}{\alpha(A'(v_i))} = 1 - \frac{\frac{1}{nL_{WAPL}(A)}}{\frac{1}{(n-k_i)L_{WAPL}}(A'(v_i))}$$

$A'(v_i)$ is the contraction network and k_i is the number of the nodes related to v_i.

3. Results

3.1 Results of EZ Case

3.1.1 The crime possibility of people

After putting the data of EZ case into our multiple-factor model, we get a priority list of possibility.

Table 3 **The crime possibility in EZ case**

Name	Score	Rank
George	0. 966 167	1
Dave	0. 810 367	2
Ellen	0. 341 067	3
Harry	0. 248 6	4
Fred	0. 160 1	5
Carol	0. 151 433	6
Bob	0. 121 933	7
Inez	0. 092 433	8
Anne	0. 059	9
Jaye	0	10

From the data of Table 3, we can find that George and Dave are obvious conspirators, which conforms to the fact. Ellen ranks the third. These people are real conspirators, so we can see our model is relatively close to the fact. In addition, Carol ranks low in the table, so he will not be indicted according to our data. Bob and Inez cannot be judged correctly. But when we analyze the message about them, we find that Bob and Inez don't talk much about the conspiracy. So without deeper semantic network analyses and text analyses, it's hard to judge them.

3. 1. 2 The importance of people

After putting the data of EZ case into our multiple-factor model, we get a priority list of possibility.

Table 4 **The importance of people in EZ case**

Dave	0. 988 395	1
Harry	0. 912 516	2
Carol	0. 906 938	3
George	0. 885 312	4
Ellen	0. 880 578	5
Bob	0. 688 938	6
Anne	0. 681 004	7
Fred	0. 638 779	8
Inez	0. 545 136	9
Jaye	0. 468 359	10

According to the data of Table 4, we can find that Harry and Carol play an important role in the network. Even though, they are not conspirators, but all of them have closed relation with the known conspirators, and they are active. In the real society, they may quite important and helpful for the police to locate the conspirators. Moreover, we can find that Dave has a high score. It means he is the core of the conspirators. Inez's score is low. It means that he is not important and active in the network.

3.2 Results of Requirement 1

3.2.1 The crime possibility of people

We put the data of requirement 1 into our multiple-factor model, and then we get the likelihood priority list of the 83 nodes. The Table 5 shows the result

Table 5 The crime possibility in current case

Ranking	Node	Name	Score	Ranking	Node	Name	Score
1	21	Alex	90.015 15	43	8	Hazel	28.812 42
2	7	Elsie	85.057 88	44	33	Kim	28.689 39
3	67	Yao	84.651 52	45	1	Kristina	28.429 39
4	43	Paul	69.113 33	46	36	Priscilla	28.146 06
5	54	Ulf	67.799 39	47	35	Shelley	27.857 88
6	3	Sherri	58.414 24	48	45	Lois	27.857 88
7	18	Jean	58.126 06	49	12	Sandy	27.073 33
8	10	Dolores	55.767 58	50	39	Erica	25.093 03
9	15	Julia	54.288 48	51	25	Claire	24.138 48
10	17	Neal	52.549 39	52	69	Han	23.973 33
11	34	Jerome	52.384 24	53	82	Reni	23.732 12
12	2	Paige	51.146 36	54	65	Jia	23.566 97
13	32	Gretchen	48.759 7	55	80	Fanti	22.995 45
14	47	Christina	48.258 48	56	79	Phille	22.04
15	4	Gretchen	47.715 15	57	26	Marian	21.586 67

续表

Ranking	Node	Name	Score	Ranking	Node	Name	Score
16	13	Marion	46. 401 21	58	60	Lars	20. 967 27
17	49	Harvey	45. 158 48	59	0	Chris	20. 59
18	41	Donald	44. 539 09	60	23	Wesley	19. 564 24
19	16	Jerome	44. 085 76	61	51	Dayi	19. 446 06
20	44	Patricia	43. 301 21	62	72	Andra	18. 656 67
21	37	Elsie	42. 894 85	63	59	Darol	16. 01
22	50	William	42. 634 85	64	75	Bariol	15. 726 67
23	20	Crystal	42. 063 33	65	73	Carina	15. 556 67
24	19	Kristine	40. 990 61	66	78	Este	15. 273 33
25	81	Seeni	39. 676 67	67	56	Cha	15. 107 27
26	31	Neal	39. 416 67	68	57	Sheng	14. 772 12
27	48	Darlene	39. 086 36	69	52	Vind	14. 318 79
28	28	Dwight	38. 585 15	70	66	Melia	14. 035 45
29	38	Beth	37. 937 58	71	53	Chara	13. 699 39
30	22	Eric	37. 772 42	72	77	Gerry	13. 699 39
31	29	Wayne	37. 271 21	73	62	Mai	13. 534 24
32	27	Marcia	36. 987 88	74	68	Ellin	13. 08
33	24	Franklin	36. 987 88	75	55	Olina	12. 461 52
34	40	Douglas	34. 960 61	76	76	Cole	11. 388 79
35	11	Francis	34. 341 21	77	61	Le	9. 696 667
36	46	Louis	34. 053 03	78	71	Cory	9. 078 182
37	6	Patrick	33. 887 88	79	58	Lao	8. 458 788
38	30	Stephanie	33. 887 88	80	70	Hark	8. 458 788
39	14	Beth	33. 386 67	81	64	Tran	7. 386 061
40	42	Katherine	32. 195 76	82	63	Quan	4. 002 727
41	5	Karen	31. 742 42	83	74	Gard	1. 072 727
42	9	Malcolm	30. 669 7				

From the Table 5 we can see the likelihood priority list offered by multiple-factor model. This table shows the people's possibility of being a conspirator. We can see that the known conspirators rank the top. For the known non- conspirators, only Paige ranks high. We analyze the topics and conclude that the conspirators are trying to escape from Paige. So we think that Paige relates to the conspiracy, but he is not a conspirator and he is against the conspirators. To find who are the conspirators, we consider the score 40 is the discriminate line. People whose score is lower than 40 has little possibility to be a conspirator.

3.2.2 The importance of people

We put the data of requierment1 into weighted network model, and get an importance priority list. Here is the top ten

Table 6 The importance priority list

Ranking	Node	Name	Ranking	Node	Name
1	32	Gretchen	43	49	Harvey
2	36	Priscilla	44	46	Louis
3	3	Sherri	45	0	Chris
4	17	Neal	46.	38	Beth
5	2	Paige	47	16	Jerome
6	18	Jean	48	39	Erica
7	4	Gretchen	49	71	Cory
8	1	Kristina	50	37	Elsie
9	15	Julia	51	82	Reni
10	7	Elsie	52	28	Dwight
11	24	Franklin	53	23	Wesley
12	43	Paul	54	65	Jia
13	6	Patrick	55	80	Fanti
14	44	Patricia	56	78	Este
15	19	Kristine	57	69	Han

续表

Ranking	Node	Name	Ranking	Node	Name
16	14	Beth	58	70	Hark
17	20	Crystal	59	68	Ellin
18	5	Karen	60	33	Kim
19	47	Christina	61	66	Melia
20	30	Stephanie	62	52	Vind
21	11	Francis	63	55	Olina
22	41	Donald	64	60	Lars
23	48	Darlene	65	77	Gerry
24	21	Alex	66	81	Seeni
25	31	Neal	67	79	Phille
26	10	Dolores	68	35	Shelley
27	50	William	69	56	Cha
28	8	Hazel	70	64	Tran
29	13	Marion	71	53	Chara
30	29	Wayne	72	74	Gard
31	12	Sandy	73	72	Andra
32	42	Katherine	74	75	Bariol
33	22	Eric	75	63	Quan
34	26	Marian	76	76	Cole
35	25	Claire	77	58	Lao
36	34	Jerome	78	62	Mai
37	67	Yao	79	51	Dayi
38	45	Lois	80	57	Sheng
39	27	Marcia	81	73	Carina
40	54	Ulf	82	61	Le
41	9	Malcolm	83	59	Darol
42	40	Douglas			

We can see that Gretchen is the most active one in this conspiracy network, and he is one of the managers. So we consider Gretchen (Node 32) as the leader of the conspiracy. In the same way, Paige may be the one who lead people fight against the conspiracy group.

3.3 Results of Requirement 2

3.3.1 The crime possibility of people

We put the data of requirement 2 into our multiple-factor model, and then we get the likelihood priority list of the 83 nodes. The Table 7 shows the result

Table 7 The crime possibility in current case

Ranking	Node	Name	Score	Ranking	Node	Name	Score
1	21	Alex	90.015 15	43	9	Malcolm	29.318 06
2	7	Elsie	85.057 88	44	33	Kim	29.275 39
3	67	Yao	84.651 52	45	1	Kristina	29.015 39
4	43	Paul	69.113 33	46	8	Hazel	28.911 7
5	54	Ulf	67.799 39	47	35	Shelley	28.443 88
6	3	Sherri	59.000 24	48	45	Lois	28.443 88
7	18	Jean	58.126 06	49	12	Sandy	28.245 33
8	15	Julia	54.874 48	50	39	Erica	26.265 03
9	10	Dolores	54.009 58	51	25	Claire	24.724 48
10	17	Neal	53.135 39	52	26	Marian	24.318 12
11	34	Jerome	52.970 24	53	69	Han	24.152 97
12	2	Paige	51.732 36	54	82	Reni	23.581 45
13	13	Marion	51.231 15	55	65	Jia	23.548 06
14	47	Christina	48.844 48	56	79	Phille	23.212
15	32	Gretchen	47.573 21	57	60	Lars	22.215 33
16	4	Gretchen	47.001 7	58	51	Dayi	22.172 67
17	37	Elsie	44.085 76	59	0	Chris	21.176
18	50	William	43.887 21	60	23	Wesley	20.736 24

续表

Ranking	Node	Name	Score	Ranking	Node	Name	Score
19	49	Harvey	43.480 85	61	80	Fanti	19.795 27
20	41	Donald	43.220 85	62	72	Andra	17.484 67
21	16	Jerome	42.814 48	63	59	Darol	17.182
22	44	Patricia	42.781 09	64	56	Cha	16.445 33
23	20	Crystal	42.649 33	65	73	Carina	16.142 67
24	19	Kristine	41.576 61	66	75	Bariol	15.207 45
25	81	Seeni	40.262 67	67	57	Sheng	15.140 67
26	31	Neal	40.002 67	68	62	Mai	15.107 27
27	48	Darlene	39.672 36	69	66	Melia	14.904 79
28	24	Franklin	38.523 58	70	78	Este	14.904 79
29	28	Dwight	38.358 42	71	53	Chara	14.871 39
30	38	Beth	38.159 88	72	76	Cole	13.633 52
31	27	Marcia	38.159 88	73	71	Cory	13.600 12
32	22	Eric	37.857 21	74	61	Le	12.594 18
33	29	Wayne	36.827 15	75	77	Gerry	12.560 79
34	40	Douglas	35.546 61	76	70	Hark	12.527 39
35	11	Francis	35.513 21	77	58	Lao	12.494
36	46	Louis	34.639 03	78	68	Ellin	12.362 24
37	6	Patrick	34.473 88	79	52	Vind	11.454 67
38	30	Stephanie	34.473 88	80	55	Olina	10.216 79
39	14	Beth	33.972 67	81	63	Quan	8.104 727
40	42	Katherine	33.367 76	82	74	Gard	6.800 061
41	5	Karen	29.984 42	83	64	Tran	3.416 727
42	36	Priscilla	29.984 42				

Compared with Table 5, we find that there is little difference. Most people' score do not changed obviously. Just 2 more people are considered as conspirators. So the change of situation doesn't change people's possibility of being a conspirator a lot.

3.3.2 The importance of people

We put the data of requirement 2 into weighted network model, and get an importance priority list. Here is the top ten

Table 8 The importance priority list

Ranking	Node	Name	Ranking	Node	Name
1	32	Gretchen	43	31	Neal
2	15	Julia	44	58	Lao
3	34	Jerome	45	30	Stephanie
4	2	Paige	46	27	Marcia
5	44	Patricia	47	55	Olina
6	20	Crystal	48	73	Carina
7	3	Sherri	49	43	Paul
8	24	Franklin	50	67	Yao
9	45	Lois	51	82	Reni
10	10	Dolores	52	16	Jerome
11	11	Francis	53	54	Ulf
12	37	Elsie	54	42	Katherine
13	4	Gretchen	55	28	Dwight
14	14	Beth	56	29	Wayne
15	1	Kristina	57	18	Jean
16	50	William	58	61	Le
17	23	Wesley	59	69	Han
18	68	Ellin	60	0	Chris
19	21	Alex	61	51	Dayi
20	35	Shelley	62	65	Jia
21	40	Douglas	63	52	Vind
22	19	Kristine	64	47	Christina
23	13	Marion	65	78	Este

续表

Ranking	Node	Name	Ranking	Node	Name
24	41	Donald	66	80	Fanti
25	25	Claire	67	33	Kim
26	6	Patrick	68	63	Quan
27	7	Elsie	69	66	Melia
28	22	Eric	70	72	Andra
29	12	Sandy	71	9	Malcolm
30	48	Darlene	72	71	Cory
31	62	Mai	73	57	Sheng
32	17	Neal	74	77	Gerry
33	60	Lars	75	70	Hark
34	56	Cha	76	53	Chara
35	8	Hazel	77	81	Seeni
36	5	Karen	78	79	Phille
37	38	Beth	79	75	Bariol
38	26	Marian	80	76	Cole
39	46	Louis	81	64	Tran
40	39	Erica	82	74	Gard
41	49	Harvey	83	59	Darol
42	36	Priscilla			

From the Table 8 we can find that Gretchen is still the core of the network, the people on the list changes but we should notice that Jerome, as one of the managers, becomes a top 10 member. We can see that all the managers are quite active.

4. Semantic Network Analyses and Text Analyses

Semantic network analyses and text analyses provides a structure and process for reasoning about knowledge or language. Both of them are useful tool to analyze the communication network. They can extract keywords or connotation from the common message. What's more, the two kinds of analyses can also help us sort the messages by some useful standards and then characterize the people related to these messages. In our crime busting scenario, the 15 message topics are simply divided into two sorts: 7, 11, 13 are suspicious ones and others are meaningless. With the help of semantic network analyses and text analyses, we can sort the topic more precisely. In addition, if given the original messages, we can refine more meaningful information to lock on the conspirators.

4.1 Message Classification

In the conspiracy network we are analyzing, part of the conspirators and non-conspirators have been known. So we can analyze original messages about them at first. For example, we can collect conversation messages among the 7 known conspirators and eliminate the meaningless words such as prepositions. Conspirators may often deliver information about the conspiracy to other members. So from the context we can conclude that some special words appear in their conversation continuously sometimes. On the other hand, some keywords may be mentioned by them for many times, to study the appearance frequency of the words can also find the key information about the conspiracy. In this way, we can find two groups of words. One group is related to conspirators, the other is to judge innocent people.

We use hierarchy analysis to give them weights. k_i is innocent words' innocent weight, g_i is suspicious words' weight (*i means a word here*).

Then we establish a model to judge the sentence crime value:

$$EA_i = \frac{0.9\sum_{j=1}^{m} g_j p_j - 0.1\sum_{j=1}^{m} k_j q_j}{T_i}$$

We can judge from EA_i that the sentence can be divided into five levels, that is, Strongest, Stronger, Middle, Weaker, and Weakest. The weight ($i = 1, 2, 3, 4, 5$) for each level is 1, 0.75, 0.5, 0.25, 0. The sentences at the same level has same weight on the factor to judge one's possibility of being a conspirator

Sentence suspicious level:

$$r_i = \begin{cases} 1, & EA_i \geqslant 0.04 \\ 0.75, & 0.03 \leqslant EA_i < 0.04 \\ 0.5, & 0.015 \leqslant EA_i < 0.03 \\ 0.25, & 0.005 \leqslant EA_i < 0.015 \\ 0, & EA_i < 0.05 \end{cases}$$

r_i decides the link's influence on the node's possibility of being a conspirator.

4.2 Multiple-factor Model Improvement

Our multiple-factor model before has assumed that the message of unsuspicious topics don't influence people's likelihood of being a conspirator. In our new model, all kinds of message have influence on the possibility. So the multiple-factor model should be changed.

In our new multiple-factor model, the factor B_1 should change:

$$B_1 = \sum_{j=1}^{5} n_j r_j$$

n_j is the amount of the messages on sentence suspicious level j.

but the new multiple-factor model doesn't change:

$$S = \sum_{j=1}^{4} B_i w_i S(B_i)$$

5. Model Analysis

Up to now, we use two kinds of network models to analyze the conspiracy case: multiple-factor model to find people's likelihood of being a conspirator and weighted network model to identify the importance of the people in the crime network.

5.1 Use with Semantic Network Analyses and Text Analyses

To make a better understanding of the conspiracy, we have to analyze the communication record or the topics of the communication message. The messages are the edges or links of the network, and people (nodes) interact with each other by these messages. So, the messages may influence a lot to the attributes of the people. We use semantic network analyses and text analyses to find deep information from the messages. We assume that the conspiracy is a kind of crime network and the message decides the weight of the edge in the network. So we should sort the messages by their characteristics. In our models, the crime possibility of people is decided by 4 factors, and the one which has the most weight is related to the sort of messages. What's more, the weighted network model depends on the multiple-factor model. So to sort the message deeply is quite helpful. To use semantic network analyses, we can find some unusual messages. For example, if a set of words are frequently used in a short time, it will be considered as clues to the conspiracy. To use text analyses, we can find some key words that the known conspirators always use. So with the special words found in semantic network analyses and text analyses, we can get some characteristics of the conspiracy message. To analyze these characteristics, we can make some standards to score every message. Then we can use these scores as attributes to categorize similar messages. With the accurate categorization of the family, we can judge the nodes more efficiently.

5. 2 Use with Large Database

We have created an effective way to categorize similar messages, so our models can be used with large database. The large database can offer us enough information to collect keywords of crime messages and that will help us make more accurate standards. With these standards, we can sort the messages more accurately than ever. In fact, as our models depend much on the message categorization, we need enough information to guarantee our model's accuracy.

5. 3 Use in Other Backgrounds

Our models can also be used in other backgrounds. Our models study the relationship between nodes in networks. So if the nodes are in a kind of network and have relationship with others, our model will be useful. For example, to locate the infected or diseased cells in a biological network, our models should analyze the relation among cells. Cells may discharge chemical or biological material to the outer environment. The diseased ones are likely to discharge bad material, just like the conspirator may say more about the conspiracy. So by analyzing the discharged material, we can find the diseased cell.

5.4 Advantages and Disadvantages of our Models

5.4.1 Advantages

1. Our models can be used widely. Our models can be used in most of the undirected networks. If the nodes in the network can express different messages to others, we can find the core node of the network.

2. Our models can reflect the objective fact efficiently. After analyzing the results of our models, we find that what we get from the model do not have serious contradiction with the known conditions.

3. Our models can find the core node of the network. Our models can find the node which has great influence on the network.

5.4.2 Disadvantages

1. Our models can do little with directed networks.

2. Our models do not have a standard to mix the possibility priority list and importance priority list.

6. Conclusion

We create two kinds of models to identify people in the network. The multiple-factor model can help us judge one's possibility of being a conspirator. We think that the possibility is decided by 4 factors, so we identify the weight of 4 factors and use multiple-factor model to work out their mixed influence. Then we use weighted network model to identify the importance of nodes in the network. We think that the importance of nodes can be judged by weighted network cohesion degree. So we build a weighted network model to find out how the network would change if a certain node changes. Then we use semantic network analyses and text analyses to improve our models. We sorted the messages more accurately and get a better model. At last, we analyze the possibility of our model using in other fields and find ways to use our models with large database and some other situations.

References

[1] Assessment of the importance of Nodes in Power Network Based on Network Model. http: //www. doc88. com/p - 19912870937. html. Qiongyao Li, Changhong Deng, et, al. 2012. 2. 12.

[2] Deiyi Li, Wenyan Jin, et al. "Methods of Finding Important Nodes in Complex Network" . *Computer Science*, 2007. 12: 12, 2007.

[3] Hong Qian, Weihua Li, et al. "Service-oriented Modeling Research in Semantic Grid" . *Journal of Guangdong University of Technology*. 2007. 10: 13, 2007.

[4] Yonghua Zhu, Hong Yao, et al. *Message Passing Mechanism and Routing Algorithm in Messaging Network*. Journal of Shanghai University, 2007. (13, 5)

[5] Frank, Steven, et al. *A First Course in Mathematical Modeling*. China Machine Press, 2009. (72, 74, 78)

金砖国家经济增长的原因、协作及未来趋势的分析研究

陆九愚[①] 张骁锐[②] 肖雯娟[①]

摘　要： 巴西、中国、印度、俄罗斯、南非组成的金砖国家经济增长速度远高于世界平均增长速度。对此我们不禁要问金砖国家是如何取得经济快速崛起的动力的？对于未来，金砖国家又该如何进行相互合作来保持并加强这一经济动力呢？金砖国家的未来又将如何呢？

本文基于《国统局金砖国家联合统计手册（2011）》，运用相关性分析和灰色关联度分析确定了决定金砖国家经济增长的因素，通过德尔菲法与层次分析法建立了评价指标。之后通过多元非线性规划模型与约束最优化模型确定了最佳的合作方式。最后，运用改进的一次指数平滑法预测金砖国家能否继续保持在经济增长上的优势。

得出结论：金砖国家将继续保持在经济增长上的优势，大部分国家在中长期内仍无法达到发达国家的 GDP 水平。

关键词： 金砖国家　灰色系统　多元非线性规划模型　二次指数平滑法

一、研究背景

2003 年，高盛公司首次提出由巴西、中国、印度、俄罗斯组成的“金砖四国”。2010 年，南非加入“金砖四国”。在逐渐的发展中，金砖国家集团已经由一个概念演变成了有相当影响力的多边合作机制。金砖国家拥有世界 40% 的人

① 对外经济贸易大学商学院。
② 对外经济贸易大学信息学院。

口，并比欧美国家更加年轻化。同时“金砖四国”经济增长速度远高于世界平均增长速度。

对此我们不禁要问，金砖国家是如何取得经济快速崛起的动力的？对于未来，金砖国家又该如何进行相互合作来保持并加强这一经济动力呢？金砖国家的未来又将如何呢？

本小组对研究课题进行总结，将课题细化、分解并整理出以下问题：

（1）找出金砖国家快速发展的独特的内在优势。

（2）找出金砖国家之间协作与分工的最佳方式，以促进共同的经济增长。

（3）预测若干年后金砖国家是否能保持其快速发展的优势。

二、研究方法

（一）对于问题一的解答

1. 线性相关分析模型

表1 **参数意义**

代号	参数	取值范围
ρ_{xy}	总体相关性系数	$[-1, 1]$
σ_x	总体标准差	$(0, +\infty)$
μ_x	总体均值	$(-\infty, +\infty)$
r_{xy}	样本相关性系数	$[-1, 1]$
S_x	样本标准差	$(-\infty, +\infty)$
$\bar{x}$	样本均值	$(-\infty, +\infty)$
x_i	样本	$[-1, n]$, $i=1, 2, \cdots, n$
x'_i	样本秩次	$[-1, n]$, $i=1, 2, \cdots, n$

两个变量之间的 Pearson 积矩相关系数

$$\rho_{xy} = \frac{\mathrm{cov}(x,y)}{\sigma_x \sigma_y} = \frac{E(x-\mu_x)(y-\mu_y)}{\sigma_x \sigma_y}$$

算出样本相关系数：

$$r_{xy} = \frac{\sum_{i=1}^{n}(x_i - \bar{x})(y_i - \bar{y})}{\sqrt{\sum_{i=1}^{n}(x_i - \bar{x})^2 (y_i - \bar{y})^2}}$$

得到显著性最高的6个按照相关性递减的不同大类的小项分别为：（1）一次能源生产总量（万吨标准油量）；（2）货物和服务进出口总额；（3）公共教育占支出GDP的比重；（4）经济活动人口占总人口比重；（5）政府赤字占GDP的比重；（6）铁路营业里程。

Spearman's rho		经济活动人口比重	一次能源生产总量	铁路营业里程	公共教育占支出比重	政府盈亏GDP比重	货服进出口总额
GDP	Correlation	-0.941 *	0.993 * *	-0.624	0.937 *	0.872 *	0.613 *
	Sig (2-tailed)	0.017	0.001	0.061	0.019	0.050	0.037
	N	5	5	5	5	5	5

使用Spearman秩相关系数进行优化。

首先，在模型建立与求解前假设原始数据 x_i，y_i，已经按照从大到小的顺序排列，记 x'_i，y'_i 为原 x_i，y_i 在排列后数据所在的位置，即变量的秩次。

算出Spearman秩相关系数，即

$$\theta = \frac{\sum_{i=1}^{n}(x'_i - \overline{x'})(y'_j - \overline{y'})}{\sqrt{\sum_{i=1}^{n}(x'_i - \overline{x})^2(y'_j - \overline{y})^2}}$$

得到六项指标都与金砖国家经济增长具有显著性。

本小组选用灰色系统关联度确定这六个变量的顺序。

2. 灰色系统关联度分析模型

表2 **关联指标体系表**

代号		参数	单位
i（国家）	$i=1$	巴西	无单位
	$i=2$	中国	
	$i=3$	印度	
	$i=4$	俄罗斯	
	$i=5$	南非	

续表

代号		参数	单位
X_j（因素 j 的水平）	$j=1$	经济活动人口占总人口比重	%
	$j=2$	一次能源生产总量	万吨标准油当量
	$j=3$	公共教育占支出 GDP 的比重	%
	$j=4$	铁路营业里程	公里
	$j=5$	政府盈余或赤字占 GDP 的比重	%
	$j=6$	货物或服务进出口总额	亿美元
$Y(i)$		第 i 国国内生产总值（GDP）	亿美元
$X_j(i)$		第 i 国在 j 因素的水平	单位变动
$\tilde{x}_j(i)$		第 i 国 j 因素的水平标准化后的结果	无单位
$\tilde{y}(i)$		第 i 国国内生产总值（GDP）标准化后的结果	无单位
$L_j(i)$		$Y(i)$ 与第 j 个指标的关联系数	无单位
ρ		分辨系数	无单位
r_j		与 Y 的关联度	无单位

讨论 X_1，…，X_6 与 $Y(i)$ 的关联程度，找出与 GDP 相关的主要因素。具体做法：

首先把第 i 个国家在第 j 个因素的下的水平记为 $X_j(i)$，$i=1, 2, 3, 4, 5$；$j=1, 2, 3, 4, 5, 6$；由上可得指标矩阵$(X_j(i))_{5\times6}$，如下所示：

$$\begin{bmatrix} X_1(1) & \cdots & X_6(1) \\ \vdots & \ddots & \vdots \\ \vdots & \cdots & \vdots \\ X_1(5) & \cdots & X_6(5) \end{bmatrix}$$

数据如表 3 所示：

表 3　　　　国家的六项因素水平

因素水平 / 国家	$X_1(i)$	$X_2(i)$	$X_3(i)$	$X_4(i)$	$X_5(i)$	$X_6(i)$	$Y(i)$
$i=1$	68.5	22 821.0	4.3	30 837.0	2.4	4 486.0	16 507.0
$i=2$	58.3	182 386.0	3.3	79 687.0	-0.4	29 056.0	45 218.0
$i=3$	53.9	27 554.0	3.8	64 000.0	-2.5	4 890.0	11 500.0
$i=4$	52.0	265 800.0	4.0	85 600.0	4.1	8 901.0	16 604.0
$i=5$	36.9	124 640.0	7.9	20 953.0	1.3	2 046.0	2 750.0
$\overline{X}_j$	53.92	124 640.2	4.66	56 215.4	0.98	9 875.8	18 515.8

将表 3 中的数据标准化：

$$\tilde{x}_j(i) = \frac{X_j(i) - \overline{X}_j}{S_j}(i = 1,2,3,\cdots\cdots 5, j = 1,2\cdots\cdots 6),$$

$$\tilde{y}_j(i) = \frac{Y(i) - \overline{Y}_j}{M_j}(i = 1,2,3,\cdots\cdots 5)$$

其中，$\overline{Y}_j = \frac{1}{5}\sum_{i=1}^{5} X_j(i), S_j = \sqrt{\frac{1}{4}\sum_{i=1}^{5}(X_j(i) - \overline{X}_j)^2}$

$$M_j = \sqrt{\frac{1}{4}\sum_{i=1}^{5}(Y(i) - \overline{Y}_j)^2}$$

通过标准化变换后可将表 3 的数据转化为如表 4 所示，消除了量纲，有利于因素间的比较。

表 4　　　　消除量纲后的国家的六项标准化因素水平

标准化后水平 / 国家	$\tilde{x}_1(i)$	$\tilde{x}_2(i)$	$\tilde{x}_3(i)$	$\tilde{x}_4(i)$	$\tilde{x}_5(i)$	$\tilde{x}_6(i)$	$y(i)$
$i=1$	1.27	-0.98	-0.19	-0.88	0.56	-0.49	-0.13
$i=2$	0.38	0.56	-0.74	0.81	-0.54	1.74	1.67
$i=3$	0.00	-0.94	-0.47	0.27	-1.37	-0.45	-0.44
$i=4$	-0.17	1.36	-0.36	1.01	1.23	-0.09	-0.12
$i=5$	-1.49	0.00	1.75	-1.22	0.13	-0.71	-0.99

最后开始灰色关联度分析，根据灰色系统理论对横截面数据做关联度分析的方法，Y 与第 j 个指标的关联系数的计算公式如下所示：

$$L_j(i) = \frac{\Delta min + \rho\Delta max}{\Delta_j(i) + \rho\Delta max}, p \in (0,1)$$

$$\Delta_j(i) \mid y(i) - \tilde{x}_j(i) \mid i = 1,2,\cdots,5; j = 1,2,\cdots,6$$

$$\Delta_{min} = min \mid \Delta_j(i) \mid '\Delta_{max} = max \mid \Delta_j(i) \mid \quad \text{式 1}$$

其中 ρ 为分辨系数，其意义是为了削弱因最大绝对值太大引起失真，提高关联系数之间的差异显著性，一般可取为 0.5。

（1）关联度

下面以横坐标为国家、纵坐标为各因素的关联系数绘出折线图（如图 1 所示）

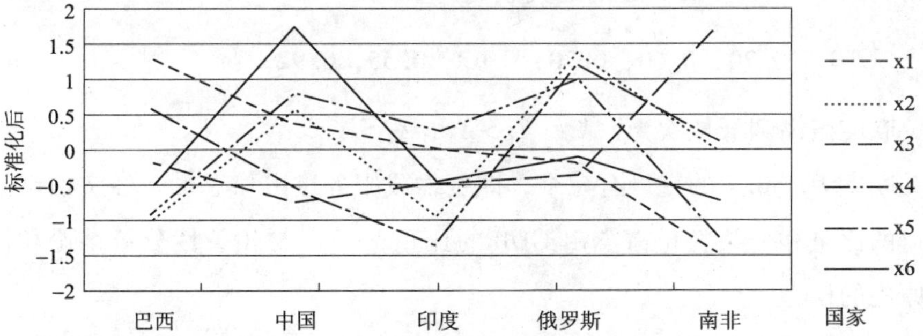

图 1　各国家因素水平标准化后的折线图

折线与横坐标之间围成的面积称为关联面积 A_j。取纵坐标为 L = 1，作水平线与横坐标间围成的面积为重合面积，记为 A，则关联系数的几何意义为两者面积之比，即为：$r_j = \frac{A_j}{A}$。因此计算两序列的关联度得：

$$r_j = A_j = \overline{L_j} = \frac{1}{5}\sum_{i=1}^{5} L_j(i), j = 1,\cdots,6 \quad (1)$$

上式中 r_j 为子指标 X_j 与母指标 Y 的关联度。关联度向量为：

$$R = (r_1, r_2, r_3, r_4, r_5, r_6) \quad (2)$$

根据（1）、（2）可计算出关联系数如表 4 所示，其中各因素与 GDP 之间的关联度在表中的最后一行给出。

表 5　　国家 GDP 与六项因素的关联系数

关联系数 / 国家	$L_1(i)$	$L_2(i)$	$L_3(i)$	$L_4(i)$	$L_5(i)$	$L_6(i)$
$i=1$	0.50	0.62	0.96	0.65	0.67	0.80
$i=2$	0.52	0.56	0.37	0.62	0.39	0.96
$i=3$	0.77	0.74	0.99	0.67	0.60	1.00
$i=4$	0.98	0.49	0.86	0.55	0.51	0.99
$i=5$	0.74	0.59	0.34	0.87	0.56	0.84
$r_j=A_j=\bar{L}_j$	0.70	0.60	0.70	0.67	0.55	0.92

得到六个因素与 GDP 之间的关联度向量为

$$R=(0.70, 0.60, 0.70, 0.67, 0.55, 0.92)$$

关联度由高到低依次为：$X_6>X_1>X_3>X_4>X_2>X_5$。

关联度大于 0.7 的变量有三个，即货物或服务进出口总额、经济活动人口占总人口的比重和公共教育占支出 GDP 的比重，发现与相关性分析结论相同。印证了原先的模型。

本小组对前一个模型抽取的三个变量货物或服务进出口总额、经济活动人口占总人口的比重和公共教育占支出 GDP 的比重赋予权重，来形成一个经济发展指标，再用这一指标去衡量其他国家是否有同样的这类优势，从而具有发展潜力。

表 6　　指标设置

代号	参数	单位
λ_i	权重值；$i=1,2,\cdots,n$	无单位
φ	金砖五国模式下衡量经济发展的指数	无单位
Tr	货物和服务进出口总额	亿美元
Pe	经济活动人口占总人口的比重	%

续表

代号	参数	单位
S_x	公共教育占支出 GDP 的比重	%
$\widetilde{Tr}$	标准化变量(此处为标准化货物或服务进出口总额)	无单位
w^*	初始权重向量	无单位
w	最终权重向量	无单位
A	比较判断矩阵	无单位
λ_{max}	最大特征根	无单位
CI	一致性指标	无单位
RI	随机平均一致性指标	无单位
CR	一致性比例	无单位

为保证建模的质量与系统分析的正确结果，对收集来的原始数据必须进行数据变换和处理，使其消除量纲和具有可比性。选取进行标准化的指标为对 GDP 具有显著性影响与关联的三个变量：货物或服务进出口总额、经济活动人口占总人口的比重和公共教育占支出 GDP 的比重：

$$\widetilde{Tr} = \frac{Tr}{\overline{Tr}};\ \widetilde{Pe} = \frac{Pe}{\overline{Pe}};\ \widetilde{Ed} = \frac{Ed}{\overline{Ed}}$$

设 φ 为金砖五国模式下衡量经济水平的指数，λ_i 为各指标的权重

$$\varphi = \lambda_1 \times \widetilde{Tr} + \lambda_2 \times \widetilde{Pe} + \lambda_3 \times \widetilde{Ed}$$

其中，λ_i 为各指标的权重，与各标准化指标相乘最终算出总指数。

（2）确定权重

① 层次分析法

层次分析法（AHP）可以将一个复杂的被评价系统，按其内在的逻辑关系，以评价指标为代表构成一个有序的层次结构，然后针对每一层的指标，对同一层的指标进行两两比较，并按规定的标度值构造比较判断矩阵 $A = (a_{ij})_{m\times n}$，再由组织者计算比较判断矩阵 A 的最大特征根 λ_{max}，并由 λ_{max} 解特征方程：.

$$AX = \lambda_{max} X$$

得到对应 λ_{max} 的特征向量 $X = \{X_1, X_2, \cdots, X_n\}$，最后将特征向量归一化，得到各指标的权重向量：

$$w = \left\{ \frac{X_1}{\sum_{i=1}^{n} X_i}, \frac{X_2}{\sum_{i=1}^{n} X_i}, \cdots, \frac{X_n}{\sum_{i=1}^{n} X_i} \right\} = \{w_1, w_2, \cdots, w_n\}$$

本小组再次通过向10名来自多所不同财经学校的大二以上学生调查，得到了数据，让其对三个变量两两之间进行比对，然后打分。最后得到简单的比较判断矩阵 A：

$$A = (a_{ij})_{m \times n} = \begin{bmatrix} 1 & 3.00 & 2.22 \\ 0.33 & 1 & 1.00 \\ 0.45 & 1.00 & 1 \end{bmatrix}$$

最终得到各指标的权重向量 w：$w = \{0.562\,35, 0.207\,91, 0.229\,72\}$

② 联合权重确定法

设由德尔菲法得到的最终权重向量为 w_D，设由层次分析法得到的最终权重向量为 w_A，得到联合权重向量 w_C

$w_C = 0.5 \times w_D + 0.5 \times w_A = \{0.563\,86, 0.209\,96, 0.226\,17\}$

对金砖国家而言，上述指标的值依次为：

	巴西	中国	印度	俄罗斯	南非
φ	0.737 782	2.123 036	0.819 081	0.797 819	0.522 232

按照各国GDP所占的比重进行加权平均，得到

$$\varphi_{\overline{B}} = \overline{\widetilde{GDP}_i + \varphi_i} = 1.456\,59$$

对于G7集团，上述指标的值依次为：

	美国	日本	德国	加拿大	法国	英国	意大利
φ	1.741 963	0.880 556	1.232 092	0.738 926	0.848 221	0.845 563	0.712 609

按照各国 GDP 所占的比重进行加权平均，得到

$$\varphi_{\overline{G}} = \overline{\widetilde{GDP}_i + \varphi_i} = 1.288\ 96$$

$\overline{\varphi_B} > \overline{\varphi_G}$，对金砖五国模式的增长因素来说，金砖五国比 G7 更有优势。

（二）对于问题二的解答

本模型的意义在于通过上一个模型得到的 φ，得到各国间交流协作的方式。

为了能更加真实进行建模，本小组作出如下假设：

- 封闭性假设：假设金砖国家只在相互间进行人才、贸易交流，忽略其与世界其他国家的相互贸易、人才交流情况。
- 人口不变假设：假设金砖国家各国在短期内人口与经济人口数量不变。
- 函数关系固定假设：假设各变量间在短期内拟合出的函数关系是不变的。

首先选择指标函数，承接上一个模型，本小组选取：

$$\varphi = w_{C1} \times \widetilde{Tr} + w_{C2} \times \widetilde{Pe} + w_{C3} \times \widetilde{Ed}$$

作为指数，其中$\widetilde{Tr}$表示货物和服务进出口总额，$\widetilde{Pe}$表示经济活动人口占人口比重，$\widetilde{Ed}$表示公共教育占 GDP 比重。而权重 w_{C1} 为：

$$w_{C1} = (0.563\ 86 \quad 0.209\ 96 \quad 0.226\ 17)$$

（1）（经济活动人口占人口比重）*（公共教育占 GDP 比重）

经济活动人口与公共教育的相互关系与 inverse 函数最接近，其拟合公式为：

$$\widetilde{Pe_i} = \alpha_0 + \alpha_1 / \widetilde{Ed}, \alpha_0 = 23.996, \alpha_1 = 111.934$$

（2）（经济活动人口占人口比重）*（货物和服务进出口总额）

经济活动人口与公共教育的相互关系与 S 函数最接近，其拟合公式为：

$$\widetilde{Tr} = e^{\beta_0 + \beta_1 / \widetilde{Pe}}, \beta_0 = 10.824, \beta_1 = -121.033$$

虽然可以用总样本推测出两种变量间的具体数量关系，但是这个关系是适用于五国平均水平的，并不适用于各国不同水平。各国之间仍然存在很大差异，但是其表达式可以通过所有国家的大样本拟合得到，但变量之间的系数仍需要分别算出。

于是本小组将将不同国家三种变量的配对数据遴选出来，同样运用曲线回归方法，得到每个国家的 α_{ji} 与 β_{ji} 如下所示：

$$\alpha_{ji} = \begin{pmatrix} \alpha_{01} & \alpha_{02} & \alpha_{03} & \alpha_{04} & \alpha_{05} \\ \alpha_{11} & \alpha_{12} & \alpha_{13} & \alpha_{14} & \alpha_{05} \end{pmatrix}$$

$$= \begin{pmatrix} 66.093 & 56.651 & 55.222 & 64.020 & 34.127 \\ 8.432 & 3.122 & -47.929 & -6.650 & 9.773 \end{pmatrix}$$

$$\beta_{ji} = \begin{pmatrix} \beta_{01} & \beta_{02} & \beta_{03} & \beta_{04} & \beta_{05} \\ \beta_{11} & \beta_{12} & \beta_{13} & \beta_{14} & \beta_{05} \end{pmatrix}$$

$$= \begin{pmatrix} -8.710 & 72.707 & 23.206 & 22.331 & 6.496 \\ 1\,144.808 & -3\,652.558 & -798.038 & -713.044 & 28.643 \end{pmatrix}$$

国别对应如下：

巴西	中国	印度	俄罗斯	南非
$i=1$	$i=2$	$i=3$	$i=4$	$i=5$

进行多元非线性规划。

$$\begin{cases} \widetilde{Pe_i} \xrightarrow{yields} \widetilde{Pe_i}^* & i = 1,2,\cdots,n \\ \widetilde{Ed} \xrightarrow{yields} \widetilde{Ed_i}^* & i = 1,2,\cdots,n \\ \widetilde{Tr} \xrightarrow{yields} \widetilde{Tr_i}^* & i = 1,2,\cdots,n \\ \varphi_i \xrightarrow{yields} \varphi_i^* & i = 1,2,\cdots,n \end{cases}$$

利益最大化就可以用 φ_i 这个经济增长指数来表示。为了获得所有国家指数总和的最大值 $\sum_{i=1}^{n} \varphi_i^*$，于是基于五个国家不同的公式与变量进行多维分析：

$$\max \sum_{i=1}^{n} \varphi_i^* = w_{C1} \times \sum_{i=1}^{n} \widetilde{Ed_i}^* + w_{C2} \times \sum_{i=1}^{n} \widetilde{Pe_i}^* + w_{C3} \times \sum_{i=1}^{n} \widetilde{Tr_i}^* \quad i = 1,2,\cdots,n$$

$$\text{s.t}\begin{cases} \widetilde{Pe_i}^* = \alpha_{0i} + \alpha_{1i} / \widetilde{Ed_i}^* & i = 1,2,\cdots,n \\ \widetilde{T_i}^* = e^{\beta_{0i} + \beta_{1i}/\widetilde{Pe_i}^*} & i = 1,2,\cdots,n \\ \sum_{i=1}^{n} \widetilde{Pe_i} = \sum_{i=1}^{n} \widetilde{Pe_i}^* & i = 1,2,\cdots,n \end{cases}$$

又得：

$$\widetilde{Pe_i} = \{1.270\,401, 1.083\,086, 0.999\,629, 0.982\,938, 0.663\,947\}$$

所以 $\sum_{i=1}^{n} \widetilde{Pe_i} = 4.999\,8$

最终结果为：

$$\begin{cases} \widetilde{Pe_i} \xrightarrow{yields} \widetilde{Pe_i}^{*}(1.242\,4, 1.130\,9, 0.805\,1, 0.969, 0.852\,4) \quad i = 1,2,\cdots,n \\ \widetilde{Ed} \xrightarrow{yields} \widetilde{Ed_i}^{*} = (-0.130\,2, -0.056, 0.881\,6, 0.105, -0.297\,4) \\ \qquad i = 1,2,\cdots,n \\ \widetilde{Tr} \xrightarrow{yields} \widetilde{Tr_i}^{*} = (127.459\,9, 50.131\,3, 34.161\,6, 31.438\,8, -4.576\,3) \\ \qquad i = 1,2,\cdots,n \\ \sum_{i=1}^{n} \varphi_i \xrightarrow{yields} \sum_{i=1}^{n} \varphi_i^{*} = 55.664\,9 \quad i = 1,2,\cdots,n \end{cases}$$

所以各国应使得教育占 GDP 比例等于上述均衡数值，从而获得五国最大的经济指标总和。

为了更好的研究其中的内在关系，首先假设：

（1）该国家整体会依据某种指标来指导生产与消费。

（2）该国的生产可能性边界具有某种形式。

（3）在情形一中，假设该国家可以自给自足，不需要进行对外贸易。

在情形二中，假设该国家会通过对外贸易来使本国的指导指标最大化

表 7　　国家内部指标设置

U	国家整体效用
x	商品 x 的数量
y	商品 y 的数量
γ	国家整体效用函数中的调整系数
a	生产可能边界的参数(椭圆半轴长)
b	生产可能边界的参数(椭圆半轴长)
λ	拉格朗日乘子

续表

x_0	封闭经济下商品 x 的最优产量与消费量
y_0	封闭经济下商品 y 的最优产量与消费量
p_x	商品 x 的价格
p_y	商品 y 的价格
p	商品 x 和商品 y 的相对价格(p_x/p_y)
$U_0{}^*$	封闭经济下国家所能达到的最高效用水平
W	自由贸易经济下国家所生产商品的财富价值
x_s	自由贸易经济下商品 x 的最优产量
y_s	自由贸易经济下商品 y 的最优产量
W^*	自由贸易经济下国家所能获得的最大财富值
U^*	自由贸易经济下国家所能达到的最高效用水品
p_w	自由贸易经济下商品 x 和商品 y 的国际相对价格

（1）情形一：国家不进行对外贸易，经济系统自给自足

假设该国家整体拥有柯布－道格拉斯形式的效用函数 U，其中 x 和 y 分别代表两种不同的商品，γ 为调整系数：

假设该国的生产可能性边界为：$\frac{x^2}{a^2}+\frac{y^2}{b^2}=1$，$x>0$，$y>0$

在此情形中，该国不进行对外贸易时会自给自足并使本国整体效用最大化，即：$\max\limits_{x,y}U = \gamma xy, \text{s.t.} \frac{x^2}{a^2} + \frac{y^2}{b^2} = 1, x > 0, y > 0$

构造拉格朗日函数如下：$\mathcal{L} = \gamma xy - \lambda(\frac{x^2}{a^2} + \frac{y^2}{b^2} - 1)$

一阶必要条件为：$\gamma y - \lambda \frac{2x}{a^2} = 0, \gamma x - \lambda \frac{2y}{b^2} = 0, \frac{x^2}{a^2} + \frac{b^2}{a^2}\frac{x^2}{b^2} - 1 = 0$

两种商品最优的生产与消费点为：$x_0 = \frac{a}{\sqrt{2}}, y_0 = \frac{b}{\sqrt{2}}$

左图中对应 $a>b$ 的情形，右图对应 $a<b$ 的情形。图中的切点既是最优生产点，又是最优消费点。

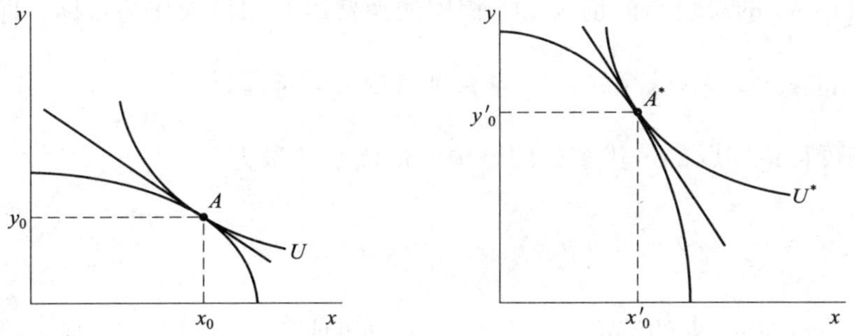

图 2　自给自足型

在该点处，生产可能曲线与效用函数相切，切线斜率即商品与商品之间的边际替代率，其经济意义恰好是两种商品的价格之比，定义该相对价格为 p。

$$p \equiv \frac{p_x}{p_y} = \frac{dy}{dx}\bigg|_{(x_0,y_0)} = \frac{b}{a}$$

将最优解代入得到最高效用为：$U_0{}^* = \frac{1}{2}\gamma ab$

(2) 情形二：国家进行自由的对外贸易

商品 x 和 y 的国际价格分别为 p_x 和 p_y，则该国所生产的商品可以以财富 W 衡量：$W = p_x x + p_y y$

如该国的生产以财富最大化为目标，即：

$$\max_{x,y} W = p_x x + p_y y, \text{s.t.} \frac{x^2}{a^2} + \frac{y^2}{b^2} = 1, x > 0, y > 0$$

构造拉格朗日函数如下：$\mathcal{L} = p_x x + p_y y - \lambda(\frac{x^2}{a^2} + \frac{y^2}{b^2} - 1)$

一阶必要条件为：$p_x - \lambda\frac{2x}{a^2} = 0, p_y - \lambda\frac{2y}{b^2} = 0, \frac{x^2}{a^2}\frac{y^2}{b^2} - 1 = 0$

两种商品最优的生产量为：

$$x_s = \frac{a^2 p_x}{\sqrt{a^2 p_x^2 + b^2 p_y^2}}, y_s = \frac{b^2 p_y}{\sqrt{a^2 p_x^2 + b^2 p_y^2}}$$

将最优解代入得到最大财富值为：$W^* = \sqrt{a^2 p_x^2 + b^2 p_y^2}$

在拥有 W^* 的总财富的情况下，该国的消费以效用最大化为目标，即：

$$\max_{x,y} U = \gamma xy, \text{s.t. } p_x x + p_y y = W^* = \sqrt{a^2 p_x^2 + b^2 p_y^2}$$

同理可得该问题的最优解，即该国的最优消费量为：

$$x_c = \frac{1}{2p_x}\sqrt{a^2 p_x^2 + b^2 p_y^2},\ y_c = \frac{1}{2p_y}\sqrt{a^2 p_x^2 + b^2 p_y^2}$$

左图中对应 $a > b$ 的情形，右图对应 $a < b$ 的情形。A 点代表封闭经济下的最优生产点和消费点，B 点和 C 点分别代表开放经济下的最优生产点和最优消费点。灰色三角形的两直角边分别代表进口量与出口量。

将最优解代入得到的最高效用为：$U^* = \frac{\gamma}{4p_x p_y}(a^2 p_x^2 + b^2 p_y^2)$

易知下列不等式恒成立：：$U^* = \frac{\gamma}{4p_x p_y}(a^2 p_x^2 + b^2 p_y^2) \geqslant \frac{1}{2}\gamma ab = U_0^*$

事实上：$U^* - U_0^* = \frac{\gamma}{4p_x p_y}(ap_x - bp_y)^2 \geqslant 0$

当且仅当 $ap_x - bp_y$ 即 $\frac{p_x}{p_y} = \frac{b}{a}$，时有 $U^* = U_0^*$，由此说明相互之间的自由贸易确实会对双方带来更多的福利。

根据情形一的结论，在不存在国际贸易的情况下，两国的商品价格之比应该满足 $p = \frac{b}{a} < \frac{b'}{a'} = p'$。根据一般经济规律，当两国市场互相开放进行国际贸易时，国际相对价格会介于原始相对价格 p 与 p' 中间，即：$\frac{b}{a} < p_w < \frac{b'}{a'}$

该条件保证：$x_c = \frac{1}{2p_x}\sqrt{a^2 p_x^2 + b^2 p_y^2} < \frac{a^2 p_x}{\sqrt{a^2 p_x^2 + b^2 p_y^2}} = x_s$

$$y_c = \frac{1}{2p_y}\sqrt{a^2 p_x^2 + b^2 p_y^2} > \frac{b^2 p_y}{\sqrt{a^2 p_x^2 + b^2 p_y^2}} = y_s$$

即本国商品 x 的消费量小于生产量，商品 y 的消费量大于生产量。相反，另一国家商品 x 的消费量大于生产量，商品 y 的消费量小于生产量。

左图中对应 $a > b$ 的情形，右图对应 $a < b$ 的情形。A 点代表封闭经济下的最优生产点和消费点，B 点和 C 点分别代表开放经济下的最优生产点和最优消费

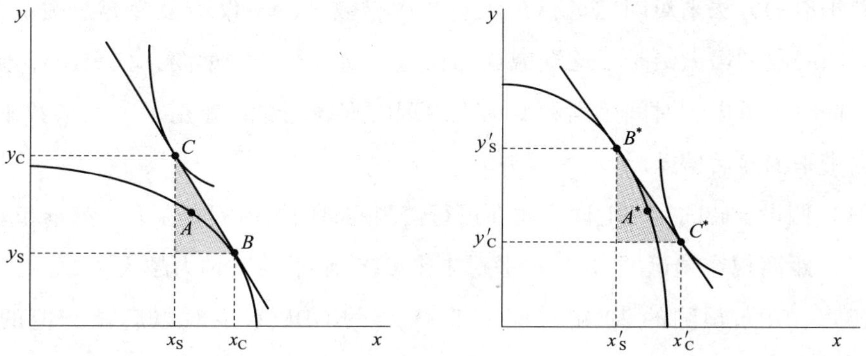

图 3　自由贸易型

点。灰色三角形的两直角边分别代表进口量与出口量。

由以上分析概括为：一个国家出口该国丰裕要素密集型产品，进口稀缺要素密集型产品。

（三）对于问题三的解答

为了预测金砖国家在经济增长上的优势是否会继续保持，小组搜集了金砖五国从 1991 到 2010 年共 20 年的数据。通过对 20 年的数据做散点图，金砖国家在最近几年（2003 年左右起）的 GDP 基本符合线性上升的趋势（这里以巴西为例，如图 4 所示）。

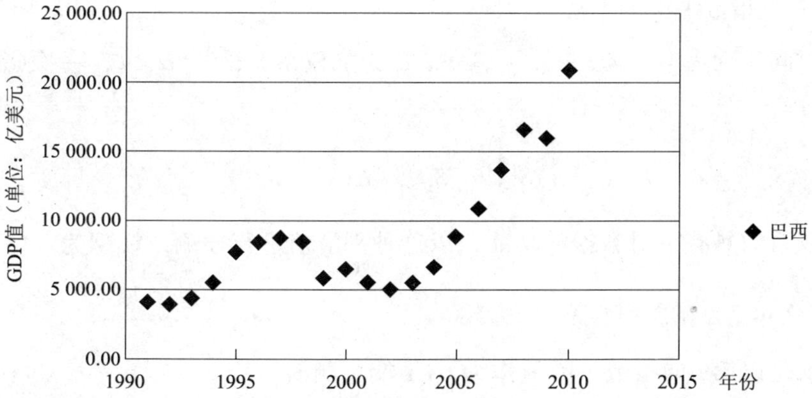

图 4　巴西 GDP 上升趋势

基于样本中时间序列数据的趋势以及赋予不同权重的需要，小组主要采用二次指数平滑的方法来对问题进行预测。二次指数平滑不仅不会舍弃过去的数据，根据时间间隔的增大给予了逐渐减弱的权重，随着数据的远离，权重将逐渐收敛为零；同时也考虑到时间序列的变动中出现的直线趋势，修正了一次指数平滑法可能会带来的滞后偏差。

（1）假设金砖国家和七国集团在进行预测的时间段内不存在大的灾难和动乱；

（2）距离现在越近的 GDP 水平对未来 GDP 水平的影响力越大；

（3）在用于预测的 20 年数据中 1991 年的 GDP 水平对以后预测值的影响较少；

（4）七国集团中，GDP 与平均水平最接近的国家具有代表性。

表 8　　参数设置

代号	参数	单位
y_t	t 时间的 GDP 水平	亿美元
α	加权系数	无
$\hat{y}_t$	t 时间的 GDP 预测水平	亿美元
Y_{mn}	m 国的 GDP 与 n 国的 GDP 比值	无

（1）一次指数平滑确定权重

① 一次指数平滑的方法

设时间序列为 y_1，y_2，…，y_t，…，α 为加权系数，$0<\alpha<1$，一次指数平滑公式为：

$$S_t^{(1)} = \alpha y_t + (1-\alpha)S_{t-1}^{(1)} = S_{t-1}^{(1)} + \alpha(y_t - S_{t-1}^{(1)})$$

加权系数具有平滑数据的功能，以这种平滑值进行预测，模型为

$$\hat{y}_{t+1} = \alpha y_t + (1-\alpha)\hat{y}_t$$

也就是以第 t 期指数平滑值作为 $t+1$ 期预测值。

② 加权系数的选择

在进行指数平滑时，加权系数的选择是很重要的。

$$\hat{y}_{t+1} = \alpha y_t + (1-\alpha)\hat{y}_t \qquad 1)$$

若把式1）改写为：$\hat{y}_{t+1}=\hat{y}_t+\alpha\ (y_t-\hat{y}_t)$

用 matlab 程序可得，取 $\alpha=0.8$ 作为权重。

（2）二次指数平滑进行预测修正

利用上述权重进一步进行二次指数平滑法。

$$S_t^{(1)} = \alpha y_t + (1-\alpha)S_{t-1}^{(1)},S_t^{(2)} = \alpha S_t^{(1)} + (1-\alpha)S_{t-1}^{(2)}$$

式中 $S_t^{(1)}$ 为一次指数的平滑值；$S_t^{(2)}$ 为二次指数的平滑值。当时间序列 $\{y_t\}$，从某时期开始具有线性趋势时，可用如下模型进行预测：

$$\hat{y}_{t+T} = a_t + b_t T,\ T = 1,2,\cdots,$$

$$\begin{cases} a_t = 2S_t^{(1)} - S_t^{(2)} \\ b_t = \dfrac{\alpha}{1-\alpha}(S_t^{(1)} - S_t^{(2)}) \end{cases}$$

仍以巴西为例，取 $\alpha=0.8$，对巴西的一次指数平滑、二次指数平滑以及预测如表9所示：

表9　　对巴西的 GDP 水平的预测

年份	t	GDP y_t（亿美元）	一次平滑值（亿美元）	二次平滑值（亿美元）	y_{t+1}的估计值（亿美元）
1991	1	4 073.38	4 073.38	4 073.38	
1992	2	3 905.67	3 939.212	3 966.046	4 073.38
1993	3	4 383.00	4 294.242	4 228.603	3 805.044
1994	4	5 462.33	5 228.712	5 028.691	4 622.439
1995	5	7 689.51	7 197.35	6 763.619	6 228.822
1996	6	8 396.83	8 156.934	7 878.271	9 366.01
1997	7	8 712.00	8 600.987	8 456.444	9 550.25
1998	8	8 438.27	8 470.813	8 467.939	9 323.703
1999	9	5 868.63	6 389.067	6 804.841	8 485.183
2000	10	6 447.02	6 435.429	6 509.312	4 310.194
2001	11	5 535.82	5 715.742	5 874.456	6 066.017

续表

年份	t	GDP y_t（亿美元）	一次平滑值（亿美元）	二次平滑值（亿美元）	y_{t+1}的估计值（亿美元）
2002	12	5 042.21	5 176.916	5 316.424	4 922.172
2003	13	5 524.69	5 455.135	5 427.393	4 479.377
2004	14	6 637.60	6 401.107	6 206.364	5 593.846
2005	15	8 821.85	8 337.701	7 911.434	7 374.821
2006	16	10 889.17	10 378.88	9 885.388	10 469.04
2007	17	13 659.83	13 003.64	12 379.99	12 846.32
2008	18	16 526.32	15 821.78	15 133.42	16 121.89
2009	19	15 944.90	15 920.28	15 762.91	19 263.58
2010	20	20 878.90	19 887.18	19 062.32	16 707.13
2011	21		23 186.59	22 361.73	24 011.44
2012	22		26 486.01	25 661.15	27 310.85
2013	23				30 610.28
2014	24				33 909.69

根据同样的方法，可求出其他金砖国家从 2011 年到 2014 年的预测数据。

另一方面，利用上述方法，也可求得日本从 2011 到 2014 年的 GDP 预测值。根据金砖国家与日本 GDP 的预测值可以得图 5：

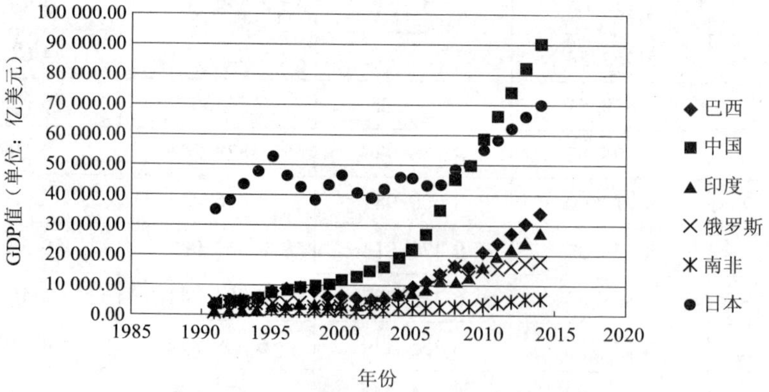

图 5 金砖国家与日本 GDP 的预测值

表10 实际值（2009）与预测值（2014）的比较（金砖国家与日本的GDP：亿美元）

国家 年份	巴西	中国	印度	俄罗斯	南非	日本
2009	15 944. 90	49 912. 56	13 806. 41	12 219. 91	2 827. 54	50 329. 83
2014	33 909. 69	90 126. 18	28 007. 86	18 170. 36	5 747. 34	69 869. 57

将巴西、中国、印度、俄罗斯、南非和日本依次记为1，2，…，6，m，n∈{1，2，3，4，5，6}。则由表2的数据，根据Y_{mn}的定义（即m国的GDP与n国的GDP比值），可得图6：

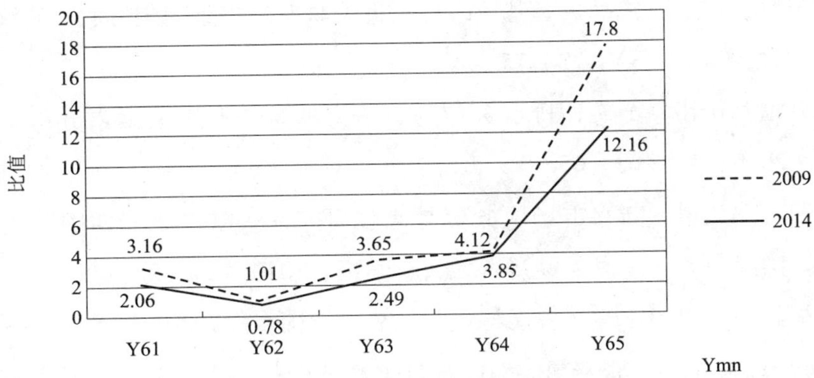

图6 日本同五个金砖国家的GDP比值

由图6的结果很易看出，预测出的2014年代表G7集团平均GDP水平的日本同五个金砖国家的GDP比值都比2009年的比值小，即金砖各国和日本的GDP差距会在以后慢慢缩小，说明在经济增长这个侧面，五国在几年后的国内生产总值将逐步接近G7的平均水平，其中预测到2014年中国的GDP甚至会赶超七国集团的平均水平（从2014年$Y_{62}=0.78$可以看出）。因此根据时间序列的二次指数平滑法预测得到的结果，金砖国家将继续保持在经济增长上的优势，根据前几问的分析，得益于贸易出口额、经济人口所占的比重以及公共教育占GDP的比重等因素对经济增长的促进作用，五国将逐步缩小与G7国家经济水平的差距甚至反超G7国家中的部分国家。

参考文献

[1] Advanced international trade theory and evidence, Robert C. Fenestra.

[2] *Education expenditures-percent of GDP* 2010 *Country Ranks*, by rank, http://www.photius.com/rankings/population/education_expenditures_percent_of_gdp_2010_0.html.

[3] 杜智敏．抽样调查与SPSS应用．北京：电子工业出版社，2010（5）.

[4] 杜军，李从东，鄢波．基于灰色系统理论的行业R&D资源结构对GDP贡献率的关联度分析．科技管理研究，2009（5）：187－189.

[5] 黄裕新，吕波，施品贵．基于改进灰色关联度的权重确定方法．武汉科技学院学报，2004（3）：73－75.

[6] 徐光耀，于伟．金砖四国服务贸易竞争力的结构及影响因素分析．山东经济，2010（5）：63－65.

[7] 陶明，邓竞魁．新兴市场服务贸易比较研究——以“金砖四国”为研究对象．国际商务——对外经济贸易大学学报，2010（2）：25－28.

[8] 赵福昌．金砖国家经济发展特点与优势．中国金融，2011（5）：18－20.

[9] 刘新梅，徐润芳，张若勇．邓氏灰色关联分析的应用模型．理论新探，2008（20）：23－25.

[10] 李光久．线性模型二次指数平滑预测方法研究．预测，2001（6）：52－53.

[11] 王靖，张金锁．综合评价中确定权重向量的几种方法比较．河北工业大学学报，2001（2）：52－54.

[12] Education spending (% of GDP) (most recent) by country. [2011－08－21]. http://www.nationmaster.com/graph/edu_edu_spe-education-spending-of-gdp.